Ursula Gross-Dinter, Florian Feuser,
Carmen Ramos Méndez-Sahlender (Hg.)
Zum Umgang mit Migration

Edition Kulturwissenschaft | Band 125

Ursula Gross-Dinter, Florian Feuser,
Carmen Ramos Méndez-Sahlender (Hg.)

Zum Umgang mit Migration

Zwischen Empörungsmodus und Lösungsorientierung

[transcript]

Bibliografische Information der Deutschen Nationalbibliothek
Die Deutsche Nationalbibliothek verzeichnet diese Publikation in der Deutschen Nationalbibliografie; detaillierte bibliografische Daten sind im Internet über http://dnb.d-nb.de abrufbar.

transcript Verlag | Hermannstraße 26 | D-33602 Bielefeld | live@transcript-verlag.de

Umschlag: Kordula Röckenhaus, Bielefeld
Umschlagabbildung: Wortwolke; © Johannes Pohl, SDI München, 2016
Korrektorat & Satz: Marita Tjarks-Sobhani
Lektorat der englischsprachigen Beiträge: Andrew Williams
Druck: Majuskel Medienproduktion GmbH, Wetzlar
Print-ISBN 978-3-8376-3736-6
PDF-ISBN 978-3-8394-3736-0

Gedruckt auf alterungsbeständigem Papier mit chlorfrei gebleichtem Zellstoff.
Besuchen Sie uns im Internet: *http://www.transcript-verlag.de*
Bitte fordern Sie unser Gesamtverzeichnis und andere Broschüren an unter: *info@transcript-verlag.de*

Inhalt

Einleitung

FLORIAN FEUSER

Vielfalt, kulturelle und sprachliche Diversität, hybride Formen aller Art und Menschen mit unterschiedlichen Hintergründen gehören mit Selbstverständlichkeit zu unserem Alltag. Unsere Seminare und Vorlesungen werden von zahlreichen jungen Menschen besucht, die sich auf eine berufliche Tätigkeit in einer global vernetzten Welt vorbereiten. Wer sich mit ihren und den Lebensgeschichten ihrer Eltern auseinandersetzt, wird bald feststellen, dass die zentrale Gemeinsamkeit im Unterschiedlichen steckt. Für sie und für uns ist erfolgreiche interkulturelle Kommunikation kein theoretischer Gegenstand, sondern gelebte, alltägliche und notwendige Praxis, die unsere Zukunft sichert.

Dies erklärt teilweise unser Erstaunen und unsere Betroffenheit über die Aggression, die Vehemenz, die sich in unterschiedlichen Formen offener Fremdenfeindlichkeit seit insbesondere dem Jahr 2015 äußern. Es scheinen Ängste vor Verlusten, vor dem Anderen zu sein, die offenbar einer diffusen Unzufriedenheit mit sich selbst und der Welt entspringen und in der aktuellen Entwicklung ein konkretes Ziel und Ventil finden.

Andererseits steht dem die unprätentiöse Hilfsbereitschaft zahlreicher Ehrenamtlicher gegenüber, die sich wie selbstverständlich um Menschen kümmern, die Hilfe benötigen. Es sind 10 Prozent der Bundesbevölkerung, die sich maßgeblich nicht nur für die Anderen, sondern eben auch und insbesondere für die eigene Gesellschaft einsetzen. Diese Hilfsbereitschaft hat damit, so darf durchaus gesagt werden, eine der größten Bürgerbewegungen der Bundesrepublik aktiviert. Ihre Entwicklung lässt sich von einer zunächst spontanen, selbstverständlichen, nicht koordinierten Hilfsbereitschaft nachzeichnen, hin zu einer zunehmend nahezu professionalisierten Form, die letztlich tatkräftig bei der Eingliederung in den Wohn- und Arbeitsmarkt unterstützt und dabei mit staatlichen Stellen eng kooperiert.[1] Dabei sind es laut der zweiten EFA-Studie von 2016 unter anderem folgende Beweggründe: Ehrenamtliche möchten »mit Ihrem Einsatz die Gesellschaft zumindest im Kleinen verändern (97 %) und ein Zeichen gegen Rassismus setzen (90 %)«. Bezeichnend scheint, dass die ehrenamtlich tätigen Menschen die Situation insgesamt gelassen einschätzen und nicht der Auffassung sind, »dass Deutschland durch die Ankunft der Flüchtlinge im Herbst 2015 überfordert gewesen sei«.[2]

Diese Gelassenheit möchten wir uns mit diesem Sammelband zu eigen machen. Seinen Ursprung hat er in einer Ringvorlesung, die wir an der *Hochschule für Angewandte Sprachen des SDI München* im Sommersemester 2016 zum Thema »Migration – Bedrohung oder Bereicherung?« durchführen durften. Ausgangspunkt ist die praxisorientierte Perspektive auf einen Gegenstand, der nicht nur in sich selbst vielfältig, facettenreich und komplex ist, sondern der auch eine multiperspektivische, interdisziplinäre Auseinandersetzung geradezu einfordert. In dem Bewusstsein, somit nur einige Aspekte aufgreifen zu können, wollen wir uns auf die Kernbereiche unserer Kompetenz beschränken. Sprache und Kommunikation und der aufmerksame und sorgsame Umgang mit ihnen sind uns deshalb ein besonderes Anliegen.

Wenn in diesem Zusammenhang, so wie EROL YILDIZ in seinem Beitrag feststellt, Mobilität als Charakteristikum der Gegenwart zu verstehen ist, gilt es, das Faktum hybrider Formen nicht nur zu akzeptieren, sondern darüber hinaus sicherzustellen, dass Verständigung, Teilhabe und kommunikativer Austausch eine Bereicherung durch Vielfalt möglich werden lassen. OTTMAR DÖRING und SARA HAUCK knüpfen hier mit einer Analyse an, die die Erfassung von Kompetenzen von Asylsuchenden und Geflüchteten in den Mittelpunkt stellt und auf diesem Fundament konkrete Vorschläge entwickelt, die zu einer beidseitig sinnvollen und schnellen Gestaltung der Rahmenbedingungen beitragen. Qualifikation und Qualifizierung stehen auch bei IBRAHIM CINDARK und DAVID HÜNLICH im Mittelpunkt des Interesses. Anhand einer Studie bieten die Autoren einen ethnografisch fundierten Einblick in die Qualifizierungsmaßnahme *Perspektive für Flüchtlinge*. Sie legen dabei den Fokus auf die strukturellen und inhaltlichen Merkmale der Maßnahme einerseits und die beruflichen und sprachlichen Ausgangspunkte der Teilnehmer andererseits, um hieraus konkrete Verbesserungs-

---

1 Berliner Institut für empirische Integrations- und Migrationsforschung (2016): EFA-Studie 2. Strukturen und Motive der ehrenamtlichen Flüchtlingsarbeit (EFA) in Deutschland. 2. Forschungsbericht. Ergebnisse einer explorativen Umfrage vom November/Dezember 2015.

2 Ebd., Seite 4.

vorschläge für eine erfolgreiche sprachliche und berufliche Integration abzuleiten. ANJA PENßLER-BEYER und KATHARINA WEBER widmen sich ebenfalls der Frage sprachlicher Integration und diskutieren aus linguistischer Perspektive besondere Anforderungen an Lerner mit arabischer Muttersprache und an Lehrende von Deutsch als Fremdsprache. In diesem Zuge geben sie Einblick in ein eigens entwickeltes und praktisch erprobtes didaktisches Szenario, das als wirksame Ergänzung zu Standardformaten zum Einsatz kommen kann. Auch MARITA TJARKS-SOBHANI widmet sich sprachlichen Hürden und Barrieren. Dabei geht es um die Möglichkeiten, die in einer gezielten Vereinfachung von Sprache liegen. Ausgangspunkt bildet das Konzept *Einfache Sprache*, das insbesondere für berufsrelevante Texte Anwendung finden könnte, um so einen schnelleren beruflichen Einstieg zu gewährleisten, so wie es auch weitere sprachliche Kompetenzsteigerung erleichtert. Einen weiteren Vorschlag aus der Praxis entwickelt REGINA FREUDENFELD. Die Basis stellt ein Projekt zu interkultureller Sprachmittlung dar, das sich neben der qualifizierenden Vorbereitung auf ein Hochschulstudium zum Ziel setzt, über interkulturelle Lerninhalte einen Mehrwert an Professionalisierung zu generieren. Perspektivenreich erscheint dabei, neben anderen, insbesondere das berufliche Einsatzfeld als Laiendolmetscher, das ELVIRA IANNONE und KATHARINA REDL für die DACH-Region abstecken. Sie verweisen in diesem Zuge auf die Potenziale, die professionelle Dolmetscher im Rahmen von Integrationsprozessen zu bieten haben, aber auch auf die damit verbundene Notwendigkeit einer professionalisierten Ausbildung im Bereich des Community Interpreting. DANIELA WAWRA spürt in ihrem Beitrag den Zusammenhängen von Migration im Kontext von sprachlicher und kultureller Identität nach. Dass Mehrsprachigkeit bei Personen mit Spanisch als Herkunftssprache auch als Bedrohung wahrgenommen werden kann, ist ein Punkt, der sicherlich nachdenklich machen wird. Herkunftssprachen in Deutschland wenden sich CARMEN RAMOS und JOANA ROMANO zu. Vor dem Hintergrund einer wachsenden Nachfrage nach mehrsprachigem Personal steht Employability als eine der zentralen Aufgaben der Hochschulausbildung im Mittelpunkt ihrer Überlegungen. Dazu entwickeln sie auf Basis einer Pilotstudie praxisnahe Vorschläge zur sinnvollen Nutzung des Potenzials, das Herkunftssprecher bieten. Die Nutzung neuer Möglichkeiten wird auch bei AMPARO LALLANA und PILAR SALAMANCA thematisiert. Digitalisierung ermöglicht eine besondere Form der Mobilität, nämlich virtuelle Mobilität in kulturell und national übergreifenden Lehr- und Lernkontexten, die im Rahmen des Projekts *#CulturaTándem* erfolgreich erprobt wird. Neben umfassenden Kompetenzen erwerben Studierende dabei einen geschärften Blick auf den Umgang mit kultureller Andersheit. Letztere steht bei PAULA KRÜGER im Zentrum. Inwieweit Migration als Bereicherung oder Bedrohung wahrgenommen bzw. dargestellt wird, arbeitet sie anhand einer Diskursanalyse des Sprachgebrauchs im Schweizer Parlament heraus. Trotz gleicher Themen werden je nach politischem Lager unterschiedliche Bilder von Migranten in der Schweiz gezeichnet, die sich anhand von jeweils verwendeten Ausdrücken zuordnen lassen. ANTON SAHLENDER, selbst Journalist, wirft einen kritischen Blick auf die Medien und ihre Gestaltung des Flüchtlingsdiskurses in der deutschen Presse. Dabei entwickelt er anhand ausgewählter Beispiele Vorschläge mit Appellcharakter sowohl für Berichterstatter wie auch für Leser. An diese Überlegungen zu einem verantwortungsvollen Journalismus knüpft auch CHRISTOPH SAUER an, der sich im Rahmen seiner Analyse Repräsentationen des Flüchtlingsdiskurses in der Bilderwelt widmet und hieraus ebenfalls ethische Grundsatzfragen und Konsequenzen ableitet. Der Befund, dass Bilder gelungener Inklusion fehlen, ist insofern bemerkenswert, als es zahlreiche Beispiele für gelungene Integration und sogenannte Willkommenskultur gäbe. Ein Beispiel hierfür schildert BURKHARD HOSE schließlich in Form eines Erfahrungsberichts aus seinem Alltag. Es ist die Praxis der Begegnung, die zu neuen Erkenntnissen und damit einem sehr konkreten Mehrwert führt, der sowohl individuell und subjektiv, aber auch, so resümiert Hose, gesellschaftlich von zentraler Bedeutung ist.

Den genannten Autoren möchten wir an dieser Stelle ein weiteres Mal für die Zusammenfassung ihrer Forschungsergebnisse, Praxiserfahrungen und Überlegungen danken. Insbesondere sei an dieser Stelle MARITA TJARKS-SOBHANI genannt, die mit scharfem Blick und bewundernswerter Geduld wesentlich zum Gelingen dieses Bandes beigetragen hat. Auch ANDREW WILLIAMS schulden wir für die Lektorierung unserer englischen Beiträge Dank. Ihnen, den Besuchern unserer Ringvorlesung und unseren Studierenden widmen wir dieses Büchlein.

Die weltoffene Stadt

Migration und Vielfalt als urbane Ressource[1]

EROL YILDIZ

Im Gegensatz zu einem ethnisch-nationalen Ordnungsdenken geht es hier um eine spezifische Perspektive, aus der das Verhältnis zwischen Stadt, Migration und Diversität neu gedacht wird. »Stadt ist Migration, Stadt ist Vielfalt« sind Grundgedanken, die im vorliegenden Beitrag im Mittelpunkt stehen. In diesem Zusammenhang werden Ideen und Visionen diskutiert, die Migration, Stadt und Urbanität nicht als isolierte Phänomene betrachten, sondern zum Ausgangspunkt des Denkens wählen. Dies erfordert eine neue Art und Weise des Herangehens, eine Art »kontrapunktischer Blick« im Sinne Edward Saids (1994). Das »Gegenlesen« bedeutet hier, den öffentlichen Migrationsdiskurs aus der Perspektive und Erfahrung von Migration neu zu lesen.

AUSGANG: DIE ÖFFNUNG DER ORTE ZUR WELT

Die Metapher »Öffnung der Orte zur Welt« charakterisiert das Leben in globalisierten Gesellschaften. Menschen werden in ihren Alltagskontexten ständig mit verschiedenen und oft widersprüchlichen Elementen konfrontiert, die in einem weltweiten Kommunikationszusammenhang stehen. Begriffe wie »methodologischer Kosmopolitismus« (Ulrich Beck), »Transnationale Räume« (Ludger Pries), »Transkulturalität als Praxis« (Robert Pütz), »Transnationale Vergesellschaftung« (Steffen Mau), »banaler Kosmopolitismus« (Ulrich Beck) oder »Superdiversität« (Steven Vertovec) signalisieren diesen Wandel. Weltweite Bezüge ge-

1 Die Ideen zu diesem Beitrag habe ich in meinem Buch »Die weltoffene Stadt« entwickelt (Yildiz 2013).

hören in jeder Hinsicht zur Normalität, sind täglich gelebte Erfahrungen, ein integraler Bestandteil unsers Lebens.

Durch technologische und elektronische Transport- und Kommunikationsmöglichkeiten sind unsere Erfahrungs- und Vorstellungsräume inzwischen von weltweiter Reichweite. Eine Art *mobiler Sesshaftigkeit* oder *sesshafter Mobilität* scheint das Charakteristikum heutiger Gesellschaften zu sein, setzt Denkbewegungen in Gang und beeinflusst zunehmend unsere biografischen Lebensentwürfe und Wirklichkeitsauffassungen. Das Phänomen migrationsbedingte Mobilität ist ein Beleg dafür, wie neue Verortungspraxen, Lebenskonstruktionen und damit neue Kompetenzen entwickelt werden (können). Durch solche Bewegungen entstehen neue Bindungen und Vernetzungen, die Menschen und Orte miteinander verknüpfen.

Gegenwärtig beobachten wir einen global gesellschaftlichen Wandel, der aufgrund neuer Mobilitäts- und Kommunikationsmöglichkeiten nicht nur das Diversitätsbewusstsein schärft, sondern auch selbst aktiv dazu beiträgt, dass die Welt vielfältiger und heterogener wird. Auch wenn es sich in einzelnen Fällen nicht unbedingt um neue Formen der Diversität, sondern nur um neue Perspektiven handeln mag, aus denen Vielfalt neu entdeckt wird, bleibt doch unbestritten, dass Vielfalt Modernisierungs- und Urbanisierungsprozesse von Anfang an begleitet und geprägt hat. Es beginnt sich allmählich ein anderes Verständnis durchzusetzen, in dem die sich rasant entwickelnden Kommunikations- und Mobilitätsformen eine weltweite Vernetzung im Lokalen bewirken und zur Alltagsroutine werden (vgl. Bukow 2011: 40).

In diesem Kontext spricht Regina Römhild (2009: 234) von einem »neuen Kosmopolitismus von unten«, womit eine Art transversaler Bewegung gemeint ist, die Regionen, Kulturen, Lebensstile und Lebensformen, die oft geografisch wie zeitlich weit voneinander entfernt sind, in unterschiedlichen Kontexten auf lokaler Ebene zusammenbringt. Dabei entstehen, wie Martin Albrow (1997) sagt, diverse »Soziosphären«, die unterschiedlich gelagerte, weltweit gespannte gesellschaftliche wie lebensweltliche Phänomene und Verknüpfungen präsentieren. Diese neue globale Dynamik erfordert das Überdenken unserer Vorstellung von Raum und Zeit.

Die Gleichzeitigkeit von weltweiter Öffnung und lokaler Diversifizierungsprozesse lässt ethnisch-nationale Metaerzählungen fragwürdig werden und geht mit der Auflösung tradierter Lebensformen einher. Lebensläufe, Differenzen und Zugehörigkeiten sind in Bewegung geraten, haben ihre Eindeutigkeit und räumliche Fixierung verloren, sind offener und damit auch riskanter geworden. Der Lebenslauf zerfällt immer mehr in einzelne Phasen und Abschnitte, reicht über herkömmliche Bezugspunkte wie Geburtsort oder erlernten Beruf hinaus. Die durch radikale Öffnungsprozesse und radikale Individualisierung und Diversifizierung in Gang gesetzte *reflexive Wende,* die die Individuen immer weiter zum Nachdenken über ihre Lebensentwürfe nötigt, hat die gesamten Lebensbereiche und Lebensläufe zu einem Lernfeld werden lassen.

Zu Beginn des 21. Jahrhunderts gehört Bewegung praktisch zum Lebensentwurf. Zur Visualisierung dieser Mobilität hat Tamara O' Hara, eine in Japan geborene Künstlerin, eine interessante Kartografie entwickelt, die hier kurz vorgestellt wird, weil sie für die Idee der weltoffenen Stadt relevant ist: Sie nennt die von ihr entworfenen Zeichnungen »Bewegungsprotokolle« (protocols of movement). Verzeichnet werden diejenigen Wege, die eine Person während ihres bisherigen Lebens geografisch zurückgelegt hat. Zur Erstellung dieser Porträts legt sie dasselbe Blatt Papier nacheinander auf Welt-, Land- und Städtekarte und zeichnet die jeweils zurückgelegten Strecken nach. Das so entstandene Geflecht aus Linien lässt individuelle Weltkarten entstehen, inklusive der eigenen Grenzen. Sichtbar werden dabei Bewegungsspuren, die alle gleichwertig sind – unabhängig davon, ob es sich um Weltreise, Wohnortwechsel, Pendelwege, Flucht oder Auswanderung handelt. O' Haras ›Porträts‹ verdeutlichen, inwieweit im 20. und 21. Jahrhundert räumliche Mobilität die Biografien bestimmt bzw. in Bewegung setzt.

STÄDTE ALS ORTE DER MIGRATION UND DIVERSITÄT

Die in der Dokumentation der 217. Sonderausstellung des Historischen Museums der Stadt Wien im Jahr 1996 zur Geschichte und Gegenwart der Zuwanderung nach Wien zusammengestellten Beiträge belegen aus unterschiedlichen Perspektiven, welche Rolle Migrationsbewegungen für die Entwicklung, Urbanisierung und Diversifizierung von Wien gespielt haben. Es zeigt sich auch, dass große Entwicklungsschritte in der Stadtgeschichte immer einhergegangen sind mit dem Zuzug von Menschen, die neue Ideen, Sichtweisen, Impulse und vielfältige Kompetenzen mitbrachten. So notiert Peter Eppel einleitend:

> »Gerade das typisch Wienerische hat viel mit der Randlage und Brückenfunktion dieser Stadt zu tun, mit den vielen Migrationsströmen, die ihre tiefen Spuren hinterlassen haben, ja unser Selbstverständnis bis heute prägen – auch wenn wir uns dessen oft nicht bewusst sind [...]. Im Alltagsleben der Wienerinnen und Wiener von heute kommt diese multiethnische Bevölkerungsentwicklung vor allem in der Sprache, Familiennamen, Straßennamen, Bräuchen und in der ›Wiener Küche‹ zum lebendigen Ausdruck. In sehr vielen Fällen auch durch den Stammbaum der eigenen Familie.« (Wir 1996)

Auch Köln ist ein gutes Beispiel dafür, wie Migration vor allem nach dem Zweiten Weltkrieg die Städte geprägt und eine Vielfalt hervorgebracht hat, ohne die Köln heute kaum vorstellbar wäre. Auch in den einzelnen Stadtteilen haben Migrationsbewegungen ihre Spuren hinterlassen und wesentlich zur Kosmopolitisierung und Pluralisierung und damit auch zur Lebensqualität beigetragen. Aus historisch-ethnografischer Perspektive beschreibt Erwin Orywal (2007) die Kölner Migrationsgeschichte, die Sozialgefüge und Alltagskultur der Stadt ständig gewandelt und eine Diversität hervorgebracht hat, die durchaus als Ergebnis einer zweitausendjährigen Zuwanderung angesehen werden kann.

Köln bezeichnet sich gern als die nördlichste Stadt Italiens. Tatsächlich finden sich in Stadtbild, Geschäftsstrukturen und Straßenleben zahlreiche Hinweise auf den mediterranen Einfluss. Viele Beispiele zeigen, wie erfolgreich die Einwanderer trotz restriktiver Bedingungen und struktureller Barrieren waren. Allein angesichts der Tatsache, dass unter den Migranten die Arbeitslosigkeit doppelt so hoch und die allgemeine Qualifikation nur halb so hoch ist, stellen migrationsgeprägte Stadtteile oder Straßenzüge eine Erfolgsgeschichte dar. Sie zeigen, dass Einwanderer auch unter extrem ungünstigen Bedingungen einen hohen Integrationswillen besitzen und neue Kompetenzen entwickeln mussten. Obwohl politisch unerwünscht, ließen sich viele Gastarbeiterinnen und Gastarbeiter dauerhaft nieder und versuchten unter rechtlich erschwerten Bedingungen, sich in den Städten zu verorten, neue Räume zu schaffen und zu gestalten. In Köln bezogen sie in den 1970er Jahren als Gewerbetreibende leerstehende Ladenzeilen in Stadtvierteln, die im Zuge ökonomischer Umstrukturierung und Deindustrialisierung von einheimischen Unternehmern verlassen worden waren. Mit ihren quartiernahen Geschäften brachten sie wieder Leben auf die Straßen und trugen entscheidend zur Sanierung heruntergekommener urbaner Räume bei, die von Stadtplanern längst aufgegeben worden waren. In vielen Straßenzügen reihen sich nun gastronomische Betriebe, Dienstleister und Einzelhandelsgeschäfte mit Angeboten aus aller Welt aneinander. Als ein Paradebeispiel von vielen kann die Kölner Keupstraße gelten. Zugleich steht sie auch für die Ambivalenz, mit der migrationsgeprägte Stadtteile bis heute wahrgenommen werden. Lange haftete dieser Straße ein schlechter Ruf an (vgl. dazu ausführlich Bukow/Yildiz 2002; Jonuz/Schulze 2011). Entstanden als Arbeiterviertel nach dem Zweiten Weltkrieg, entvölkert durch Deindustrialisierung und wiederbelebt durch Zugewanderte, die aus der Not eine Tugend machten und zahlreiche Geschäfte eröffneten, die längst über die Stadtgrenzen hinaus eine breite Kundschaft anziehen, bietet sie heute ein attraktives Bild.

Migrationsgeprägte Stadtviertel weisen oftmals eine besser funktionierende Infrastruktur auf, ökonomische Nischen werden mit zahlreichen Unternehmen besetzt und durch Eigeninitiative Aufstiegschancen geschaffen (vgl. Yildiz/ Mattausch 2008). Da weder eine Niederlassung der Zugewanderten noch ihre ökonomische Einbindung in die Gesellschaft politisch vorgesehen waren, kann man ihre Unternehmensgründungen als ein Ankommen auf eigene Rechnung betrachten. Als ökonomische Selbstintegration, die unter schwierigen Bedingungen als Überlebensstrategie organisiert werden musste.

Durch Migration geprägte Quartiere oder Straßenzüge sind nicht als Abbild einer ›Herkunftskultur‹ zu verstehen, sondern als ein lokal-spezifisches Arrangement, das die Mobilität der Bewohnerschaft abbildet, ein Sinnbild für Urbanität. Ökonomische Strategien werden entfaltet, unterschiedliche kulturelle Elemente miteinander kombiniert, neue Traditionen erfunden. Die kleinen und mittelständischen Unternehmer orientieren sich am Geschmack ihrer Kundinnen und Kunden vor Ort. Die Läden und Lokale mit ihrer Angebotspalette und ihren Dekorationen bieten dem Besucher ein scheinbar orientalisches Bild. Sie sind ein Zugeständnis an die deutschen Vorstellungen von Orient oder Mittelmeerkultur, es sind Inszenierungen, in denen sich die unterschiedlichsten Elemente zu einer neuen, urbanen Tradition verbinden. Diese Mischung von Lokalität und Globalität macht die großstädtische Alltagswirklichkeit aus.

Sie spiegelt das wider, was vielfach als »transkulturelle Praxis« bezeichnet wird: sich mehrfach überlagernde und kreuzende soziale und kulturelle Erfahrungen. Grenzüberschreitende ökonomische, soziale und kulturelle Elemente und Netzwerke werden aktiviert und zu neuen Strukturen, Kommunikationsformen und Lebensentwürfen verbunden.

Die Beispiele zeigen anschaulich, dass Großstädte immer auch Weltstädte waren und somit kontinuierlich durch Diversität bzw. Heterogenität geprägt sind, eine Vielfalt, die erst durch die Entstehung von Nationalstaaten marginalisiert, ignoriert und verdeckt wurde. Gerade migrationsbedingte Mobilitätsbewegungen trugen wesentlich zur Pluralisierung und Diversifizierung urbaner Räume bei (vgl. Yildiz 2013). Um die historischen Sedimentbildungen der Städte freilegen zu können, brauchen wir einen anderen Blick auf urbane Wirklichkeiten, einen Perspektivwechsel, durch den wir mehr über Urbanisierungsprozesse und über städtische Lebenswirklichkeiten erfahren und andere Verortungspraxen und Lebensentwürfe ans Licht bringen können, die auf vielfältigen, sich überlagernden und differenten Wirklichkeitskonstruktionen basieren.

Das alles legt nahe, dass Sesshaftigkeit im urbanen Kontext über mehrere Generationen nicht die Regel ist. Jede dritte Lebensgeschichte in Großstädten wie Wien, Berlin oder Köln ist mittlerweile eine von Migration geprägte. Wenn wir heute von Großstadt sprechen, dann auch von ›Weltstadt‹, denn nationalstaatliche Grenzen verlieren für viele Menschen an Bedeutung. In der Gegenwart erlangen Phänomene wie Sesshaftigkeit und Mobilität völlig neue Bedeutungen. Lokale Geschichten sind heutzutage immer eingebettet in weltweite Zusammenhänge. Infolge der geografischen Mobilität haben fast alle Menschen Verwandte oder Bekannte in verschiedenen Ländern, ihre Biografien weisen weltweite Bezüge auf, was mit Ulrich Beck als eine Art »banaler Kosmopolitismus« bezeichnet werden kann (Beck 2003: 33).

Durch die neuen Öffnungsprozesse werden alte Selbstverständlichkeiten und Kontinuitäten jedoch zunehmend infrage gestellt. Marginalisierte Gruppen, Diskurse und Perspektiven geraten ins Blickfeld. Soziale Phänomene, die bisher als einheitlich und eindeutig wahrgenommen wurden, waren schon immer hybrid und widersprüchlich (vgl. Tschernokoshewa 2005). Diese ehemals marginalen Perspektiven verweisen auf die Kontingenz und Brüchigkeit nationaler Wirklichkeitskonstruktionen und Weltauffassungen. Gerade Transtopien als Übersetzungsorte bzw. als Zwischenräume (vgl. Yildiz 2015; 2016)[2] sind charakteristisch für urbane Lebenskontexte, ermöglichen, wie Bachtin (1987: 85) in einem anderen Zusammenhang formuliert hat,

> »Unterschiedliches zu kombinieren und Entferntes anzunähern, verhilft zur Loslösung vom herrschenden Weltbild, von Konventionen und Binsenwahrheiten, überhaupt von allem Alltäglichen, Gewohnten, als wahr Unterstelltem. Sie erlaubt einen anderen Blick auf die Welt, die Erkenntnis der Relativität alles Seienden und der Möglichkeit einer grundsätzlich anderen Ordnung.«

Urbane Transtopien ermöglichen die Öffnung des Blicks für diverse und widersprüchliche Lebensentwürfe, Lebensformen und simultane Zugehörigkeiten und damit einhergehende urbane Kompetenzen. Bei einer transtopischen Perspektive handelt es sich um einen Beobachtungsstandpunkt, der sich von binären Konstruktionen und nationalen Narrativen abwendet und die Relationalität verwobener Lebenswirklichkeiten in den Mittelpunkt stellt, womit diversitätsbewusste Einblicke in den Alltag möglich werden. So können die Wirkungen diverser Alltagspraxen von Menschen, die an komplexen Prozessen der Übertragung, Aneignung und Verwandlung beteiligt sind, sowie das in der Lebenspraxis hervortretende ›Neue‹ ins Blickfeld der Betrachtung rücken.

---

2 Michel Foucault (1978) meinte mit *Heterotopien* realisierte Utopien im eher negativen Sinn, eine Art *Auslagerungsräume* für das Andere. *Transtopien* verweisen dagegen auf das positive Potenzial *realisierbarer Utopien* in einer durch Mobilität und Diversität geprägten globalisierten Welt.

Die Öffnung des Lokalen zur Welt lässt traditionelle kulturelle Zugehörigkeiten fraglich erscheinen, ermöglicht potenziell hybride Kombinationen in allen Teilen der Welt und lässt neue Differenzen und marginalisierte Wissensarten zu Tage treten. Neue Traditionen werden erfunden. In den einzelnen Lebensentwürfen werden verschiedene Verkettungen kultureller Erzählungen sichtbar, die in dieser Form ohne die weltweiten Öffnungsprozesse nicht denkbar wären. Biografien werden zunehmend auf weltgesellschaftlicher Basis entworfen. Kulturelle Elemente und Lebenswirklichkeiten gleichen unter globalen Bedingungen den »Konstellationen eines Kaleidoskops: Mit jeder Drehung ergibt sich eine Neuordnung der Teile, und wir sind erstaunt über die Andersartigkeit und Lebendigkeit jeder neuen Zusammenstellung.« (Benhabib 1999: 68)

Die weltweite Öffnung bedeutet also nicht eine Homogenisierung der Welt, die eine einheitliche ›globale Kultur‹ entstehen ließe, sondern vielmehr eine neue Perspektive, eine Perspektivenverschiebung, eine Neuinterpretation, Sichtbarmachung und Neuerfindung von lokalen Lebenszusammenhängen. Auf diese Weise entsteht ein anderes Welt- und Diversitätsverständnis. Ähnlich argumentieren Ulrich Beck, Wolfgang Bonß und Christoph Lau (2001: 16):

> »Die Debatte um einen neuen Kosmopolitismus verweist vielmehr auf komplexe Erfahrungsräume und Erwartungshorizonte, in denen die verschiedenen Ordnungen und Ordnungsvorstellungen des menschlichen Zusammenlebens widerspruchsvoll aufeinander treffen und zur Artikulation gedrängt werden. Es ist also die Differenz und nicht die Einheit, welche den neuen ›transnationalen‹ Erfahrungsraum kennzeichnet.«

Das Globale liefert den Kontext, innerhalb dessen urbane Lebenswirklichkeiten vor Ort entfaltet und organisiert werden. Bei der Lebensgestaltung werden bisherige Routinen neu interpretiert, überdacht und transformiert. Unterschiedliche grenzüberschreitende Perspektiven und Differenzen werden von Menschen unter lokalen Bedingungen miteinander in Beziehung gesetzt und biografisch bearbeitet. In dieser Hinsicht stellen gegenwärtige Lebensentwürfe Transtopien dar, weil erst in den biografischen Erzählungen unterschiedliche Orte, Menschen, Erfahrungen und Ereignisse miteinander verbunden werden. So gewinnen Biografien durch jeweilige Strategien und Verknüpfungen ihre spezifischen Ausprägungen. Was die Folgen der Globalisierung vor Ort betrifft, schreibt Martin Albrow (1997: 311):

> »Eine der Folgen der Globalisierung für den Ort ist, dass Menschen an einem Ort wohnen und ihre wichtigsten Beziehungen sich fast ganz nach außen und über die ganze Welt erstrecken. Dies bedeutet, dass Menschen den Ort als Sitz und Ressource sozialer Aktivitä-

ten in sehr unterschiedlicher Form entsprechend der Ausdehnung ihrer Soziosphäre nutzen.«

Globalität, Migration und Diversität werden zur alltäglichen urbanen Erfahrung. Auf diese Weise verstärkt sich die Vielfalt kultureller Impulse in verschiedenen Bereichen, sei es in der bildenden Kunst, im Film, in der Musik, Literatur oder Alltagskultur. Neue Stilmischungen werden hervorgebracht. Interessant erscheint in dieser Entwicklung, dass die globalisierten Gesellschaften in der Lage sind, die unterschiedlichsten und zum Teil widersprüchlichsten kulturellen Impulse zu absorbieren. Durch weltweite Öffnungsprozesse, die potenziell neue Möglichkeiten für Lebensentwürfe eröffnen, wird das Alltagsleben immer reflexiver und die reflexiv gestalteten Lebenswelten werden zu einem zentralen Moment der Strukturierung von Biografien (vgl. Giddens 1991). Weltweite Öffnungsprozesse verstärken einerseits die Enttraditionalisierungstendenzen im Alltag und tragen andererseits zur Erfindung neuer Traditionen bei, wobei unterschiedliche Elemente aus allen Teilen der Welt in den lokalen Kontext einfließen. Gerade am Beispiel von Migrationsprozessen, einer wichtigen Triebkraft weltweiter Öffnung, lässt sich zeigen, wie migrantische und postmigrantische Gruppen unter lokalen Bedingungen neue Traditionen von Literatur, Musik, Film oder Sprachgebrauch prägen und neue Inkorporationsstrategien entwickeln – ob im medialen Bereich, der Hip-Hop-Kultur oder anderen Trends, die zum Teil von der postmigrantischen Generation begründet werden (vgl. Yildiz 2015; 2016).

Neue Verortungspraxen und Kompetenzen im Migrationskontext

Wenn man das übliche »ethnologische Rezeptwissen« (Terkessidis 2010: 134) dekonstruiert, sich von einer ›normalistischen‹ Sichtweise auf urbane Wirklichkeiten und Lebensentwürfe verabschiedet und stattdessen die konkreten Alltagspraxen von Individuen ins Blickfeld rückt, dann erscheint vieles in einem neuen Licht. Der andere Blick ermöglicht neue und diversitätsbewusste Einsichten in die Lebenswirklichkeiten von Menschen; wir begegnen einer *gelebten alltagspraktischen Diversität.*

In globalisierten Städten gleichen die Lebenswirklichkeiten dem, was Edward Said (1990) »atonales Ensemble« nennt: Die alltägliche Realität ist gekennzeichnet durch radikale Vielfalt, Mehrdeutigkeit und Widersprüche. Urbane Kontexte, in denen sich die Einzelnen bewegen, handeln und leben, eröffnen in ihren Kombinationsmöglichkeiten überhaupt erst so etwas wie die Einzigartigkeit des Individuums. So bildet sich ein »Beobachtungshorizont« (Beck 1997), der neue Lebensweisen und Verortungsstrategien ermöglicht, die über das Lokale, Regionale und Nationale hinausgehen und den Alltag vor Ort mit der Welt verbinden. Gerade migrantische oder postmigrantische Lebensentwürfe sind Paradebeispiele dafür, wie solche transnationalen Netzwerke und Strategien entwickelt werden, wie Mehrfachzugehörigkeiten zustande kommen und welche Rolle sie für die Betroffenen im konkreten Alltag spielen (können).

Es ist wichtig, sich nicht nur auf die vielfältige Herkunft der Menschen, sondern auf die Vielfalt der geistigen und kulturellen Horizonte zu beziehen, die in lokalen Kontexten entstehen. Gerade hier zeigen sich die kreativen Potenziale von biografischen Entwürfen, die durch Migrationsbewegungen entstanden sind und im (urbanen) Alltag heute eine gelebte Normalität darstellen. Durch transnationale Netzwerke und deren Nutzung werden neue Kompetenzen entwickelt, soziales und kulturelles Kapital akkumuliert (vgl. Bourdieu 1992). Transnationale Räume werden zu Möglichkeitsräumen (vgl. Schiffauer 2006: 169 ff.). So werden »bewegte Zugehörigkeiten« (Strasser 2009) und weltweit gespannte Mehrfachverbindungen zu einem komplexen, vielschichtigen und hybriden Phänomen und somit zu einer biografischen Ressource in einer globalisierten Welt. Lebensentwürfe erscheinen als ein Ergebnis von unterschiedlichen Beziehungen, Verbindungen und Verknüpfungen, die sogar die ganze Welt umspannen können, eine Art transkultureller Hybridisierung. Aus diesen Netzwerken und Lebensentwürfen entstehen neue Formen und kreative Erfindungen, die die Betreffenden aus unterschiedlichen Elementen auf lokaler Ebene reflexiv zusammenfügen. Solche Entwicklungen verweisen auf eine Lebenspraxis, die der Wirklichkeit der globalisierten Welt nicht hinterherhinkt, sondern sie vorantreibt (vgl. Apitzsch 1999: 482).

Das Leben zwischen oder in unterschiedlichen Welten, das bisher vor allem im Migrationskontext als »Zerrissenheit« oder »Leidensprozess« dramatisiert wurde, erfährt jetzt eine konstruktive biografische Relevanz für die Betreffenden und wird möglicherweise zu einer passenden Metapher für die kosmopolitischen Zeichen der Zeit. In diesem Sinne stellt Regina Römhild (2003: 14) zutreffend fest: »Es ist die Illusion der Sesshaften, dass man sich räumlich und kulturell auf ein Territorium festlegen muss, um eine Antwort auf die Frage der Identität zu finden.«

Zusammenfassend kann zunächst festgehalten werden: Das Alltagsleben folgt eher einer undramatischen sozialen Grammatik, die stärker an konkreten Prozessen und Erfahrungskontexten orientiert ist, als es die allzu einfachen kulturellen Zuschreibungen suggerieren. Gerade die im öffentlichen Diskurs skandalisierten migrantischen oder postmigrantischen Grenzbiografien, die weder zum einen noch zum anderen »Kulturkreis« gehören, sondern sich dauerhaft in Zwischen-Räumen befinden, werden in Zukunft die Weltgesellschaft prägen. Urbane Räume bzw. Transtopien werden zu Bühnen, Ausgangspunkten und Schnittstellen für viele Verortungsstrategien. Hier wird eine soziale Grammatik sichtbar, die neue Möglichkeitsräume erlaubt, in denen Differenzen neu gedacht, aktiviert und auf unterschiedliche Weise miteinander kombiniert werden. Diese Formen der Neugestaltung geschehen nicht in mythischen Integrationskonzepten, sondern vor allem in den Niederungen des Alltäglichen: »Eine Politik zur Gestaltung der Vielheit«, so Mark Terkessidis (2010: 88): »muss diese alltäglichen Erlebnisse ernst nehmen.« »Es geht darum, den geteilten Raum kreativ neu zu erfinden. Insofern darf ›Diversity‹ auch nicht als notwendiges Übel betrachtet werden, sondern als eine begrüßenswerte Gestaltungsaufgabe.« (Terkessidis 2011: 203 f.).

Durch wachsende lokale wie globale Mobilität sowie durch die Pluralisierung und Diversifizierung der Lebenswelten werden öffentliche Institutionen zunehmend mit der Notwendigkeit einer transkulturellen und diversitätsbewussten Öffnung konfrontiert. Ob ein solcher Öffnungsprozess bewusst im Rahmen einer Organisationsentwicklung gefördert oder eher reaktiv und unkoordiniert vollzogen wird, hängt letztlich von der Voraussicht der jeweiligen Institution ab.

»Vielfalt als Chance«, so lautete 2008 das Motto einer vom deutschen Bundesministerium und der Europäischen Union lancierten Werbekampagne zur Förderung von Diversität in Gesellschaft und öffentlichen Institutionen. Dies zeigt die Relevanz und Notwendigkeit der bewussten Wahrnehmung und Auseinandersetzung mit Diversität in der Gesellschaft.

Diversität, die im Zuge globaler Öffnungsprozesse quantitativ wie qualitativ kontinuierlich zunimmt und den Alltag von Menschen und die institutionelle Normalität prägt, verlangt einen konstruktiven, zukunftsweisenden und ressourcenorientierten Umgang. Wir brauchen in der globalisierten Welt ein neues »Diversitätsverständnis«. Diversity darf nicht als ein Programm verstanden werden, das lediglich darauf abzielt, eine bessere und zeitgemäße Stimmung zu erzeugen, sondern ein Konzept zur personellen, kulturellen und inhaltlichen Öffnung von Institutionen in Bezug auf Vielfalt der Menschen und deren Kompetenzen – eine transkulturelle und diversitätsbewusste Öffnung, die etabliert und weiterentwickelt sowie anhand konkreter Zielvorgaben überprüft werden kann. Nach diesem Verständnis bedeutet Diversität, dass im alltäglichen Umfeld vielfältige Differenzen und Erfahrungen möglich und normal sind und der Umgang mit Komplexität, globaler Diversität als eine der heutigen Schlüsselkompetenzen alltäglich geübt wird.

MIGRATION – GLOBALISIERUNG – DIVERSITÄT ALS URBANE ALLTAGSPRAXIS

In einer globalisierten und durch radikale Vielfalt geprägten Welt heißt Migration nicht einfach, von einem Ort aufzubrechen, in den nächsten einzuwandern, um dort integriert zu werden. Vielmehr entstehen durch Migrationsbewegungen neue Räume, neue Lebensentwürfe und transnationale Orientierungen, durch Grenzüberschreitungen und transnationale Verbindungen werden weltweite Phänomene in den urbanen Alltag übersetzt, die für das Zusammenleben vor Ort und für die Alltagspraxis von Bedeutung sind.

Urbaner Wandel durch Migration bedeutet daher, sich vom »methodologischen Nationalismus« (Glick Schiller 2014: 158 ff.) zu distanzieren, das hegemoniale Diktat der Sesshaftigkeit infrage zu stellen, an urbanen Welten anzusetzen und die (Post)Migranten als Experten ihrer eigenen Lebenspraxis zu betrachten.

> »Die Bewegung ist eben nicht etwa eine Abweichung von der Sesshaftigkeit, sondern Normalzustand und gleichzeitig notwendige Voraussetzung von Subjektivität.« (Ebd.: 96)

Zum Schluss bleibt zu sagen: Wir leben längst in einer Welt, die überall und dauerhaft von den Erfahrungen und Wirkungen des Kommens, Gehens und Bleibens geprägt ist. Eine Art » Supervielfalt« (Steven Vertovec) scheint jedenfalls charakteristisch für unsere Zeit.

LITERATUR

Albrow, Martin (1997): »Auf Reisen jenseits der Heimat. Soziale Landschaften in einer globalen Stadt«, in: Ulrich Beck (Hg.), Kinder der Freiheit. (= Edition Zweite Moderne), Frankfurt am Main: Suhrkamp, S. 288-314.

Apitzsch, Ursula (1999): »Biographieforschung und interkulturelle Pädagogik«, in: Heinz-Hermann Krüger/Winfried Marotzki (Hg.), Handbuch erziehungswissenschaftliche Forschung, Opladen: Leske & Budrich, S. 471-486.

Bachtin, Michail M. (1987): Rabelais und seine Welt: Volkskultur als Gegenkultur, Frankfurt am Main: Suhrkamp.

Beck, Ulrich (1997): »Was meint ›eigenes Leben‹?«, in: Ulrich Beck/Ulf Erdmann/Timm Rautert (Hg.), Eigenes Leben. Ausflüge in die unbekannte Gesellschaft, in der wir leben, München: C.H. Beck, S. 9-30.

Beck, Ulrich (2003): »Verwurzelter Kosmopolitismus: Entwicklung eines Konzeptes aus rivalisierenden Begriffsoptionen«, in: Ulrich Beck et al. (Hg.), Globales Amerika? Die kulturellen Folgen der Globalisierung, Bielefeld: transcript Verlag, S. 25-43.

Beck, Ulrich/Bonß, Wolfgang/Lau, Christoph (2001): »Theorie reflexiver Modernisierung – Fragestellungen, Hypothesen, Forschungsprogramme«, in: Ulrich Beck/Wolfgang Bonß (Hg.), Die Modernisierung der Moderne, Frankfurt am Main: Suhrkamp, S. 11-59.

Benhabib, Seyla (1999): Kulturelle Vielfalt und demokratische Gleichheit. Politische Partizipation im Zeitalter der Globalisierung. Frankfurt am Main: Suhrkamp.

Bourdieu, Pierre (1992): »Ökonomisches Kapital – Kulturelles Kapital – Soziales Kapital«, in: ders., Die verborgenen Mechanismen der Macht, Hamburg: VSA, S. 49-80.

Bukow, Wolf-Dietrich (2010): Urbanes Zusammenleben. Zum Umgang mit Migration und Mobilität in europäischen Stadtgesellschaften. Wiesbaden: VS Verlag.

Bukow, Wolf-Dietrich (2011): »Zur alltäglichen Vielfalt von Vielfalt – postmoderne Arrangement und Inszenierungen«, in: Christina Allemann-Ghionda/Wolf-Dietrich Bukow (Hg.), Orte der Diversität, Wiesbaden: VS Verlag, S. 35-54.

Bukow, Wolf-Dietrich/Yildiz, Erol (2002): »Der Wandel von Quartieren in der metropolitanen Gesellschaft am Beispiel Keupstraße in Köln oder: Eine verkannte Entwicklung?«, in: Wolf-Dietrich Bukow/Erol Yildiz (Hg.), Der Umgang mit der Stadtgesellschaft. Ist die multikulturelle Stadt gescheitert oder wird sie zu einem Erfolgsmodell?, Opladen: Leske & Budrich, S. 81-111.

Foucault, Michel (1978): »Historisches Wissen der Kämpfe und Macht«, in: Michel Foucault, Dispositive der Macht. Über Sexualität, Wissen und Wahrheit. Berlin: Merve Verlag.

Giddens, Anthony (1991): Modernity and Self-Identity – Self and Society in Late Modern Age. Stanford University Press, Stanford.

Glick Schiller, Nina (2014): »Das transnationale Migrationsparadigma: Globale Perspektiven auf die Migrationsforschung«, in: Boris Nieswand/Heike Drotbohm (Hg.), Kultur, Gesellschaft, Migration. Die reflexive Wende der Migrationsforschung, Wiesbaden: Springer VS, S. 153-178.

Jonuz, Elizabeta/Schulze, Erika (2011): »Vielfalt als Motor städtischer Entwicklung. Das Beispiel der Keupstraße in Köln«, in: Wolf-Dietrich Bukow/Gerda Heck/Erika Schulze/Erol Yildiz (Hg.), Neue Vielfalt in der urbanen Stadtgesellschaft, Wiesbaden: Springer VS, S. 33-48.

Orywal, Erwin (2007): Kölner Stammbaum. Zeitreise durch 2000 Jahre Migrationsgeschichte. Köln: Kiepenheuer und Witsch.

Römhild, Regina (2003): »Welt Raum Frankfurt«, in: Sven Bergmann/Regina Römhild (Hg.), Global Heimat. Ethnographische Recherchen im transnationalen Frankfurt, Frankfurt am Main: Universität Frankfurt, Institut für Kulturantropologie, S. 7-20.

Römhild, Regina (2009): »Aus der Perspektive der Migration. Die Kosmopolitisierung Europas«, in: Sabine Hess et al. (Hg.), No Integration?! Kulturwissenschaftliche Beiträge zur Integrationsdebatte in Europa, Bielefeld: transcript Verlag, S. 225-239.

Said, Edward (1990): »Figures, Configurations, Transfigurations«, in: Race & Class Nr. 1, S. 16-22.

Said, Edward (1994): Kultur und Imperialismus. Einbildungskraft und Politik im Zeitalter der Macht. Frankfurt am Main: Fischer Verlag.

Schiffauer, Werner (2006): »Transnationale Solidaritätsgruppen, Imaginäre Räume, Irreale Konditionalsätze«, in: Helmuth Berking (Hg.), Die Macht des Lokalen in einer Welt ohne Grenzen, Frankfurt am Main/New York: Campus Verlag, S. 164-180.

Strasser, Sabine (2009): Bewegte Zugehörigkeiten. Nationale Spannungen, transnationale Praktiken und transversale Politik. Wien: Turia + Kant.

Terkessidis, Mark (2010): Interkultur. Berlin: Suhrkamp.

Terkessidis, Mark (2011): »Integration ist von gestern, ›Diversity‹ für morgen – ein Vorschlag für eine gemeinsame Zukunft«, in: Wolf-Dietrich Bukow et al. (Hg.) Neue Vielfalt in der urbanen Stadtgesellschaft, Wiesbaden: Springer VS, S. 189-206.

Terkessidis, Mark (2015): Kollaboration. Berlin: Suhrkamp.

Tschernokoshewa, Elka (2005): »Geschichten von hybriden Leben: Begriffe und Erwahrungswege», in: Elka Tschernokoshewa/Marija Jurić Pahor (Hg.), Auf der Suche nach hybriden Lebensgeschichten. Theorie – Feldforschung – Praxis, Münster/New York u.a.: Waxmann Verlag, S. 9-42.

WIR (1996): Zur Geschichte und Gegenwart der Zuwanderung nach Wien. 217. Sonderausstellung des Historischen Museums der Stadt Wien, 19. September bis 29. Dezember 1996, Eigenverlag der Museen der Stadt Wien, mit einer Einleitung von Peter Eppel.

Yildiz, Erol (2013): Die weltoffene Stadt. Wie Migration Globalisierung zum urbanen Alltag macht. Bielefeld: transcript Verlag.

Yildiz, Erol (2015): »Postmigrantische Perspektiven. Aufbruch in eine neue Geschichtlichkeit«, in: Erol Yildiz/Marc Hill (Hg.), Nach der Migration. Postmigrantische Perspektiven jenseits der Parallelgesellschaft, Bielefeld: transcript Verlag, S. 19-36.

Yildiz, Erol (2016): »Dazwischen als soziale Praxis. Postmigrantische Lebensentwürfe«, in: Stefanie Bürkle (Hg.), Migration von Räumen. Architektur und Identität im Kontext türkischer Remigration, Berlin: Vice Versa Verlag, S. 140-161.

Yildiz, Erol (2016): »Postmigrantische Perspektiven auf Migration, Stadt und Urbanität«, in: Thomas Geisen/Christine Riegel/Erol Yildiz (Hg.), Migration, Stadt und Urbanität. Perspektiven auf die Heterogenität migrantischer Lebenswelten, Wiesbaden: Springer VS, S. 19-34.

Yildiz, Erol/Mattausch, Birgit (Hg.) (2008): Urban Recycling. Migration als Großstadt-Ressource (= Bauwelt Fundamente, Band 140), Basel/Boston/Berlin: Birkhäuser Verlag

Kompetenzen von Asylsuchenden und Flüchtlingen: Erfassung und Entwicklung für die Arbeitsmarktintegration[1]

OTTMAR DÖRING, SARA HAUCK[2]

EINLEITUNG

Deutschland ist für viele Menschen auf der Welt zu einem attraktiven Einwanderungsland geworden. Nicht nur Menschen aus Osteuropa ziehen verstärkt nach Deutschland, sondern auch viele Asylsuchende und Flüchtlinge.[3] Im Jahr 2015 wurden in Deutschland fast 900.000 Asylsuchende erstmalig registriert.[4] Auch wenn die Zuzugszahlen aktuell wieder rückläufig sind (vgl. IAB 2016a: 2), rei-

1 Beim vorliegenden Beitrag handelt es sich um den Zweitabdruck des gleichnamigen Artikels, der in der Publikation von Frederik Durczok und Sarah Lichter erstmals erschienen ist.

2 Für ihre Unterstützung bedanken wir uns insbesondere bei Friederike Deuschle und Maya Niemeyer vom Forschungsinstitut Betriebliche Bildung (f-bb).

3 Die Begriffe »Asylsuchende und Flüchtlinge« und »Geflüchtete« werden synonym verwendet. Gemeint sind alle Personen, die als Schutzsuchende nach Deutschland kommen. Während Asylsuchende Personen sind, die sich noch im Asylantragsverfahren befinden, werden als Flüchtlinge diejenigen bezeichnet, die diesen Status bereits zuerkannt bekommen haben. Geflüchtete wird als Überbegriff für beide Personengruppen verwendet.

4 Nach dem EASY-System des Bundesamts für Migration und Flüchtlinge (BAMF) wurden für 2015 zunächst etwa 1,1 Millionen Asylsuchende erfasst. Nach bereinigten Zahlen ergibt sich eine Nettozuwanderung von knapp 900.000 Asylsuchenden (vgl. IAB 2016a: 2).

sen Asylsuchende und Flüchtlinge im Jahr 2016 weiterhin ein. Aktuellen Schätzungen zufolge wird ungefähr die Hälfte davon längerfristig oder auch dauerhaft in Deutschland bleiben (vgl. Aumüller 2016: S. 6).

Für diese Menschen, aber auch für Deutschland, ist es wichtig und nützlich, die Arbeitsmarktintegration, die die Grundlage entweder für wirtschaftliche und gesellschaftliche Teilhabe oder für eine spätere Rückkehr in die Herkunftsländer bildet, adäquat und gut zu gestalten. Dabei hilft es unseres Erachtens, wenn Lehren aus der Zeit der Arbeitsmigration in den 50er und 60er Jahren oder der Arbeitsmarktintegration in früheren Flüchtlingsperioden gezogen werden: Bei den sogenannten »Gastarbeitern« war man etwa davon ausgegangen, dass die zugewanderten Menschen Deutschland wieder relativ schnell verlassen würden. Dies erwies sich letztlich als Fiktion. Im Ergebnis blieben zum Zeitpunkt des Anwerbestopps, der 1973 infolge der drohenden Wirtschafts- und Ölkrise eingeleitet wurde, 2,6 Millionen ausländische Arbeitnehmer in Deutschland – zusammen mit ihren überwiegend nicht erwerbstätigen Familienangehörigen waren dies rund vier Millionen Menschen – deren Integration in die Mehrheitsgesellschaft nur partiell gelang, weil sie eigentlich gar nicht vorgesehen war. Dies führte zu Nachteilen für die zugewanderten Menschen und auch für Deutschland (vgl. Richter 2016).

Um nicht die Fehler der Vergangenheit zu wiederholen, ist demzufolge ein Perspektivwechsel erforderlich: Integrationspolitik gelingt nicht, wenn sie vor allem darauf zielt, Zuwandernde hauptsächlich als temporär anwesende ›Gäste‹ zu sehen, für deren gesellschaftspolitische Integration man demzufolge keine nachhaltigen Anstrengungen unternehmen muss, weil sie bald wieder in ihre Herkunftsländer zurückkehren (vgl. Bertelsmann Stiftung 2014: 11). Ziel muss es vielmehr sein, dafür zu sorgen, dass die Asylsuchenden und Flüchtlinge schnell ein selbstverständlicher Teil Deutschlands werden. Dies impliziert eine ganzheitliche Integration, die das Entstehen von Parallelgesellschaften verhindert und möglichst viele Menschen in eine nachhaltige Beschäftigung vermittelt. Insbesondere denjenigen mit Bleibeperspektive muss eine schnelle Arbeitsmarktperspektive eröffnet werden, mit Sprachkursen, Integrationsangeboten, Aus- und Fortbildungskursen, aber ebenso auch denjenigen, die sich nur temporär in Deutschland aufhalten. Denn davon profitieren beide Seiten: Integrative Maßnahmen sind nicht nur Dienstleistungen am Menschen für Deutschland, sondern nutzen auch grundsätzlich den Individuen, selbst wenn diese wieder in die Herkunftsländer zurückkehren. Und für Deutschland wird eine gesellschaftliche Stabilität erreicht, die von einer Reduzierung von Transferleistungen begleitet wird.

Doch hierfür müssen erst einmal die Voraussetzungen geschaffen werden: Wesentliches Element ist, dass vorhandene Kompetenzen von Asylsuchenden und Flüchtlingen schnell erfasst und sichtbar gemacht werden. Dies ermöglicht es, Kompetenzen schnell im Arbeitsleben zu nutzen oder bei der Kompetenzentwicklung an bestehende Potenziale bzw. bereits Erlerntes anzuknüpfen, Handlungsfähigkeit festzustellen und maßgeschneiderte Bildungsverläufe zu initiieren. Vor diesem Hintergrund beschäftigt sich der vorliegende Beitrag mit der Fragestellung, inwiefern jener Paradigmenwechsel in der Praxis bereits gelingt und welche Anstrengungen in praktischer und wissenschaftlicher Hinsicht noch nötig sind. Dafür werden zunächst verschiedene, bereits bestehende Wege bzw. Ansätze zur Erfassung von Kompetenzen vorgestellt und daraus Perspektiven und Handlungsbedarf hinsichtlich der Entwicklung von Kompetenzen abgeleitet.

MÖGLICHKEITEN DER ERKENNUNG UND ANERKENNUNG VON KOMPETENZEN

Bevor verschiedene Ansätze zur Erkennung und Anerkennung von Kompetenzen in ihrer theoretischen und praktischen Dimension für die Arbeitsmarktintegration von Asylsuchenden und Flüchtlingen vorgestellt werden, erfolgt zunächst eine Einordnung des Begriffs »Kompetenzen«, denn er wird in verschiedenen Wissenschaftsdisziplinen und Ansätzen unterschiedlich verwendet und verstanden. Nichtsdestotrotz haben sich im wissenschaftlichen Diskurs Grundauffassungen durchgesetzt, die auf breite Akzeptanz stoßen (vgl. Erpenbeck/Rosenstiel 2007: XI). Hierzu zählen der Handlungs- und Situationsbezug, die Subjektgebundenheit und die Veränderbarkeit von Kompetenzen (vgl. Kaufhold 2006: 22-23) Diese Eckpunkte bilden den Ausgangspunkt auch für die Erkennung und Anerkennung von Kompetenzen der Asylsuchenden und Flüchtlinge, wobei sie sich in ihrer praktischen Gestaltung manchmal aber zwischen theoretischen Unklarheiten und Defiziten und einem gewissen Aktionismus in der Entwicklung und Durchführung angesichts der drängenden Problemlagen befinden.

Unter *Handlungsbezug* ist zu verstehen, dass Kompetenz aufgrund der *Gebundenheit an das Subjekt*, das Träger der Kompetenzen ist, nicht direkt beobachtbar ist, sondern sich ausschließlich über die Bewältigung von Handlungssituationen offenbart (vgl. Weiß 1999: 458; Lichtenberger 1999: 288; Leisen 2011: 5). Da sich Kompetenz im Tun, d.h. der Performanz, äußert, ist deren Aktivierung unmittelbar an die vorliegende Handlungssituation gebunden. Sie ist daher stets vor dem Hintergrund der jeweiligen Situation zu betrachten, in der sie mobilisiert wird, und damit immer *situations- bzw. kontextbezogen* (vgl. Kaufhold 2006: 23). Die Gebundenheit von Kompetenzen an das Subjekt hat zur Folge, dass Kompetenzen keine konstanten Größen darstellen. Vielmehr sind sie wie der Kompetenzträger selbst Entwicklungsprozessen unterworfen (ebd.: 24). Dieser kann neue Kompetenzen dazugewinnen sowie bereits vorhandene ausbauen und verfestigen.

Das Europäische Parlament und der Rat der Europäischen Union bezeichnen *Kompetenz* entsprechend als »Fähigkeit zur angemessenen Anwendung von Lernergebnissen in einem bestimmten Zusammenhang« (Cedefop 2014), sei es in der Bildung, am Arbeitsplatz oder in der persönlichen Entwicklung, oder als die »Fähigkeit, Kenntnisse, Fertigkeiten sowie persönliche, soziale und methodische Fähigkeiten in Arbeits- oder Lernsituationen und für die berufliche und/oder persönliche Entwicklung zu nutzen« (ebd.). Kompetenz beschränkt sich hierbei nicht ausschließlich auf kognitive Elemente, darunter die Verwendung von Theorien, Konzepten oder implizitem Wissen (vgl. ebd.). Vielmehr beinhaltet das theoretische Konstrukt auch funktionale Aspekte, wie zum Beispiel technische Fertigkeiten. Zu ihr sind außerdem soziale oder organisatorische Fähigkeiten und Wertehaltungen zu zählen. Weinert beschreibt Kompetenzen als »die bei Individuen verfügbaren oder durch sie erlernbaren kognitiven Fähigkeiten und Fertigkeiten, um bestimmte Probleme zu lösen, sowie die damit verbundenen motivationalen, volitionalen und sozialen Bereitschaften und Fähigkeiten, um die Problemlösungen in variablen Situationen erfolgreich und verantwortungsvoll nutzen zu können« (Weinert 2001: 27). Kompetenz setzt sich nicht nur aus den oben genannten Elementen des Wissens und Könnens zusammen, sondern beinhaltet auch motivationale Aspekte. Denn sowohl beim Erwerb als auch bei der Anwendung von Kompetenzen spielt die Motivation, also die Bereitschaft zum kompetenten Handeln eine wichtige Rolle, ganz nach dem Motto »Man muss es nicht nur können, man muss es auch zeigen.« (Leisen 2011:5) Kompetenz schließt damit auch immer die Performanz, also die konkrete Umsetzung durch das Ausführen einer der Kompetenz zugehörigen Handlung, mit ein (vgl. Kaufhold 2006: 34; Kauffeld 2000: 35; Vonken 2005).

Mit dem Blick auf den Anwendungszusammenhang unterscheidet man verschiedene Kompetenzdimensionen, wobei sich wiederum ein Pluralismus disziplinärer Erkenntnisinteressen geltend macht (vgl. ebd.: 117). Gängig sind die Klassifizierung in Fachkompetenz, Methodenkompetenz, Personalkompetenz und Sozialkompetenz (vgl. Kaufhold 2006: 96; vgl. Abbildung 1).

Manche Klassifikationen unterteilen Kompetenz in weniger Kategorien, zum Beispiel in Sozial-, Selbst- und Sachkompetenz (vgl. Roth 1971: 80), andere fügen weitere Kategorien hinzu oder verwenden eine andere Terminologie (vgl. Erpenbeck/Rosenstiel 2007: XXIII). In jedem Fall wird Kompetenz als mehrdimensionales, komplexes Konstrukt beschrieben. Im Vordergrund stehen der Mensch und seine Handlungsfähigkeit: Wichtig ist nicht, wo und wie der Einzelne etwas gelernt hat, sondern was er heute kann.

Abbildung 1: Die Struktur von Kompetenz

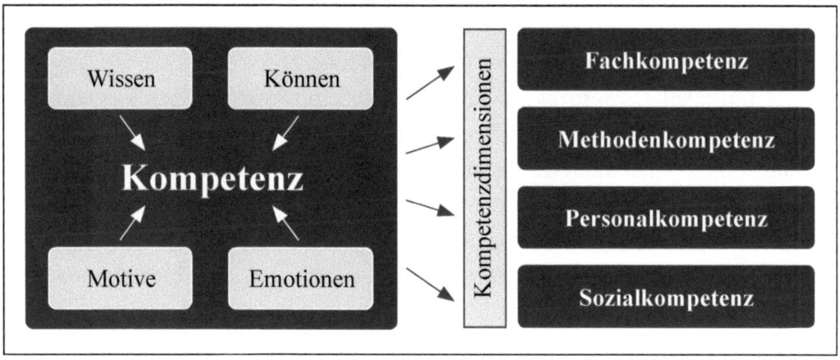

Quelle: Eigene Darstellung in Anlehnung an Kaufhold 2006

Abbildung 2: Übersicht über die verschiedenen Formen des Kompetenzerwerbs

Formen des Kompetenzerwerbs

formale Lernprozesse	• organisierter und strukturierter Kontext (z.B. am Arbeitsplatz, in Einrichtungen der allgemeinen oder beruflichen Bildung) • wird explizit als Lernen bezeichnet und ist (in Bezug auf Lernziele, Lernzeit oder Lernförderung) strukturiert • zielgerichtet (z.B. Zertifizierung)
non-formale Lernprozesse	• Aneignung durch planvolle Tätigkeiten, die nicht explizit als Lernen in Bezug auf Lernziele, Lernzeit oder Lernförderung bezeichnet werden • beinhalten ausgeprägtes „Lernelement" (z.B. betriebsinterne oder externe Weiterbildung) • intentional
informelle Lernprozesse	• Aneignung: Alltag, Arbeitsplatz, Familienkreis, Freizeit • nicht organisiert oder strukturiert in Bezug auf Lernziele, Lernzeit oder Lernförderung • oftmals nicht ausdrücklich beabsichtigt

Quelle: Eigene Darstellung in Anlehnung an Cedefop 2014

Die Lernprozesse, die zum Erwerb der Kompetenzen geführt haben, können unterschiedlicher Art sein. Mögliche Lernkontexte sind der formale Lernweg, informelles und non-formales Lernen (vgl. Abbildung 2).

Bei formalen Lernprozessen handelt es sich um organisiertes Lernen, das hinsichtlich Ziel, Zeit oder Lernförderung strukturiert ist, in der Regel in einer Bildungs- oder Ausbildungseinrichtung stattfindet und aus der Sicht der Lernenden zielgerichtet erfolgt. Als Ergebnis werden anerkannte Abschlüsse und Qualifikationen erworben (vgl. Cedefop 2014).

Non-formales Lernen führt üblicherweise nicht zu einer Zertifizierung des Erlernten. Dennoch erfolgt es aus Sicht des Lernenden zielgerichtet und ist daher in Bezug auf Ziele, Dauer und Lernmittel systematisiert. Ein klassisches Beispiel für non-formales Lernen sind betriebsinterne oder externe Weiterbildungen (vgl. ebd.).

Informelles Lernen findet im Alltag, im Rahmen einer beruflichen Tätigkeit und/oder in sozialen Beziehungen statt. Im Gegensatz zu formalem und non-formalem Lernen ist es nur in geringem Maße intentional und daher in der Regel nicht organisiert. Es wird daher auch als Erfahrungslernen bezeichnet (vgl. ebd.). Schätzungen zufolge wird mit etwa 70 Prozent der Großteil aller Lernergebnisse informell erworben (vgl. Faure et al. 1972).

Die verschiedenen Formen des Kompetenzerwerbs entscheiden maßgeblich darüber, welche Wege in den deutschen Arbeitsmarkt beschritten werden können: Bei *formal erworbenen Kompetenzen* bietet das Anerkennungsgesetz die Möglichkeit, über die Durchführung eines Anerkennungsverfahrens (ggf. inklusive einer Ausgleichsmaßnahme oder Anpassungsqualifizierung) Bildungsabschlüsse in Deutschland anerkennen zu lassen. Bei nicht reglementierten akademischen Abschlüssen kann eine Bewertung durch die Zentralstelle für ausländisches Bildungswesen (ZAB) vorgenommen werden. Für diejenigen, die über *keinen formalen Abschluss* im Sinne des deutschen Bildungssystems verfügen, müssen Fähigkeiten und Kenntnisse über andere Wege wie etwa Kompetenzfeststellungsverfahren sichtbar und bewertbar gemacht werden (vgl. Abbildung 3).

Abbildung 3: Prozessmodellierung: Wege von erwachsenen Geflüchteten in den deutschen Arbeitsmarkt

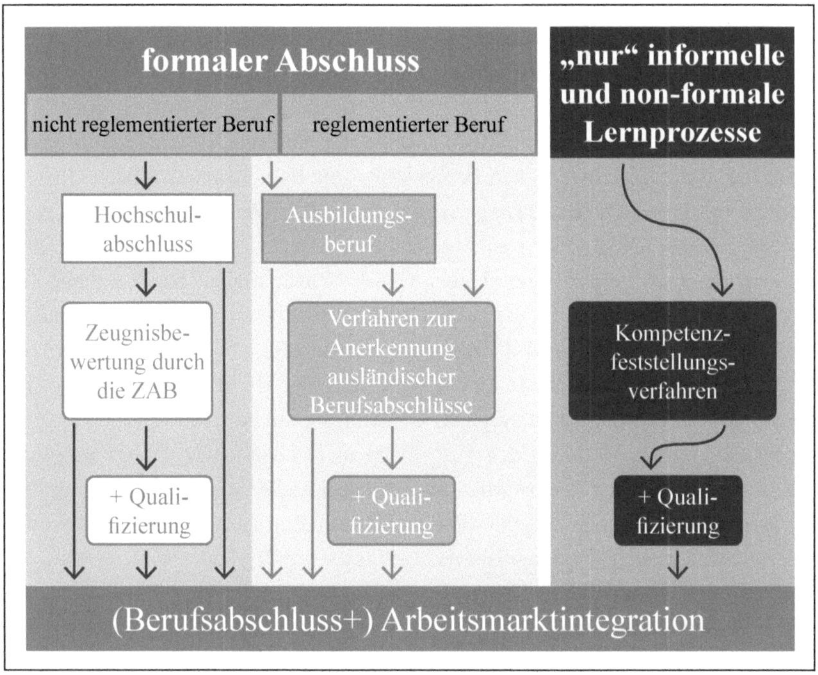

Quelle: Eigene Darstellung

Im Folgenden wird ein Überblick darüber gegeben, welche Möglichkeiten der Identifizierung und Anerkennung von Kompetenzen erwachsener Asylsuchender und Flüchtlinge existieren, in welchem Maße diese in Anspruch genommen werden und welcher Handlungsbedarf aktuell besteht.

Anerkennung ausländischer Berufsabschlüsse

Seit dem Inkrafttreten des Anerkennungsgesetzes (BQFG) im Jahre 2012 können alle Personen ein »Verfahren zur Feststellung der Gleichwertigkeit« beantragen, die eine im Ausland abgeschlossene Berufsausbildung nachweisen können und beabsichtigen, in Deutschland eine Erwerbstätigkeit auszuüben (vgl. BMBF 2012: 7). Das gilt auch für Asylsuchende und Geduldete, da der Nachweis eines (gesicherten) Aufenthaltstitels nicht notwendig ist. In einer bundesweiten Datenbank, die quartalsweise durch die beim Forschungsinstitut Betriebliche Bildung (f-bb) in Nürnberg angesiedelte IQ Fachstelle »Beratung und Qualifizierung«

ausgewertet wird[5], werden Informationen über die Erstberatung im Förderprogramm »Integration durch Qualifizierung (IQ)« dokumentiert. Aus den Daten geht hervor, dass sich immer mehr Asylsuchende und Flüchtlinge an IQ Anerkennungsberatungsstellen wenden, um sich dort zu informieren, wie ihre im Ausland erworbenen Berufsqualifikationen in Deutschland anerkannt werden können.

Wird ein Antrag auf die Anerkennung der ausländischen Berufsqualifikation gestellt und die Gleichwertigkeit bescheinigt, geht damit eine rechtliche Gleichstellung mit Personen *mit einem entsprechenden deutschen Berufsabschluss* einher (vgl. BMBF 2012: 23). Das Anerkennungsgesetz des Bundes und die entsprechenden Gesetze der Bundesländer in deren Zuständigkeitsbereich geben die Kriterien und Verfahren vor, die bei einer Gleichwertigkeitsprüfung anzuwenden sind. Betrachtet werden Ausbildungsdauer und -inhalte, aber auch die Frage, ob die festgestellten Unterschiede für die Ausübung des Berufs in Deutschland relevant sind. Ergänzend ist es möglich, Berufserfahrung der Antragstellenden anzurechnen, falls im Rahmen der Ausbildung nicht ausreichend Praxiserfahrung erworben wurde. Die Gleichwertigkeitsprüfung bezieht sich also sowohl auf die im Ausland erworbenen Abschlüsse als auch auf Berufserfahrung, wie sie beispielsweise durch Arbeitszeugnisse nachgewiesen werden kann.

Über die Anzahl der Anträge, die die Asylsuchenden und Flüchtlinge im Rahmen der Anerkennung ihrer Berufsqualifikationen gestellt haben, oder die Ergebnisse der Gleichwertigkeitsprüfungen liegen derzeit noch keine Informationen vor. Was allerdings gesagt werden kann, ist, dass allein im Zeitraum zwischen Juni 2015 bis einschließlich Oktober 2016 insgesamt 16.023 Asylsuchende und Flüchtlinge eine IQ Anerkennungsberatungsstelle aufgesucht haben. Die Anzahl hat sich seit Anfang Juni 2015 (142 Personen) damit mehr als verzehnfacht. Der Anteil von Personen mit syrischer Staatsangehörigkeit ist besonders hoch und beträgt ungefähr zwei Drittel. Weiterhin lassen sich vor allem Geflüchtete aus dem Irak, Afghanistan und dem Iran zur Anerkennung ihrer im Ausland erworbenen Berufsabschlüsse beraten. Fast 80 Prozent der ratsuchenden Flüchtlinge halten sich erst relativ kurze Zeit – höchstens ein Jahr – in Deutschland auf; unter den Personen mit syrischer Staatsangehörigkeit sind es sogar 85,8 Prozent. Circa 20 Prozent der Personen mit syrischer Staatsangehörigkeit gaben an, über einen oder mehrere Ausbildungsabschlüsse zu verfügen. Im syrischen

5 Die nachfolgenden Datenerkenntnisse wurden im Rahmen des bundesweiten Förderprogramms »Integration durch Qualifizierung (IQ)« gewonnen, das durch das Bundesministerium für Arbeit und Soziales (BMAS) und den Europäischen Sozialfonds (ESF) gefördert wird.

Bildungssystem war es damit zumindest teilweise möglich, Ausbildungen auf Facharbeiterniveau zu erhalten. Syrerinnen und Syrer bringen dann beispielsweise Berufsqualifikationen mit, an die in Deutschland angeknüpft werden kann. Nach Angaben des Instituts der deutschen Wirtschaft Köln (IW) gab es vor dem Krieg in Syrien eine geregelte Berufsausbildung, die von rund 15 Prozent eines Jahrgangs in Anspruch genommen wurde (vgl. Radetzky/Stoewe 2016). In Syrien konnte nach der neunjährigen Pflichtschulzeit zwischen einem allgemeinbildenden und einem berufsbildenden Zweig der Technischen Sekundarschule gewählt werden. Für diesen Weg entschieden sich immerhin 22 Prozent der Schüler, die dann eine dreijährige, staatlich regulierte Berufsausbildung in circa zwanzig verschiedenen technischen, handwerklichen und landwirtschaftlichen Berufen erhielten (vgl. UNESCO 2011: 13). Die schulische Ausbildung wurde ergänzt um praktische Phasen in Laboren und Werkstätten. Allerdings muss berücksichtigt werden, dass sich Produktion und Dienstleistung in Syrien zumeist auf einem anderen technologischen Niveau bewegen als in Deutschland (vgl. Radetzky/Stoewe 2016: 2). Der Großteil aller Geflüchteten, die über IQ geförderte Beratungsangebote zur Anerkennung einer ausländischen Qualifikation in Anspruch nehmen, verfügt über Hochschulabschlüsse (vgl. Abbildung 4). Zu den häufigsten Referenzberufen zählen Ingenieurinnen und Ingenieure, Lehrerinnen und Lehrer sowie Ärztinnen und Ärzte.[6]

6 Vor dem Krieg wurden in Syrien viele Ärzte und Zahnärzte ausgebildet, was den hohen Anteil erklärt. Den Angaben des IW zufolge waren in Syrien im Jahr 2011 zwischen 15 und 20 Prozent der hierfür in Frage kommenden Altersjahrgänge an einer Hochschule eingeschrieben. Im internationalen Vergleich lag Syrien im Jahr 2009 mit 14,3 Allgemeinmedizinern und 8,7 Zahnärzten pro 10.000 Einwohner im oberen Mittelfeld. Die Zugangsvoraussetzungen für ein Studium der Zahnmedizin sind nicht niedriger als in europäischen Ländern. Dies hat dazu geführt, dass syrische Ärzte mittlerweile unter den ausländischen Ärzten in Deutschland die viertgrößte Gruppe bilden (2.159 syrische Ärztinnen und Ärzte im Jahr 2016) (vgl. Radetzky/Stoewe 2016: 2).

Abbildung 4: Abschlüsse der Asylsuchenden und Flüchtlinge in der IQ Anerkennungsberatung

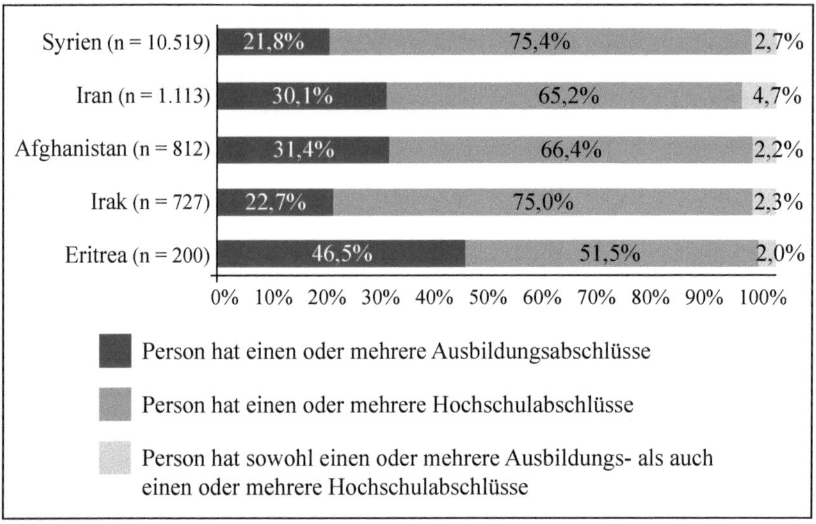

Quelle: Eigene Darstellung

Auch wenn die Gleichwertigkeitsprüfung auf Grundlage einer Dokumentenanalyse erfolgt, ist das Mitbringen von Bescheinigungen und/oder Zertifikaten für die Asylsuchenden und Flüchtlinge, ebenso wie für alle anderen Ratsuchenden, nicht zwingend erforderlich. Immer wieder kommt es vor, dass schriftliche Qualifikationsnachweise fehlen (vgl. Mirbach/Triebl/Bartsch 2014: 31-32). In diesen Fällen gibt es nach § 14 Berufsqualifikationsfeststellungsgesetz (BQFG) die Möglichkeit, *»sonstige Verfahren zur Feststellung der Gleichwertigkeit«* anzuwenden. Im Rahmen einer sogenannten *Qualifikationsanalyse* können Kenntnisse, Fähigkeiten und Fertigkeiten, die nicht oder nicht ausreichend durch schriftliche Dokumente belegt werden können, durch Arbeitsproben oder Fachgespräche nachgewiesen werden. Dies ermöglicht es allen Beteiligten – Antragstellenden, Anerkennungsstellen und Arbeitgebern – einzuschätzen, über welche Kompetenzen eine Person verfügt und welche ihr fehlen. In der Praxis spielt die Qualifikationsanalyse jedoch noch keine große Rolle, da die Verfahren aufwendig und kostenintensiv sind (vgl. BMBF 2016b: 45).

Das Anerkennungsgesetz hat zusammenfassend die Chancen für Menschen mit im Ausland erworbenen Berufsqualifikationen auf dem deutschen Arbeitsmarkt verbessert. Auch Asylsuchende und Flüchtlinge nehmen die Angebote der Anerkennungsberatungsstellen zunehmend wahr. Dies gilt vor allem für Personen mit syrischer Staatsangehörigkeit – sie lassen sich relativ frühzeitig beraten, insbesondere wenn sie einen akademischen Beruf erlernt haben. Ausbildungsberufe spielen demgegenüber zumindest derzeit keine signifikante Rolle. Die Möglichkeit, im Falle des Fehlens von Zertifikaten eine Qualifikationsanalyse durchzuführen, findet noch wenig Anwendung. Insgesamt verfügt jedoch nur ein geringer Anteil der Geflüchteten über formale Berufsqualifikationen im Sinne des deutschen Bildungssystems.[7] Die Mehrzahl besitzt keinen anerkannten Qualifikationsnachweis, weshalb der Erfassung und Anerkennung informell und nonformal erworbener Kompetenzen für die Arbeitsmarktintegration eine besondere Bedeutung zukommt.

Ansätze zur Erfassung non-formal und informell erworbener Kompetenzen

Personen, die über keinen formalen Abschluss im Sinne des deutschen Bildungssystems verfügen, können von den Möglichkeiten des Anerkennungsgesetzes nicht profitieren. Dieses Problem betrifft auch Menschen mit im Ausland erworbenen Berufsqualifikationen, deren Abschluss nicht oder nur teilweise anerkannt wird, oder die längere Zeit nicht in ihrem erlernten Beruf tätig waren.[8] Ob ihre Arbeitsmarktintegration gelingt, hängt maßgeblich davon ab, wie und in welchem Umfang Ergebnisse von Verfahren zur Feststellung und Anerkennung informell und non-formal erworbener Kompetenzen genutzt werden können. Grundsätzlich besteht in Deutschland für Menschen ohne formale Qualifikation kaum Zugang zum beruflichen Bildungssystem, da es gegenwärtig noch *keinen verbindlichen Rechtsrahmen* für die Anerkennung non-formal und informell erworbener Kompetenzen gibt. Damit werden formal geringqualifizierten Menschen Perspektiven auf eine formale Höherqualifizierung und damit langfristige Verbesserung der Arbeitsmarktchancen genommen. Zwar gibt es im Ausbildungssystem die Möglichkeit, auf anderen Wegen erzielte Lernergebnisse anerkennen zu lassen, jedoch betreffen diese Regelungen normalerweise Fälle, in denen Lernergebnisse in anderen formalen Kontexten erzielt wurden und eine Le-

7 Laut der IAB-BAMF-SOEP-Befragung haben 19 Prozent der Geflüchteten Universitäten oder andere Hochschulen besucht, 13 Prozent ihr Studium mit einem Zertifikat abgeschlossen, 12 Prozent haben eine betriebliche Ausbildung oder eine andere berufliche Ausbildung absolviert, 6 Prozent einen beruflichen Abschluss erworben. (vgl. IAB 2016a).

8 Hauck/Hoffmann (2016: 9).

gitimation durch Prüfung und Zertifikat bereits erfolgte.[9] Mit der Empfehlung des Rates der Europäischen Union (2012) an die Mitgliedstaaten, bis 2018 Verfahren zur Validierung non-formalen und informellen Lernens zu implementieren, ist die Frage nach der Anerkennung informell erworbener Kompetenzen auch in Deutschland auf die politische Agenda gesetzt worden (vgl. NABIBB 2014). So entstanden in den vergangenen Jahren im Rahmen bildungspolitisch initiierter Projekte auf nationaler wie europäischer Ebene eine Vielzahl an Ansätzen, Verfahren und Ansatzpunkten, die auf eine Aufwertung informell erworbener Kompetenzen zielen. Wichtig zu erwähnen ist, dass die verschiedenen Ansätze und Verfahren unterschiedliche Funktionen und Zielsetzungen haben. Das breite Spektrum reicht von *Kompetenzerfassungen*, die auf der Auswertung von Dokumenten oder der Beobachtung praktischer Arbeiten basieren (z.B. AiKo – Anerkennung informell erworbener Kompetenzen in der Metall- und Elektroindustrie, AgenturQ) über *Kompetenzmessung*, welche Kompetenzen tatsächlich misst, beurteilt und vergleicht (z.B. Sprachtests, Eignungsdiagnostik, Ascot-Initiative) bis zu *Potenzialanalysen*, die nach (noch) nicht entwickelten Kompetenzen suchen. Weiterhin gibt es *Kompetenzbilanzierungen*, die Kompetenzen mit dem Ziel der Weiterentwicklung durch angeleitete Selbstreflexion in Verbindung mit Empowerment erfassen. In der Tendenz werden bei diesen Ansätzen eher qualitative Methoden wie Interviews oder biografisches Arbeiten eingesetzt. In diesem Zusammenhang seien beispielsweise die sogenannten Bildungs- oder Kompetenzpässe (z.B. der ProfilPASS) und ähnliche Portfolioverfahren genannt (vgl. BMBF 2004; Erpenbeck 2004), die teilweise bereits seit Mitte der 90er Jahre in Deutschland Verbreitung gefunden haben (vgl. Kucher/Wacker 2011: 166). Außerdem existieren Verfahren, die Kompetenzen oder Qualifikationen auf einer Systemebene lediglich zuordnen: Der Deutsche Qualifikationsrahmen (DQR) ist beispielsweise ein Instrument zur Einordnung der Qualifikationen des deutschen Bildungssystems (vgl. BMBF 2016a).

Obwohl eine Vielzahl von Instrumenten, Verfahren und Ansätzen existiert, wird die Kompetenzfeststellung bei Asylsuchenden und Flüchtlingen ohne formalen Berufsabschluss im deutschen Sinne (noch) als zentraler Schwachpunkt im Integrationsprozess ausgewiesen. Dies hängt mit einer Reihe an Herausforderungen zusammen: Über das deutsche Bildungs- und Beschäftigungssystem ist den Asylsuchenden und Flüchtlingen beispielsweise häufig nichts bekannt, das System der Herkunftsländer ist mit dem hiesigen oftmals wenig vergleichbar. Der fehlende Bezug zu den eigenen beruflichen Kompetenzen (andere Wertig-

9 Vgl. Berufsbildungsgesetz (BBiG) § 7 Anrechnung beruflicher Vorbildung oder BBiG § 50 Gleichstellung von Prüfungszeugnissen.

keit von Abschlüssen, andere Traditionen) kann die Kompetenzfeststellung erschweren. Weiterhin kann auch ein Unverständnis und damit eine Fehleinschätzung gegenüber den Verfahren bestehen (z.B. Vermischung mit Asylanerkennungsverfahren, Prüfungssituation). Nicht zuletzt hat Kompetenzfeststellung auch immer mit Orientierung und Interessen zu tun. Nicht alle Asylsuchenden und Flüchtlinge *wollen* zwangsläufig ihren bisherigen Berufserfahrungen entsprechend eingesetzt werden. Häufig hat eine schnelle finanzielle Unabhängigkeit größere Priorität. In der Konsequenz entscheiden sich Asylsuchende und Flüchtlinge teilweise für Helfertätigkeiten fernab bisheriger Berufserfahrungen – anstatt für zeitaufwendige Verfahren, die beispielsweise praktische Phasen im Betrieb vorsehen (vgl. Daumann et. al. 2015: 14-15). Ferner ist bei der überwiegenden Zahl der Flüchtlinge mit Ankunft in Deutschland von geringen allgemeinen und wenig berufsspezifischen Deutschkenntnissen auszugehen. Auch Analphabeten stellen unter Flüchtlingen eine bedeutsame Gruppe dar (vgl. Brücker et al. 2016: 47). Damit besteht eine Herausforderung darin, fachliche und soziale Kompetenzen trotz mangelnder Deutschkenntnisse und daraus resultierender Verständnisschwierigkeiten der Aufgaben und Übungen feststellen zu können. Auch subjektive Abfragen können herausfordernd sein, da diese aufgrund der zuvor genannten Punkte und einem mangelnden Verständnis deutscher Formulare ein hohes Fehlerpotenzial bergen können. Solche und ähnliche Erfahrungen wurden beispielsweise im Projekt »Early Intervention« gemacht (Daumann et al. 2015: 4).

Wie ist man vor diesem Hintergrund in Deutschland aufgestellt? Zunächst ist das *Clearing* oder *Screening* zu nennen, das eine erste Einschätzung der Kompetenzen vornimmt, um die Person dann dem richtigen weiterführenden (Beratungs-)Angebot zuordnen zu können. Ein bereits entwickeltes Instrument, das einen einfachen Gesprächseinstieg mit wenig Zeitaufwand bietet und formal, non-formal und informell erworbene Kompetenzen erfasst, sind die Kompetenzkarten der Bertelsmann Stiftung. Diese werden beispielsweise in Beratungsprozessen der MBE-Beratung eingesetzt und ermöglichen eine erste Einschätzung der Ratsuchenden (vgl. Döring/Müller/Neumann 2015).

Grundsätzlich haben sich jedoch noch kein Verfahren und kein Instrument für das Clearing breiter etabliert. Abgesehen vom Clearing im Speziellen, widmen sich einige Initiativen bereits seit Jahren der *Entwicklung von Instrumenten und Verfahren für Menschen mit Migrationshintergrund.*[10] Viele der in diesem Kontext entwickelten Instrumente und Verfahren zielen hauptsächlich auf Empowerment und Berufsorientierung (z.B. KomBI-Laufbahnberatung, KomPass,

10 Vgl. IQ (2008).

Kompetenzen-Panorama) und haben einen hohen beraterischen Anteil. Wie zuvor erwähnt, können insbesondere bei diesen Verfahren die Sprachlastigkeit und die subjektiven Abfragen eine Herausforderung darstellen. Gerade in jüngster Zeit wurden viele der bestehenden Instrumente und Verfahren auf die Zielgruppe der Asylsuchenden und Flüchtlinge angepasst oder aber neu für speziell diese Zielgruppe entwickelt. Anpassungen erfolgten hauptsächlich im Bereich der Sprache, indem nun verstärkt mit Visualisierungen, einfacher Sprache oder auch Übersetzungen gearbeitet wird. Weiterhin existiert mittlerweile eine Reihe technologiebasierter Tests. Mithilfe dieser Tests lassen sich Handlungssituationen im Betrieb relativ gut abbilden. Sie bieten zudem ein hohes Maß an Erwartungssicherheit, weil sie standardisiert, einheitlich und wissenschaftlich abgesichert sind, und liefern ein einfach handhabbares und valides Ergebnis für schnelle und maßgeschneiderte Bildungsverläufe. Als Beispiel ist das Projekt »Kompetenzcheck für Geflüchtete« zu nennen, welches Kompetenztests zur Erfassung beruflicher Kompetenzen in den Bereichen Metallbe- und -verarbeitung, Elektrofachtätigkeiten, Logistiktätigkeiten und Tätigkeiten im Landschafts- und Gartenbau entwickelt.[11] Es handelt sich hierbei um einen probabilistischen Test, der neben einer deutschen Version auch auf Arabisch, Englisch und Französisch vorliegt. Der Test beinhaltet u.a. kognitive Wissensbestände (z.B. Werkzeuge, Werkstoffe), Kenntnisse über Vorgaben und technische Abläufe sowie sicherheitsrelevantes Verhalten. Es erfolgt jedoch keine Testung von Fertigkeiten, Motorik oder Sozialkompetenzen. Herausforderungen bestehen in der Testinfrastruktur, was beispielsweise die Aktualität und kontinuierliche Pflege betrifft, ebenso wie in der Testsicherheit (Umfang des Fragenkatalogs). Andere Verfahren (z.B. AnerkennungsKombi, Aktionswoche Metall-Schweißen-Elektro) integrieren hingegen zunehmend praktische Erprobungen, z.B. in Werkstätten oder Betrieben. Die Maßnahme »Perspektive für Flüchtlinge (PerF)« der Bundesagentur für Arbeit zielt ebenfalls darauf ab, berufliche Kompetenzen durch Maßnahmeteile im sogenannten »Echtbetrieb« zu identifizieren. Derartige Verfahren haben einerseits den Vorteil, dass sie maßgeschneidert auf individuelle und betriebliche Bedürfnisse ausgerichtet sind. Andererseits ist nachteilig zu erwähnen, dass sich eine Umsetzung für eine große Zahl von Personen und in der Fläche aufgrund des Aufwandes schwierig gestaltet. Außerdem besteht bei Arbeitsproben immer ein gewisses Maß an Subjektivität bei der Beurteilung.

11 Das Projekt ist Teil des Maßnahmenprogramms IdA – Integration durch Ausbildung und Arbeit –, das die Bayerische Staatsregierung und die vbw – Vereinigung der bayerischen Wirtschaft – gemeinsam aufgelegt haben.

Die Erfassung von non-formal und informell erworbenen Kompetenzen in Deutschland gestaltet sich zusammenfassend sowohl für die autochthone Bevölkerung wie auch für Zugewanderte schwierig. Es besteht ein Methodenpluralismus mit unterschiedlichem Qualitätsverständnis. Unterschiedliche Ansätze zur Messung oder Erfassung werden als legitim angesehen, jedoch existieren aktuell nur wenige bewährte und einsatzbereite Instrumente, Verfahren oder Tests für Asylsuchende und Flüchtlinge. Viele Verfahren befinden sich noch in der Konzeptionsphase oder stehen noch am Anfang der Umsetzung, sodass es derzeit kaum Erfahrungen und Ergebnisse gibt und Erfolg und Nutzbarkeit damit noch ungewiss sind. Kein Instrument und Verfahren ist als Generalinstrument für alle Prozessschritte geeignet. Handlungsbedarf besteht vor allem hinsichtlich der sprachlichen Anforderungen bestehender Verfahren, der Anschlussfähigkeit und der transparenten und verwertbaren Dokumentation. Außerdem muss die Neuentwicklung von Instrumenten, Verfahren und Tests vorangetrieben werden, insbesondere solcher, die den fachlichen Kern beruflichen Tätigwerdens im Fokus haben, um daraus Ergebnisse für schnelle und maßgeschneiderte Bildungsverläufe zu gewinnen. Zudem muss das Bildungssystem vielfältig geöffnet werden. Und so muss es zukünftig vor allem darum gehen, dass Kompetenzen nicht nur erkannt, sondern auch (teilweise) *an*erkannt sowie weitere Möglichkeiten für die (teilweise) Entwicklung bereitgestellt werden.

PERSPEKTIVEN FÜR DIE KOMPETENZENTWICKLUNG

Obwohl keine exakten Zahlen zum Stand der Arbeitsmarktintegration von Asylsuchenden und Flüchtlingen bisher vorliegen, da diese statistisch nicht separat erfasst werden (vgl. IAB 2016b: 15), wird deutlich, dass der Prozess ganz am Anfang steht. Die Asylsuchenden und Flüchtlinge des Jahres 2015 tauchen jetzt erst sukzessive in den Arbeitsmarktstatistiken auf, und in den kommenden Jahren ist mit weiter ansteigenden Arbeitslosenzahlen von Geflüchteten zu rechnen (vgl. IAB 2016c: 5). Bis zur Jahresmitte 2016 hat nach Schätzungen etwa ein Zehntel bis ein Achtel der als Arbeit suchend gemeldeten Geflüchteten eine Beschäftigung gefunden (vgl. IABb 2016b: 16). Meist kamen sie im Reinigungsgewerbe oder in der Gastronomie unter; alleine McDonald's beschäftigte im Sommer 2016 ungefähr 900 Flüchtlinge (vgl. ZEIT ONLINE 2016). Über von Politik und Wirtschaft getragene Initiativen wie etwa »Integration durch Ausbildung und Arbeit« in Bayern konnten einige Tausend Flüchtlinge in Praktika,

Ausbildungs- und Beschäftigungsverhältnisse vermittelt werden.[12] Während sich hier viele kleine und mittlere Unternehmen engagiert zeigen, halten sich DAX-Konzerne noch auffallend zurück; bei der Daimler AG arbeiteten im August 2016 z.B. nur neun Flüchtlinge (vgl. ebd.). Insgesamt kann daher von durchschlagenden Erfolgen bei der Arbeitsmarktintegration von Asylsuchenden und Flüchtlingen bisher keine Rede sein.

Was bleibt also zu tun? Im Sinne einer ganzheitlichen Integration, die das Entstehen von Parallelgesellschaften verhindert und möglichst viele Menschen in eine nachhaltige Beschäftigung vermittelt, müssen über die Er- und Anerkennung vorhandener Kompetenzen hinaus mit Blick auf die Kompetenzentwicklung vor allem hinsichtlich folgender Punkte Verbesserungen vorgenommen werden:

- *Verkürzung der Integrationszeit:* Bisher integrierten sich Asylsuchende und Flüchtlinge im Vergleich zu anderen Migrantengruppen deutlich später in den Arbeitsmarkt. Erst 15 Jahre nach dem Zuzug ließen sich keine Unterschiede mehr zwischen Geflüchteten und anderen Gruppen hinsichtlich der Erwerbsquote feststellen (vgl. IAB 2015: 10). Die Arbeitsmarktintegration von Geflüchteten benötigt Zeit und Geduld. Ein Ziel muss es daher sein, *die Phase der Passivität zu verkürzen.* Arbeitsmarktintegration wird aber auch von Kontextfaktoren bestimmt, die immer mitberücksichtigt werden müssen: Die Wohnsituation in Flüchtlingsunterkünften kann sowohl das Lernen als auch das Arbeiten beeinträchtigen. Weiterhin können auch die Länge der Asylverfahren und die damit verbundene Rechts(un)sicherheit eine Rolle spielen. Mit Blick auf die Integrationszeit muss man sich auch über die Organisation der Lernprozesse von Asylsuchenden und Geflüchteten Gedanken machen. In entsprechenden Debatten wird ganz unterschiedlich priorisiert: Im angelsächsischen Raum liegt der Fokus auf Arbeitsmaßnahmen (»erst arbeiten, später lernen«), in den skandinavischen Ländern dagegen auf Lernmöglichkeiten (erst anschließend soll gearbeitet werden). Auch in Deutschland werden mitunter erst einmal mehrere Maßnahmen (z.B. Integrationskurs, Sprachkurs, Berufsausbildungsvorbereitung, Ausbildung) durchlaufen, bevor jemand berufstätig werden kann. Und so stellt sich die Frage nach einer Parallelisierung dieser Prozesse: Kann jemand ohne Sprachkenntnisse nicht trotzdem schon arbeiten und diese dann *en passant* erwerben? Zum Teil werden solche Ansätze paralleler Qualifizierungen bereits umgesetzt (z.B. »triale Ausbildung«, bestehend

12 20.200 sozialversicherungspflichtige Beschäftigungsverhältnisse, 4.126 Ausbildungsverhältnisse und 15.050 Praktika (Stand: September 2016).

aus praktischer Lehre, Berufsschule und Spracherwerb). Teilqualifizierungen und/oder Teilzeitausbildungen können in diesem Zusammenhang ein hilfreiches Instrument darstellen, weil sie einzeln zertifizierbar und auf dem Arbeitsmarkt verwertbar sind. So können einerseits An- und Ungelernte im großen Umfang weitergebildet werden; andererseits können Unternehmen ihren Arbeitskräftebedarf in bestimmten Berufsfeldern anhand passgenauer Kompetenzen gezielt abdecken. Kurzum: Strukturelle Teillösungen dienen der schnellen Verzahnung und bieten im Übrigen auch Chancen für deutsche Geringqualifizierte.

- *Erweiterung der Tätigkeitsfelder:* Häufig war und ist der Wechsel vom Herkunftsland nach Deutschland noch immer mit einem unfreiwilligen Absinken der beruflichen Erfahrungen verbunden, wie die Evaluation des Bleiberechtsnetzwerks gezeigt hat: Während in dieser Studie knapp über die Hälfte der Zugewanderten im jeweiligen Herkunftsland berufliche Erfahrungen gesammelt hat, so waren es anschließend in Deutschland nur ca. 39 Prozent. Die beruflichen Erfahrungen in Deutschland vollziehen sich allerdings häufig in Bereichen des Niedriglohnsektors. In besonderem Maße betreffen solche dequalifizierenden Effekte Personen, die ein abgeschlossenes Studium vorweisen konnten. Von ihnen arbeiteten nur 6,7 Prozent in einer ihrem Abschluss angemessenen akademischen Position (vgl. Mirbach/Triebl/Benning 2014: 23). Bisher fanden sich Flüchtlinge und Asylsuchende vornehmlich im Hotel- und Gaststättengewerbe, im Garten- und Landschaftsbau und der Landwirtschaft, oder auch den sogenannten wirtschaftsnahen Dienstleistungen (z.B. Reinigung, Wach- und Sicherheitsdienste) wieder. Eine Erweiterung der Tätigkeitsfelder ist daher angeraten. Gleichzeitig darf nicht davon ausgegangen werden, dass sich fortan die Mehrheit der Asylsuchenden und Flüchtlinge in »High-End«-Ausbildungsberufen, wie beispielsweise dem Kfz-Mechatroniker, wiederfindet. Vielmehr gibt es eine Reihe von zweijährigen Ausbildungsberufen, die sich bereits für deutsche Geringqualifizierte bewährt haben, als Einstieg gut geeignet sind (z.B. Industrieelektriker für Betriebstechnik) und perspektivisch auch andere Tätigkeitsfelder öffnen. Mit Blick auf die Vergangenheit sollte jedoch ein Paradigmenwechsel vollzogen werden: weg von der schnellen Vermittlung, hin zu einer Fachstrategie. Für eine nachhaltige Arbeitsmarktintegration ist eine *qualifikationsadäquate* Beschäftigung essenziell. Es muss darum gehen, fachliche und methodische Kompetenzen zu entdecken und weiterzuentwickeln. Wesentlich in diesem Zusammenhang sind die subjektiven Voraussetzungen (Was wird mitgebracht?) sowie die Fragen, wo eine unmittelbare Arbeitsmarktverwertbarkeit bzw. eine entsprechende Nachfrage besteht und wo die Durchlässigkeit gegeben ist, um die Chance zu haben, die (deutschen) Zertifikate zu erreichen, die auf Dauer eine Integration in den deutschen Arbeitsmarkt ermöglichen.

- *Realistisches Erwartungsmanagement:* 70 Prozent der jugendlichen Geflüchteten, die bislang in Bayern in Ausbildung gekommen sind, brachen die Ausbildung ab (vgl. FAZ 2015). Dies hat vielfältige Gründe, wie zum Beispiel Sprachprobleme. Einen gewichtigen Faktor stellen allerdings auch falsche Erwartungen dar – und zwar sowohl auf Seiten der Asylsuchenden und Flüchtlinge als auch auf Seiten der Betriebe. Betriebe erwarten »fertige« Fachkräfte und unterschätzen, was sie noch an Eigenleistung einbringen müssen. Flüchtlinge und Asylsuchende wollen hingegen oftmals schnell Geld verdienen und nehmen lieber Hilfsjobs anstelle einer Ausbildungsstelle an. Viele Geflüchtete haben Schulden bei Schleppern oder müssen die in der Heimat lebende Familie mitversorgen. Der Stellenwert von beruflicher Ausbildung in Deutschland ist vielen nicht bewusst und gerät daher oftmals in den Hintergrund. An dieser Stelle wird kein optimales Erwartungsmanagement betrieben. Selbst mit Berufserfahrung in einem bestimmten Bereich gibt es noch viel Spezifisches, das erst gelernt werden muss: Grundpflegerische Tätigkeiten sind zum Beispiel in anderen Ländern nicht überall Bestandteil einer Tätigkeit in der Pflege. Möchte man in diesem Bereich arbeiten, muss sich im Rahmen von Qualifizierungen also auch damit auseinandergesetzt werden.

FAZIT

In den vergangenen Jahren sind in Deutschland vielfach Verbesserungen auf den Weg gebracht worden, um die Arbeitsmarktintegration von Menschen mit Migrationshintergrund, von Migrantinnen und Migranten sowie von Asylsuchenden und Flüchtlingen voranzubringen. So wurden mit Inkrafttreten des Anerkennungsgesetzes im Jahre 2012 für Personen mit im Ausland erworbenen Berufsabschlüssen – unabhängig vom Aufenthaltsstatus – Möglichkeiten geschaffen, Abschlüsse anerkennen zu lassen. Eine Option, für die sich zunehmend auch Asylsuchende und Flüchtlinge entscheiden. Für den Großteil der Geflüchteten, und zwar für diejenigen ohne formalen Abschluss im Sinne des deutschen Bildungssystems, wurden und werden verschiedenste Verfahren zur Feststellung informell und non-formal erworbener Kompetenzen entwickelt. Allerdings sind diese Kompetenzen, die eben nicht innerhalb von Regularien der beruflichen Ausbildung zertifiziert wurden, die den deutschen Gewohnheiten und Vorstellungen zur Berufsbildung entsprechen, kaum direkt verwertbar und finden auch nur schwer formale Anerkennung in Deutschland. Hier muss die Neuentwicklung von Instrumenten und Verfahren vorangetrieben werden, die sich auf den fachlichen Kern einer beruflichen Tätigkeit fokussieren, diesen als Beschäftigungsgrundlage transparent machen und für eine weitere Kompetenzentwicklung öffnen. Aus einer solchen Kompetenzfeststellung lassen sich Ergebnisse für schnelle und maßgeschneiderte Bildungsverläufe gewinnen. Aber auch die Kompetenzentwicklung gilt es in den Blick zu nehmen und Lehren aus der Vergangenheit zu ziehen:

- Die Arbeitsmarktintegration von Asylsuchenden und Flüchtlingen erfordert zwar viel Zeit und Geduld, muss aber zum Ziel haben, die Integrationsphase durch *Parallelisierung von (Qualifizierungs-)Maßnahmen* zu verkürzen.
- Es muss darum gehen, fachliche und methodische Kompetenzen zu erkennen und weiterzuentwickeln, um eine *nachhaltige Arbeitsmarktintegration* zu ermöglichen. Dies steht nicht im Gegensatz zur schnellen und kurzfristigen Beschäftigung, die auch auf unteren Qualifikationsstufen erfolgen kann, sollte aber Anschlussmöglichkeiten für eine hochwertige Kompetenzentwicklung eröffnen können, wenn die individuellen Potenziale und die wirtschaftliche Nachfrage vorhanden sind.
- Falsche Erwartungen an Arbeitsmarktintegration und Arbeitsleistungen führen sowohl auf Seiten der Betriebe als auch bei den Asylsuchenden und Flüchtlingen zu Frustration, die mittel- und langfristig der unzweifelhaft notwendigen Arbeitsmarktintegration schadet. Desillusionierungen gilt es daher durch ein von Anfang an *realistisches Erwartungsmanagement* vorzubeugen – und zwar auf Seiten der Betriebe wie auf Seiten der Asylsuchenden und Flüchtlinge. Grundsätzlich muss durch Investitionen in Bildung und Ausbildung alles darangesetzt werden, optimale Rahmenbedingungen bereitzustellen. Ganz profan aus eigenem Interesse – aber auch aus höher gelagerten, humanitären Motiven: Denn »es kommen Menschen« (Max Frisch).

LITERATUR

Arbeitsgemeinschaft Qualifikations-Entwicklungs-Management (Hg.): Kompetenzentwicklung ‘99. Aspekte einer neuen Lernkultur. Argumente, Erfahrungen, Konsequenzen, Münster u.a.: Waxmann.

Aumüller, Jutta (2016): Arbeitsmarktintegration von Flüchtlingen: bestehende Praxis – Ansätze und weiterführende Empfehlungen, Gütersloh: Bertelsmann Stiftung.

Bertelsmann Stiftung (Hg.) (2014): Vielfältiges Deutschland. Bausteine für eine zukunftsfähige Gesellschaft, Gütersloh: Bertelsmann Stiftung.

BMBF (Bundesministerium für Bildung und Forschung) (2004) (Hg.): Weiterbildungspass mit Zertifizierung informellen Lernens, Berlin: BMBF.

BMBF (Bundesministerium für Bildung und Forschung) (2012): Erläuterungen zum Anerkennungsgesetz des Bundes, Berlin: BMBF.

BMBF (Bundesministerium für Bildung und Forschung (2016a): Der Deutsche Qualifikationsrahmen für Lebenslanges Lernen (DQR). Siehe http://www.dqr.de/index.php vom 21.10.2016.

BMBF (Bundesministerium für Bildung und Forschung) (2016b): Bericht zum Anerkennungsgesetz 2016. Siehe https://www.bmbf.de/pub/Bericht_zum_Anerkennungsgesetz_2016.pdf vom 30.09.2016.

Brücker Herbert et al. (2016): Geflüchtete Menschen in Deutschland – eine qualitative Befragung. IAB-Forschungsbericht 9/2016, Nürnberg: IAB.

Cedefop (2014): Terminology of European education and training policy. A selection of 130 key terms (2. Ausgabe), Luxemburg: European Union. Siehe http://www.cedefop.europa.eu/de/publications-and-resources/publications/4117 vom 03.09.2016.

Döring, Volker et al. (2015): Early Intervention – Modellprojekt zur frühzeitigen Arbeitsmarktintegration von Asylbewerberinnen und Asylbewerbern. Ergebnisse der qualitativen Begleitforschung. IAB-Forschungsbericht 3/2015, Nürnberg: IAB.

Döring, Ottmar/Müller, Bettina/Neumann, Florian: Potenziale erkennen – Kompetenzen sichtbar machen. Chancen für Menschen mit Migrationshintergrund, Gütersloh: Bertelmann Stiftung.

Durczok, Frederik/Lichter, Sarah (Hg.) (2017): Integration als Bildungsaufgabe!? Herausforderungen – Möglichkeiten – Chancen, Hohengehren: Schneider Verlag.

Erpenbeck, John (2004): »Gedanken nach Innsbruck. Kompetenz – Kompetenzentwicklung – Kompetenzbilanz«, in: QUEM-Bulletin 6, S. 1-7.

Erpenbeck, John/Rosenstiel, Lutz von (2007): »Einführung«, in: Dies. (Hg.), Handbuch Kompetenzmessung. Erkennen, Verstehen und Bewerten von Kompetenzen in der betrieblichen, pädagogischen und psychologischen Praxis (2. Auflage), Stuttgart: Schäffer Poeschel, S. XVII-XLVI.

Faure, Edgar et al. (1972): Learning to Be: The World of Education Today and Tomorrow, Paris: UNESCO.

FAZ (Frankfurter Allgemeine Zeitung) (2015): »Handwerkskammer in Bayern. 70 Prozent der Flüchtlinge brechen Ausbildung ab« in: FAZ vom 15.10.2015. Siehe http://www.faz.net/aktuell/wirtschaft/wirtschaftspolitik/

handwerkskammer-in-bayern-70-prozent-der-fluechtlinge-brechen-ausbil dung-ab-13857887.html vom 07.11.2016.

Hauck, Sara/Hoffmann, Jana (2016): »Zugang zum Arbeitsmarkt – die Potenziale von Menschen mit Migrationshintergrund nutzen. Diversity Kompetenz in der beschäftigungsorientierten Beratung«, in: Petia Genkova/ Tobias Ringeisen (Hg.), Handbuch Diversity Kompetenz: Gegenstandsbereiche, Wiesbaden: Springer, S. 139-151.

IAB (Institut für Arbeitsmarkt- und Berufsforschung) (2015): Aktueller Bericht 14/2015, Nürnberg: IAB.

IAB (Institut für Arbeitsmarkt- und Berufsforschung) (2016a): IAB-BAMF-SOEP-Befragung von Geflüchteten: Überblick und erste Ergebnisse. IAB-Forschungsbericht 14/2016, Nürnberg: IAB.

IAB (Institut für Arbeitsmarkt- und Berufsforschung) (2016b): Eine vorläufige Bilanz der Fluchtmigration nach Deutschland. Aktueller Bericht 19/2016, Nürnberg: IAB.

IAB (Institut für Arbeitsmarkt- und Berufsforschung) (2016c): Zuwanderungsmonitor. Aktuelle Berichte September 2016, Nürnberg: IAB.

IQ (IQ-Facharbeitskreis Kompetenzfeststellung) (2008): Praxishandreichung. Qualitätsstandards und migrationsspezifische Instrumente zur Kompetenzfeststellung und Profiling, Augsburg: IQ.

Kaufhold, Marisa (2006): Kompetenz und Kompetenzerfassung: Analyse und Beurteilung von Verfahren der Kompetenzerfassung, Wiesbaden: VS Verlag für Sozialwissenschaften.

Kucher, Katharina/Wacker, Nadine (2011): »Kompetenzfeststellung für Migrantinnen und Migranten. Ansatzpunkte, Problemfelder und Handlungsperspektiven«, in: Mona Granato/Dieter Münk/Reinhold Weiß (Hg.), Migration als Chance, Bonn: Bertelsmann, S. 161-174.

Leisen, Josef (2011): Kompetenzorientiert Lehren und Lernen. Siehe http://www.josefleisen.de/uploads2/02%20Der%20Kompetenzfermenter%20-%20Ein%20Lehr-Lern-Modell/03%20Kompetenzorientiertes%20Lehren%20und%20Lernen.pdf vom 10.10.2016.

Lichtenberger, Yves (1999): »Von der Qualifikation zur Kompetenz. Die neuen Herausforderungen der Arbeitsorganisation in Frankreich«, in: Arbeitsgemeinschaft Qualifikations-Entwicklungs-Management (Hg.), Kompetenzentwicklung '99. Aspekte einer neuen Lernkultur, S. 275-310.

Mirbach, Thomas/Triebl, Katrin/Bartsch, Samera (2014): Programmevaluation ESF-Bundesprogramm zur arbeitsmarktlichen Unterstützung für Bleibeberechtigte und Flüchtlinge mit Zugang zum Arbeitsmarkt. Abschlussbericht, Hamburg: Lawaetz Stiftung – Univation.

NABIBB (Nationale Agentur Bildung für Europa beim Bundesinstitut für Berufsbildung) (2014): »Anerkennung von non-formalem und informellem Lernen«, in: bildung für europa, Journal der Nationalen Agentur beim Bundesinstitut für Berufsbildung 21 von November 2014.

Radetzky, Marie-Claire von/Stoewe, Kristina (2016): Flüchtlinge. Bildungsstand syrischer Flüchtlinge – 5 Gerüchte auf dem Prüfstand. IW-Kurzbericht Nr. 20 vom 02.05.2016, Köln: Institut der deutschen Wirtschaft.

Richter, Hedwig (2016): Die Komplexität von Integration. Arbeitsmigration in die Bundesrepublik Deutschland von den fünfziger bis in die siebziger Jahre. Siehe http://www.zeitgeschichte-online.de/thema/die-komplexitaet-von-integration vom 07.11.2016.

Roth, Heinrich (1971): Pädagogische Anthropologie (Band 2). Entwicklung und Erziehung. Grundlagen einer Entwicklungspädagogik, Hannover: Schroedel.

UNESCO (UNESCO International Bureau of Education) (2011): World Data on Education. Siehe http://www.ibe.unesco.org/en/resources/world-data-education vom 07.11.2016.

Weinert, Franz E. (2001): »Vergleichende Leistungsmessung in Schulen – Eine umstrittene Selbstverständlichkeit«, in: Ders. (Hg.), Leistungsmessungen in Schulen, Weinheim u. Basel: Beltz, S. 17-31.

Weiß, Reinhold (1999): »Erfassung und Bewertung von Kompetenzen – empirische und konzeptionelle Probleme«, in: Arbeitsgemeinschaft Qualifikations-Entwicklungs-Management (Hg.): Kompetenzentwicklung '99. Aspekte einer neuen Lernkultur, S. 433-493.

ZEIT ONLINE (2016): »Flüchtlinge – Wo sind sie denn?«, in: ZEIT ONLINE vom 18. August 2016. Siehe http://www.zeit.de/2016/35/fluechtling-arbeitsmarkt-buerokratie-unternehmen-versprechen vom 07.11.2016.

Zur Gegenwart der sprachlich-beruflichen Integration von Flüchtlingen: Chancen und Risiken

IBRAHIM CINDARK, DAVID HÜNLICH

EINLEITUNG

Nicht nur in Bezug auf die aktuelle Einwanderung der Flüchtlinge wird im Kontext der Migration häufig die Frage aufgeworfen, ob solche Prozesse eine Bedrohung oder Bereicherung für die Aufnahmegesellschaft darstellen. Dabei werden nicht selten die Perspektive, die Wünsche und die Hoffnungen der Migranten aus dem Diskurs ausgeklammert. Da jedoch die Migration – und in der Folge die Integration von Migranten – ein wechselseitiger Prozess ist, erachten wir es für essenziell, beide Seiten im Blick zu behalten und von Chancen und Risiken zu sprechen, die solche Entwicklungen sowohl für das Einwanderungsland als auch für die Migranten in sich bergen.

In unserem Aufsatz konzentrieren wir uns auf die Chancen, die sich aus der aktuellen Migration ergeben. Dabei werden wir die Ergebnisse aus unserer Begleitstudie zu einer Qualifizierungsmaßnahme für Flüchtlinge (»Perspektive für Flüchtlinge«, kurz PerFPlus) darlegen, die wir in einer bayerischen Kleinstadt begleitet haben. Solche Maßnahmen können als wichtige Bestandteile der neuen Willkommenskultur in Deutschland betrachtet werden und sind zunächst als eine Chance für beide Seiten zu verstehen. Das Einwanderungsland kann mithilfe solcher Initiativen gezielt für Arbeitsbereiche und Berufsgruppen werben, in denen es an Nachwuchs mangelt. Auf der anderen Seite bieten solche Maßnahmen den Zugewanderten eine Chance, sich in der hiesigen Arbeitswelt zu orientieren und Berufsfelder zu erkunden, die ihnen bislang noch nicht oder anders bekannt waren (so wie die Berufe in den Herkunftsländern ausgeübt werden).

Maßnahmen wie PerFPlus bergen allerdings auch Risiken: Wenn sie ihr Ziel verfehlen und Frustrationen auf beiden Seiten erzeugen, sind Arbeitslosigkeit, lange Warteschleifen und möglicherweise politische Polarisierung die Folge. Insofern ist eine schnelle Intervention hinsichtlich der Verbesserung solcher Maßnahmen in der gegebenen Situation essenziell. Nachdem wir in den nächsten beiden Abschnitten zunächst auf die aktuelle Fluchtmigration und unser Projekt »Deutsch im Beruf: Die sprachlich-kommunikative Integration von Flüchtlingen« eingehen, analysieren wir im Anschluss ausführlich die Anlage und Durchführung der Maßnahme PerFPlus, die wir ethnografisch begleitet haben.[1]

FLÜCHTLINGE IN DEUTSCHLAND

Die Zahlen darüber, wie viele Geflüchtete 2015 nach Deutschland gekommen sind, schwankten in letzter Zeit zum Teil erheblich. Im Januar 2016 berichtete die Bundesregierung noch, dass es knapp 1,1 Millionen Menschen waren (vgl. BAMF 2016a: 10). Nach Angaben des Bundesamts für Migration und Flüchtlinge (BAMF) wurden aber in diesem Zeitraum ›nur‹ 476.649 Asylanträge gestellt (vgl. BAMF 2016a: 11). Die Diskrepanz zwischen diesen beiden Angaben hat mehrere Gründe: Die Zahl von 1,1 Millionen Flüchtlingen geht auf das EASY-Verfahren (Erstverteilung der Asylbegehrenden) zurück, das eine IT-Anwendung zur Erstverteilung der Flüchtlinge auf die einzelnen Bundesländer ist. Da aber nach diesem Verfahren keine persönlichen Daten erfasst werden, sondern lediglich Informationen wie Geschlecht oder Herkunftsland, sind Fehl- und Mehrfacherfassungen nicht ausgeschlossen. Fehlerfassungen kommen zum Beispiel dadurch zustande, dass viele Flüchtlinge Deutschland nur zur Durchreise in andere EU-Länder nutzten. Mehrfach erfasst wurden sie, wenn sie sich statt in das zugewiesene Bundesland auf eigene Faust zu Bekannten oder Verwandten in anderen Bundesländern begaben. Eine letzte Erklärung für die Diskrepanz liefert mit Sicherheit auch die große Zahl der Geflüchteten. Da das BAMF gar nicht über die personellen Kapazitäten verfügte, von allen Flüchtlingen im gleichen Jahr die Asylanträge entgegenzunehmen, ist mit Sicherheit ein Großteil der letztjährigen Flüchtlinge unter den 723.027 Asylanträgen wiederzufinden, die 2016 bis November gestellt wurden (vgl. BAMF 2016b). Im September 2016 wurde

---

1 An dieser Stelle danken wir herzlich unseren wissenschaftlichen Hilfskräften Kristin Bauer, Oleksandra Gubina, Peter Gyülvészi und Marc Oberle für ihr engagiertes Zuarbeiten für diesen Aufsatz, sowie Rahel Beyer und Ralf Knöbl für ihre wertvollen Korrekturen.

dann die Zahl der tatsächlich in Deutschland angekommenen Flüchtlinge auch deutlich nach unten korrigiert. Mittlerweile geht die Bundesregierung davon aus, dass 2015 etwa 890.000 Flüchtlinge nach Deutschland kamen, was dennoch eine historische Rekordmarke bedeutet (vgl. Zeit online 2016).

Die Bundesregierung reagierte auf diese »Flüchtlingskrise«[2] mit zwei Gesetzesänderungen, die im Oktober 2015 (Asylpaket I) und März 2016 (Asylpaket II) verabschiedet wurden. Die Reformen verfolgten zusammengefasst drei Ziele (vgl. Bundesregierung 2016: 5-9):

1. Die Gruppe der Flüchtlinge mit guter Bleibeperspektive aus Ländern wie Syrien oder Irak sollen mit den neuen Gesetzen schneller integriert werden: Hierzu zählen Regelungen wie Öffnung der Integrationskurse auch für Flüchtlinge mit einer Aufenthaltsgestattung (Asylpaket II), sicherer Aufenthaltsstatus während der dreijährigen beruflichen Ausbildung oder Änderungen in der Beschäftigungsordnung, sodass Fachkräfte schon nach drei Monaten arbeiten dürfen.
2. Die Gruppe der Flüchtlinge mit schlechter Bleibeperspektive soll schneller abgeschoben werden: Hier hat man Länder wie Afghanistan und Kosovo auf der Liste der sicheren Herkunftsstaaten hinzugefügt und zum Beispiel Abschiebungen ohne vorherige Ankündigungen in die Rechtslage aufgenommen.
3. Durch einige Gesetzesverschärfungen sollen andere Menschen davon abgebracht werden, nach Deutschland kommen zu wollen: So sollen die Asylbewerber Sachleistungen statt Geldzahlungen bekommen und das Recht auf Familiennachzug soll für alle Flüchtlinge, die den geringeren Status des sogenannten subsidiären Schutzes haben, für zwei Jahre ausgesetzt werden.

2 Wie Lehmann (2015: 7) bemerkt, kann man im Zusammenhang mit der großen Fluchtmigration von einem »Krisendiskurs« in den europäischen Ländern sprechen, wobei die deutschsprachigen Medien vor allem den Ausdruck »Flüchtlingskrise« verwenden, während außerhalb von Deutschland meist die Ausdrücke »Migrationskrise« bzw. »Migrantenkrise« gebraucht werden.

DAS IDS-PROJEKT: »DEUTSCH IM BERUF: DIE SPRACHLICH-KOMMUNIKATIVE INTEGRATION VON FLÜCHTLINGEN«

Der Leiter des Max-Planck-Instituts zur Erforschung multireligiöser und multiethnischer Gesellschaften, Steven Vertovec, bezeichnet die Fluchtmigration von 2015 als die »zweite Wende« (Vertovec 2015) für Deutschland, die das Land nachhaltig verändern wird. Nach seiner Einschätzung werden die gesellschaftlichen Transformationen dermaßen tiefgreifend sein, dass die Formulierung »seit der Flüchtlingskrise« eine ebenso geläufige Redewendung sein wird wie die Formulierung »seit der Wende«. Um die Migrations- und Integrationsprozesse von Anfang an dokumentieren und analysieren zu können, wurde am Institut für Deutsche Sprache (IDS) zu Beginn des Jahres 2016 das Projekt »Deutsch im Beruf: Die sprachlich-kommunikative Integration von Flüchtlingen« gestartet.[3] Das Projekt untersucht zum einen in einer ethnografischen Feldstudie, wie der Prozess des Erwerbs der kommunikativen Kompetenzen verläuft, die für erfolgreiche fachliche Kommunikation im Beruf und die interpersonale Integration in Arbeitsteams erforderlich sind. Ein zweiter Bestandteil des Projekts ist die Durchführung einer Sprachstandserhebung in allgemeinen Integrationskursen. In Zusammenarbeit mit dem Goethe-Institut Mannheim werden bei dieser zweistufigen Erhebung die Sprachbiografien und Sprachlernfortschritte von Integrationskursteilnehmern erfasst und analysiert.

Die Sprachstandserhebung wird bundesweit an sieben Standorten in fünf verschiedenen Bundesländern durchgeführt. Die erste Erhebung zu Beginn der allgemeinen Integrationskurse fand von September bis November 2016 statt. In insgesamt 42 Kursen nahmen 607 Menschen an der Erhebung teil, wobei mehr als die Hälfte der Teilnehmer angab, Flüchtling zu sein.[4] Bei dieser ersten Erhe-

---

3 Das IDS hat auch früher stets auf die wichtigsten Migrationsprozesse reagiert und deren sprachlich-soziale Erscheinungen unter die Lupe genommen: So wurden in der Vergangenheit das »Gastarbeiterdeutsche« (Keim 1978), die sprachliche Integration von Aussiedlern (Berend 1998; Meng 2001; Reitemeier 2006) und die Kommunikation in verschiedenen Milieus von türkeistämmigen Migranten der zweiten und dritten Generation (Keim 2008; Cindark 2010) untersucht.

4 In der Umfrage haben wir versucht, mit zwei Fragen diesen Personenkreis zu ermitteln: In einer ersten Frage haben wir nach den Gründen der Anwesenheit in Deutschland gefragt, worauf die Teilnehmenden u.a. angeben konnten, aus politischen, religiösen etc. Gründen aus dem Heimatland geflohen zu sein. In einer zweiten Frage haben wir nach ihrem Status in Deutschland gefragt, worauf die Teilnehmenden u.a. mit

bung geht es darum, Informationen zu Sozialdaten und Sprachbiografien der Teilnehmer einzuholen und zu erfragen, wie viele sprachliche Kontakte sie zur einheimischen Bevölkerung in alltäglichen und beruflichen Kontexten haben. Die zweite Erhebung, die wir am Ende derselben Kurse im Frühjahr und Sommer 2017 durchführen werden, beinhaltet einen Performanztest in Form eines nachgestellten Vorstellungs- bzw. Bewerbungsgespräches. Ziel der Untersuchung ist es, ein Bild davon zu bekommen, wie gut sich die Teilnehmer am Ende der Kurse beruflich selbst darstellen können.

Neben der Sprachstandserhebung führen wir in unserem Projekt ethnografisch fundierte Interaktionsanalysen in Ausbildungskontexten und im Berufsleben durch. In Kooperationen mit mehreren Partnern[5] untersuchen wir hier, wie gut die sprachliche und soziale Integration der Flüchtlinge in diesen Situationen gelingt und von welchen Faktoren und Bedingungen sie abhängig ist. Im Fokus unserer multimodalen Interaktionsanalysen steht vor allem die Frage, welche sprachlichen und interkulturellen Phänomene sich in Interaktionstypen wie Anleitungs-, Team- und Evaluationsgesprächen als gelungene und nicht-gelungene Praktiken der kommunikativen Integration feststellen lassen. In unserer Ethnografie dokumentieren und analysieren wir zum einen den längsschnittlichen Integrationsverlauf von einzelnen Geflüchteten. Zum anderen begleiten wir einzelne Qualifizierungsmaßnahmen, die wir teilnehmend beobachten und untersuchen. Im nächsten Abschnitt präsentieren wir unsere Einblicke in eine innovative Maßnahme, die in einer bayerischen Kleinstadt mit insgesamt 23 Teilnehmern durchgeführt wurde.

»Flüchtling in Deutschland« antworten konnten. Dementsprechend haben wir bei unserer Erhebung diejenigen als »Flüchtlinge« kategorisiert, die sich bei der letztgenannten Frage diesem Status zuordneten und/oder bei der vorherigen Frage nach Motiven die Flucht als Migrationsgrund nannten.

5 Kooperationspartner sind die Hochschule der Wirtschaft für Management in Mannheim sowie die Agentur für Arbeit Regensburg und lokale Anbieter von Ausbildungsmaßnahmen für Geflüchtete und Partner aus der Wirtschaft und Berufsförderung.

QUALIFIZIERUNGSMASSNAHMEN ALS TEIL DER WILLKOMMENSKULTUR – ETHNOGRAFISCHE ANALYSE EINER MASSNAHME

Deutschland war lange Zeit ein Einwanderungsland wider Willen. Nach dem Zweiten Weltkrieg bis zum Millennium gab es mehrere Migrationsschübe, ohne dass diese Prozesse von politischer Seite wirklich tiefgreifend gestaltet wurden. In den anderthalb Dekaden nach 1945 wurden über 13 Millionen Vertriebene und (deutschstämmige) Flüchtlinge in der Bundesrepublik aufgenommen (vgl. Herbert 2003: 193 ff.; Terkessidis 2000: 16). Daneben begann die Bundesrepublik ab 1955, die damals sogenannten »Gastarbeiter« anzuwerben, die für das deutsche Wirtschaftswunder benötigt wurden. Bis zum Anwerbestopp von ausländischen Arbeitskräften im Jahre 1973 kamen verschiedenen Schätzungen zufolge zwischen 14 und 20 Millionen »Gastarbeiter« nach Deutschland.[6] Die überwiegende Mehrheit von ihnen kehrte aber wieder in die Heimatländer zurück, sodass 1973 nur noch 2,6 Millionen »Gastarbeiter« in der Bundesrepublik beschäftigt waren (IQ 2003: 199). Ende der 1980er Jahre und zu Beginn der 1990er Jahre waren es schließlich vor allem Spätaussiedler und Asylbewerber, von denen jeweils um die 400.000 jährlich nach Deutschland migrierten. Trotz dieser immensen Migrationen lautete aber das Credo der bundesrepublikanischen Regierungspolitik bis 1998 stets: »Wir sind kein Einwanderungsland.« (Herbert 2003: 262)

Seit den frühen 2000ern begann sich die Politik des Landes jedoch stark zu wandeln und den gesellschaftlichen Realitäten anzupassen: Im Jahre 2000 wurde der Staatsbürgerschaftsparagraf reformiert, 2005 trat das Zuwanderungsgesetz (das zum ersten Mal Integrationskurse für Migranten vorsah!) und 2006 das Allgemeine Gleichbehandlungsgesetz in Kraft. Schließlich begann man seit den 2010ern auch an einer neuen »Willkommenskultur« zu arbeiten, die es Zugewanderten leichter machen soll, sich in Deutschland zu integrieren (IQ 2013: 7). Die oft zitierte Aussage »Wir schaffen das« von Bundeskanzlerin Angela Merkel, die sie im Jahre 2015 als Reaktion auf die Herausforderungen der Fluchtmigration formulierte, kann als Kern dieser neuen, proaktiven Einwanderungspolitik gesehen werden. Wichtige inhaltliche Aspekte der Willkommenskultur sind auf sprachlicher Ebene das Angebot der mehrmonatigen Integrationskurse und im Hinblick auf die berufliche Integration die vielfältigen Qualifizierungsmaß-

6 Seidel-Pielen (1995: 24) und Bade/Oltmer (2005: 73) sprechen von 14 Millionen »Gastarbeitern«, die Deutschland insgesamt anwarb, Oberndörfer (2005: 111) von über 20 Millionen.

nahmen, die den Migranten angeboten werden. Insofern ist es von zentraler Bedeutung, diese beruflichen Maßnahmen wissenschaftlich zu begleiten und die Frage zu beantworten, wie diese Maßnahmen zum Nutzen aller Beteiligten verbessert werden können.

PerFPlus: Hintergrund und Struktur

Im Hinblick auf die berufliche Qualifizierung und Vermittlung fallen anerkannte Asylbewerber unter die Zuständigkeit der Jobcenter, Asylbewerber bzw. Geduldete unter die der Bundesagentur für Arbeit (BA). »Perspektive für Flüchtlinge Plus« (PerFPlus) ist eine von vielen Maßnahmen, die im Jahr 2015 von der Regionaldirektion Bayern für Asylbewerber und Geduldete mit einer hohen Bleibewahrscheinlichkeit konzipiert wurden.[7] Ziel aller Maßnahmen ist es, die Geflüchteten möglichst umfassend und zügig auf eine Arbeitsaufnahme in Deutschland vorzubereiten, indem berufsfachliche Kenntnisse, Fähigkeiten und Fertigkeiten festgestellt und Sprachkenntnisse vermittelt werden. Den rechtlichen Rahmen solcher Maßnahmen bildet § 45 des Sozialgesetzbuches (Drittes Buch). Da die Bundesagentur rechtlich gesehen keine allgemeine Deutschförderung finanzieren darf, beschränkt sich die Vermittlung von Deutschkenntnissen in allen Maßnahmen auf berufsbezogenes Deutsch.

Der wesentliche Vorläufer von PerFPlus, nämlich die Maßnahme »Perspektive für Flüchtlinge« (PerF), bietet Teilnehmern über einen Zeitraum von drei Monaten eine Kompetenzfeststellung sowie Unterstützung bei Bewerbungsvorbereitungen in verschiedenen Berufsfeldern. Auch punktuelle sprachliche Förderung und Praktika in Betrieben sind vorgesehen. Bei der siebenmonatigen Maßnahme PerFPlus werden etliche Bereiche von PerF intensiver gestaltet: Laut der Ankündigung sind 40 Stunden für eine »Standortbestimmung« und »Bedarfsanalyse« und weitere 90 Stunden für eine »Eignungsfeststellung« der Teilnehmer vorgesehen. Dabei sollen der Bildungsstand, der bisherige berufliche Werdegang und die vorhandenen Kenntnisse und Fähigkeiten erfasst und eine Förder- und Integrationsstrategie abgestimmt werden. Es folgen 280 Zeitstunden (ca. 8 Wochen) Kenntnisvermittlung in praktischen Unterrichtseinheiten, die zumeist in Werkstattunterrichten stattfinden. In »tätigkeitsorientierten Erprobungen« von 6 Wochen, d. h. in der Regel in betrieblichen Praktika, soll die Anwendung der

7 Ähnliche Maßnahmen sind zum Beispiel »Brückenjahr 21 plus«, »EQ Flucht«, »Integration durch Arbeit« (IdA) oder »Fit in Arbeit«. Sie unterscheiden sich im Wesentlichen durch die Länge, die Alterszielgruppe und die Ausrichtung auf bestimmte Berufsfelder.

erlernten Fähigkeiten vertieft werden. Mögliche Felder für Werkstätten und Praktika sind Berufe im Büro und Sekretariat sowie rund um Recht und Verwaltung, Berufe in Handel, Transport, Lager, Logistik, Hotel- und Gaststättengewerbe sowie Berufe in der Versorgung und Installation, Berufe mit Pflanzen (aus dem Berufsfeld Landwirtschaft, Natur, Umwelt), Berufe mit Lebensmitteln (aus dem Berufsfeld Produktion, Fertigung), Gesundheit und Soziales, Elektrotechnik, Metall und das Baugewerbe, Berufe mit Farben und Lacken, mit Holz sowie Bau, Architektur und Vermessung. Einen zentralen Teil nimmt der Sprachunterricht ein: In 365 Zeitstunden (bis zu 10 Wochen) sollen berufsbezogene Deutschkenntnisse erworben werden. Zwei weitere Wochen sind für Bewerbungen und die Vermittlung in Arbeit vorgesehen.

Die wöchentlich 35 Zeitstunden Anwesenheit der Teilnehmer verteilen sich gleichmäßig auf die fünf Wochentage. Während der zeitliche Umfang der Maßnahme und ihrer Teile vorgeschrieben ist, gilt bei der inhaltlichen Durchführung der Maßnahme das Prinzip der Flexibilität. Der Anbieter kann die Inhalte und Module des Kurses im Maßnahmezeitraum verteilen, wie es nach den örtlichen Gegebenheiten am sinnvollsten erscheint. Die genannten Module können sequenziell oder parallel verlaufen. Beim sequenziellen Verlauf werden bei der Kenntnisvermittlung monatsweise verschiedene Arbeitsbereiche ›beschnuppert‹ und den Teilnehmern so ein Vergleich diverser Berufsfelder ermöglicht. Ein paralleles Angebot von verschiedenen Werkstätten und Praktika erfordert im Gegensatz dazu wesentlich mehr personelle und räumliche Ressourcen und ist entsprechend schwieriger umzusetzen. Die Gestaltung der Wochenstunden ist ebenfalls flexibel: So kann die Sprachförderung halbtags oder ganztags angeboten werden, sodass sich inhaltlicher Unterricht und Sprachvermittlung entsprechend halbtäglich oder täglich abwechseln.

Die Bundesagentur für Arbeit ist wie alle öffentlichen Auftraggeber gesetzlich verpflichtet, Aufträge zur Deckung ihres Bedarfs grundsätzlich im Rahmen von öffentlichen Ausschreibungen zu vergeben. Über die lokalen Agenturen werden Angebote von lokalen Bildungsanbietern eingeholt und schließlich Verträge über die Durchführung geschlossen.

Analyse der Maßnahme

Im vorliegenden Fall einer PerFPlus-Maßnahme in einer bayerischen Kleinstadt, die im Juni 2016 begann und im Dezember 2016 endete, wurden wir von der örtlichen Arbeitsagentur der BA als zusätzlicher, begleitender Partner zugelassen, um durch gezieltes Feedback unsererseits die zukünftigen Maßnahmen zu verbessern. Aufgrund der wirtschaftlichen Gegebenheiten im Umkreis der Kleinstadt waren für die Kenntnisvermittlung in den Werkstätten des Kurses zunächst die Fachbereiche Metall/Maschinenbau, Bau/Architektur/Vermessung sowie Gesundheit/Soziales/Pädagogik vorgesehen. Die Teilnehmer sollten sequenziell in mehrwöchigen Werkstattunterrichtseinheiten des Anbieters in die Berufsfelder eingeführt und gegen Ende der Maßnahme in betriebliche Praktika vermittelt werden. Im Kurs waren anfangs 20 Teilnehmer. Durch den Ausstieg einiger Teilnehmer und das Nachrücken neuer Teilnehmer nahmen insgesamt 23 Personen teil.[8] Der Großteil der Teilnehmer stammte aus Syrien, nur drei Teilnehmer kamen aus dem Irak.

In Begleitung der Maßnahme führten wir sowohl Einzel- als auch Gruppeninterviews durch. Interviewpartner waren neben den Teilnehmern auch die Kursleiterin, die Ausbilder in den Fachbereichen, der Anbieter der Maßnahme sowie die Vertreter der Bundesagentur auf lokaler und regionaler Ebene. Wir besuchten einige Teilnehmer auch in ihren Unterkünften und sprachen mit ihren ehrenamtlichen Helfern, um die sozialen Faktoren einordnen zu können, die die Maßnahme indirekt beeinflussen. Als Kernstück unserer Arbeit wurden diverse Ausbildungskontexte per Video und Audio aufgenommen und anschließend analysiert. Wir dokumentierten vor allem die Werkstätten im Bereich Metall und Bau, weil hier Videoaufnahmen möglich waren.[9] In den folgenden drei Abschnitten präsentieren wir die aus unserer Sicht wichtigsten Analysen und Ergebnisse.

Reihenfolge integrativer Maßnahmen hinsichtlich des Spracherwerbs

Ein wesentliches Hindernis bei der Durchführung der Maßnahme PerFPlus waren die unzureichenden Sprachkenntnisse der Teilnehmer zu Kursbeginn. Hier stand die ursprüngliche Rechtslage vor Verabschiedung des Asylpaketes II im Widerspruch zu der Konzeption der Maßnahme. Da PerFPlus sich vor allem an Asylbewerber und Geduldete ohne Zugang zum Integrationskurs richtete, konnte von Grundkenntnissen des Deutschen bei den meisten Teilnehmern nicht ausgegangen werden. Bei fast allen Interviews und Gesprächen mit den Teilnehmern

8 Kriegstraumata psychischer und physischer Art sowie die Stimmungslage der Flüchtlinge aufgrund der Geschehnisse in der Heimat spielten im Verlauf der Maßnahme immer wieder eine Rolle, nicht nur beim Ausstieg oder Fernbleiben vereinzelter Teilnehmer. Es ist nicht möglich, in diesem Aufsatz auf dieses komplexe Thema einzugehen.

9 Videodokumentationen in einem Krankenhaus, einer Altenpflegeeinrichtung und einer Praxis für Physiotherapie wurden leider abgelehnt. In einigen Fällen durften wir jedoch Audioaufnahmen machen.

zu Beginn des Kurses waren wir auf arabischsprachige Dolmetscher angewiesen. Erst gegen Ende der Maßnahme verbesserte sich die kommunikative Situation im Kurs spürbar. Die Kursleiterin stellte im Abschlussinterview den direkten Bezug zwischen sprachlichem Zugang und tieferem Verständnis für die Denkweise der Teilnehmer her: Sie wisse jetzt erst gegen Ende der Maßnahme »wie [die Teilnehmer] denken, weil ich jetzt verstehen kann, was sie sagen«. Für den zukünftigen Vermittlungserfolg von Maßnahmen wie PerFPlus ist daher das sprachliche Einstiegsniveau der Teilnehmer von zentraler Bedeutung. Da sich die derzeitigen Zuständigkeiten vor und nach dem erfolgreichen Abschluss eines Asylverfahrens jedoch unterscheiden und mit der Anerkennung die Zuständigkeit von der lokalen Agentur für Arbeit an das Jobcenter fällt, ist noch unklar, wie der Spracherwerbsprozess in Projekten wie PerFPlus nachhaltiger gestaltet werden soll. Eine engere Kooperation der Ämter beim Entwurf der Angebote wäre eine denkbare Lösung.

Interaktionsanalyse

Obwohl das kommunikative Grundproblem struktureller Natur ist (PerFPlus vor dem Integrationskurs statt umgekehrt), lohnt es sich, die Praktikumssituationen auf sprachlich-kommunikative Muster hin zu untersuchen, auf die man zukünftig direkter reagieren könnte. Das folgende Beispiel ist einer Werkstattsituation im Metallbereich entnommen. Ein Meister (M) erklärt den beiden syrischen Praktikanten (P1 und P2), wie eine Säulenbohrmaschine zu bedienen ist.[10]

Abbildung 1: Einweisung in den Gebrauch einer Säulenbohrmaschine

Quelle: IDS (2016) Screenshot aus eigenem Video

10 Transkriptionskonventionen nach GAT2 vgl. Anhang.

01	M:	so
02		(0.54)
03		etz geh_mer HER,
04	P1:	((unverständlich, leise auf Arabisch)) [((unverständlich))]
05	M:	[leng de:s erscht må ÅB]
06	P1:	[((unverständlich))]
07	M:	[qua]drat ÅBlegen;
08		nid do:ss (.) niad doss rUnterFÄLLT,
09	P1:	ja
10	M:	un etzat ge_mer HER etz de_mer mål VORbohrn,
11		mir håmm gsågt-
12		(0,56)
13		mit unser TISCHbohrmaschine,
14		(-)
15		SCHUTZbrille trÅgn-
16	P2:	ja
17	M:	<<p> ganz wichtig,> KEIne HÅNDschuhe,
18	P1:	ja
19	P2:	روح و البس كفوفك
	Ü	*geh und zieh deine handschuhe an*
20		(3.25)
21	P2:	تعال عم يشرح الزلمة تعال
	Ü	*komm der mann erzählt noch komm*
22	P1	((unverständlich))
23	M:	<<f> KEIne HANDschuhe. (.) [NO]
24	P1:	[((unverständlich))]
25		(0.56)
26	M:	NO
27		(0.67)
28	M:	no
29	P1:	okay (.) no
30		((Mobiltelefon klingelt bis zum Ende)))
31	M:	kEIne hÅndschuhe
32	P1	ja
33		(-)
34	M:	handschuhc (.) n: NICIIT (.) ån cincr-
35		(0.53)
36		an einer- (.) [bohrmaschine; (.) not.]

37 P1: [انا سمعت كلامك]
Ü *ich hab auf dich gehört*

Die hier wiedergegebene Interaktionspassage ist sehr dicht. Der Meister (M) geht mit den beiden Praktikanten (P1 und P2) an eine Tischbohrmaschine und will ihnen erklären, was bei Metallbohrungen zu bedenken ist. Zunächst legt er die Metallplatte, in die gebohrt werden soll, zur Seite und kommentiert dies: »etz geh_mer HER, leng de:s erscht må ÅB, quadrat ÅBlegen; nid do:ss (.) niad doss rUnterFÄLLT,« (Z. 3-8). Im Anschluss geht er auf die wichtigen Sicherheitsaspekte ein, auf die man bei der Arbeit mit Tischbohrmaschinen achten sollte: »mir hämm gsägt- (0,56) mit unser TISCHbohrmaschine, (0,38) SCHUTZbrille trÅgn- <<p> ganz wichtig,> KEIne HÅNDschuhe,« (Z. 11-17). Darauf reagiert der ältere Praktikant (P2), indem er fälschlicherweise — und genau gegenteilig zu dem, was der Meister gesagt hat — den Jüngeren auf Arabisch auffordert, sich die Handschuhe zu holen und sie anzuziehen (Z. 19). P1 kommt dieser Aufforderung nach, dreht sich um und geht zur Werkbank, wo sich die Handschuhe befinden. Da aber in dieser Zeit (Z. 20) P2 bemerkt, dass der Meister mit halb offenem Mund und etwas irritiert das Geschehen verfolgt, fordert er P1 auf, doch nochmal zurückzukommen: »komm der mann erzählt noch komm« (Z. 21). Jetzt interveniert auch der Meister, der inzwischen realisiert hat, dass die syrischen Praktikanten die Negation sprachlich nicht verstanden haben: »KEIne HANDschuhe (.) NO (0.56) NO (0.67) no« (Z. 23-28). Mit seinem Codeswitching ins Englische und dem mehrmaligen Wiederholen des »No« signalisiert er an dieser Stelle die enorme Bedeutung dieser Sicherheitsmaßnahme an der Bohrmaschine. Die Sequenz wird damit beendet, dass der jüngere Praktikant seinem älteren Kollegen auf Arabisch vorwirft, nur das gemacht zu haben, was dieser ihm aufgetragen hat: »ich hab auf dich gehört« (Z.37).

Folgende Aspekte sind konkret bei dieser Interaktion — aber allgemein in sehr vielen anderen von uns beobachteten Kontexten in den Qualifizierungsmaßnahmen — von großer Bedeutung:

- die Spracherwerbssituation generell: Die beiden syrischen Praktikanten waren zum Aufnahmezeitpunkt erst seit einigen Monaten in Deutschland und hatten noch keinen Integrations- bzw. Sprachkurs absolviert, weshalb sie nur über rudimentäre Deutschkenntnisse verfügten. Der deutsche Ausbilder scheint aber — vielleicht aufgrund der Kursziele von PerFPlus — davon auszugehen, dass sie mehr Deutsch verstehen, als sie sprechen. Für diese Interpretation spricht: Obwohl es bei dieser Interaktion unter anderem um sehr wichtige Sicherheitsmaßnahmen am Arbeitsplatz geht, stellt der Meister an keiner Stelle verständnissichernde Rückfragen. Er interagiert mit den Praktikanten sprachlich so, wie wenn er mit deutschsprachigen Auszubildenden interagieren würde. Erst in Z. 20, als die Missverständnisse offensichtlich werden, verändert er seine Sprechweise.

- Rückfragen zur Verständnissicherung fehlen aber auch auf Seiten der Geflüchteten: Ob die beiden Praktikanten in der hier analysierten Passage aus kulturellen und/oder sprachlichen Gründen auf Rückfragen verzichten, kann nicht mit Sicherheit geklärt werden. Es kann sein, dass die Interaktion zwischen Lehrer/Ausbilder und Schüler kulturell bedingt für syrische und irakische Teilnehmer mit anderen Erwartungen verbunden ist als im deutschsprachigen Kontext. Zumindest wurde uns von Praktikumsleitern auch in späteren Phasen der Maßnahme, in denen die Teilnehmer bereits etwas mehr Deutsch konnten, vom höflichen Schweigen der Teilnehmer berichtet, was aus deutscher Sicht durchaus auch als Passivität interpretiert werden könne. Eine wesentliche Aufgabe für unsere weiteren Analysen wird sein, hier die adäquaten Antworten zu finden, ohne in die »Kultur-erklärt-alles-Falle« zu tappen.
- das regional geprägte Deutsch des Ausbilders, das Codeshifting bzw. die Codefluktuation zwischen Oberpfälzisch und hochdeutscher/fachsprachlicher Lexik: In den bairischen Dialekten werden Personalpronomen, die dem Verb direkt folgen, fast immer enklitisiert und phonetisch assimiliert. So wird im Oberpfälzischen die Kombination aus dem Verb <gehen> und <wir> (dialektale Nebentonform [mə]) zu »ge_mer« [gemə] und <tun wir> (dialektal vollformig [doʊn]) zu »de_mer« [demə]. Der Kontrast zu standardnahen Verschleifungen und anderen Regionalvarianten mag für den Muttersprachler nicht erheblich sein, kontrastiert aber für Sprachlerner des Hochdeutschen stark mit dem Sprachgebrauch im Klassenzimmer bzw. Integrationskurs. Noch drastischer als in der Metallwerkstatt war das Problem für die Praktikanten im Pflegebereich. Sie empfanden das Dialektverstehen für die Kommunikation mit alten oder geschwächten Patienten und Gesprächspartnern aus dem ländlichen Raum als absolut essenziell.

Diesen Abschnitt zur Sequenzanalyse zusammenfassend kann man hier zum Schluss die Frage stellen, inwiefern standardferne Varianten, die fester Bestandteil des Berufslebens in den südlichen Bundesländern und allgemein in ländlichen Gebieten sind, nicht auch Teil der sprachlichen Vorbereitung auf Berufskommunikation sein müssten. Ebenso könnte man auch in das Curriculum der Integrationskurse relativ unkompliziert ein Dialektmodul integrieren. In der Schweiz sind Module zur Dialektvermittlung an Migranten zum Beispiel sehr erfolgreich.

Des Weiteren sollten nach unseren ersten Beobachtungen optimalerweise alle Praktikumsleiter und -anbieter zumindest in Form einer Kurzschulung für die wichtigsten Aspekte der interkulturellen Kommunikation und des Deutscherwerbs am Arbeitsplatz sensibilisiert werden.

Passgenauigkeit der Maßnahme

Es zeigte sich im Verlauf der Maßnahme, dass die sequenzielle Durchführung der Kenntnisvermittlung in den Werkstätten für Metall, Holz und Pflege beachtlichen Schwierigkeiten gegenüberstand, auf die die Kursleiterin eingehen und flexibel reagieren musste. Beim Abschlussinterview stellte sie fest, dass die praktischen Angebote in den Werkstätten in den meisten Fällen nicht den beruflichen Neigungen der Teilnehmer entsprachen. Unsere Beobachtungen bestätigen, dass die meisten Teilnehmer bereits über Arbeitserfahrung verfügten und den angebotenen Werkstätten kritisch bis ablehnend gegenüberstanden. In Absprache mit der Arbeitsagentur begann die Kursleiterin nach alternativen Praktika zu suchen — zunächst für einzelne und schließlich für fast alle Teilnehmer. Außerplanmäßige Praktika wurden zum Beispiel in der Gastronomie, in einem Friseursalon, in einem Reinigungsbetrieb, bei einem Fliesenleger, in einer Kfz-Werkstatt und in einer Konditorei angeboten. Einen ähnlich individualisierten Ansatz, der die Neigungen der Teilnehmer direkter anspricht, schlägt die Kursleiterin auch für zukünftige PerFPlus-Maßnahmen vor.

Es muss festgehalten werden, dass die Maßnahme in ihrer Ursprungsform ohne die flexible Reaktion der lokalen Arbeitsagentur, des Anbieters und der Kursleiterin ihr Ziel nicht erreicht hätte. Berücksichtigt man jedoch das Engagement des Anbieters und der Kursleiterin, kann dank der Eingriffe trotzdem von einem Erfolg der Maßnahme gesprochen werden. Ein Sankey-Diagramm, das die Situation der 23 Teilnehmer (mit Nachrückern und Frühaussteigern) ca. einen Monat vor Ende des Kurses abbildet, unterstreicht die Wirkung, die der Eingriff der Kursleitung hatte.

Abbildung 2: Die Situation aller Kursteilnehmer ca. einen Monat vor Ende von PerFPlus

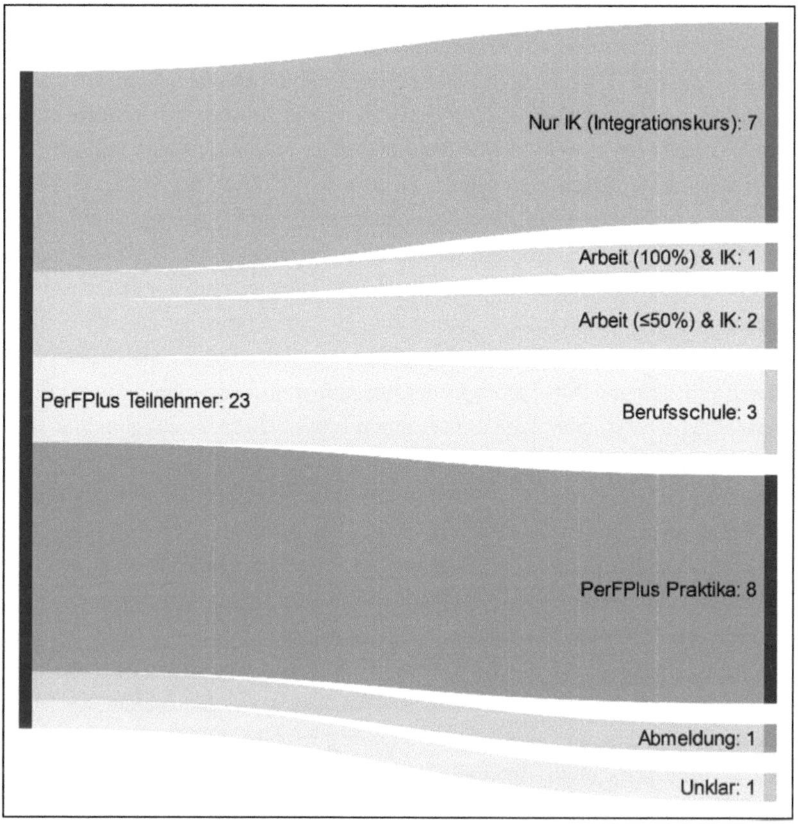

Quelle: Eigene Darstellung

In dreizehn Fällen kümmerte sich die Kursleiterin nach und vor den individualisierten Praktika aktiv um die Übermittlung in situationsgerechtere Alternativen. Zehn Teilnehmern wurde vor Kursende der Übergang in einen Integrationskurs (IK) ermöglicht. Dies ist der normale, vorgezeichnete Weg für alle anerkannten Asylbewerber in Deutschland. Das Besondere hier ist allerdings, dass drei IK-Teilnehmer auf Grund von PerFPlus zukünftig auch berufstätig sind — einer sogar in Vollzeit. Drei weitere Kursteilnehmer wurden von lokalen Berufsschulen übernommen. Auch dies ist ein Ergebnis der Teilnahme an PerFPlus, weil die Geflüchteten von der Kursleiterin gecoacht und begleitet wurden. Dank des Eingriffs der Kursleiterin hatte also die Hälfte der Teilnehmer bereits einen Monat vor Ende von PerFPlus eine Perspektive für die kommenden Monate. Acht Teilnehmer (in dunkelblau) verblieben noch in der Maßnahme, um die praktischen Angebote (Praktika und Werkstattunterricht) wahrzunehmen. Das Diagramm stellt nicht dar, dass diese Gruppe nach der Maßnahme im Dezember 2017 auch in den IK wechselte und ein weiterer Teilnehmer in Vollzeit beschäftigt wurde. Nur in einem Fall (in orange) wurde der Kurs komplett abgebrochen. Hier spielte die Wohnsituation der Familie eine Rolle. In einem weiteren Fall war der Status eines Kursteilnehmers unklar, weil das Anhörungsverfahren negativ verlief.

Dass die überwiegende Mehrheit der Teilnehmer durch das Engagement der lokalen Kräfte im Integrationsprozess unterstützt wurde, ist erfreulich. Allerdings ist es nötig zu reflektieren, wie die Passgenauigkeit von Maßnahmen wie PerFPlus zukünftig erhöht werden kann, damit Anbieter und Kursleiter nicht in die Situation kommen, massive Umverteilungen vornehmen zu müssen. Sollten zukünftige Kursteilnehmer den Integrationskurs bereits hinter sich haben und dadurch mit wesentlich besseren Deutschkenntnissen an den praktischen Angeboten teilnehmen können, könnte man durch bessere Berücksichtigung der Hintergründe und Neigungen der Teilnehmer auch die Vermittlungsquote in Arbeit, Ausbildung und langfristige Bildungsmaßnahmen erhöhen. Fünf Fallbeispiele von Teilnehmern, deren Deutschkenntnisse über dem Gesamtniveau lagen und denen die Kursleiterin aktiv zu passenden Praktika und weiterführenden Integrationsmaßnahmen verhalf, verdeutlichen dieses.

Die ersten Praktika, die außerhalb des Kurses vermittelt wurden, gingen an zwei Kursteilnehmer, die der Kursleitung früh deutlich machten, dass sie nicht mehr in der Metallwerkstatt arbeiten wollten. Der erste der beiden war Mitte zwanzig und hatte bereits in Syrien als Friseur gearbeitet. Diesen Beruf wollte er weiterverfolgen. Es stellte für ihn kein Problem dar, dass ihn ein Arbeitsumfeld erwarten würde, das sich stark von dem in Syrien unterschied: Im Friseursalon arbeitete er ausschließlich mit weiblichen Kolleginnen zusammen und bediente vorwiegend Frauen als Kunden. Beides war in seiner Heimatstadt für einen männlichen Friseur unüblich. Der zweite Teilnehmer, der in seiner Heimat Geschäftsführer eines Supermarkts war, äußerte den Wunsch, ein Praktikum als Barkeeper zu absolvieren, was ihm auch ermöglicht werden konnte. An der Bar stand er in kontinuierlichem Austausch mit deutschen Muttersprachlern. Interessanterweise führte der Ausstieg der beiden Teilnehmer aus der Werkstatt nicht dazu, dass sie sich von den anderen Kursteilnehmern isolierten. Im Gegenteil: Viele folgten ihrem Beispiel und bemühten sich um eine Ausgliederung aus dem Metallkurs. Der Friseur und der angehende Barkeeper gaben uns nach nur wenigen Wochen ein Interview in rudimentärem Deutsch, in dem sie quasi als Advokaten der restlichen Kursteilnehmer den Deutschunterricht kritisierten und sich über die Fokussierung des Unterrichts auf drei Kursteilnehmer mit akademischem Hintergrund beklagten. Es muss der proaktiven und direkten Art der beiden angerechnet werden, dass ihnen gegen Ende der Maßnahme ein Ausbildungsplatz (nach dem IK) und eine Arbeitsstelle (während des IK) angeboten wurden. Wäre die Kursleiterin nicht auf die Forderungen der beiden eingegangen und hätte die Teilnehmer stattdessen zu Aktivitäten angehalten, die nicht ihren Neigungen entsprechen (aber im Kursprogramm vorgesehen waren), wäre PerF-Plus in diesen beiden Fällen nicht zum Erfolg geworden.

Das proaktive, direkte Kommunizieren – und auch die manchmal damit verbundenen Konflikte – führten auch im Falle der drei akademisch vorgebildeten Teilnehmer, die laut anderer Kursteilnehmer oft die Aufmerksamkeit im Deutschunterricht für sich beanspruchten, zu individualisierten Lösungen. Dabei handelte es sich um drei junge Männer im Alter von Anfang zwanzig Jahren, die als Nachrücker in den Kurs gekommen waren. In der Woche vor Eintritt in die Maßnahme interviewten wir die drei mit Hilfe einer Dolmetscherin. In Syrien hatten zwei von ihnen eine universitäre Ausbildung zum Physiotherapeuten abgeschlossen. Durch PerFPlus stand ihnen nun die Teilnahme an einem Praktikum der Physiotherapie in einem Krankenhaus und einer Praxis in Aussicht. Der dritte Teilnehmer hatte sein Studium der Architektur in Syrien aufgrund des Krieges abgebrochen und kam in der Hoffnung nach Deutschland, es hier beenden zu können. Den drei Teilnehmern war allerdings nicht klar, dass die Praktika im Krankenhaus erst gegen Ende der ansonsten sequenziell verlaufenden Maßnahme geplant waren. Mit dem Einstieg in die Maßnahme in der Metallwerkstatt hatten die drei nicht gerechnet. Bereits nach dem ersten Tag waren sich die drei Teilnehmer sicher, dass es sich bei PerFPlus um eine »schlechte Maßnahme« handele, und verweigerten am zweiten Tag ihre Teilnahme.

Dieses Verhalten stieß wiederum bei den Ehrenamtlichen, die sich intensiv um die Aufnahme der drei Nachrücker in die Maßnahme bemüht hatten, auf Unverständnis und bewirkte eine nachhaltige Enttäuschung. Sehr wahrscheinlich hatten sprachliche Missverständnisse und fehlende Informationen die Kommunikation zwischen Arbeitsagentur, Ehrenamtlichen und den drei Teilnehmern beeinträchtigt. Die drei Männer rechtfertigten ihre Reaktion dann auch durch mehrere Argumente: Zum einen schrieben sie sich bessere Deutschkenntnisse zu als den anderen Teilnehmern und sahen sich bzgl. ihres Deutschniveaus falsch eingeordnet. Dies konnten wir nur teilweise bestätigen. Eher unterschied sich die Lerngeschwindigkeit der drei wohl deutlich von den anderen Teilnehmern. So empfanden sie den Unterricht oft als langweilig, während der Rest des Kurses sich durch die Geschwindigkeit der drei neuen Teilnehmer überfordert fühlte. Mit relativ klaren beruflichen Zielen, nämlich in der Physiotherapie und der Architektur, ähnelte die Grundeinstellung der Teilnehmer auch den Praktikanten im

Friseursalon und der Bar: Die Arbeit in einer Metallwerkstatt war für sie nicht interessant. Gerne nahmen sie für ein Erreichen der beruflichen Ziele auch eigene Anstrengungen und Kosten in Kauf. So kontaktierte der Architekturstudent etwa kurzerhand selbst einen Architekturprofessor an einer nahe gelegenen Hochschule, besuchte ihn mit der Bahn und meldete sich zu einem fachlichen Vergleichbarkeitstest an, um bisherige Studienleistungen übertragen zu können. Im Praktikum zeigten die Physiotherapeuten keine Berührungsängste zu weiblichen Patienten und unterstellten sich ohne Probleme der Supervision von Frauen.[11] Wie im Falle des Friseurs kommen solche Konstellationen in der Heimatstadt der beiden nicht vor.

Der Bildungshintergrund dieser Teilnehmer muss als Hauptunterscheidungsmerkmal zu den anderen Teilnehmern gesehen werden. Nach der Unterredung mit den Ehrenamtlichen beschlossen die drei Nachrücker, wieder am Kursprogramm teilzunehmen. Die Teilnahme verlief aber nicht konfliktfrei, sodass sich die Kursleiterin schließlich um die Überführung der drei in ein höheres Modul eines Integrationskurses bemühte. Rechtlich bestand diese Möglichkeit nach der Verabschiedung des Asylpaketes II, obwohl eine Aufenthaltserlaubnis noch nicht bei allen drei vorlag. Obgleich die Teilnehmer nun offiziell aus der PerF-Plus-Maßnahme ausgegliedert waren, sorgte die Kursleiterin dafür, dass die ehemaligen Teilnehmer ihr versprochenes Praktikum in einem Krankenhaus und einer Praxis für Physiotherapie antreten konnten. Außerordentliche Flexibilität auf der Seite des Anbieters führte somit zum relativen Erfolg der Maßnahme für diese akademisch vorgebildeten Teilnehmer.

SCHLUSS

Die auf nationaler Ebene vor einigen Jahren formulierte »Willkommenskultur« muss sich derzeit auf lokaler Ebene in zahlreichen Maßnahmen zur beruflichen Eingliederung bewähren. Die hohe Anzahl neuer Flüchtlinge vor allem aus dem Jahr 2015, aber auch eine Reihe von Berufsfeldern mit Nachwuchsproblemen, machen das Gelingen dieser Maßnahmen zu einer umso dringlicheren Aufgabe. Hier liegen Chancen und Risiken für den Erfolg von Integration. Im vorliegenden Aufsatz wurden unsere Beobachtungen zur Maßnahme PerFPlus vorgestellt und diskutiert. Ein Grundproblem lag in der Diskrepanz zwischen der Ausgangs-

11 Eine ehrenamtliche Helferin hatte dies auch als Problem vorausgesagt, weil einer der drei jungen Männer, die alle muslimischen Glaubens sind, Frauen zur Begrüßung nicht die Hand reiche. Wir wurden nicht Zeuge einer solchen Situation.

situation der Teilnehmer im sprachlichen und im beruflichen Sinne und den Vorgaben der Maßnahme auf struktureller und inhaltlicher Ebene. Zwar machten alle Teilnehmer deutliche Fortschritte im Deutschen. Gegen Ende der Maßnahme war es uns sogar möglich, einzelne Interviews auf Deutsch zu führen. Grundsätzlich sollte der erste Spracherwerb aber dem Erwerb von Fachsprache vorgeschaltet werden. Situationen, in denen die erste Orientierung im Praktikum an grundlegenden sprachlichen Hindernissen scheitert, können Frustration auf beiden Seiten erzeugen. Auf der Mikroebene der Interaktion zwischen Ausbildern und Teilnehmern zeigen unsere Beobachtungen, dass die Lehrkräfte in den praktischen Fächern eine bessere Vorbereitung auf das Sprachniveau ihrer Teilnehmer benötigen, damit sie den Spracherwerb aktiv unterstützen können. Eine zusätzliche Überlegung wäre es, die Praktikumsanteile im späteren Verlauf des Kurses auch gemeinsam mit deutschen Teilnehmern durchzuführen, um den Migranten die Möglichkeit zu geben, selbst mehr mit Muttersprachlern zu interagieren. So könnten kulturelle Unterschiede leichter überbrückt werden als in einer Lernsituation, in der der deutsche Ausbilder mit den Flüchtlingen alleine interagiert.

Bezüglich der Passgenauigkeit der Maßnahme waren im vorliegenden Fall massive Eingriffe in den Kursverlauf nötig, weil die Interessenlage etlicher Teilnehmer von den sequenziellen Werkstattangeboten abwich. Viele Teilnehmer hatten bereits eine Ausbildung absolviert oder verfügten über Arbeitserfahrungen in einem Feld außerhalb des Angebotes. Ein generelles Problem, das wir bei der beruflichen Integration auch in anderen Maßnahmen und Programmen beobachten, ist die Kompatibilität zwischen den Bedürfnissen der lokalen Wirtschaft und den Interessen der berufserfahrenen Flüchtlinge. Würden berufliche Interessen und Erfahrungen bereits bei der Verteilung der Flüchtlinge in unterschiedliche Wirtschaftsräume berücksichtigt, könnten solche Probleme abgemildert werden. Maßnahmen würden sich dann auch an homogenere Zielgruppen richten. In der Praxis würde dies bedeuten, dass jede Region in Deutschland Einwanderungsziele formuliert und eine erste Standortbestimmung der Teilnehmer nicht erst in den Maßnahmen stattfindet, sondern bereits bei der Verteilung der Migranten in Deutschland.

ANHANG: EINIGE DER TRANSKRIPTIONSKONVENTIONEN NACH GAT2[12]

Sequenzielle Struktur/Verlaufsstruktur

[ ]	Überlappungen und Simultansprechen
[ ]	

Pausen

(.)	Mikropause, geschätzt, bis ca. 0.2 Sek. Dauer
(-)	kurze geschätzte Pause von ca. 0.2-0.5 Sek. Dauer
(0.5)	gemessene Pausen in Sekunden; Angabe mit einer Stelle hinter dem Punkt

Sonstige segmentale Konventionen

und_äh	Verschleifungen innerhalb von Einheiten
((hustet))	para- und außersprachliche Handlungen u. Ereignisse
<<hustend> >	sprachbegleitende para- und außersprachliche Handlungen und

Ereignisse mit Reichweite

:	Dehnung, Längung, um ca. 0.2-0.5 Sek.
::	Dehnung, Längung, um ca. 0.5-0.8 Sek

Tonhöhenbewegung am Ende von Intonationsphrasen

?	hoch steigend
,	mittel steigend
–	gleichbleibend
;	mittel fallend
.	tief fallend

Akzentuierung

akZENT	Fokusakzent
akzEnt	Nebenakzent

12 GAT2 steht für »Gesprächsanalytisches Transkriptionssystem 2« (vgl. auch Selting et al. 2009).

Lautstärke- und Sprechgeschwindigkeitsveränderungen mit Extension

<<f> >	forte, laut
<<p> >	piano, leise

Wiedergabe des Dialekts

Å bzw. å	verdumpftes »a«, nahe am offenen »o« [ɔ]

LITERATUR

Bade, Klaus/Oltmer, Jochen (2005): »Einwanderung in Deutschland seit dem Zweiten Weltkrieg«, in: Kölnischer Kunstverein et al. (Hg.), Projekt Migration – Ausstellungskatalog, Köln: DuMont, S. 72-81.

BAMF (2016a): Das Bundesamt in Zahlen 2015. Asyl, Migration und Integration. Siehe https://www.bamf.de/SharedDocs/Anlagen/DE/Publikationen/Broschueren/bundesamt-in-zahlen-2015.pdf?__blob=publicationFile vom 07.03.2017.

BAMF (2016b): Aktuelle Zahlen zu Asyl. Ausgabe 11/2016. Siehe http://www.bamf.de/SharedDocs/Anlagen/DE/Downloads/Infothek/Statistik/Asyl/aktuelle-zahlen-zu-asyl-november-2016.pdf?__blob=publicationFile vom 07.03.2017.

Berend, Nina (1998): Sprachliche Anpassung. Eine soziolinguistisch-dialektologische Untersuchung zum Rußlanddeutschen. Tübingen: Narr.

Bundesregierung (2016): Herausforderungen annehmen – Frieden, Freiheit und Wohlstand sichern. Jahresbericht der Bundesregierung 2014/15. Siehe https://www.bundesregierung.de/Content/DE/_Anlagen/2015/12/2015-12-22-Jahresbericht-2014-2015.pdf?__blob=publicationFile&v=5 vom 07.03.2017.

Cindark, Ibrahim (2010): Migration, Sprache und Rassismus. Der kommunikative Sozialstil der Mannheimer »Unmündigen« als Fallanalyse für die »emanzipatorischen Migranten«. Tübingen: Narr.

Herbert, Ulrich (2003): Geschichte der Ausländerpolitik in Deutschland. Saisonarbeiter, Zwangsarbeiter, Gastarbeiter, Flüchtlinge, Bonn: Bundeszentrale für politische Bildung (BpB).

IQ (Netzwerk Integration durch Qualifizierung) (2013): Willkommenskultur (und Anerkennungskultur): Hintergrund, Diskussion und Handlungsemfehlungen. Siehe http://digital.zlb.de/viewer/content?action=application&sourcepath=15744013/FS_DiM_Arbeitspapier_Willkommen_2013.pdf&format=pdf vom 07.03.2017

Keim, Inken (1978): Gastarbeiterdeutsch. Untersuchungen zum sprachlichen Verhalten türkischer Gastarbeiter, Tübingen: Narr.

Keim, Inken (2008): Die »türkischen Powergirls« – Lebenswelt und kommunikativer Stil einer Migrantinnengruppe in Mannheim. Tübingen: Narr.

Lehmann, Julian (2015): »Flucht in die Krise – Ein Rückblick auf die EU-›Flüchtlingskrise‹«, in: Aus Politik und Zeitgeschichte Jg. 65, 52 S. 7-11.

Meng, Katharina (2001): Russlanddeutsche Sprachbiografien. Untersuchungen zur sprachlichen Integration von Aussiedlerfamilien. Tübingen: Narr.

Oberndörfer, Dietmar (2005): »Zuwanderung, kulturelle Vielfalt und Integration im demokratischen Verfassungsstaat«, in: Karl-Heinz Meier-Braun/Reinhold Weber (Hg.), Kulturelle Vielfalt. Baden-Württemberg als Einwanderungsland, Stuttgart: Kohlhammer, S. 110-125.

Reitemeier, Ulrich (2006): Aussiedler treffen auf Einheimische. Paradoxien der interaktiven Identitätsarbeit und Vorenthaltung der Marginalitätszuschreibung in Situationen zwischen Aussiedlern und Binnendeutschen. Tübingen: Narr.

Seidel-Pielen, Eberhard (1995): Unsere Türken. Annäherung an ein gespaltenes Verhältnis. Berlin: Elefanten Press.

Selting, Margret et al. (2009): »Gesprächsanalytisches Transkriptionssystem 2 (GAT 2)«, in: Gesprächsforschung – Online-Zeitschrift zur verbalen Interaktion 10, S. 353-402. Siehe http://www.gespraechsforschung-online.de/file admin/dateien/heft2009/px-gat2.pdf vom 07.03.2017.

Terkessidis, Mark (2000): Migranten. Hamburg: Rotbuch.

Vertovec, Steven (2015): »Was die Zuwanderung mit Deutschland macht«, in Süddeutsche Zeitung vom 20.10.2015. Siehe http://www.sueddeutsche.de/po litik/fluechtlinge-was-die-zuwanderung-mit-deutschland-macht-1.2710550 vom 06.03.2017.

ZEIT ONLINE (2016): »2015 kamen weniger Flüchtlinge als gedacht«, in: ZEIT ONLINE vom 30.09.2016. Siehe http://www.zeit.de/politik/deutsch land/2016-09/2015-kamen-890-000-asylsuchende-nach-deutschland vom 07.03.2017.

Contrastive Pronunciation Training for Arabic learners of German

Proposing a MOOC to face didactic challenges of Second Language Teaching

ANJA PENSSLER-BEYER, KATHARINA WEBER

INTRODUCTION

Traditional teaching scenarios on German as a Second Language (GSL) almost entirely neglect a number of factors that might support a successful integration of speakers of other languages into the German society. That is, German classes are usually not geared to teach GSL. Instead, they apply a routine to their instruction schemes that is more applicable to German as a Foreign Language (GFL) classrooms. The crucial difference between a foreign language and a second language is that a foreign language is not widely used in the foreign learner's immediate social context, i.e. for the purpose of school curricula, travelling, or a general cultural interest. In contrast to that, a second language is typically a societally dominant language needed for education, employment, and other basic purposes (see Saville-Troike 2012: 3-4). Hence, whereas a foreign language does not necessarily have a practical application component, second languages are typically acquired by minority group members or immigrants who speak another language natively. This, in turn, requires curriculum designs to contrast GSL from GFL classes. Usually, in GFL classes, it is not generally necessary to invest a huge proportion of classroom time instructing students exactly how the mechanisms of spoken German work. This, however, would be a crucial component of a GSL class where students, first and foremost, need to acquire speaking skills in order to make themselves understandable and become a part of the everyday life of their new cultures.

We understand that learners of German whose first languages do not belong to the Indo-European language family are particularly disadvantaged in that their first languages do not share many structural features with the target language. This means that speech sounds, for example in Arabic, differ significantly from German speech sounds in terms of their fundamental frequency, in terms of their place and manner of articulation, and in other ways as well. From our observation, second language learners tend to replace consonant and vowel sounds of their second language with similar, yet not identical speech sounds of their native language. For example, this leads to stigmatized connotations of, among others, Arabic natives who naturally replace the German voiceless, palatal fricative /ç/ by a similar speech sound that exists in their own native language, i.e. voiceless, palato-alveolar sibilant /ʃ/. We assume that those stigmatizations might be the result of lacking contrastive listening abilities. This means, the learners' ears are not trained to perceive the acoustics that form German speech sounds.

Our speech training accounts precisely this issue in that it trains Arabic speaker's perception skills, thus makes them aware of the acoustic and physiological differences between their own L1 and German.

MOTIVATION

Even before they are able to speak, babies' brains and ears are adjusted to the sound frequencies of their native language. They can thus easily set their native language apart from other languages on the basis of their sound frequencies (see Mampe et al. 2009). In order to be able to acquire a new language, a learner must therefore, in a first step, acquire the linguistic sound structures of that language. By this, he or she needs to familiarize their ears and brains specifically to the phonemic inventory of that language. For structurally different languages, a monolingual speaker's ears and brains would eventually filter out the sound frequencies of his L1, thus making it impossible to process acoustic information in a structurally different L2 (see Escudero 2002).

Our intention was to develop an online learning tool that provides learners with a Syrian Arabic background with the acoustic properties of German. It should be regarded as a valid addition to, but not a replacement of, conventional classroom scenarios. In a specially designed ear training program, adult learners can then become aware of the structural sound differences between their L1 and L2. For our online course, we assumed that adult Arabic L1 speakers, if monolingual, are not able to process those speech sounds that do not exist in their native language. Unknown sounds will eventually be replaced by known sounds.

This, in turn, will cause problems in processing, for example, minimal pairs in German. Our MOOC aims at addressing precisely this issue.

Settings of MOOCs, in general, have some advantages as compared to classroom training. For example, probably the most important benefit in terms of providing speech training is that an online class enables to enrich theoretical content by interactive tools, instructional videos, sound samples, practical and interactive exercises. These tools allow students to listen to the speech sounds, to explore and to repeat the sessions as often as they like, or at least until they have understood the content. One disadvantage could be a lack of personal atmosphere, as no instructor is present during class. We address this issue by means of an Arabic native speaker who serves as online tutor to provide assistance where needed, and to keep the class vivid and active.

Our MOOC *#Deu4Arab* provides learners with structured, contrastive content and compares the sound systems of Standard German and Modern Standard Arabic systematically. Videos show the process of sound production and the outer appearance of the mouth when uttering said sounds. First, we emphasize similarities and differences between spoken German and spoken Arabic both acoustically and descriptively. Second, we account for the needs of digitally savvy learners.

The MOOC aims at Arabic native speakers who will be living in Germany for longer than one year. Typical Arabic native speakers who aim at studying GSL are usually assigned to at least one of out of three groups: (1) international incoming students, (2) working migrants, or (3) refugees. We assume that members of all of the three groups find their way to Germany by means of digital tools, in general, i.e. they implement technological devices into their daily lives and use them effectively. For those who come to Germany as international students or working migrants, arrangements are usually made in advance, i.e. either the host institutions or employers assist in finding accommodation and other bureaucratic procedures. For those who make it to Germany as refugees, the situation could be more challenging, and thus personally and professionally more demanding. We hope that this MOOC (Massive Open Online Course) can support especially the latter group during their phase of waiting – whether it be in camps or collective housing – usually separated from native German speakers, waiting to be allowed to get settled in their new home country.

The presented course completed its first turn in March 2016 with 2,500 participants. Developing a contrastive pronunciation training that meets the needs of modern, digitally savvy language learners led us into unchartered territory in terms of linguistic and cultural challenges we had never expected. This concerns, among other things, the complexity of administrative processes involved, the creation of course content, and the instructional design of the online teaching scenarios. Our paper will introduce the theoretical backbone of the class, will then report on the applied structure of the course, and eventually describe the media-didactic challenges we have (or have not) mastered upon completion of the class.

THEORETICAL BACKGROUND

Contrasting phonemic inventories

In order to see how a contrastive approach can be advantageous to the language learner, we need only look at the example of Arabic and German: For native speakers of Arabic, the pronunciation of the German language may cause severe problems. The majority of the many possible pronunciation problems can be predicted via a contrastive analysis of the phonemic inventories of both Arabic and German, since the two languages share some sounds, but also contain others that are not part of both languages' sound systems.

A first look at the number of both vowels and consonants in these two languages reveals a clear disparity between Arabic vowels and German vowels: The target language, Standard German, uses 28 consonants and 24 vowels, of which 16 are monophthongs and 8 are diphthongs (see The Linguistic Engineering Team, Virtual Linguistics Campus VLC). While the phonemic inventory of the standard variety of Arabic, Modern Standard Arabic (in the following MSA), also contains 28 consonants, the vowels are limited to 6 or 8 vowels (see Cowell 2005; Watson 2002). This indeterminacy depends on whether the two diphthongs are counted as such. If they are regarded as vowel-consonant combinations instead, three pairs of vowels remain (one short and one long). Now, with this information, it is already obvious that the vowel system of German might be a challenge for native speakers of Arabic.

The rich vowel system of German is a likely challenge for native speakers of Arabic.

The Syrian-Arabic phoneme system

With our particular target group of language learners in mind, we chose the Syrian variety of Arabic for our contrastive analysis and compared the Syrian phonemic inventory to the German phonemic inventory in order to locate those phonemes that might pose problems to native speakers of Syrian Arabic when they start learning German. The Syrian variety of Arabic belongs to North Levantine Arabic. This variety shows a slightly different set of phonemes than MSA. In the consonantal system of Syrian Arabic, the following sounds can be found (see Cowell 2005; Watson 2002):

- The Plosives / b, t, d, k, g, q, ʔ /
- The Nasals / m, n /
- The Trill / r /
- The Affricates / ʧ, ʤ /
- The Fricatives / f, θ, ð, s, z, ʃ, ʒ, ɣ, χ, ħ, ʕ, h /
- The Approximants / j, w /
- The Lateral Approximant / l /

Figure 1: Syrian-Arabic consonants

SYRIAN-ARABIC CONSONANTS

	Bilabial	Labio-dental	Dental	Alveolar	Post-alveolar	Retroflex	Palatal	Velar	Uvular	Pharyngeal	Glottal
Plosive	b			t d				k g	q		ʔ
Nasal	m			n							
Trill				r							
Affricate					tʃ dʒ						
Fricative		f	θ ð	s z	ʃ ʒ			ɣ	χ	ħ ʕ	h
Lateral Fricative											
Approximant							j	w			
Lateral Approximant				l							

voiceless
voiced
impossible

Adapted from: Cowell 2005; Watson 2002. Copyright by the authors

Comparing the phonemes in this chart with the consonants in MSA, we find a similar set of consonants, with the exception of two extra consonants in Syrian

Arabic – /g/ and /ʧ/. The case is similar for Syrian Arabic vowel phonemes in contrast to MSA vowel phonemes. Besides the fact that in the present analysis /aj/ and /aw/ are handled as vowel-consonant combinations instead of diphthongs, the vowel system of Syrian Arabic contains vowel pairs (short and long) in two additional positions to the three vowel pairs in MSA, plus a mid-central schwa.

The vowel system of Syrian Arabic thus consists only of the following monophthongs (see Cowell, 2005; Watson, 2002): / iː, ɪ, eː, e, uː, ʊ, oː, o, ɑː, ɑ, ə /

Figure 2: Syrian-Arabic vowels

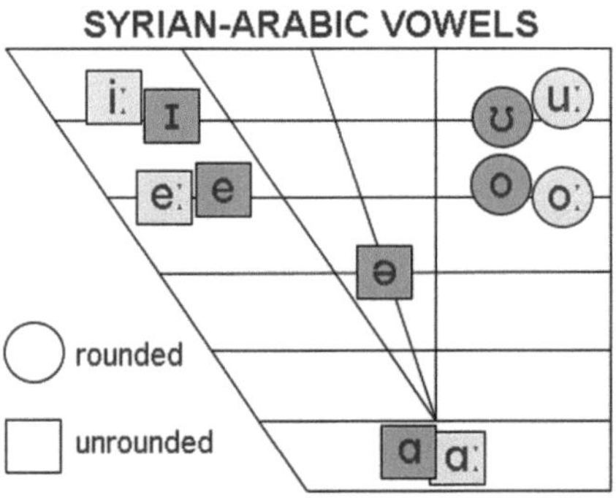

Adapted from: Cowell 2005; Watson 2002, VLC.

The additional two pairs of vowels, namely / eː, e, oː, o / are used in place of the six MSA vowels in some contexts. However, long vowels usually appear as allophones of the short vowels. With this vowel system as a starting point, the Arabic learner of German needs to learn how to distinguish quite a number of new vowels, as well as producing these sounds when speaking German.

The German phoneme system

As the target language, German determines which sounds will be relevant for the learners. For this project, we focused on the phonemic inventory of German and highlighted those phonemes that do not occur in the same – or similar – form in Syrian Arabic. Comparing the source language's phonemic inventory to that of the target language, some major differences become very obvious.

While some phonemes are unlikely to pose problems, as they occur in both sound systems, others are slightly varied or do not exist in the other system at all. These sounds have to be given special attention and may have to be explained in more detail.

Figure 3: German consonants with highlighted problematic sounds

GERMAN CONSONANTS

	Bilabial	Labio-dental	Dental	Alveolar	Post-alveolar	Retroflex	Palatal	Velar	Uvular	Pharyngeal	Glottal
Plosive	p b			t d				k g			
Nasal	m			n				ŋ			
Trill				r					R		
Affricate		pf		ts	tʃ dʒ						
Fricative		f v		s z	ʃ ʒ		ç j	x ɣ			h
Lateral Fricative											
Approximant											
Lateral Approximant				l							

voiceless / voiced · ◯ unfamiliar · impossible

Adapted from the VLC. Copyright by the authors

The following consonants are circled to highlight them:

- The voiceless bilabial plosive /p/ as in “Post”: while Arabic contains a voiced bilabial plosive, the voiceless counterpart is not used in this language variety.
- The velar nasal /ŋ/ as in “Gong” is completely new for Arabic learners of German.
- The labio-dental affricate /pf/ as in “Pfand” is unknown to Arabic learners of German, just like
- the alveolar affricate /ts/ as in “Zeh”.
- The voiced labio-dental fricative /v/ as in “Wand” is unknown, although the voiceless counterpart /f/ is part of both languages’ phonemes systems.
- The voiceless palatal fricative /ç/ as in “Pech” is not an Arabic phoneme.

Similarly, some vowels in the German phonemic inventory deserve some extra attention while teaching German pronunciation to native speakers of Syrian-Arabic. Not only the entirety of German diphthongs – of which there are 8, namely / iɐ, yɐ, ui, eɐ, oɐ, ɔʏ, ai, aʊ /, but also the monophthongs in the following image:

Figure 4: German monophthongs with highlighted "problematic" sounds

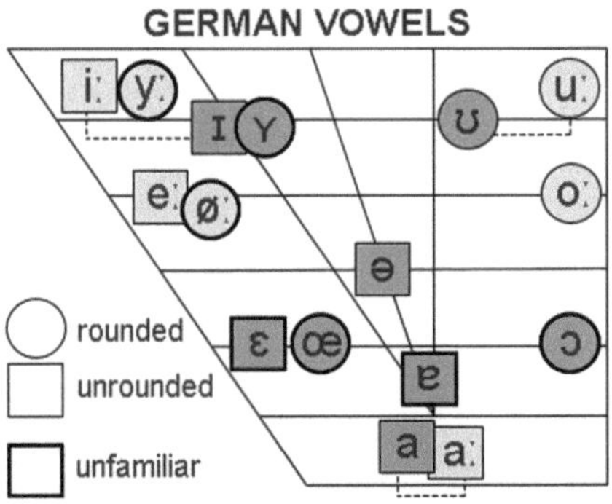

Adapted from the VLC. Copyright by the authors

The following vowels are circled to highlight them:

- The rounded high front /y:/ as in "Mühe"
- The rounded high front /ʏ/ as in "Hülle"
- The rounded mid-high front /ø:/ as in "Höhle"
- The rounded mid-low front /œ/ as in "öffnen"
- The unrounded mid-low front /ɛ/ as in "Käse"
- The unrounded mid-low central /ɐ/ as in "Mutter"
- The unrounded mid-low back /ɔ/ as in "offen"

Having separated those sounds that are unfamiliar to the language learner and thus potentially problematic, all sounds of the target language are sorted into the following categories: Same or similar (to the source language), different (to respective sounds in the source language), and completely unknown because non-existent in the source language. Based on these three groups, the course material was structured and developed into different sessions.

STARTING POINT AND COURSE STRUCTURE

The original idea to develop a pronunciation training programme for Arabic learners of German came from Syrian refugees who were based in a refugee camp close to the city of Marburg. Members of the Institute of English and American Studies, in particular the staff members of Jürgen Handke, worked there as volunteers. Living in such a camp required the refugees to restrict their privacy to the minimum, living in tents for an indefinite period of time. These camps were the first stop upon their arrival in Germany and served as registration stations where people could formally start the application process of asylum seekers and received a medical check. During the summer of 2015, more than one million asylum seekers started this procedure. The time people had to remain in these camps lasted from three days up to several months. The largest group among them were Syrians who had escaped the civil war within their country (Bundesamt für Migration und Flüchtlinge 2015). In a second step, registered and medically checked asylum seekers were distributed among the German municipalities. Then, each of the municipalities provides social security benefits until the individual cases are heard and, eventually, decided upon. Waiting for the decision whether an asylum seeker may stay in Germany or not can last up to one year. Until then, no formal instruction can be provided, and asylum seekers need to rely on the help of volunteers – without this, they would live in isolation from the German society for several months with no access to language instruction and work.

Talking to the people in the camp near Marburg, it became obvious that almost all of the immigrants wanted to learn how to speak German as quickly as possible. However, people in the refugee camps felt that they were not able to apply the – usually written – exercises they had found on the internet, and classes given by volunteering teachers followed a traditional scheme and consisted mainly of written input. In a first step, we decided to create an online class in the form of a MOOC in order to enable as many Arabic asylum seekers as possible to learn how to speak German. For that, we first consulted the literature on theoretical knowledge about the phonemic inventory of Syrian Arabic. Second, we compared the Syrian Arabic phonemes to the phonemic inventory of Standard German. Third, we categorized the speech sounds in question:

1. Consonantal sounds that exist both in the source and in the target language with no difference in terms of their articulatory properties, i.e. they are produced on the same positions

2. Consonantal sounds that exist both in the source and in the target language but differ in terms of their articulatory properties, i.e. they are produced on different positions
3. Consonantal sounds that do not exist in Syrian Arabic, but in German
4. Simple German vowel sounds
5. Special German vowel sounds
6. Vowel sounds and consonantal clusters that are particularly challenging for Syrian Arabic speakers

For each category, we developed practical tasks that emphasized the peculiarity of the speech sounds in question. For the first category, the phonemes /m, n, f, h, ʃ, j/, /ʤ/ und /ʒ/ were introduced. All sounds exist in both the source and the target language. For each sound, a video was produced that contains explanations and application examples. In the end of this unit, students are provided with the respective letters with which the sounds are represented in the German writing system. In the case of consonantal sounds that exist in both languages, German consonantal sounds are emphasized that are known to Syrian Arabic speakers. These are the sounds /s, z, b, d, g, t, k/ and /l/. Arabic native speakers may produce them in their source language without any problems. However, for the target language the sounds are produced on different positions. For example, in Arabic some of the sounds do not occur word-initially whereas other sounds do not occur in word-final position. Also, sounds may differ in terms of unvoiced and voiced properties. Each realization was again visualized in the form of a video in order to allow students to practice and repeat what they have learnt. To illustrate special German consonantal sounds, the sounds /x, ç, ŋ, r, v, p, pf, ts/ and /ʧ/ were introduced. These are likely to cause acoustic as well as physiological difficulties for L1 speakers of Arabic as they do not exist in their source language. Ears and mouth have to be trained in order to produce them. In the supporting videos, practical tasks were introduced that trained these features. Also, typical German constructions are contrasted, like the different realizations of the 'r' sound. Also, German consonantal clusters are a particular challenge for Arabic L1 speakers. In the course of this unit, students learnt about their existence and how they are produced. For the fourth category, German vowel sounds were introduced. Here, it is important to emphasize the rich vowel system in comparison to the relatively small vowel system of Arabic. For example, in German there is a difference between long and short vowels [i:/ɪ, u:/ʊ, a:/a, o:/ɔ, e:/ɛ] whereas in Arabic there is not. Also, the concept of diphthongs is relatively new, at least for Modern Standard Arabic (although they do exist in different regional varieties, such as [ai]). As for special German vowel sounds, those of them were introduced that do not exist in Arabic, i.e. [yː, ʏ, øː, œ; aɪ, aʊ, ɔɪ, uɪ]. The unit offers speech and ear training in which the sounds are explicitly trained. Videos on the single speech sounds offer practical support that students may repeat as often as they like. And for the last category, more peculiarities were introduced, i.e. [ə, ɐ] as well as the written constructions 'sp, st, sk, p, t, k' and 'qu'. This unit concludes the class and aims at visualizing how exactly certain sound clusters are treated word-initially and in word-final position, and how selected word with a relatively high amount of unknown speech sounds may be produced without any problems.

The classification of the phonemes reflects the different characteristics and levels of difficulty Arabic L1 learners of German have to face. The course plan, in turn, reflects this classification by increasing the level of difficulty each week. Learners study the content from 1 to 6 accordingly.

CREATION AND IMPLEMENTATION OF THE ONLINE COURSE

After the course plan was developed, we started with the creation of the course material. An online class is heavily dependent on using not only one, but several media channels. For a number of reasons, the main media channels for this online class were video and text, the more important one being video. For an effective presentation of pronunciation, we need audio, and ideally, the learners can see the sounds being produced at the same time (i.e. the mouth forming the relevant sounds). Seeing how a sound is produced while hearing it is a tremendous advantage that should not be ignored.

Apart from the didactic value of videos in pronunciation training, video is also one of the preferred channels of the learning platform where the online class is now hosted. Our team cooperated with the University of Applied Sciences in Lübeck, together with its daughter *oncampus*[1], so that the decision was taken to upload the MOOC under its German name "Aussprachetraining für Syrische Deutschlerner" (English: contrastive speech training for Syrian learners of German) to *mooin*, *oncampus'* open learning platform. *Mooin* stands for "Massive Open Online International Network", is based on Moodle, and currently hosts 33 MOOCs – in addition to further courses on *oncampus* or MOOCHub (see *Oncampus*.)

1 The oncampus GmbH is situated in Lübeck and offers on-the-job study programs and scientific online education (further information on https://www.oncampus.de/).

Since the target group of this online class is still learning the language and is not yet guaranteed to be proficient in German, *oncampus* decided to adjust the general design of the learning platform to offer any text (menus, headlines etc.) in Arabic abjad, i.e. the Arabic writing system. Considering that Arabic abjad is read from right to left, this included making considerable changes in the coding of the website, since not only the written language, but any item on the website is then supposed to succeed from right to left (e.g. the tabs for the sessions of the class).

Figure 5: Screenshot of the online class hosted on mooi

Adapted from the mooin platform. Copyright by the authors, mooin, and the Linguistics Engineering Team

For native speakers of Arabic without sufficient knowledge for German it is now possible to log into the learning platform (or create a new account), sign up to the MOOC "Aussprachetraining für Syrische Deutschlerner" and enter the class by using the Arabic version of *mooin*. After having logged in and accessing the class, the course itself is available in both languages, however the language is set on Arabic by default.

The multimedia elements of this class include texts, sound files and two types of videos: those with explanations on how to form the sounds, and those with examples and practice words for the learners. Overall, our team produced

115 videos and 125 sound files for the six-week-long class with a total amount of 57 sessions.

As planned from the very start, the videos were produced as bilingual input for the learners, which required thorough planning. The texts for the respective sessions as well as the scripts for the videos were written in German first, before being translated into Arabic by a native speaker of our team. This native speaker was recruited by us in order to account for the fact that typical MOOCs usually lack a personal addresser who communicates with beginners of German directly in their source language when a problem arises. The native speaker directly interacted with our students on Facebook and Skype. He also posted exercises in our name along with sample solutions. After recruiting him, the number of active participants, both within the Facebook group and the ones submitting their tasks, significantly increased.

The video production took some time: First the speakers were recorded with their parts in front of a green screen, before the video editors combined the raw material, added visual elements and produced the final video versions for the MOOC.

Figure 6: Screenshot of introductory video to week 1

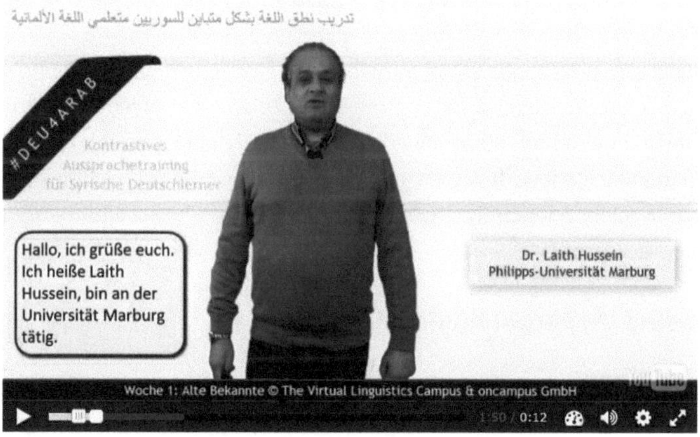

Copyright by mooin and the Linguistics Engineering Team

Within the bilingual videos, we had our speakers use their respective language (Arabic or German), however we added written translations of the spoken text during the video editing.

Our main speaker for the Arabic parts was a student who has learnt a variety of Arabic within her family, but was raised in Germany and was thus fluent in both languages. After briefing her and the other two speakers (one German, one

Arabic), their parts were filmed separately and combined during the editorial process later on. We soon realized that while our student did speak a language variety of Arabic, it was not the Standard variety which is normally associated with official media, education, but a regional variety which is not mutually intelligible with all other varieties of Arabic.

DIDACTIC CHALLENGES

Choosing a language variety: regional standard vs. prestige variety

As mentioned above, soon after we started working on the course, we realized that, while we had managed to find a speaker of our target group's regional language variety, having her use this particular variety did not result in the desired reaction. It is generally accepted in Arabic sociolinguistics that regional varieties are used in informal situations mostly, while for formal situations, Modern Standard Arabic — also called classical Arabic — is used (e.g. Jabbari, 2013). This disparity between regional standard and prestige variety pertains to all regional varieties of Arabic which also use Modern Standard Arabic as a superimposed prestige variety.

Using the standard variety of Syrian Arabic for our linguistic analyses was the correct scientific method for contrasting the phonemic inventories, since we wanted to find out which phonemes could potentially pose problems to speakers of that particular variety, however for the presentation of our findings it would be advisable to use Modern Standard Arabic to achieve the credibility of an academic course.

Addressing the target audience

With our MOOC, we aimed at providing Syrian refugees with a contrastive analysis so that they can make a comparison between the sound inventories of their own language in comparison to that of German. We are aware of the fact that not all of the refugees are Arabic native speakers. However, our resources were restricted and the MOOC a pilot project. In a first step, we developed social-media as well as conventional marketing tools. Conventional marketing tools were word-of-mouth recommendation, and flyers. The flyers contained QR-codes that were directly linked to the learning platform. Our first point of contact was a refugee camp near Marburg. The camp was equipped with free

Wi-Fi by a local group of volunteers. Flyers were handed out to refugees in the camp and in a local community center. We explicitly asked refugees to tell their friends about the course and supported some with the first steps on their mobiles. We also contacted groups of volunteer German teachers. However, the response here was relatively poor. After two weeks of advertising the MOOC, we had reached more than 200 people in person. After four more weeks, more than 800 people were enrolled in the class.

We assumed that our personal contacts could help us in acquiring more students. A supporting Facebook group of the MOOC was actively advertised by two Syrian refugees. They also published posts in Arabic within Facebook groups of the Syrian community in Germany. After six weeks, more than 2,500 people were enrolled in our class.

Implementing native speaker support and social media

Creating a course for a specifically tailored audience requires close contact to this audience. Direct involvement of native speakers was necessary in order to provide students with relevant content. Also, the implementation of social media tools like Facebook groups gave us the chance to interact directly with our students, i.e. provide them with exercises and check their solutions.

Originally, we had recruited a native speaking student from our own department. She grew up in Germany with her Syrian parents, thus speaks Arabic and German as her native languages. However, as mentioned before, we were not aware of the sociolinguistic peculiarities of the superimposed prestige of Modern Standard Arabic. Also, our native speaker does speak a regional variety of Syrian Arabic that is not mutually intelligible with that of other Syrian dialects. Also, she could not write Arabic as she never received formal instruction in Arabic. Thus, we lacked direct written and verbal contact to our target group. We realized quite late that another native speaker's assistance was essential for the success of the class as we could not request any prior knowledge of German from our students. We therefore recruited another native speaker from Syria who moderated the Facebook group and worked as a tutor in order to remind students of pending tasks or motivated them to upload speech samples. He published his posts in Arabic. Previously, we had posted our information in English and German and received no feedback whatsoever. After successful recruitment of our native speaker and his posts in Arabic, we received 150 to 200 responses to each exercise.

The role of the learner in our online learning scenario

The first run of this MOOC in 2016 started on 1 February and ended on 13 March. All in all, 2,643 participants registered for the online class with 960 people having joined our accompanying Facebook group until now. Among the participants were 17 German teachers. All in all, 2,626 Arabic native students participated in the class. The course contained the option of finishing with a certificate. This option was used by only a small portion of the participants, so that only 52 certificates were issued in the end. However, both the registration number and the number of issued certificates may have been influenced by teachers of German as a foreign language who simply registered for this class to take a look at the content without ever planning on actually actively participating (and finishing) the course.

A comparatively low percentage of active participants could also be explained by the role of the learner in online learning. Whenever a class runs exclusively online, it is important to motivate the learners and to keep them as such by keeping them interested. One way to achieve this is by means of implementing gaming elements into the online class. *Mooin* (see *oncampus*) uses digital badges as gamification elements and our team designed four such badges which participants of the class receives for particular actions, i.e. completing a number of sessions, watching a number of videos, or interacting with other participants in the community forum. 220 badges were awarded to participants of our MOOC, which shows that for this MOOC the gamification element was not as effective a motivator as we had anticipated.

CONCLUSION

We developed a MOOC that provides learners with a Syrian Arabic background with the acoustic properties of German. The course in question should be regarded as a valid addition to, but not a replacement of, conventional classroom scenarios. In a specially designed ear training program, adult learners were able to become aware of the structural sound differences between their L1 and L2. For our class, we assumed that adult Arabic L1 speakers, if monolingual, are not able to process those speech sounds that do not exist in their native language. Unknown sounds will eventually be replaced by known sounds. This, in turn, would eventually lead to problems in processing and producing German speech sounds.

Our theoretical backbone was precise, yet it remained a theory. Initially, we were not able to foresee the impact of the sociolinguistic variables. Hence, it is likely that our recruited Arabic native speaker will not be able to transmit the academic character of our class to our target group. As a consequence, we recruited another native speaker of Arabic in the first instance who took care are our Facebook group and direct interaction with the students. For further such classes, an additional instance of quality management will be implemented in order to assure that the academic character of the class can be transmitted to all of our students.

The recruitment of Arabic native staff was a particular advantage. For future such classes, we will take this factor into account from the very beginning.

The relatively high number of students who enrolled for the class, all of them Arabic native speakers from all over the Arabic language regions, on the one hand, and the relatively low number of students who concluded the class with a certificate, on the other, lead to the conclusion that some factors still need some form of adjustment. As a first consequence, we will implement a quality management team for the next class that will consist of a qualified Arabic linguist, and a speaker of MSA for the videos. Also, we will guide and moderate the supporting Facebook group from the beginning on in order to cater to the needs of our students.

All in all, we are more than happy with the way the course presented here was run. For the future, we aim at working on other contrastive courses that might be helpful for GSL learners, such as speakers of Tigrinya, Pashto, and Dari.

REFERENCES

American Speech-Language-Hearing Association: Phonemic Inventories Across Languages. See http://www.asha.org/practice/multicultural/Phono/. Last accessed 9 March 2017.

Bundesamt für Migration und Flüchtlinge (2015): Bundesamt in Zahlen. See http://www.bamf.de/SharedDocs/Anlagen/DE/Publikationen/Broschueren/bundesamt-in-zahlen-2015.pdf?__blob=publicationFile. Last accessed 9 March 2017.

Brandt, Anthony/Molly, Gebrian/Slevc L. Robert (2012): "Music and Early Language Acquisition", in: Frontiers in Psychology 3, 327, PMC.

Cowell, Mark W. (2005): A Reference Grammar of Syrian Arabic with Audio CD: (based on the Dialect of Damascus). Georgetown classics in Arabic language and linguistics. Washington D.C: Georgetown University Press.

Escudero, Paola (2002): Learning the sounds of a new language: Adults can do it too! In: 144th Meeting of the Acoustical Society of America – First Pan-American Iberian Meeting on Acoustics. Cancún, Mexico. 2-6 December 2002. See http://acoustics.org/pressroom/httpdocs/144th/Escudero.htm. Last accessed 19 December 2016.

Jabbari, Mohammad J. (2013): Levantine Arabic: A Surface Register Contrastive Study. Studies in Literature and Language 6(1), 110-116. DOI: 10.3968/j.sll.1923156320130601.2426

Kuhl, Patricia K./Andruski, Jean E./Chistovich, Inna A./Chistovich, Ludmilla A./Kozhevnikova, Elena V./Ryskina,Viktoria L./Stolyarova, Elvira I./Sundberg, Ulla/Lacerda, Francisco (1997): "Cross-language analysis of phonetic units in language addressed to infants", in: Science 277, 684-686.

Mampe, Birgit/ Friederici, Angela D./Christophe, Anne/Wermke, Kathleen (2009): "Newborns' cry melody is shaped by their native language", in: Current Biology 5, November 2009, doi 10.1016/j.cub.2009.09.064.

Oncampus, mooin: See https://mooin.oncampus.de. Last accessed 21 December 2016.

Saville-Troike, Muriel (2012): Introducing Second Language Acquisition. Cambridge: Cambridge University Press.

The Linguistic Engineering Team. The Virtual Linguistics Campus: See http://linguistics.online.uni-marburg.de. Last accessed 20 December 2016.

Watson, Janet C.E. (2002): The Phonology and Morphology of Arabic. Oxford linguistics. Phonology of the world's languages. Oxford: Oxford University Press.

Migration als Katalysator für die Vereinfachung von Kommunikationsprozessen

MARITA TJARKS-SOBHANI

Integration in das Berufsleben könnte für Menschen, die Probleme mit der deutschen Sprache haben, schneller und erfreulicher ablaufen, wenn der Weg dorthin systematisch aus zwei Richtungen beschritten werden würde: Eine Richtung führt über Aus- und Fortbildung der Betroffenen hinsichtlich der deutschen Sprache, die andere über eine umfassende Vereinfachung von beruflich relevanten Texten, also Lehr- und Trainingsunterlagen. Während die Notwendigkeit, die Sprache zu erlernen, unbestritten ist, und Deutsch-Förderprogramme lediglich durch Kapazitätsprobleme hinsichtlich der Finanzen und des zur Verfügung stehenden Lehrpersonals begrenzt werden, ist von einer Forderung zur sprachlichen Vereinfachung von beruflichen Texten nur wenig in den Konzepten zur Integration in das Berufsleben zu finden. Dabei wären solche Maßnahmen nicht nur hilfreich für Personen mit Deutsch als Zweitsprache, sondern es würde davon gleichzeitig noch eine weitere Gruppe der Bevölkerung profitieren: die funktionalen Analphabeten, die mehr als 14 Prozent der Bevölkerung in erwerbsfähigem Alter ausmachen, also ca. 7,5 Millionen Menschen – weit mehr als diejenigen, die zwischen 2011 und 2016 mit einem Asylantrag bekundet haben, in der Bundesrepublik leben zu wollen. Das sind ›nur‹ ca. 1,3 Millionen[1] Menschen.

1 In dem Zeitraum von 2011 bis Oktober 2016 wurden lt. Statistik des Bundesamts für Migration und Flüchtlinge ca. 1,6 Millionen Asylanträge gestellt. Entschieden wurde über ca. 1,1 Millionen Anträge, abgelehnt wurden ca. 350.000, sodass in dem genannten Zeitraum mindestens ca. 1,3 Millionen Bürger hinzugekommen sind, die der deutschen Sprache nicht mächtig sind – zumindest nicht in dem Umfang, dass sofort eine

FUNKTIONALE ANALPHABETEN

Die Bezeichnung *funktionale Analphabeten* ist für nicht fachkundige Personen, also die Mehrzahl der Bevölkerung, äußerst ungünstig, weckt sie doch die Assoziation, dass dieser Personenkreis gar nicht lesen und schreiben kann. Das trifft aber für die funktionalen Analphabeten nicht zu.

Bei dieser Bezeichnung wird auch nicht erwartet, dass innerhalb dieser Gruppe immerhin 57 Prozent berufstätig sind und wiederum 12,3 Prozent einen höheren Bildungsabschluss erreicht haben, sodass funktionale Analphabeten auch in anspruchsvolleren Berufen anzutreffen sind.[2]

In den Medien, bei denen Verallgemeinerungen manchmal notwendig sind, ist als Charakterisierung zu finden, »dass diese maximal einzelne Sätze lesen oder schreiben können« (Eberhart 2016: 16). Um ermessen zu können, welche Hilfe diese Personengruppe braucht, ist es aber notwendig, die Formen des Analphabetismus differenzierter zu betrachten.

Zu unterscheiden sind primärer oder natürlicher, sekundärer und funktionaler Analphabetismus. Primärer Analphabetismus »liegt vor, wenn eine Person keinerlei Lese- und Schreibkenntnisse erworben hat« (Alphabetisierung 23.11.2016), sekundärer Analphabetismus, »wenn nach mehr oder minder erfolgreichem Schulbesuch ein Prozess des Vergessens einsetzt, bei dem einmal erworbene Schriftkenntnisse wieder verloren gehen« (ebd.).

Wesentlich komplexer ist der funktionale Analphabetismus. In der *leo. – Level-One Studie* der Universität Hamburg wurden erstmalig konkrete Zahlen über das Ausmaß für das Jahr 2011 ermittelt. Als funktionale Analphabeten wurden diejenigen erfasst, die die Textebene unterschreiten, d.h.,

> »dass eine Person zwar einzelne Sätze lesen oder schreiben kann, nicht jedoch zusammenhängende – auch kürzere – Texte. Betroffene Personen sind aufgrund ihrer begrenzten schriftsprachlichen Kompetenzen nicht in der Lage, am gesellschaftlichen Leben in angemessener Form teilzuhaben. So misslingt etwa auch bei einfachen Beschäftigungen das Lesen schriftlicher Arbeitsanweisungen.« (Grotlüschen/Riekmann 2011: 2)

---

erfolgreiche Integration in das Berufsleben möglich ist. Zahlenangaben: Bundesamt für Migration und Flüchtlinge: Aktuelle Zahlen zu Asyl. Ausgabe Oktober 2016, S. 4. und S. 10.

2 Zur Darstellung der Probleme, die diese Personengruppen im beruflichen Alltag haben, vgl. Tjarks-Sobhani 2012: 24.

In dieser Definition wird deutlich, dass es sich beim funktionalen Analphabetismus um einen relativen Begriff handelt, der einen historisch-gesellschaftlichen Bezug hat – eine Auffassung, die sich auch in anderen Definitionen widerspiegelt:

»Vor hundert Jahren waren geringere Kenntnisse erforderlich als heute. In einer westeuropäischen Gesellschaft werden weitergehende Kenntnisse erwartet als in sog. Entwicklungsländern, allerdings in Abhängigkeit von der sozialen Schicht, dem Beruf usw. Innerhalb der entwickelten Industriestaaten mit ihren hohen Anforderungen an die Beherrschung der Schriftsprache müssen auch jene Personen als funktionale Analphabeten gelten, die über begrenzte Lese- und Schreibkenntnisse verfügen.« (Alphabetisierung: 23.11.2016)

Die Definitionen von funktionalem Analphabetismus des Bundesministeriums für Bildung und Forschung (BMBF) sind eher vereinfachend und drücken explizit diesen gesellschaftlichen Bezug nicht aus. Dieser kann jedoch aus dessen Darstellung abgeleitet werden, dass mit der zunehmenden Digitalisierung der Arbeitswelt auch in primär handwerklichen Berufen die Arbeit mit dem Computer zunimmt, womit einhergeht, dass auch in diesen Berufen die schriftsprachliche Kompetenz immer wichtiger wird. So ist es sicherlich kein Zufall, dass gerade jetzt, in den Zeiten des Aufbruchs in die digitale Welt, die Probleme des funktionalen Analphabetismus in den Fokus der Öffentlichkeit gerückt werden sollen.

Reaktionen auf die hohe Zahl der funktionalen Analphabeten

Laut Aussagen des BMBF stellte das »Wissen um die Größenordnung und die Charakteristika der Zielgruppe der funktionalen Analphabetinnen und Analphabeten [...] die Grundlage dar, um adäquate Hilfsstrukturen in Wirtschaft und Gesellschaft aufbauen zu können« (BMBF et al. 2015: 8).

Maßnahmen von 2012 bis 2016

Mit Verweis auf diese Studie haben das BMBF und die Kultusministerkonferenz der Länder (KMK) im Dezember 2011 eine »Nationale Strategie zur Alphabetisierung und Grundbildung Erwachsener« (ebd.: 1) für den Zeitraum von 2012 bis 2016 initiiert. Im August 2015 wurde ein umfassender Bericht zur Umsetzung der darin beschlossenen Maßnahmen erstellt.

Explizites Ziel war u.a., dass »die Zahl der funktionalen Analphabetinnen und Analphabeten in Deutschland langfristig reduziert« (ebd.) wird.

Während in dem Bericht die Umsetzung der initiierten Forschungsmaßnahmen als »gut voran gekommen« (ebd.) beurteilt wird, sind in den Medien auch anderslautende Bewertungen zu finden. So sieht beispielsweise die Süddeutsche Zeitung den Erfolg der bereits vom BAMF seit 2007 in mehr als 150 Einzelprojekten investierten rund 55 Millionen »zu Grundlagenforschung und praktischen Anwendungen im Bereich Alphabetisierung und Grundlegung Erwachsener« (Eberhart 2016: 16) als »durchwachsen« (ebd.) an.

Aufschluss darüber, wer recht hat, wäre wohl nur über eine neue Studie zu gewinnen. Diese ist auch vorgesehen. Vergleichsstudien sollten ursprünglich im Abstand von fünf Jahren wiederholt werden, derzeit ist sie aber erst in Planung, durchgeführt werden soll diese nun (erst) in 2018. (Vgl. BMBF et al. 2015: 9)

Betrachtet man die in Rede stehenden Maßnahmen zur Bekämpfung des funktionalen Analphabetismus, dann liegt der Schwerpunkt eindeutig auf Alphabetisierungskursen. Damit kein Missverständnis aufkommt: Es ist unbestritten der richtige Weg, den betroffenen Personenkreis hinsichtlich der Sprachkompetenz zu fördern. Es gibt jedoch viele Argumente, den Betroffenen auch von anderer Seite entgegenzukommen, nämlich mit vereinfachten Texten, die fürs Berufsleben notwendig sind.

Ein Argument ist, dass Erfahrungen mit bisher durchgeführten Alphabetisierungskursen gezeigt haben, dass der »Weg ins Reich der Buchstaben [...] steinig und lang« (Eberhart 2016: 16) ist. Um Enttäuschungen vorzubeugen, bereiten bei diesem Personenkreis Unterrichtende ihre Schüler darauf vor, »dass es ganz normal ist, wenn die Kurse über Jahre hinweg gehen« (ebd.). Von *deutlich* verbesserten Leistungen wird beispielsweise bereits gesprochen, wenn die Teilnehmer ihre Lese- und Rechtschreibleistung vom Stand eines Erstklässlers auf den eines Zweitklässlers verbessern konnten, »und das in nur neun Monaten – allerdings als Fulltime-Job« (ebd.).

Bei diesem Energie- und Zeitaufwand drängt sich die Notwendigkeit auf, diesen Betroffenen auch von anderer Seite aus zu helfen: mit einfachen und somit leichter zu verstehenden Texten. Die Erfolgserlebnisse könnten sich früher einstellen und somit gleichzeitig die Motivation zum Durchhalten fördern.

Von offizieller Seite, dem BMBF, werden die Erfolgschancen positiver formuliert:

»Wer bereits einzelne Buchstaben kennt und vier Stunden in der Woche investiert, wird nach einigen Monaten schon viele Wörter lesen können. Wer Wörter lesen kann, wird in der gleichen Zeit kleinere Texte lesen lernen. Und wer mit fortgeschrittenen Lese- und Schreibfertigkeiten startet, kann damit rechnen, sich innerhalb dieser Monate wichtige Rechtschreibregeln anzueignen und viel weniger Fehler zu machen.« (BMBF Strategie: 28.11.2016)

Ein weiteres Argument ist, dass Alphabetisierungskurse alleine für einige Ausprägungen des funktionalen Analphabetismus gar nicht greifen. So bezeichnet Gerhard Schulte-Körner, Legasthenieexperte und Direktor der Klinik für Kinder- und Jugendpsychiatrie der Münchner Uniklinik, die funktionalen Analphabeten »im Prinzip als Legastheniker, die alt geworden sind« (Schulte-Körner, zitiert nach Eberhart 2016: 16) – und bekanntlich ist Legasthenie nicht durch Alphabetisierungskurse zu beheben.

Fairerweise muss aber gesagt werden, dass dem BMBF bekannt ist, dass Fördermaßnahmen nur dann effektiv sind und zielgerichtet angegangen werden können, wenn die Ursachen der Probleme bekannt sind, und dass gerade beim funktionalen Analphabetismus die Gründe vielseitig und längst nicht umfassend bekannt sind. Diese Defizite sollen nun in der im November 2016 gestarteten »Nationalen Dekade für Alphabetisierung und Grundbildung 2016 bis 2026« (BMBF 2016a) ausgeglichen werden.

Maßnahmen von 2016 bis 2026

In einer Pressemitteilung des BMBF vom 28. November 2016 wurde der Start der »Nationalen Dekade für Alphabetisierung und Grundbildung 2016 bis 2026« (ebd.) mitgeteilt.

Als zahlenmäßige Grundlage gelten immer noch die Ergebnisse der *leo. – Level-One Studie* aus dem Jahre 2011. Die Ziele sind eine Fortführung des bisherigen Programms: Lernangebote besser erreichbar machen und Unterstützungsangebote weiterentwickeln. Beachtenswert ist das Eingeständnis, dass die Förderung von funktionalen Analphabeten immer noch nicht die Beachtung gefunden hat, die für diese gesellschaftliche Herausforderung angemessen wäre. (Vgl. ebd.)

Neu ist die Fördersumme von 180 Millionen Euro in zehn Jahren, auch die Betonung der Notwendigkeit, mehr wissenschaftlich fundierte Erkenntnisse zu Ursachen und Verbreitung des funktionalen Analphabetismus zu gewinnen, um adressatengerechte Lernangebote und Präventivmaßnahmen entwickeln zu können.

Der hier vorgeschlagene ergänzende Weg, berufsrelevante Texte zu vereinfachen, wird (leider) nicht explizit erwähnt, aber man könnte die Akzeptanz für diesen Weg zwischen den Zeilen herauslesen. Es wird nämlich in der Pressemitteilung hervorgehoben, dass Erreichtes zu transferieren, zu verstetigen und auszubauen ist. Und als Erreichtes wurde bereits ausgeführt, dass im Rahmen von »arbeitsplatzorientierter Grundbildung« für »bestimmte Branchen, zum Beispiel in der Pflege, im Hotel- Gaststättengewerbe [sic!] oder im Garten- und Landschaftsbau, [...] Schulungsmodule vor[liegen], die inhaltlich auf die Zielgruppe der funktionalen Analphabeten zugeschnitten sind« (BMBF et al. 2015:8).

Ferner wird in der Pressemitteilung vom BMBF (2016a) die Notwendigkeit aufgeführt, Netzwerke und Kooperationen zu verdichten und neue Initiativen zu entwickeln. Unter »neuen Initiativen« ließen sich Projekte zur Vereinfachung von berufsrelevanten Texten ansiedeln. Man könnte diese Formulierung also als Einladung ansehen, eine Vereinfachung von solchen Texten zu etablieren.

BEDEUTUNG VON KOOPERATION UND INTERDISZIPLINARITÄT

Es gibt Belege, dass Interdisziplinarität zu Erfolgen und zu Innovationen führt. Für die Situation von Universitäten liefert die gemeinsame Exzellenzinitiative der TU und LMU München in ihrem extra für besonders begabte Studierende eingerichteten *Center for Digital Technology & Management (CDTM)* den Beleg, denn dort ist unter »Core Values« an erster Stelle »Interdisciplinarity« aufgeführt (CDTM: 23.11.2016). Fürs Berufsleben belegt die Verleihung des Zukunftspreises 2016, dass auch hier eine interdisziplinäre Kooperation[3] zu Innovationen geführt hat.

Unter diesem Aspekt ist es sicherlich ein guter Ansatz, auch hinsichtlich der Förderprogramme auf Interdisziplinarität und Kooperation zu setzen, wie es jetzt auch in dem soeben verabschiedeten Grundsatzpapier zu finden ist. Förderprogramme für funktionale Analphabeten sollen auf »länger in Deutschland lebende Migrantinnen und Migranten« (BMBF 2016b: 4) ausgeweitet werden, Forschung soll hinsichtlich einer »geeignete[n] Didaktik für gemeinsame Lernangebote für Menschen mit der Erst- und Zweitsprache Deutsch« (ebd.: 5) ausgebaut werden und auch soll die Zusammenarbeit mit dem Bundesamt für Migration und

3 Wissenschaftler aus den Bereichen Massivbau, Textilmaschinen und Textile Hochleistungswerkstofftechnik haben eine der wichtigsten Innovationsauszeichnungen Deutschlands erhalten (vgl. Zukunftspreis 2016: 29.11.2016).

Flüchtlinge (BAMF) intensiviert werden, »beispielsweise durch die Verzahnung bestehender Angebote der Alphabetisierung und Grundbildung mit Angeboten für Geflüchtete. In Betracht kommen dazu auch gemeinsame Kurse, Lernstandserhebungen und die Qualifizierung von Lehrkräften« (ebd.: 6).

Die Sinnhaftigkeit einer Kooperation von funktionalen Analphabeten und Personen mit Deutsch als Zweitsprache lässt sich zweifellos auch auf die systematische Vereinfachung von berufsrelevanten Texten übertragen. Für beide Gruppen würde gleichermaßen damit der Einstieg ins Berufsleben erleichtert und beschleunigt.

MASSNAHME MIT GEMEINSAMEM NUTZEN: VEREINFACHUNG VON BERUFSRELEVANTEN TEXTEN

Es wurde bereits aufgezeigt, dass Fachleute den Weg zur Erlangung von Sprachkompetenz als langwierig und schwierig bezeichnen. Dieses liegt auch an der Komplexität der deutschen Sprache, die bekannt ist, aber nur selten so humorvoll und gleichzeitig treffend beschrieben wurde wie von Mark Twain, der allerdings selber ausgezeichnet Deutsch gesprochen haben soll:

> »So hat zum Beispiel in der deutschen Sprache ein junges Mädchen kein Geschlecht, während eine Steckrübe ein solches hat. Welche maßlose Hochachtung zeigt das einer Rübe gegenüber, welche Geringschätzung vor einem Mädchen! [...] Aber weiter mit diesen Artikeln. Ein Baum ist männlich, seine Knospen sind weiblich, seine Blätter sind sächlich. Pferde sind geschlechtslos, Hunde sind männlich, Katzen sind weiblich; des Menschen Mund, Nacken, Busen, Ellbogen, Finger, Nägel, Füße und Leib sind männlichen Geschlechts; Kopf oder Haupt ist männlich oder sächlich, je nachdem man eines dieser Wörter gebraucht, nicht also je nachdem ein Mann oder eine Frau das Ding trägt. [...] Aus dieser Zergliederung geht deutlich hervor, dass ein deutscher Mann sich zwar einbilden mag, er sei ein Mann, wenn er aber näher zusieht, muß er wohl daran zweifeln; er muß entdecken, daß er eine ganz lächerliche Zusammensetzung aller möglichen Geschlechter bildet. [...] Nach meiner Erfahrung braucht man zum Erlernen des Englischen 30 Stunden, des Französischen 30 Tage, des Deutschen 30 Jahre. Entweder reformiere man also diese Sprache, oder man lege sie zu den toten Sprachen, denn nur die Toten haben heutzutage noch Zeit genug, sie zu erlernen.« (Twain 2014: 110, 176)

Der Ratschlag Twains zur *Reformierung* der Sprache sollte für alle berufsrelevanten Texte befolgt werden, um den Integrationsprozess ins Berufsleben zu beschleunigen. Er sollte nicht auf Texte angewandt werden, die aus Genuss an der Sprache gelesen werden.

VEREINFACHUNG VON SPRACHE

Überlegungen zur Vereinfachung von Sprache sind nicht neu. Dabei sind zwei prinzipiell unterschiedliche Zielvorstellungen zu unterscheiden: Vereinfachung aus wirtschaftlichen Gründen oder zur Überwindung von Sprachbarrieren.

Vereinfachung aus wirtschaftlichen Gründen

Erste Überlegungen zur Vereinfachung von Sprache in Unternehmen hatten ihre Ursache darin, Übersetzungskosten zu sparen. Vorreiter war die Caterpillar Tractor Company, die in den 60er Jahren *Caterpillar Fundamental English* entwickelte, womit erreicht werden sollte, dass Produktnutzer ohne vorherige Englischkenntnisse nach nur 30 bis 60 Stunden Training die Sprache so gut beherrschen, dass sie produktbegleitende Texte (Wartungsanleitungen, Bedienungsanleitungen ...) verstehen können. Da Übersetzungszeiten und -kosten somit entfielen, konnten deren Produkte schneller und kostengünstiger auf den Markt gebracht werden. Der wirtschaftliche Erfolg schien vorprogrammiert, wurde aber überraschenderweise durch den Faktor Mensch zunichtegemacht. Die Verfasser solcher Texte empfanden es als schwierig zu lernen, welche Teile ihrer Muttersprache sie während des Arbeitstages ignorieren mussten. Ferner empfanden sie es als frustrierend, zwar lesbare, aber ihrer Meinung nach stilistisch schlechte Texte zu verfassen. Das führte dazu, dass die Autoren diese Tätigkeit nicht lange ausübten, sodass regelmäßig neues Personal eingestellt und geschult werden musste, was für das Unternehmen derart ineffektiv war, dass das Projekt, die Texte in dem Fundamental English zu erstellen, ausgesetzt wurde.

Prinzipiell und verkürzend dargestellt lässt sich sagen, dass die Vereinfachung von Sprache erst wieder eingesetzt und somit wirtschaftlich wurde, als unterstützende Software zur Verfügung stand, die sogenannten *Controlled Language Checker (CL-Checker)*. Diese Programme überprüfen, ob die für eine vereinfachte Sprache definierten Regeln eingehalten werden, was den Schreibprozess ganz wesentlich erleichtert.

Den größten Nutzen bringt der Einsatz vereinfachter Sprache zweifellos im Bereich der Luftfahrtindustrie, die die produktbegleitenden Informationen ausschließlich in einem standardisierten, vereinfachten Englisch verfasst. Es wäre nicht auszudenken, in wie viele Sprachen die Informationen sonst übersetzt werden müssten.

Vereinfachung zur Überwindung von Sprachbarrieren

Als gesetzliche Forderung, die deutsche Sprache[4] zu vereinfachen, kann das Behindertengleichstellungsgesetz vom 27. April 2002[5] angesehen werden (vgl. BMJV 2002/2016). Den wesentlichen Impuls im Hinblick auf die Verständlichkeit hat dann die darauf aufbauende Umsetzungsverordnung gegeben, die sogenannte *Informationstechnik-Verordnung (BITV 2.0)* vom September 2011. Darin steht als Anforderung 14.1: »Für jegliche Inhalte ist die klarste und einfachste Sprache zu verwenden, die angemessen ist.« (BITV 2.0 2016)

Allerdings ist der »sachliche Geltungsbereich« eingeschränkt. Die BITV 2.0 gilt laut §1 bisher nur für »Behörden der Bundesverwaltung« und auch nur für öffentlich zugängliche Textsorten wie Internetauftritte und -angebote sowie »mittels Informationstechnik realisierte grafische Programmoberflächen« (ebd.). Dieser Geltungsbereich wird sich aber in absehbarer Zeit ändern. Bereits im Juli 2016 hat der Bundestag ein Gesetz zur Weiterentwicklung des Behindertengleichstellungsgesetzes beschlossen.

In §11 mit dem Titel *Verständlichkeit und Leichte Sprache* werden zum einen die Personengruppen erweitert, die in Leichter Sprache kommunizieren sollen und es werden weitere Textsorten ergänzt. Zum betroffenen Personenkreis gehören demnach die »Träger öffentlicher Gewalt«, worunter im Einzeln zu verstehen sind:

> »Die Dienststellen und sonstigen Einrichtungen der Bundesverwaltung, einschließlich der bundesunmittelbaren Körperschaften, Anstalten und Stiftungen des öffentlichen Rechts sowie Beliehene und sonstige Bundesorgane, soweit sie öffentlich-rechtliche Verwaltungsaufgaben wahrnehmen.« (BGG-Weiterentwicklung 2016: Artikel 1, §1, Absatz c)

4 In anderen Ländern gibt es schon länger Bestrebungen, die Sprache zu vereinfachen. Der Beginn war in den siebziger Jahren in Finnland, andere europäische Länder schlossen sich an, über die amerikanische Bewegung *People First* kam die Bewegung nach Deutschland, zunächst auch – für die Zielgruppe unpassenderweise – unter dieser englischen Bezeichnung. (Vgl. Tjarks-Sobhani 2012).

5 Die offizielle Bezeichnung lautet seit dem 19. Juli 2016 »Gesetz zur Gleichstellung von Menschen mit Behinderungen (Behindertengleichstellungsgesetz – BGG)«.

Hinsichtlich der Textsorten wird weitfassender formuliert, es sei »in einfacher und verständlicher Sprache [zu] kommunizieren« (ebd. Artikel 2, §11, Absatz 1). Und wenn die Erläuterungen nicht ausreichend sind, dann sind auf »Verlangen« insbesondere »Bescheide, Allgemeinverfügungen, öffentlich-rechtliche Verträge und Vordrucke in Leichter Sprache [zu] erläutern« (ebd.).

Nach Wirksamkeit dieser Ergänzung wäre eine Fülle weiterer Informationstexte in Leichter Sprache anzubieten. Allerdings ist die Wirksamkeit dieser Ergänzung für das Jahr 2018 festgelegt. Es ist schwer vorherzusagen, bis wann diese Ergänzung dann einen Niederschlag in einer Umsetzungsverordnung finden wird.

Ferner finden sich in dieser neuen Regelung noch einige andere Unsicherheiten, die konkrete Prognosen unmöglich machen und mehr Fragen aufwerfen als klären:

- Die Erläuterungen sind auf »Verlangen« zu geben.
  Wie gestaltet sich aber der Prozess des *Verlangens*?
- Dieses Verlangen kann nur von »Menschen mit geistigen Behinderungen und Menschen mit seelischen Behinderungen« ausgehen.
  Was konkret sind *seelische Behinderungen*? Muss diese Personengruppe direkt das Verlangen ausdrücken oder dürfen sie Mittler in Anspruch nehmen?
- Es ist in Leichter Sprache zu »erläutern«.
  Was bedeutet *erläutern*? Können oder müssen diese Erläuterungen mündlich oder schriftlich erfolgen?
- Der notwendige Umfang bestimmt sich nach dem »individuellen Bedarf der Berechtigten«.
  Wie weist man denn die *Berechtigung* nach?

Trotz dieser zahlreichen Unklarheiten sind aber dennoch positive Impulse abzuleiten. Der Gesetzgeber räumt damit ein, dass die deutsche Sprache für gewisse Kommunikationssituationen zu komplex ist, und fordert eine Reduzierung dieser Komplexität.

Im Folgenden wird zunächst aus Gründen der Vollständigkeit die Reduzierung der Komplexität von Sprache über die Leichte Sprache dargestellt. Dann folgt die Diskussion der Komplexitätsreduzierung durch Einfache Sprache, die als geeignet für berufsrelevante Texte angesehen wird.

LEICHTE SPRACHE

Regeln des Gesetzgebers

Explizit fordert der Gesetzgeber, dass Informationen vermehrt in »Leichter Sprache« bereitgestellt werden sollen. Diese Schreibweise macht deutlich, dass Leichte Sprache als Eigenname, also als feststehender Begriff gesehen wird. Dazu passt es, dass dann auch konkrete Regeln für die Leichte Sprache vorgegeben werden. So werden in der BITV 2.0 dreizehn »Vorgaben« (BITV 2.0 2016: Anlage 2, Teil 2) für Leichte Sprache aufgeführt. Diese Regeln wurden allerdings schon häufig kritisiert, z.B. wegen der unsystematischen Darstellungsweise oder auch wegen mangelnder Präzision.[6] Einige Bundesbehörden haben inzwischen die Regeln für Leichte Sprache überarbeitet und differenzierter dargestellt.

Zielgruppe für Leichte Sprache

Der Gesetzgeber nennt »Menschen mit Behinderungen« als Zielgruppe für Leichte Sprache, auch nach der letzten Änderung vom Juli 2016 für das »Gesetz zur Weiterentwicklung des Behindertengleichstellungsrechts« – verkündet im Bundesgesetzblatt Jahrgang 2016 Teil I Nummer 36.

Es gibt Bestrebungen, die Zielgruppe für Leichte Sprache zu erweitern. So findet sich auf dem Internetauftritt *BITV Lotse*, der vom Bundesministerium für Arbeit und Soziales (BMAS) verantwortet wird:

> »Informationen in Leichter Sprache sind auch nützlich für andere Menschen, die nicht so gut lesen können. Zum Beispiel für Menschen, die eine andere Muttersprache als Deutsch haben. Dazu zählen sowohl Menschen mit Migrationshintergrund als auch Menschen, die nicht die Lautsprache [sic!] sondern Deutsche Gebärdensprache als Muttersprache haben.« (BITV Lotse 1: 29.11.2016)

Diese *Nützlichkeit* wird jedoch von vielen angezweifelt, beschrieben beispielsweise im Nachrichtenmagazin *Der Spiegel*. Die dort geäußerten Vorwürfe, die Verbreitung der Leichten Sprache sei zu einer lukrativen Ware geworden, sind für die hier behandelte Thematik irrelevant. Geteilt aber wird die Skepsis gegenüber einer Ausweitung der Leichten Sprache auf eine Zielgruppe, die Schwierigkeiten mit der Komplexität der Sprache hat, aber nicht behindert ist. Für sinnvoll wird für diese Zielgruppe die Verwendung einer Einfachen Sprache angesehen.

6 Eine ausführliche Kritik findet sich in Maaß 2015.

(Vgl. Doerry 2016: 128 ff.) Diese Skepsis gegenüber der Leichten und die Vorteile einer Einfachen Sprache sollen im Folgenden anhand konkreter Beispiele begründet werden.

EINFACHE SPRACHE

Bereits im *BITV Lotsen* wird auf die Möglichkeit der Verwendung von Einfacher Sprache im Gegensatz zu Leichter Sprache hingewiesen:

»In der BITV 2.0 wird der Begriff **Einfache Sprache** zur Bezeichnung von Texten in verständlicher Alltagssprache verwendet, in denen die Zusammenhänge in einer angemessenen Sprache erklärt werden, so dass ein möglichst großer Teil der Leser den Inhalt verstehen kann. In Unterschied dazu ist **Leichte Sprache** eine spezielle Sprachform mit besonderen Regeln. Die wesentlichen Inhalte eines Textes werden herausgegriffen, sprachlich vereinfacht und durch Beispiele und Bilder ergänzt, sodass auch Menschen mit Lernschwierigkeiten den Inhalt verstehen können.« (BITV Lotse 2: 29.11.2016, [Herv. i.O.])

Im Gegensatz zu Leichter Sprache sind für Einfache Sprache noch keine allgemeinverbindlichen Regeln publiziert. Es existiert auch »keine allgemein anerkannte Version einer Einfachen Sprache« (Baumert 2016: 94). Dies liegt sicherlich daran, dass die Zielgruppe heterogen ist und deswegen die Sprache sowohl jeweils an die Bedürfnisse der Zielgruppe als auch an die jeweilige Textsorte anzupassen ist.

Auch vom *Netzwerk Leichte Sprache* wird die Einfache Sprache als existent angesehen – und in Leichter Sprache werden dort die Unterschiede formuliert:

»Leichte Sprache und einfache Sprache sind nicht das Gleiche.[7]
Es gibt viele Unterschiede.
Einfache Sprache haben sich Leute ohne Lern-Schwierigkeiten ausgedacht.
Zum Beispiel Leute von Universitäten.
Oder Menschen in Ämtern
Sie sagen:

---

7 Noch vor einem halben Jahr (Mai 2016) hieß die Formulierung »sind verschieden«. Die Änderung ist nicht nachvollziehbar, denn sie verstößt gegen das Regelwerk, das besagt, dass Verneinungen zu vermeiden sind: »Benutzen Sie positive Sprache. Vermeiden Sie negative Sprache. Negative Sprache erkennt man an dem Wort: **nicht**.« (Netzwerk 3: 29.11.2016, [Herv. i.O.]).

Viele Texte sind schwer geschrieben.

[...]

Man kann diese Texte einfacher schreiben.

Für einfache Sprachen gibt es aber keine festen Regeln.« (Netzwerk 1: 29.11.2016)

Und an anderer Stelle dieses Internetauftritts heißt es dann weiter: »Jeder bestimmt selbst, was einfache Sprache ist.« (Netzwerk 2: 29.11.2016)

Zwar ist die Formulierung *Jeder* nicht ganz zutreffend, denn innerhalb eines Teams, das Texte in Einfache Sprache überträgt, müssen Regeln vorgegeben werden, damit umfangreiches Textmaterial gleichzeitig von mehreren Personen umgeschrieben werden kann und dennoch wie aus einem Guss aussieht. Ein derart organisierter Erstellungsprozess ist Voraussetzung, um größere Textmengen in vertretbarer Zeit umarbeiten zu können.

Da es die Leichte Sprache schon länger gibt (circa zehn Jahre), ferner entsprechende Erfahrungen damit und mittlerweile mindestens drei Regelwerke, macht es Sinn, von den Vorarbeiten und Erfahrungen zu profitieren. (Vgl. Maaß 2015)

Die Vorgehensweise dafür ist, einerseits solche Regeln zu übernehmen, die auch für Einfache Sprache prinzipiell sinnvoll sind, andererseits Elemente zu eliminieren, die für den Personenkreis mit Behinderungen typisch sind, aber von Zielgruppen mit ausschließlich sprachlichen Problemen als nervig empfunden werden.

Beispiele für Regeln, deren Übernahme sinnvoll ist, sind:

»Benutzen Sie immer die gleichen Wörter für die gleichen Dinge.

Benutzen Sie Verben.

Schreiben Sie kurze Sätze.

Trennen Sie keine Wörter am Ende eine Zeile.

Schreiben Sie alle Wörter in eine Zeile, die vom Sinn her zusammen gehören.« (Netzwerk 3: 29.11.2016)

Nicht sinnvoll ist es, Regeln zu übernehmen, die zu einer mangelnden Präzision führen, denn diese ist für Lehrmaterialien und andere Fachtexte unabdingbare Voraussetzung, Es sollen z.B. alte Jahreszahlen vermieden werden. Als schlechtes Beispiel wird dazu eine konkrete Jahreszahl angeführt: »1867«. Stattdessen soll man schreiben »Vor langer Zeit.« oder »Vor mehr als 100 Jahren.« (Netzwerk 3: 29.11.2016)

Störende Vorgaben sind auch die Aussprachehinweise:

»**KoSIT** ist eine Abkürzung.
Es bedeutet: Koordinierungs-Stelle für IT-Standards.
Das spricht man: Ko-or-di-nie-rungs-Stel-le für Ei-Ti-Stan-dards« (Bremen: 29.11.2016, [Herv. i.O.])

Ferner sind solche Ausssprachehinweise auch für Zielgruppe mit unterschiedlicher Muttersprache nicht hilfreich, sie müssten sonst an die Lautregeln der jeweiligen Muttersprache angepasst werden.

BERUFSRELEVANTE TEXTE IN EINFACHER SPRACHE

Wie bereits ausgeführt, gibt es keine allgemeingültigen Regeln für das Verfassen von Texten in Einfacher Sprache und wird es wohl aus Gründen der Heterogenität der Zielgruppe und der Textsortenspezifik auch in absehbarer Zeit nicht geben.

Am Beispiel von Texten, die im *Kompetenzzentrum Einfache Sprache plus* an der Hochschule für Angewandte Sprachen in München produziert wurden, soll an zwei Textsorten aufgezeigt werden, mit welchen Strategien in Einfacher Sprache geschrieben werden kann. Ausgewählt wurden zwei Textsorten, die in berufsbezogener schriftliche Kommunikation besonders wichtig werden: Anleitende Texte und Lehr- und Trainingsmaterialien.

Anleitende Texte

Zur besseren Allgemeinverständlichkeit werden als Beispiele Produkte gewählt, bei denen keine Fachkenntnisse erforderlich sind, sodass sie von jedermann nachvollzogen werden können.

Abbildung 1: Anleitung für eine Kamera

Originaltext	Einfache Sprache
3 Überprüfen Sie den Schutzschieber der Speicherkarte und schieben Sie die Speicherkarte ein. ➔ Wenn die Speicherkarte über einen Schreibschutzschieber verfügt und sich dieser in der Position für den Schreibschutz befindet, können Sie keine Bilder aufnehmen. Schieben Sie den Schieber in die unverriegelte Position. ➔ Setzen Sie die Speicherkarte wie dargestellt ein, bis sie hörbar einrastet. ➔ Prüfen Sie, ob die Speicherkarte richtig ausgerichtet ist, bevor Sie sie einsetzen. Wenn Sie Speicherkarten falsch einsetzen, könnte dies zu einer Beschädigung der Kamera führen.	**Prüfen Sie die Speicherkarte** Warum? Es kann dort ein Fehler sein. Dann kann man keine Bilder machen. Was prüfen? Hat die Karte einen Schieber*? Nein: Alles ist o.k. Ja: Dann prüfen: Wie steht der Schieber? Auf „Lock"? Nein: Alles ist o.k. Ja: Auf „Unlock" schieben. * Das genaue Wort heißt „Schreibschutzschieber" **Setzen Sie die Speicherkarte ein** Wie? Wichtig: Es muss richtig sein. Wenn es falsch ist, geht die Kamera kaputt. Richtig ist: Wie auf dem Bild. Genau prüfen. Dann einsetzen, bis es einrastet.

Quelle: Eigene Darstellung

Auflage bei dieser Übertragung in Einfache Sprache war, das Layout nicht zu verändern. Der Text musste in eine Spalte geschrieben werden können. Ablaufdiagramme o.Ä. waren also nicht möglich. Ergänzt wurde der Text durch ein Bild.[8] Zwei grundlegende Strategien wurden bei der Übertragung in Einfache Sprache festgelegt:

- Strategie 1: Komplizierte Fachwörter sollten im Anleitungstext vereinfacht werden. Es sollte aber deutlich werden, dass es dazu eine fachliche Benennung gibt. In der Papierversion wurde das mit einem Sternsymbol signalisiert, in der Onlineversion waren diese Wörter farblich gekennzeichnet und im Hintergrund lag ein Link, der sich beim Berühren durch die Maus öffnet.

8 Das Bild kann hier aus rechtlichen Gründen nicht dargestellt werden.

- Strategie 2: Der Text sollte nach dem Frage-Antwort-Prinzip aufgebaut werden, auch typografisch. Der Vorteil dieser Gestaltung ist, dass gut zu erkennen ist, was inhaltlich zusammengehört und wann eine Handlungseinheit abgeschlossen ist.

Im Gegensatz zu den Regeln der Leichten Sprache wurde darauf verzichtet, die Präfixe abzutrennen, wie es dort üblich ist, um längere Wörter besser lesen zu können (einsetzen statt ein-setzen). Das wurde für diese Zielgruppe als nicht notwendig erachtet, der korrekten Schreibweise wurde der Vorzug gegeben.

Wie an diesem Beispiel zu erkennen ist, ist eine Übertragung in Einfache Sprache nicht nur hilfreich für den Personenkreis mit Deutsch als Zweitsprache und für funktionale Analphabeten, sondern sie kann auch als Qualitätssicherung dienen: Bei Einfacher Sprache müssen auch solche Regeln beachtet werden, die prinzipiell für alle Anleitenden Texte gelten sollten, nämlich die einzelnen Handlungsschritte exakt in der Reihenfolge zu verfassen, in der sie abzuarbeiten sind. Dieses ist im Originaltext nicht beachtet worden, was aber durch die Komplexität des Textes nicht sofort auffällt. Im Original wird bereits zum Einsetzen der Speicherkarte aufgefordert und dann erst zum Überprüfen der Ausrichtung, was vorher zu erledigen gewesen wäre. Sprachlich wird diese falsche Abfolge signalisiert durch das Wort *bevor*.

Lehr- und Trainingsmaterialien

Für Lehr- und Trainingsmaterialien ist typisch, dass sie nicht nur zum Zeitpunkt des Lernens benötigt werden, sondern auch wieder zur Prüfungsvorbereitung. Da zum Prüfungszeitraum sehr wahrscheinlich nicht alle Inhalte gleichermaßen intensiv wiederholt werden müssen, hat das *Kompetenzzentrum Einfache Sprache plus* ein Verfahren entwickelt, das die Prüfungsvorbereitung deutlich erleichtert:

Die Lehrtexte werden durch eine links angeordnete Marginalienleiste ergänzt, in der stichpunktartig aufgeführt ist, was im rechts angeordneten Lehrtext ausführlicher behandelt wird. Prüflinge müssen dann also zunächst nur der Marginalienleiste folgen und nur dann in das umfangreichere Textmaterial einsteigen, wenn sie Defizite bezüglich des Inhalts erkennen. Die sinntragenden Wörter in der Marginalienspalte verkürzen also ganz wesentlich den Zeitaufwand bei der Prüfungsvorbereitung. (Vgl. Kompetenzzentrum: 25.11.2016)

DAS ANLIEGEN – AUF DEN PUNKT GEBRACHT

Es ist unbestritten, dass das Beherrschen der deutschen Sprache das Wichtigste für die Integration in den ersten Arbeitsmarkt oder den Zugang zu Weiterbildungsprogrammen ist. Es ist daher nachvollziehbar, dass als wichtigste Maßnahme vom Bundesamt für Migration und Flüchtlinge (2015: 3) »berufsbezogene Kurse Deutsch als Zweitsprache« angesehen werden. Gleichzeitig aber ist zu bedenken, dass die Komplexität der Sprache diesen Prozess verzögert. Es wäre also parallel eine sinnvolle Maßnahme, berufsrelevante Texte zu vereinfachen. Sicherzustellen ist dabei, dass die Sprache korrekt ist und als Grundlage für weitere sprachliche Kompetenzsteigerungen geeignet ist.

Ein kürzerer beruflicher Integrationsprozess würde nicht nur die Zufriedenheit der Personen mit Deutsch als Zweitsprache fördern, sondern er wäre auch ein Beitrag zum Abbau gesellschaftlicher Spannungen und würde vor allem auch helfen, die Selbstverpflichtung der Wirtschaft einzulösen, 60.000 »Bleibeberechtigte« bis 2019 in den Arbeitsmarkt zu integrieren. (Vgl. Bayerische Staatsregierung 2015)

Gleiches gilt auch für die funktionalen Analphabeten. Auch für sie sind Alphabetisierungsmaßnahmen von zentraler Bedeutung, aber gleichzeitig wären auch für Sie berufsrelevante, vereinfachte Texte eine große Erleichterung. Zwar ist, wie bereits dargestellt, diese Gruppe zahlenmäßig größer, aber es fehlt ihr die »öffentliche Plattform«, wie das Bundesministerium für Bildung und Forschung in einer am 28. November 2016 herausgegebenen Pressemitteilung (BMBF 2016a) zugeben musste.

Wenn also jetzt ein Bewusstsein dafür entsteht, dass vereinfachte berufsrelevante Texte den Integrationsprozess deutlich beschleunigen können, und entsprechende Maßnahmen gefördert werden, dann wäre die Migration zum Katalysator für die Vereinfachung von Kommunikationsprozessen geworden und weitere bisher vernachlässigte 14 Prozent der Bundesbürger in erwerbsfähigem Alter wären die großen Gewinner.

LITERATUR

Alphabetisierung (Bundesverband Alphabetisierung und Grundbildung e.V.): Siehe http://www.alphabetisierung.de/infos/analphabetismus/ vom 23.11.2016.

Baumert, Andreas (2016): Leichte Sprache – Einfache Sprache. Literaturrecherche, Interpretation, Entwicklung. Hochschule Hannover.

Bayerische Staatsregierung (2015): Integration durch Ausbildung und Arbeit. Siehe http://www.bayern.de/unterzeichnung-der-vereinbarung-integration-durch-ausbildung-und-arbeit-ministerpraesident-horst-seehofer-zentraler-bestandteil-des-bayerischen-sonderprogramms-zusa/ vom 30.11.2016.

BGG-Weiterentwicklung (Bundestag) (2016): Gesetz zur Weiterentwicklung des Behindertengleichstellungsrechts. Beschluss – veröffentlicht im Bundesgesetzblatt Jg. 2016 Teil I Nr. 36, ausgegeben zu Bonn am 26. Juli 2016. Siehe https://www.bgbl.de/xaver/bgbl/start.xav?startbk=Bundesanzeiger_BGBl#__bgbl__%2F%2F*%5B%40attr_id%3D%27I_2016_36_inhaltsverz%27%5D__1486397398124 vom 26.11.2016.

BITV 2.0 (Bundesministerium der Justiz und für Verbraucherschutz (2016): Verordnung zur Schaffung barrierefreier Informationstechnik nach dem Behindertengleichstellungsgesetz (Barrierefreie-Informationstechnik-Verordnung – BITV 2.0). Siehe http://www.gesetze-im-internet.de/bitv2_0/BJNR184300011.html vom 26.11.2016.

BITV Lotse 1 (Bundesministerium für Arbeit und Soziales): Siehe http://www.bitv-lotse.de/BL/DE/2_Bestandteile/2_5_Verstaendlichkeit/2_5_b_Leichte_Sprache/2_5_b_leichte_sprache_node.html?selectedTab=0 vom 29.11.2016.

BITV Lotse 2 (Bundesministerium für Arbeit und Soziales): Siehe http://www.bitv-lotse.de/BL/DE/2_Bestandteile/2_5_Verstaendlichkeit/2_5_a_Allgemeine_Verstaendlichkeit/2_5_a_allgemeine_verstaendlichkeit_node.html?selectedTab=0 vom 29.11.2016.

BMBF (Bundesministerium für Bildung und Forschung) (2016a): Analphabetismus – kein Phänomen der Vergangenheit, Pressemitteilung 144/2016 vom 28.11.2016. Siehe https://www.bmbf.de/de/analphabetismus-kein-phaenomen-der-vergangenheit-3640.html vom 29.11.2016.

BMBF (Bundesministerium für Bildung und Forschung (2016b): Grundsatzpapier zur Nationalen Dekade für Alphabetisierung und Grundbildung. Den funktionalen Analphabetismus in Deutschland verringern und das Bildungsniveau erhöhen. Siehe https://www.bmbf.de/files/16-09-07%20Dekadepapier.pdf vom 29.11.2016.

BMBF et al. (Bundesministerium für Bildung und Forschung et al.) (2015): Bericht zur Umsetzung der Vereinbarung über eine gemeinsame nationale Strategie für Alphabetisierung und Grundbildung Erwachsener in Deutschland 2012 bis 2016 – Stand August 2015. Siehe https://www.bmbf.de/files/Bericht-zur-Umsetzung-der-Vereinbarung-Alphakampagne.pdf vom 23.11.2016.

BMBF Strategie (Bundesministerium für Bildung und Forschung): Siehe https://www.bmbf.de/de/nationale-strategie-fuer-alphabetisierung-und-grundbildung-erwachsener-1373.html vom 28.11.2016.

BMJV (Bundesministerium für Justiz und für Verbraucherschutz) (20002/2016): Gesetz zur Gleichstellung von Menschen mit Behinderungen (Behindertengleichstellungsgesetz – BGG von 2002, letzte Änderung 2016). Siehe https://www.gesetze-im-internet.de/bgg/BJNR146800002.html vom 26.11.2016.

Bremen (Freie Hansestadt Bremen – Koordinierungsstelle für IT-Standards): Siehe http://www.xoev.de/detail.php?gsid=bremen83.c.12178.de vom 29.11.2016.

Bundesamt für Migration und Flüchtlinge (Hg.) (2015): Pädagogisches Konzept zum ESF-BAMF-Programm. Berufsbezogene Förderung Deutsch als Zweitsprache. Förderperiode 2014 bis 2020. Förderzeitraum 2015 bis 2017. Stand 10/2015. Siehe https://www.bmbf.de/files/Bericht-zur-Umsetzung-der-Vereinbarung-Alphakampagne.pdf vom 23.11.2016.

CDTM (Center for Digital Technology and Management): Core Values. Siehe http://www.cdtm.de/about/core-values/ vom 23.11.2016.

Doerry, Martin (2016): »Maria in der Hängematte«, in: Der Spiegel vom 06.05.2016, S. 128-130.

Eberhart, Bernd: »Die Angst vor den Buchstaben«, in: Süddeutsche Zeitung vom 06.05.2016, S. 16.

Grotlüschen, Anke/Wibke Riekmann (2011): leo. – Level-One Studie. Literalität von Erwachsenen auf den unteren Kompetenzniveaus. Presseheft. Universität Hamburg. Siehe http://blogs.epb.uni-hamburg.de/leo/ vom 23.11.2016.

Kompetenzzentrum (Kompetenzzentrum Einfache Sprache plus an der Hochschule für Angewandte Sprachen München, Leitung Marita Tjarks-Sobhani): Siehe http://www.sdi-muenchen.de/seminare/expertenseminare/schreiben-in-einfacher-sprache/ vom 25.11.2016.

Maaß, Christiane (2015): Leichte Sprache. Das Regelbuch (= Barrierefreie Kommunikation, Band 1), Berlin: LIT VERLAG Dr. W. Hopf.

Netzwerk 1 (Netzwerk Leichte Sprache): Das ist Leichte Sprache. Siehe http://www.leichtesprache.org/index.php/startseite/leichte-sprache/das-ist-leichte-sprache?showall=&start=1 vom 23.11.2016.

Netzwerk 2 (Netzwerk Leichte Sprache): Leichte und einfache Sprache. Siehe http://www.leichtesprache.org/images/Leichte_und_einfache_Sprache.pdf vom 23.11.2016.

Netzwerk 3 (Netzwerk Leichte Sprache): Die Regeln für Leichte Sprache. Siehe http://www.leichtesprache.org/images/Regeln_Leichte_Sprache.pdf vom 29.11.2016.

Tjarks-Sobhani, Marita (2012): »Technische Dokumentation für Analphabeten. Leichte Sprache gegen schwer verständliche Texte«, in: technische kommunikation 6, S. 25-27.

Twain, Mark (2014): Die Schrecken der deutschen Sprache. Vollständige deutsche Ausgabe. Humoristische Reiseerzählung. e-artnow (»Dieses eBuch folgt dem Originaltext«).

Zukunftspreis 2016 (Bundesministerium für Bildung und Forschung): Carbonbeton: Innovatives Baumaterial mit Zukunftspreis ausgezeichnet. Siehe https://www.bmbf.de/de/carbonbeton-innovatives-baumaterial-mit-zukunftspreis-ausgezeichnet-3670.html vom 29.11.2016.

Informelle Kompetenzen fördern am Beispiel interkultureller Sprachmittlung

REGINA FREUDENFELD

Im Rahmen von Kompetenzerfassungsverfahren wird immer wieder festgestellt, dass viele Geflüchtete und Asylsuchende Kompetenzen aufweisen, die aus wenig formalisierten Lern-/Lehrtraditionen hervorgehen und nicht mit standardisierten Ausbildungs- und Qualifikationsrastern vergleichbar sind. Der vorliegende Beitrag möchte am Lernarrangement des informellen Lernens das Potenzial informell erworbener Sprachkompetenzen diskutieren und am Beispiel der kommunikativen Kompetenz des »Laiendolmetschens« ein vermittlungsstrategisches Modell entwickeln, wie es derzeit an der Hochschule für Angewandte Sprachen des SDI München erprobt wird.[1]

AKTUELLE ZAHLEN ZUR ARBEITSMARKTINTEGRATION

»Die Arbeitsmarktintegration der Geflüchteten steht erst am Anfang«, heißt es im Bericht des Instituts für Arbeitsmarkt- und Berufsforschung (IAB 2016: 68), das im November 2016 die neuesten Zahlen zur Bildung und Arbeitsmarktintegration von Geflüchteten vorgelegt hat. Die Ergebnisse einer Befragung von 2.349 erwachsenen Geflüchteten, die vom 01. Januar 2013 bis 31. Januar 2016 in Deutschland eingereist sind, sprechen für sich: 32 % der Geflüchteten, die länger als zwei Jahre in Deutschland waren, haben nach eigener Aussage bislang »gu-

1 Der Begriff Laiendolmetschen wird in diesem Beitrag als berufsbezogene Tätigkeit verstanden, in der interkulturell gemittelt wird. Genaue Differenzierungen zwischen Laiendolmetschen und Community Interpreting finden sich im Beitrag von Iannone und Redl im vorliegenden Band.

te« bis »sehr gute« Deutschkenntnisse, 37 % geben »mittlere Deutschkenntnisse« an (ebd.: 50 f.). Zu verdanken ist dies vor allem den Angeboten an Integrationskursen, an denen ein Drittel der Geflüchteten teilgenommen hat, den berufsbezogenen ESF-BAMF-Kursen, die 18 % besucht haben, aber auch nicht institutionalisierten, informalen Lernkontexten. So gibt ein Drittel der Befragten an, von nahestehenden Personen unterrichtet zu werden (ebd.: 52). Der fortgeschrittenen sprachlichen Integration stehen vergleichsweise niedrige Zahlen zur Erwerbstätigkeit bzw. zur Arbeitsmarktintegration gegenüber: Nur 5 % der erwachsenen Geflüchteten besuchen aktuell Schulen oder Hochschulen oder machen eine berufliche Ausbildung (ebd.: 62). Von den 9 % Erwerbstätigen (ebd.: 2a) gehen viele einer einfachen Tätigkeit nach, für die keine Berufsqualifikation notwendig ist. Nach Sprachbarrieren und mangelnder Information über den deutschen Bildungs- und Arbeitsmarkt liegen die Ursachen für die niedrige Bildungsbeteiligung vor allem in der fehlenden beruflichen oder betrieblichen Ausbildung. So können zwar 13 % der Geflüchteten ein Hochschulzertifikat vorweisen, aber vergleichsweise wenige verfügen über einen formellen mittleren Berufsabschluss (ebd.: 56). Hier zeigt sich die Diskrepanz zwischen den hiesigen Ausbildungssystemen und denen der Herkunftsländer am deutlichsten: Während in Deutschland 59 % der Erwerbstätigen einen mittleren beruflichen Abschluss erworben haben, trifft dies nur auf 34 % der Syrer und 15 % der Eriträer zu. Es ist allerdings Vorsicht geboten, die Ergebnisse ausschließlich an den formalen Gegebenheiten der deutschen Zertifikatsgesellschaft zu messen, denn 73 % der Geflüchteten haben in ihrer Heimat handwerkliche, technische und kaufmännische Berufe ausgeübt und können berufliche Erfahrungen vorweisen (ebd.: 68).

Die vergleichsweise niedrigen Bildungsstandards dürfen auch nicht darüber hinwegtäuschen, dass die meisten Geflüchteten eine Bildungsbeteiligung in Deutschland anstreben. Bildungsexperten stellen einen hohen Beratungsbedarf unter den Geflüchteten fest und den Wunsch, ihre Berufserfahrung im Handwerk, im kaufmännischen oder akademischen Bereich anerkennen zu lassen.[2] So betonte Ottmar Döring (2016), Leiter der Fachstelle Beratung und Qualifizierung im Netzwerk IQ, am 01. Juni 2016 in seinem Vortrag im Rahmen der Ringvorlesung »Migration: Bedrohung oder Bereicherung?« an der Hochschule für Angewandte Sprachen des SDI München die Notwendigkeit, Eignungen und Kompetenzen durch geeignete Verfahren zu erfassen und den Qualifizierungsbedarf ge-

2 Dies bestätigt sich auch im Forschungsbericht des IAB (2016: 60 f.): 35 % der Befragten wollen einen akademischen Abschluss erwerben und 60 % der Frauen sowie 69 % der Männer streben berufliche Abschlüsse an.

nau zu identifizieren.[3] Dass etliche Maßnahmen im Kontext der Anerkennungsgesetzgebung inzwischen erfolgreich angestoßen und durchgeführt werden, zeigt das Förderprogramm »Integration durch Qualifizierung« (IQ), das ein breites Spektrum an berufsrelevanten Maßnahmen zur Erlangung der Gleichwertigkeit von Bildungsabschlüssen sowie vielfältige Projekte mit Brückenmaßnahmen und kultursensiblen Modellen abdeckt. Über die institutionellen Lernkontexte hinaus bieten informelle Qualifikationen, über die viele Geflüchtete verfügen, ein hohes Potenzial, für die Integration in den Arbeitsmarkt herangezogen zu werden. Aus diesem Grund möchte der vorliegende Beitrag das Lernarrangement des informellen Lernens vorstellen und am Beispiel der kommunikativen Kompetenz des »Laiendolmetschens« ein vermittlungsstrategisches Modell entwickeln, wie es derzeit an der Hochschule für Angewandte Sprachen des SDI München erprobt wird.

INFORMELLES LERNEN

Helfertätigkeiten sind bekanntlich wichtige Schlüsselaktivitäten im Kontext von Flucht und Integration. Die dafür notwendigen Kompetenzen werden in vielen Fällen nicht in Bildungseinrichtungen erworben, sondern ›aus der Not heraus‹ individuell entwickelt. Dies gilt für ehrenamtliches Engagement ebenso wie für Helfertätigkeiten innerhalb der eigenen Communitys, in denen großer Kommunikations- und Beratungsbedarf gegeben ist. Die damit verbundenen Vermittlungsstrategien, zu denen auch das von und unter Flüchtlingen praktizierte Laiendolmetschen zu zählen ist, erfordern eine Methodenkompetenz, die in mehrfacher Hinsicht genauere Betrachtung verdient. Zunächst ist die kommunikative mutter- und fremdsprachliche Kompetenz, mit Personen des eigenen oder eines fremden Kulturkreises zum Zweck beratender und/oder kommunikativer Dienstleistungen umzugehen, eine nicht zu unterschätzende moderne Schlüsselqualifikation. Aus der Fähigkeit des selbstgesteuerten Lernens heraus entwickelt, dienen diese Tätigkeiten, die in sozialen, beruflichen und kulturellen Bereichen eingesetzt werden, sowohl der Unterstützung anderer Geflüchteter als auch – als eigene Leistung verstanden – der Aufwertung der eigenen Bildungsbiografie. Die Fähigkeit, durch Beobachten und Ausprobieren eigene, oft im Alltag erworbene Kompetenzen anzuwenden und umzusetzen, wird als Manifestation des sogenannten informellen Lernens (Annen/Bretschneider 2009) bezeichnet. Im Unterschied zum formalen Lernen, das üblicherweise in einer Bildungs- oder Aus-

3 Siehe auch den Beitrag von Döring im vorliegenden Band.

bildungseinrichtung stattfindet und zur Zertifizierung führt, ist es meist nicht systematisch erworben, kann jedoch durch gezielte Unterstützung zur Bildungsbiografie beitragen und professionalisiert werden.

Beispiele für von Geflüchteten praktizierte informelle Szenarien gibt es zur Genüge. Die Hochschule für Angewandte Sprachen des SDI München profitiert seit Oktober 2016 von der Drittmittelförderung des vom DAAD ausgeschriebenen Programms INTEGRA (DAAD: 16.01.2017), mit dessen Hilfe bis Ende 2018 studierfähige Geflüchtete Deutschkurse für den Hochschulzugang besuchen und darüber hinaus an einschlägigen Projekten der Hochschule teilnehmen. Aus den Unterrichtserfahrungen zeigte sich, dass gerade die Zielgruppe der Studierfähigen, die im Heimatland eine Hochschulzugangsberechtigung erlangt oder studiert haben, schneller Deutsch gelernt haben und mit ihren erworbenen Deutschkenntnissen souveräner umgehen als ihre nicht studierfähigen Landsleute. Einige verfügen mit diesem Vorsprung somit über Kompetenzen, die es ihnen erlauben, wie folgt tätig zu werden: als Ratgeber für Fragen im Umgang mit Behördengängen, beim Ausfüllen von Formularen, als Schlichter bei Konflikten über Hilfestellungen beim Deutschlernen, z.B. in der Hausaufgabenbetreuung bis hin zu Lehrtätigkeiten im Deutschunterricht und Dolmetschdienstleistungen in Krankenhäusern, bei der Polizei und anderen Behörden. Ohne diese Tätigkeiten in ihrer Professionalität bewerten zu wollen, schließen wir uns den Empfehlungen des Bundesministeriums für Bildung und Forschung (BMBF) zum Stand der Anerkennung non-formalen und informellen Lernens in Deutschland an, die im Hinblick auf die Einbeziehung informellen Lernens für junge Erwachsene folgende Konkretisierungen treffen:

> »Im sozialen, beruflichen, kulturellen und persönlichen Bereich erworbene Kompetenzen bilden ein wichtiges Fundament für weitere Bildungsprozesse. Auf diesem Wege sich vollziehendes informelles Lernen soll durch die gezielte Unterstützung von Infrastrukturmaßnahmen weiterentwickelt werden. Dabei kommt der Dokumentation informell erworbener Kompetenzen, vor allem vor dem Hintergrund diskontinuierlicher Bildungsbiographien, eine besondere Bedeutung zu. Bildungsorganisationen sind gefordert, informelle Lernaktivitäten verstärkt aufzugreifen und dieses [sic!] mit flankierenden Maßnahmen abzusichern.« (BMBF 2008: 93)

Die Einbeziehung informeller Kompetenzen birgt besonders für die große Gruppe junger erwachsener Geflüchteter großes Potenzial an Entfaltungsmöglichkeiten: In einer Phase ihrer individuellen Integrationsbiografie haben die Geflüchteten die Möglichkeit, ihre Sprachkompetenz zusammen mit sozialen und methodischen Kompetenzen zu fördern, was ihr persönliches Selbstwertgefühl aufwertet und den eigenen Integrationsprozess beschleunigt. Vor dem Hintergrund des großen Bedarfs an Helfer- und Vermittlertätigkeiten sind allerdings von institutioneller Seite aus unterstützende Maßnahmen notwendig, um die informell erlernten Kompetenzen weiterzuentwickeln und sie für eine potenzielle Verwertbarkeit auf dem Arbeitsmarkt nutzbar zu machen.

PROJEKT SPRACHMITTLUNG

Im Rahmen des vom DAAD ausgeschriebenen und dem Bundesministerium für Bildung und Forschung geförderten Drittmittelprojekts INTEGRA haben an der Hochschule für Angewandte Sprachen des SDI München studierfähige Geflüchtete, die das Niveau B1 abgeschlossen haben, seit Oktober 2016 die Möglichkeit, an einem Strategieworkshop teilzunehmen, der sie gezielt in die Methoden der Sprachmittlung einführt. Das Drittmittelprojekt wurde im Sommer 2016 zunächst für fünf Monate bewilligt. Im Dezember 2016 wurde der Antrag auf Förderung bis Dezember 2018 verlängert. Der Förderzeitraum erstreckt sich somit über mehr als zwei Jahre.

Ziel des Projekts, das akademische Lehre im Bereich Deutsch als Fremdsprache mit landeskundlichen Inhalten verbindet und die Teilnehmer in einem kontinuierlichen Kurssystem auf das Studium an einer deutschen Hochschule vorbereitet, ist es, den geförderten Geflüchteten über den interkulturell-integrativen Unterricht hinaus einen Mehrwert an Professionalisierung zu bieten. Dazu bedarf es der unterstützenden Expertise der Hochschule für Angewandte Sprachen des SDI München, aus der praxisnahen Verbindung sprachlich-kommunikativer Inhalte und wissenschaftspraktischer Themen der interkulturellen Kommunikation mündliche Kommunikationsprozesse zu analysieren und zu professionalisieren. Während der Masterstudiengang »Dolmetschen« (SDI Dolmetschen: 16.01.2017) neben Konferenzdolmetschern auch Dolmetscher für das Gemeinwesen ausbildet (und somit das Know-how für Szenarien des Community Interpreting umfasst, z.B. Dolmetschen im Krankenhaus, in Behörden), bietet der Masterstudiengang »Interkulturelle Kommunikation und Moderation (IKM)« (SDI Moderation: 16.01.2017) Expertisen in mehrsprachigen Gesprächssituationen der Wirtschaft und Verwaltung wie Beratungs- und Konfliktgesprächen oder Verhandlungs- und Moderationsszenarien. Für alle Kommunikationsanlässe gilt, dass sie im Kontext interkultureller Kommunikation stattfinden, d.h. sich die Sprecher darüber bewusst sein müssen, dass sich die eigene Wahrnehmung und jene des anderen unterscheiden können und dass es, um Missverständnisse zu vermeiden, auf der Ebene der Metakognition einer Reihe kompensierender Strategien bedarf. Damit mangelndes Verstehen und mangelnder Respekt ausgeräumt werden können, ist interkulturelle Kompetenz notwendig, die definiert ist als »die Fähigkeit, mit Angehörigen einer anderen Kultur möglichst sensibel, respektvoll und konfliktfrei zu interagieren.« (Grimm 2010: 140)

Die Hinführung zur interkulturellen Kompetenz, einer Fähigkeit, die jenseits von Grammatik- und Wortschatzvermittlung der klassischen Fremdsprachenlehre verortet ist, umfasst einen nicht unwesentlichen Teil des kultursensitiven Konzepts, mit dem die informellen Fähigkeiten der Geflüchteten in professionellere Bahnen gelenkt werden sollen. Im Folgenden wird ein Überblick über das Konzept der Sprachmittlung vorgestellt, wie es mit Geflüchteten auf dem Niveau B2 aktuell umgesetzt wird.

Sprachmittlung im Kontext des Gemeinsamen europäischen Referenzrahmens (GeR)

Im Wintersemester 2016/17 haben ca. acht Geflüchtete, die mindestens das Niveau B1 abgeschlossen hatten, am Workshop »Interkulturelle Sprachmittlung« teilgenommen, der jeweils 14-tägig im Umfang von vier Unterrichtseinheiten angeboten wurde. Das Konzept des Workshops beruht einerseits auf dem Sprachmittlungskonzept, wie es vom Europarat im Rahmen des Gemeinsamen europäischen Referenzrahmens (2001) beschrieben und von der Kulturministerkonferenz als fünfte Fertigkeit eingeführt wurde, andererseits auf kultursensitiven und vermittlungsstrategischen Überlegungen im Rahmen der interkulturellen Kommunikation. Der Europarat definiert »Aktivitäten und Strategien der Sprachmittlung (Übersetzen, Dolmetschen)« wie folgt:

> »Bei sprachmittelnden Aktivitäten geht es den Sprachverwendenden nicht darum, seine/ihre eigenen Absichten zum Ausdruck zu bringen, sondern darum, Mittler zwischen Gesprächspartnern zu sein, die einander nicht direkt verstehen können, weil sie Sprecher verschiedener Sprachen sind (was der häufigste, aber nicht der einzige Fall ist). Zu den sprachmittelnden Aktivitäten gehören Dolmetschen und Übersetzen sowie das Zusammenfassen und Paraphrasieren von Texten in derselben Sprache, wenn derjenige, für den der Text gedacht ist, den Originaltext nicht versteht.« (Europarat 2001: 89-91)

Als Beispiel für die mündliche Sprachmittlung nennt der Europarat (2001: 89-91) u.a. das »informelle Dolmetschen« für »Besucher im eigenen Land, für Muttersprachler im Ausland, in sozialen und in Dienstleistungssituationen für Freunde, Familienangehörige, Kunden, ausländische Besucher usw.«, d.h. Bedarfe, die für die Zielgruppe der angehenden Sprachmittler durchaus relevant sind. Darüber hinaus sind für die Zielgruppe genaue Kompetenzanforderungen zu definieren. Sprachmittlungskompetenz soll den Sprachmittler nach Rössler (2008: 58) dazu befähigen,

- eine Mittlerfunktion einnehmen zu können
- sinngemäß übertragen zu können
- eine Sprachmittlungssituation einschätzen zu können
- einen Adressaten berücksichtigen zu können.

Die dafür notwendigen Einzelanforderungen stellt Pfeiffer (2013: 48) u.a. wie folgt dar:

- Suche nach sprachlichen Äquivalenzen in der anderen Sprache
- Umformen von sprachlichen Strukturen (Vereinfachungen, Raffungen, Umstellungen, formale Transformationen wie z.B. Deixis und Verbform)
- Anwenden von Kommunikationsstrategien (Kompensation, Paraphrasen, Synonyme, erklärende Expansion)
- Berücksichtigen kulturell bedingter Konnotationen und Unterschiede

Sprachmitteln ist somit eine komplexe kommunikative Handlung, die über die sprachlich-kommunikativen Fähigkeiten hinausgehend pragmatische und nonverbale Kompetenzen mit einschließt und vom Vermittler auch eine Fähigkeit zur Empathie verlangt, mit der sprachliche oder kulturelle Missverständnisse reparierend kompensiert werden können.

Wie über die sprachlich-kommunikative Kompetenz hinausgehend Sprachmittlungskompetenzen entwickelt werden können, wird im Folgenden vor dem Hintergrund dieser Anforderungen genauer beschrieben. Aus Platzgründen wird auf die konkrete Umsetzung im Unterricht verzichtet.

Bedarfsermittlung: Bewusstes Erfassen vorhandenen Wissens

Die Zielgruppe verfügt über ein breites Spektrum an mündlichen Strategien, mit denen die eigene Person, der familiäre Hintergrund und einschlägige Erfahrungen im Zusammenhang mit Flucht und Asyl thematisiert und fokussiert werden. Diese werden genutzt, um folgende kommunikativen Fähigkeiten zu vertiefen:

- Prozeduren des Vorstellens: über sich selbst sprechen, Selbsteinschätzung, Anfertigen eines Selbstporträts und von Porträts bekannter Personen (mit Recherche)

- Rolle der Körpersprache: Diskussion nonverbaler und paraverbaler Kommunikationsmittel (Gestik, Mimik, Proxemik), auch im interkulturellen Kontext
- Aufgreifen und Nacherzählen von Kulturwissen über Migration, Flucht und Asyl: einschlägige Zahlen (Diagramme), Texte und Hörbeiträge zu Hintergründen und aktuellen Geschehnissen.

Die Arbeit mit den Geflüchteten zeigt zwar ein breites Spektrum an Erfahrungswissen, z.B. über die eigene Fluchtbiografie und die anderer Geflüchteter, über einschlägige Erfahrungen in Behörden, über Konflikte, z.B. in Unterkünften, aber in der Regel kein systematisch erworbenes Wissen, das über die öffentlichen Medien oder andere öffentlich zugängliche Quellen erschlossen wurde. Da die öffentliche Berichterstattung vor allem über die Medien eine Vielfalt an (auch kontroversen) Gesprächsanlässen bietet, werden einschlägige Vorkommnisse aufgegriffen, nacherzählt und diskutiert. Ziel ist es, über die eigene Flucht- und Integrationserfahrung hinaus das Wissen über Flucht und Asyl zu erweitern, indem vom eigenen Erfahrungshorizont abstrahiert und der Blick von der Eigenperspektive auf die Fremdperspektive anderer Geflüchteter gelenkt wird. Die dafür notwendigen diskursiven Gesprächsstrategien sind Nacherzählung, also narrative Textmuster, sowie argumentative Textmuster, die Vor- und Nachteile von Flucht- und Asylerfahrungen diskursiv und argumentativ bewusstmachen können und somit das Hineindenken in eine andere Erfahrungswelt ermöglichen.

Entwicklung interaktionaler Kompetenz

Damit die Geflüchteten lernen, über ihren eigenen Erfahrungshorizont hinauszugehen, müssen sie gezielt in die Szenarien der verschiedenen Fragetechniken im interkulturellen Dialog eingeführt werden. Methodisch eignet sich zunächst die sogenannte Lasswell-Formel »Wer sagt was zu wem in welchem Kanal mit welchem Effekt?«[4] unter Einbeziehung der folgenden Frageszenarien:

Wer kommuniziert mit wem?
Wie viele Beteiligte gibt es?
Welche Rollen schreiben sich die Partner im Gespräch zu?
Was wissen die Teilnehmer voneinander?
In welcher Beziehung sehen sich die Teilnehmer? Handelt es sich um symmetrische oder asymmetrische Kommunikation?

4 »Who says what to whom in which channel with what effect?« (Lasswell 1948).

Worüber wird gesprochen?
Wird das Thema von allen Beteiligten gleich aufgefasst?
Gibt es ein Informationsgefälle oder fehlende Hintergrundinformationen?
Gibt es Tabus, die man besser nicht ansprechen sollte?

Wie wird mündlich kommuniziert?
Wird in direktem oder indirektem Stil kommuniziert?
Was ist verbal, nonverbal, paraverbal?

Wichtig ist, dass angehende Sprachmittler die einzelnen Aspekte von Gesprächsszenarien als Außenstehende identifizieren lernen und ihre eigenen Absichten außen vor lassen. Zu diesem Zweck müssen sie sich Frage-Antwort-Situationen bewusst machen und Szenarien entwickeln, die den Dialog zwischen Behörden und Geflüchteten miteinbeziehen. Zu diesen metakognitiven Strategien zählen vor allem

- sprachlich-kommunikatives Wissen über die Wirkungsformen der direkten und indirekten Kommunikation, auch über die Vagheit indirekter Redemittel und ihr potenzielles Missverstehenspotenzial
- ein breites Repertoire an verschiedenen Fragetechniken und ihren Kontextbedingungen: Neben geschlossenen Entscheidungsfragen und offenen Ergänzungsfragen sollen weitere Fragetypen geübt werden, die das Nachfragen im interkulturellen Dialog betreffen, vor allem Alternativfragen und Bestätigungsfragen. Auch das systematische Fragen und Nachfragen nach dem W-Fragen-Katalog (Wer? Was? Wann? Wie? Wo? Warum?) erweist sich als effektive Fragetechnik.
- das Erkennen von sprachlichen Defiziten und Vermeidungsstrategien: Die Geflüchteten sollen über ihre eigene Lernerfahrung hinaus defizitäre Kommunikationssituationen auswerten und reflektieren lernen. Hierfür eignen sich Transkriptionen von Lerneräußerungen, die Merkmale der sprachlichen Ambiguität, elliptische Äußerungen bis hin zum Codewechsel, zur Bitte um Hilfe (»Wie sagt man das auf Deutsch«?) oder zum Abbruch der Kommunikation aufweisen.

Zu den kommunikativen Strategien kommt möglichst umfangreiches kulturbezogenes Wissen. Die Sprachmittler sollen neben sprachlich-kommunikativen Voraussetzungen auch über einen Wissensvorsprung gegenüber ihren Klienten verfügen und diesen kompensativ einbringen. Hierzu zählt auch recherchiertes

Hintergrundwissen rund um die Themen Flucht und Integration, das von Sprachmittlern in einem Glossar übersetzt werden könnte, wie es Gross-Dinter (2016) vorschlägt.[5]

Beispiel Glossar Deutsch-Arabisch

Deutsch	Arabisch	Anmerkungen
Arbeitslosengeld	(إستحقاق البطاله) (‘stiḥqāq al-baṭāla)	
Bedarfsgemeinschaft	(مجتمع الحاجاتالأساسيه) (mĝtamaʿ al-ḥāĝāt ‘al-’asāsya)	Eine so genannte Bedarfsgemeinschaft (BG) liegt vor, wenn mehrere Personen im gleichen Haushalt mit Erwerbsfähigen zusammenleben und den Haushalt wirtschaftlich gemeinsam betreiben.

Strategien der kultursensitiven Wortschatzerweiterung und Bedeutungsvermittlung

Die Unterrichtserfahrungen mit der Zielgruppe studierfähiger Geflüchteter auf dem Niveau B2 zeigen, dass die Kommunikation im Alltag und bei Behörden inzwischen relativ problemlos gelingt. Ist dies nicht der Fall, so werden Defizite häufig unbewusst durch sprachliche Verallgemeinerungen ausgeglichen, wie Unterrichtserfahrungen verdeutlichen: So wurde das nicht im Wortschatz vorhandene Wort *Geräusch* von einem Teilnehmer mit den Adjektiven »laut« bzw. »leise« wiedergegeben, *Heimat* wurde durch das jeweilige Heimatland ersetzt, aus dem die Geflüchteten kommen. Wollen die Geflüchteten aktiv als Sprachmittler tätig werden, so müssen sie ihr sprachliches Wissen möglichst umfassend erweitern und ein breites Repertoire an sprachverarbeitenden Strategien anwenden, wie sie zum Beispiel zur Förderung autonomen Lernens im Fremdsprachenunterricht eingesetzt werden. In seinem Fernstudienangebot *Wortschatzar-*

5 Auszug aus einem unveröffentlichten Manuskript, das u.a. einzelne Begriffe aus einem behördensprachlichen Index des Landkreises Pfaffenhofen zu einem Glossar ergänzt. Die Übersetzungen ins Arabische stammen von Mohammed Al Oudat.

beit und Bedeutungsvermittlung präsentiert Müller (1994) ein umfassendes Konzept zur Vermittlung von Wortbedeutungen, das über den denotativen Wortbegriff hinausgehend eine Vielzahl an kulturbezogenen Bedeutungserklärungen und methodischen Hinweisen zu Einzeltechniken der Wortschatzerweiterung enthält. Es dient, ergänzt um die strategischen Lernhandlungen, wie sie von Bimmel (2010) zur Selbstorganisation des Lernens zusammengestellt wurden, als ausgezeichnete methodische Vorlage für sprachmittelnde Tätigkeiten. Einige Techniken zur Förderung einer kulturspezifischen Begriffsbildung sollen kurz vorgestellt werden. Sie wurden in Anlehnung an Müller (1994) auf einschlägige Begriffe rund um die Themen Flucht und Integration übertragen:

Bedeutungserklärung: Ausgewählte Einzeltechniken zur Förderung einer kulturspezifischen Begriffsbildung (auf der Grundlage von Müller 1994)

Technik	Unterrichtsbeispiel	Erklärung
Einzelbegriff	*Wahlheimat* ist das Land oder der Ort, wo man einen längeren Zeitraum seines Lebens verbringt; es/er ist aber nicht mit dem Ort oder dem Land identisch, aus dem man stammt.	Die Definition ist ein textpragmatisches Mittel der Bedeutungserklärung. Als weitgehend standardisiertes Textmuster dient es zur genauen Begriffsklärung.
Kategorisierung nach Ober-/Unterbegriff (oft innerhalb einer Definition)	*Demografischer Wandel:* Sammelbezeichnung demografischer Folgen, die auf Veränderungen der Geburten- und Sterbeverhältnisse zurückzuführen sind.	Bedeutungen sind im Gedächtnis hierarchisch strukturiert. Unter dem Oberbegriff »Demografie« werden Geburten- und Sterbeverhältnisse subsumiert.
Kontextualisierung	Markieren Sie (in einer Liste) Adjektive, die Sie mit dem Begriff Heimat	Die Einbettung in einen Kontext individualisiert und kategorisiert Bedeutungen und

	verbinden. (aus einer Wortschatzübung)	hilft, Wortgruppen (z.B. »Meine Wahlheimat war zunächst *ungewöhnlich,* ....«) im Gedächtnis zu verankern.
Synonyme, Gegenbegriffe	Wie heißt das Gegenteil von »sich fremd fühlen«? (aus einer Wortschatzübung)	Begriffe und Gegenbegriffe dienen als Mittel der Kategorisierung und Assoziierung dem Aufbau von semantischen Netzen.
Wortbildungsmittel	Sammeln Sie Wörter rund um den Wortstamm ›Flucht‹. (aus einer Wortschatzübung)	Die vielfältigen Möglichkeiten des flektierenden Sprachbaus werden im Vergleich zur Muttersprache für die eigene Wortschatzerweiterung genutzt.
Bedeutungsdifferenzierung	*Ältere Leute* leben in Deutschland oft allein zu Hause. Die meisten sind durch ihre Rente relativ unabhängig und organisieren in ihrer freien Zeit viele Aktivitäten	Die Abgrenzung der Begriffe *alt* und *älter* ist notwendig in Bezug auf demografische Phänomene und ihre entsprechenden sprachlichen Differenzierungen. Auch das Konzept der politisch korrekten Sprachverwendung findet hier Anwendung.

Konkretisierung (Beschränkung) auf einen bestimmten Kulturraum	In den Industrieländern werden unter *Demografischer Wandel* die Alterung einer Bevölkerung und gegebenenfalls auch ein Bevölkerungsrückgang verstanden, die aus niedriger Fertilität und hoher Lebenserwartung resultieren.	Die Einbettung des demografischen Wandels in den Kontext der Industrieländer zeigt ein Kulturspezifikum auf, das kontrastiv, d.h. in Abgrenzung zur Ausgangskultur behandelt werden muss.

Die Strategien zum systematischen und kultursensitiven Wortschatzerwerb finden zwar teilweise in den Lehrwerken Deutsch als Fremdsprache Eingang, werden aber zu wenig zum autonomen Lernen genutzt und in ihren kulturbezogenen Erklärungsansätzen zu wenig hinterfragt. Dies hat methodische und zielgruppenspezifische Gründe – die wenigsten Lehrwerke sind sprachenpaarbezogen ausgerichtet –, zudem sind die modernen Lehrwerke primär kommunikativ nach Fertigkeiten und wenig sprachreflexiv konzipiert.[6] Um sprachmittelnde Aktivitäten zu fördern, ist daher ein gezieltes Mehrsprachigkeitskonzept gefordert, mit dessen Hilfe das kulturelle Wissen im Sinne von Sprachbewusstheitskonzeptionen *(language and cultural awareness)* kontrastiv eingesetzt und darüber hinaus in Sprachverarbeitungsstrategien bewusst gemacht wird.

AUSBLICK

Die Vorbereitung von Geflüchteten auf einen möglichen Einsatz als Laiendolmetscher steht erst am Anfang. Es gibt derzeit wenige Angebote, die das informelle Wissen aufgreifen und in Weiterbildungsmaßnahmen oder universitären Einrichtungen professionalisieren. Die Hochschule für Angewandte Sprachen des SDI München möchte einen Beitrag leisten, um die sprachliche und metho-

6 Als »reflexives«, an landeskundlichen Inhalten ausgerichtetes Lehrwerk kann das Mittelstufenlehrwerk *Aspekte* (Koithan u.a. 2015) bezeichnet werden, z.B. in Bezug auf die thematischen Schwerpunkte »Heimat« und »Integration« in Kapitel 1, Niveau B2/Lehrbuch 2.

dische Weiterqualifizierung von ausländischen Akademikern voranzutreiben und sie als Sprachmittler bzw. Laiendolmetscher in den Arbeitsmarkt zu integrieren. Die Angebote, bei denen auch angestrebt wird, kultursensible Szenarien in einschlägigen Behörden vor Ort zu erleben und nachzuempfinden, sollen möglichst im Kontext der akademischen Anerkennungsgesetzgebung durch berufsbegleitende Maßnahmen ergänzt und somit zu berufsqualifizierenden Abschlüssen weitergeführt werden.

LITERATUR

Annen, Silvia/Bretschneider, Markus (2009): »Anerkennung informell erworbener Kompetenzen aus bildungspolitischer und wirtschaftswissenschaftlicher Perspektive«, in: Bildungsforschung 6/1, S. 187-207.

Bimmel, Peter (2010): »Lern(er)strategien und Lerntechniken«, in: Hans-Jürgen Krumm/Christian Fandrych/Claudia Riemer/Britta Hufeisen (Hg.), Deutsch als Fremd- und Zweitsprache. Ein internationales Handbuch, Berlin: Walter de Gruyter, S. 841-849.

BMBF (Bundesministerium für Bildung und Forschung) (Hg.) (2008): Stand der Anerkennung non-formalen und informellen Lernens in Deutschland im Rahmen der OECD Aktivität »Recognition of non-formal and informal Learning«. Siehe www.oecd.org/germany/41679629.pdf vom 17.01.2017.

DAAD (Deutscher Akademischer Austauschdienst): Siehe https://www.daad.de/der-daad/fluechtlinge/infos/de/41996-foerderprogramm-integration-von-fluechtlingen-ins-fachstudium-integra vom 16.01.2017.

Döring, Ottmar (2016): »Kompetenzen von Asylsuchenden und Flüchtlingen: Erfassung und Entwicklung für die Arbeitsmarktintegration«, Vortrag vom 01.06.2016 im Rahmen der Ringvorlesung an der Hochschule für Angewandte Sprachen des SDI München. Siehe http://www.sdi-muenchen.de/home/aktuell/veranstaltungen/ringvorlesung-migration/ vom 21.02.2017.

Europarat/Rat für kulturelle Zusammenarbeit (2001): Gemeinsamer europäischer Referenzrahmen für Sprachen: lernen, lehren, beurteilen, in: Goethe Institut Inter Nationes, Ständige Konferenz der Kultusminister der Länder in der Bundesrepublik Deutschland (KMK), Schweizerische Konferenz der Kantonalen Erziehungsdirektoren (EDK), Österreichisches Bundesministerium für Bildung, Wissenschaft und Kultur (BMBWK) (Hg.), Berlin u.a.: Langenscheidt.

Grimm, Thomas (2010): »Interkulturelle Kompetenz«, in: Hans Barkowski/Hans-Jürgen Krumm (Hg.), Fachlexikon Deutsch als Fremd- und Zweitsprache. Tübingen, Basel: A. Francke, S. 140.

Gross-Dinter, Ursula (2016): Fortbildung für Laiendolmetscher. Unveröffentlichtes Manuskript, München.

IAB (Institut für Arbeitsmarkt- und Berufsforschung) (2016): IAB-BAMF-SOEP-Befragung von Geflüchteten: Überblick und erste Ergebnisse. Forschungsbericht 14/2016. Siehe http://www.iab.de/185/section.aspx/Publikation/k161111302 vom 17.01.2017.

Koithan, Ute/Schmitz, Helen/Sieber, Tanja/Sonntag, Ralf/Lösche, Ralf-Peter/Moritz, Ulrike (2015): Aspekte neu B2. Mittelstufe Deutsch, Berlin u.a.: Langenscheidt/Klett.

Lasswell, Harold D. (1948): »The Structure and Function of Communication in Society«, in: Lyman Bryson (Hg.), The Communication of Ideas, New York: Institute for Religious and Social Studies, Harper, S. 37-51.

Müller, Bernd-Dietrich (1994): Wortschatzarbeit und Bedeutungsvermittlung. Fernstudieneinheit 8. Fernstudienprojekt zur Fort- und Weiterbildung im Bereich Germanistik und Deutsch als Fremdsprache, Kassel u.a.: Langenscheidt.

Netzwerk Integration durch Qualifizierung: Siehe www.netzwerk-iq.de vom 17.01.2017.

Pfeiffer, Alexander (2013): »Was ist eine sinnvolle Sprachmittlungsaufgabe? Ein Instrument zur Evaluation und Erstellung von Aufgaben für den Fremdsprachenunterricht«, in: Daniel Reimann/Andrea Rössler (Hg.), Sprachmittlung im Fremdsprachenunterricht, Tübingen: Narr, S. 44-64.

Reimann, Daniel/Rössler, Andrea (Hg.) (2013): Sprachmittlung im Fremdsprachenunterricht, Tübingen: Narr.

Rössler, Andrea (2008): »Die sechste Fertigkeit? Zum didaktischen Potenzial von Sprachmittlungsaufgaben im Französischunterricht«, in: Zeitschrift für Romanische Sprachen und ihre Didaktik 2/1, S. 53-77.

SDI Dolmetschen (Hochschule für Angewandte Sprachen des SDI München): Siehe https://www.sdi-muenchen.de/hochschule/ma/ma-dolmetschen vom 16.01.2017.

SDI Moderation (Hochschule für Angewandte Sprachen des SDI München): Siehe https://www.sdi-muenchen.de/hochschule/ma/ma-interkulturelle-kommunikation-und-moderation vom 16.01.2017.

Ausbildungstrends in der Professionalisierung von LaiendolmetscherInnen

ELVIRA IANNONE, KATHARINA REDL

ALLER ANFANG IST SCHWER

Spätestens seit der sogenannten Flüchtlingskrise im Sommer 2015 ist klar, dass es nicht reicht, im Empörungsmodus über die andauernden *Flüchtlingsströme* zu verharren, sondern dass versucht werden muss, lösungsorientiert an die Situation heranzugehen, denn: (Im-)Migration ist eine Tatsache, unabhängig davon, ob sie als Bedrohung oder als Bereicherung wahrgenommen wird. Eine Tatsache ist auch, dass Menschen, die zu uns kommen, kommunizieren (müssen/wollen/...). Das postulierte Ziel *Integration* kann nur dann erreicht werden, wenn auch die Sprache erlernt wird. Dies benötigt allerdings Zeit. Bis die Sprachkenntnisse ein ausreichend hohes Niveau erreicht haben, muss/sollte/... die Kommunikation zwischen diesen Menschen und der sie umgebenden Gesellschaft von DolmetscherInnen gemittelt werden. Eine doppelte Integration von Menschen, deren Erstsprache nicht Deutsch ist, erfolgt, wenn diese Dolmetschleistung von gut ausgebildeten DolmetscherInnen erbracht wird: einerseits die Integration der KlientInnen, für die gedolmetscht wird, durch einen leichteren Zugang zu Dienstleistungen (bei Behörden, im Krankenhaus); andererseits die Integration der DolmetscherInnen, deren Erstsprache nicht Deutsch ist (vgl. Gentile/Ozolins/Vasilakakos 1996: 9-10), als aktive TeilnehmerInnen am Arbeitsmarkt. Diese doppelte Integration wird in den nicht deutschsprachigen Communitys wahrgenommen. Gerade professionelle DolmetscherInnen wirken als MultiplikatorInnen gelungener Integration und werden somit zu einem wichtigen Bindeglied zwischen der Gesellschaft und den KlientInnen. Sie ermöglichen Integration von Anfang an auch den Menschen, die andernfalls aufgrund mangelnder Deutschkenntnisse keinen Zugang zu den (nicht-)staatlichen (Beratungs-) Leistungen hätten.

COMMUNITY INTERPRETING (CI)

DolmetscherInnen, die für Menschen, deren Erstsprache nicht die der sie umgebenden Mehrheit ist, in unterschiedlichen Settings, also bei Behörden, im (psycho-)medizinischen oder sozialen Bereich[1] die Kommunikation gewährleisten, werden oft als Community Interpreter[2] bezeichnet (vgl. Bowen 1998: 319). Sie »ermöglichen Gesprächsparteien, die häufig ungleiche Machtpositionen innehaben und über unterschiedliches soziokulturelles (Vor-)Wissen verfügen, in effizienter und professioneller Weise zu ihrer gegenseitigen Zufriedenheit zu kommunizieren« (Pöllabauer 2005: 53). Diese verantwortungsvolle Aufgabe wird meist von Laien[3] wahrgenommen, da die in diesen Settings benötigten Arbeitssprachen nicht an (universitären) Ausbildungsstätten unterrichtet werden. So bereitet ein Studium der Translationswissenschaft auf die Tätigkeit als ÜbersetzerIn und/oder KonferenzdolmetscherIn vor, nicht jedoch gezielt auf die Arbeit für das CI.[4] Die den Auftrag gebenden Einrichtungen wiederum können sich KonferenzdolmetscherInnen, sollten sie die benötigte Sprachkombination doch abdecken, in der Regel nicht leisten. Außerdem bereitet ein Konferenzdolmetschstudium nicht auf die (emotionalen) Besonderheiten beim CI vor.

Beim CI üben DolmetscherInnen ihre Tätigkeit oft ehrenamtlich oder gegen eine geringe Aufwandsentschädigung aus. Nur die wenigsten sind hauptberuflich als DolmetscherInnen tätig, vielmehr dolmetschen sie wenige Stunden pro Wo-

1 Das Gerichtsdolmetschen zählt nicht in allen Ländern zum CI (vgl. Pöchhacker 2007: 37-38). Ähnlich verhält es sich mit dem Gebärdensprachdolmetschen. Zu verschiedenen Benennungs- und Kategorisierungsmöglichkeiten des Dolmetschens und deren Implikationen vgl. Hale (2007: 27-30) und Ozolins (2014).

2 Es hat sich noch kein deutschsprachiger Begriff durchgesetzt. Franz Pöchhacker (2007: 39) hat in Anlehnung an das Englische den Begriff »Kommunaldolmetschen« geprägt, Dilek Dizdar und Şebnem Bahadır den Begriff »Fachdolmetschen im sozialen/medizinischen Bereich« (Bahadır 2010a: 55-58).

3 Oft sind es Bekannte oder Familienangehörige. Auch heute noch wird auf Kinder als DolmetscherInnen zurückgegriffen, deren Einsatz allerdings noch problematischer ist (vgl. Raijč 2008: 143-150, Topf 2013: 161-165, Ahamer 2013).

4 Zur Unterscheidung zwischen Übersetzen und Dolmetschen vgl. Pöchhacker (2004: 10-13).

che oder Monat nebenbei. Das Dolmetschen ist für sie kein vollwertiger Beruf, weder mit Blick auf den zeitlichen Umfang, noch in ihrer Wahrnehmung. Die alleinige Grundlage für ihre Tätigkeit ist ihre Zwei- bzw. Mehrsprachigkeit, wobei es oft an dem für das Dolmetschen notwendigen hohen Sprachniveau[5] mangelt. Diese sogenannten natürlichen DolmetscherInnen haben keine Ausbildung in den Bereichen Dolmetschtechniken, -strategien oder Rollenverständnis. Meist sind sie sich also der Komplexität ihrer Aufgabe und der damit verbundenen großen Verantwortung, die sie tragen, nicht bewusst. Daher kommt es häufig zu Grenzüberschreitungen im Rollenverständnis der DolmetscherInnen: Von allparteilichen Kommunikationsbrücken werden sie zu AdvokatInnen der KlientInnen oder zu GehilfInnen der Fachkräfte. Daher kann es leicht zu einer parteilichen und somit inhaltlich falschen Verdolmetschung kommen – Informationen gehen verloren, werden hinzugefügt oder verfälscht.[6] Die Risiken durch nicht qualifizierte DolmetscherInnen bzw. mangelhafte Verdolmetschung auch infolge fehlender Ausbildung werden oft thematisiert – exemplarisch seien hier die dolmetschende Putzfrau nach Pöchhacker (2007), die »Dolmetschsamariter« von Maryam Moazedi (2006) oder Bahadırs »Kommunikationskrücken« (2010a) genannt – und der Ruf nach Professionalisierung wird laut (vgl. Gentile/Ozolins/Vasilakakos 1996: 15-16, 64-73).

In klassischen Einwanderungsländern, die sich auch als solche verstehen, wie Australien oder Schweden, bestehen seit längerer Zeit Ausbildungsmöglichkeiten in unterschiedlichem Umfang und/oder eine staatliche Zertifizierung (Wadensjö 1998: 54-58). Aber wie ist es derzeit um die CI-Ausbildung in der DACH-Region, also in Deutschland, Österreich und der Schweiz, bestellt? Für alle drei Länder gilt jedenfalls: Die Berufsbezeichnung – gleich ob DolmetscherIn, ÜbersetzerIn, KonferenzdolmetscherIn oder Community Interpreter – ist nicht geschützt.

PROFESSIONALISIERUNG

Basierend auf verschiedenen Modellen zur Professionalisierung hat Sonja Pöllabauer (1998: 39-58) ein *Integriertes Modell zur Professionalisierung des Dolmetschberufs* entwickelt. Dieses wurde von Nadja Grbić (1998: 613-614) aufgegriffen, leicht adaptiert und gliedert sich in sechs Phasen.

---

5 Mind. C1 nach dem Gemeinsamen Europäischen Referenzrahmen für Sprachen GERS (vgl. Trim/North/Coste 2001: 109-129).

6 Zu verschiedenen Rollenzuschreibungen vgl. Niska (2002: 138).

- Phase I – Ungeregelter Marktzugang: Es gibt keine Mindestkriterien für den Einsatz von DolmetscherInnen und es wird auf Laien zurückgegriffen, weil kein Bewusstsein für die Komplexität der Aufgabe vorhanden ist. Es gibt kaum oder nur schlechte Ausbildungsangebote. Die Unzufriedenheit mit der vorherrschenden Situation steigt.
- Phase II – Klärung der Terminologie und der Rolle(n): In dem Bestreben, die Situation zu verbessern, schließen sich einzelne Gruppen zusammen, wobei es zu Konflikten (Angst vor höheren Preisen auf KundInnenseite, Machtkämpfe innerhalb der Berufsgruppe) kommt.
- Phase III – Ausbildung: Die Universitäten werden gezielt einbezogen, um die Ausbildung der Zielgruppe, aber auch der AusbilderInnen (*Train the trainers*) und Fachkräfte wissenschaftlich fundiert zu systematisieren, wobei ein wechselseitiger Einfluss von Ausbildung, Forschung und Praxis entstehen sollte.

Die folgenden Phasen können gleichzeitig oder in einer anderen Reihenfolge auftreten:

- Phase IV – Gründung eines Berufsverbandes und Öffentlichkeitsarbeit: Aus einer Bewegung von innen heraus wird ein Berufsverband gegründet, der für Standardisierung und Kontrolle sorgen soll; dazu gehört auch die Forderung nach angemessener Bezahlung, Aus- und Weiterbildung. Der Marktzugang soll dadurch begrenzt werden.
- Phase V – Formulierung eines Ehrenkodex: Verbindliche Regeln werden in Form eines Berufs- und Ehrenkodex, der auch der Vertrauensbildung nach außen dient, festgelegt.
- Phase VI – Akkreditierung und gesetzliche Lizenzierung: Durch staatliche Unterstützung wird der Schutz der Berufsbezeichnung sowie eine unabhängige Zertifizierung/Akkreditierung erreicht.

Dieser Professionalisierungsprozess kann nie abgeschlossen sein. Das bestehende System muss immer wieder überarbeitet und angepasst werden, da es verschiedenen, es verändernden Dynamiken ausgesetzt ist.

Jacquy Neff hält allgemein fest, dass die Professionalisierung in diesem Sinne für das Konferenzdolmetschen bereits vollständig, für das Gerichtsdolmetschen teilweise erfolgt ist, aber »[t]his definitely has not yet been the case everywhere for community interpreting, especially not in Europe, where efforts to secure this recognition only began in the late 1990s […].« (Neff 2015: 220) Beim CI fällt jedoch auf, dass die Professionalisierungsbestrebungen von den organisierten KonferenzdolmetscherInnen ausgehen. So hat der österreichische

Verband der KonferenzdolmetscherInnen und ÜbersetzerInnen *UNIVERSITAS Austria* im Sommer 2013 einen CI-Ausschuss innerhalb des Verbandes gegründet. Auch im deutschen Berufsverband *BDÜ e.V.* gibt es einen solchen Ausschuss. Darüber hinaus präsentiert dieser sich auch als Ansprechpartner für Ausbildungen im Bereich CI.[7]

Aufgrund der Situation im Sommer 2015, die als *Flüchtlingskrise* bekannt wurde, lässt sich derzeit beobachten, dass verschiedene Ausbildungsinitiativen wie Pilze aus dem Boden schießen, sodass man von einem regelrechten *Schwammerlgulasch* reden könnte. Im Folgenden soll versucht werden, dieses »undurchdringliche Dickicht« (Pöllabauer 2009: 104) zu lichten und die relevanten Ausbildungsformate systematisch zu analysieren.

AUSBILDUNGSSITUATION

Damit die Trends in der Professionalisierung von LaiendolmetscherInnen ausgemacht werden können, muss zunächst die aktuelle Ausbildungssituation erhoben werden. Es gibt unterschiedliche Formate, die unterschiedliche Zielgruppen ansprechen. Analog zur Konferenzdolmetschausbildung ist die höchste Qualifikation der Abschluss eines ordentlichen MA-Studiengangs, was in der DACH-Region nicht angeboten wird. Lediglich an der Hochschule Magdeburg-Stendal wurde ein BA Fachdolmetschen für Behörden und Gerichte angeboten, der aber mittlerweile eingestellt wurde (HMS). An einigen der translationswissenschaftlichen Institute in Deutschland, Österreich oder der Schweiz sind im (Konferenz-) Dolmetschstudium CI-Schwerpunkte wählbar: Die Universität Mainz-Germersheim bietet im MA Translation einen Schwerpunkt Fachdolmetschen (vgl. Fußnote 2, UGER) an, die Universität Wien im MA Dolmetschen den Schwerpunkt Dialogdolmetschen (UW 1), um nur zwei Beispiele zu nennen. Diese Situation scheint die Annahme widerzuspiegeln, dass für viele Community Interpreter aufgrund ihrer Biografie (Vorbildung, Alter und damit Berufstätigkeit und familiäre Situation) ein reguläres Studium nicht infrage kommt. Wegen der (formalen) Einschreibevoraussetzungen kann ein Masterstudium also nicht als allgemein zugängliche Professionalisierungsmaßnahme betrachtet werden.

Das Gleiche gilt für einen Teil der mittlerweile von den Universitäten eingerichteten akademischen Weiterbildungsangebote: Für das *Zertifikatsprogramm*

7 Der Folder Laiendolmetscher im Gesundheits- und Gemeinwesen – Angebote zur Basissensibilisierung ist online nicht verfügbar. Er liegt in den BDÜ-Geschäftsstellen aus. Vgl. auch Michel-Neuroth (2015).

Dolmetschen und Übersetzen für Gerichte und Behörden der Hochschule Magdeburg-Stendal und für den geplanten *Universitätslehrgang Behörden- und Gerichtsdolmetschen* der Universität Wien sind die Zulassungshürden relativ hoch; sie bereiten zudem – wie aus der Bezeichnung hervorgeht – lediglich auf die Arbeit in einigen wenigen Settings vor (UW 2).[8]

Eine (vermutlich) verbreitete Form der Ausbildung kann eigentlich nicht als solche bezeichnet werden: Kurzsensibilisierungen oder Einweisungen der DolmetscherInnen im Ausmaß von wenigen Stunden durch die jeweils Auftrag gebende Organisation, meist NGOs, oder Vereine[9]. Auch finden auf Anfrage einzelner Organisationen und Ämter Kurzsensibilisierungen nach der von Bahadır entwickelten Methode der Dolmetschinszenierungen (Bahadır: 2010b) statt. Von einer Allgemeinzugänglichkeit kann aber auch hier nicht gesprochen werden, da stets nur die *eigenen* DolmetscherInnen geschult werden. Das heißt, dass es DolmetscherInnen gibt, die nicht einmal diese Kurzsensibilisierung erhalten, weil sie für andere Organisationen arbeiten. Zudem ist nicht nachvollziehbar, ob bzw. wie oft diese Kurzschulungen tatsächlich stattfinden bzw. welche Inhalte in welchem Umfang von wem vermittelt werden. Die Quellenlage ist schwierig, weil Informationen zu diesen internen Kurzsensibilisierungen nicht öffentlich zugänglich sind. Exemplarisch soll hier die Einrichtung *Ankyra – Zentrum für interkulturelle Psychotherapie* des *Diakonie Flüchtlingsdienstes* in Innsbruck genannt werden, von deren Kurzschulungen speziell für das Dolmetschen in der Psychotherapie durch eine professionelle Dolmetscherin die AutorInnen ausschließlich aufgrund persönlicher Bekanntschaft wissen. Solche Maßnahmen sind sicherlich zu begrüßen, allerdings sind Umfang und Nachhaltigkeit infrage zu stellen. Die Ausbildung von DolmetscherInnen kann aber auch gar nicht die (langfristige) Zielsetzung und primäre Aufgabe von Auftrag gebenden Organisationen sein.

Ein Problem, das sich grundsätzlich bei allen Formaten stellt, ist die in der Praxis erforderliche Sprachenvielfalt sowie die Tatsache, dass es sich oft um sogenannte seltene Sprachen[10] handelt, bei denen sich die Dolmetschnachfrage relativ schnell ändern kann. Die Deutschkompetenz kann zwar relativ einfach überprüft werden, für viele der seltenen Sprachen gibt es aber keine oder nur

8 Die allgemeinzugänglichen und thematisch umfassenderen Weiterbildungsangebote werden unten näher beleuchtet.

9 Z.B. durch den Türkischen Dachverband ATIB (ATIB); vgl. auch Stofner (2006: 25-26).

10 Oder languages of limited diffusion (LLD; vgl. BDÜ 2016: 2). Die Begriffe sind jedoch problematisch,

wenige qualifizierte PrüferInnen. Dies ist nicht nur für Auftrag gebende Einrichtungen bei der Qualitätssicherung schwierig, sondern auch oder gerade für die Ausbildungsstätten. Prüfungen laufen bislang im besten Fall zweigleisig ab: Geprüft werden die Kompetenz in den Arbeitssprachen und separat davon die Dolmetschkompetenz und die Reflexion des (Rollen-)Verhaltens. Es fehlen PrüferInnen, die ausgebildete DolmetscherInnen mit der entsprechenden Sprachkompetenz sind und *richtige* Dolmetschprüfungen abnehmen können. Umso mehr gilt dies für die sprachenpaarspezifische Ausbildung selbst, da es entsprechend an ausreichenden, in diesem Sinne qualifizierten TrainerInnen mangelt.

Marion Daneshmayeh, die 2004 die letzte Untersuchung zur CI-Ausbildungslandschaft in Österreich[11] und Deutschland durchgeführt hat (Daneshmayeh 2008), konzentriert sich (aus diesem Grund?) auch nur auf universitäre Ausbildungsprogramme. Seitdem sind insbesondere drei Initiativen hervorzuheben, die das Kriterium der Allgemeinzugänglichkeit erfüllen. Die in diesen Kursen behandelten Themen sind jeweils Informationen zum Berufsbild in seiner Gesamtheit, Dolmetschtechniken und -strategien, Recherche/Terminologie, Rolle(nerwartungen und -konflikte), Berufsethik und Besonderheiten verschiedener Settings. Diese Kurse unterscheiden sich inhaltlich nur durch Schwerpunktsetzungen und werden im Folgenden zusammenfassend beschrieben.

INTERPRET (Schweiz)

In der Schweiz wurde die Ausbildung 2004 mit der Einführung des Schweizerischen Zertifikats *INTERPRET* für interkulturell Dolmetschende standardisiert. Hervorgegangen ist diese Initiative aus der 1999 gegründeten *Schweizerischen Interessensgemeinschaft für interkulturelles Dolmetschen und Vermitteln* (INTERPRET) im Rahmen eines vom Bundesamt für Migration und vom Bundesamt für Gesundheit subventionierten Programms (IP 1). 2009 wurde mit dem *Eidgenössischen Fachausweis für Fachpersonen im interkulturellen Vermitteln* ein zusätzliches Ausbildungsniveau geschaffen. Dieser wurde 2014 überarbeitet und um das Berufsfeld *interkulturelles Vermitteln* erweitert (IP 2). Die Ausbildung ist modular strukturiert (IP 3), wobei die von INTERPRET anerkannten Module an elf verschiedenen Ausbildungsinstituten in der Schweiz angeboten werden[12] (IP 1).

---

11 Stofners Studie (2006) beschränkt sich auf Österreich.

12 Neben der Ausbildung von DolmetscherInnen wirkt INTERPRET auch als Berufsverband (IP 1).

Universitätslehrgang Kommunaldolmetschen (Universität Graz)

Für Österreich kann, oder vielmehr muss der *Universitätslehrgang*[13] *Kommunaldolmetschen* der Universität Graz (ULG) als Pionierleistung angesehen werden. Dieser berufsbegleitende ULG umfasste 73 ECTS inklusive eines Praktikums und wurde sprachenpaarspezifisch angeboten. Der Lehrgang schloss mit dem Titel *Akademische/r Fachfrau/-mann für Dolmetschen im kommunalen, sozialen und medizinischen Bereich* ab (UNI for LIFE). Zum ersten Mal fand dieser ULG von 2004 bis 2006 mit den Sprachen Arabisch, Albanisch, Bosnisch/Kroatisch/Serbisch (BKS), Russisch und Türkisch statt (ITAT). Danach wurde er zwar in regelmäßigen Abständen angeboten, kam aber nur zweimal zustande. Im Sommersemester 2016 gab es z.B. Interessentenlisten für Albanisch, Arabisch, BKS, Russisch, Türkisch und Ungarisch (UNI for LIFE). Der Lehrgang fand aber nicht statt und wurde mit dem Sommersemester 2016 eingestellt.[14]

SprInt (Deutschland)

Das deutsche *SprInt-Netzwerk* (*SprInt* steht für *Sprach- und Integrationsmittler*) hat eine Vollzeit-Ausbildung entwickelt, die 2.000 Unterrichtseinheiten (UE) über 18 Monate, inklusive dreier Praktika, umfasst und bundesweit anerkannt wird (SprInt). Die TeilnehmerInnen erwerben neben Dolmetschkompetenz – unterrichtet nach der Methode der Dolmetschinszenierung (Bahadır: 2010b) – auch Kenntnisse über Grundlagen des Bildungs-, Gesundheits- und Sozialwesens und beschäftigen sich mit Migrationssoziologie. Durch die Reflexion der Praxisphase soll ein Bewusstsein für Rollenklarheit und Berufsethik geschaffen werden. Die Qualifizierung schließt mit einer Prüfung über die Themen Bildung, Gesundheit, Soziales und Dolmetschen ab (SprInt).

Ein umfangreicherer Kurs ist mit entsprechend höheren Kosten verbunden. Gerade bei den letzten beiden Ausbildungsmaßnahmen ULG und SprInt wird klar, dass die Kosten – in Anbetracht der niedrigen Honorare für CI-DolmetscherInnen[15] – ein nicht unwesentlicher Einflussfaktor für deren Erfolg

13 In Österreich sind sogenannte Universitätslehrgänge umfangreicher als sogenannte Universitätskurse.

14 Der ULG wird nicht mehr auf den Webseiten von UNI for LIFE und Universität beworben, die Quellen sind teils nicht mehr verfügbar.

15 Die Stundensätze rangieren von ehrenamtlich bis ca. 45 Euro brutto (vgl. Pöllabauer: 2009: 113, Anmerkung 5). Zu berücksichtigen ist auch, dass potenzielle TeilnehmerInnen je nach Biografie eventuell keine Ersparnisse haben.

sind. Bei der Konzepterstellung für eine solche Maßnahme muss neben den Inhalten auch die Finanzierung bzw. Höhe der Teilnahmebeiträge im Blick behalten werden: Denn je mehr Inhalte behandelt werden, umso länger und daher teurer wird der Kurs. Je höher die Kosten des Kurses aber werden, desto mehr potenzielle TeilnehmerInnen werden dadurch von vornherein ausgeschlossen. Denn wie viele Interessierte können oder wollen (viel) Geld für eine Fortbildung bezahlen, wenn sie hinterher ehrenamtlich oder zu einem als symbolisch zu bezeichnenden Stundensatz dolmetschen?

Darüber hinaus muss bedacht werden, dass das Einzugsgebiet nicht nur lokal sondern auch (über-)regional ist. Nicht in jeder Stadt gibt es größere Professionalisierungskurse für LaiendolmetscherInnen, sodass neben der zeitlichen Einschränkung für Aus- und Fortbildung auch eine räumliche Gebundenheit hinzukommt bzw. die entsprechenden Reisezeiten und -kosten. Zusätzlich zu den Kurskosten und einer evtl. Abhängigkeit von Subventionen, Sponsoren o.ä. beeinflussen also auch diese persönlichen Faktoren die Entscheidung, eine Dolmetschausbildung zu besuchen. Das Erreichen einer MindestteilnehmerInnenzahl pro Sprachenpaar, damit sich solche Kurse finanziell tragen können, ist bei diesem Kostendilemma noch nicht berücksichtigt. Beim ULG beispielsweise war der Unterricht sprachenpaarspezifisch geplant, was maßgeblich dazu beigetragen hat, dass die MindestteilnehmerInnenzahl nicht erreicht wurde und das theoretisch gute Konzept in der Praxis nicht aufging.

Es stellt sich also die Frage, wie eine Ausbildungsmaßnahme ausgelegt sein muss, damit sie von der Zielgruppe in Betracht gezogen wird und gleichzeitig relevante Inhalte vermittelt werden können. Diese Überlegungen und Erfahrungswerte haben zu verschiedenen neuen Trends geführt, die im Folgenden betrachtet werden sollen.

TRENDS IN DER CI-AUSBILDUNG

Für die Ausbildung und Professionalisierung beim CI lassen sich die im Weiteren beschriebenen Trends herausarbeiten: eine Verkürzung der Ausbildungsformate, meist in Verbindung mit aufeinander aufbauenden Modulen (statt eines längeren Kurses), die Aufhebung der Sprachenpaarspezifik und die Kombination aus Präsenz- und E-Learning-Einheiten.[16]

16 Für alle im Folgenden beschriebenen Ausbildungsmaßnahmen ist das Eingangssprachniveau mit Muttersprache bzw. B2 nach GERS definiert. Ein höheres Sprachniveau in der Fremdsprache der TeilnehmerInnen ist zwar wünschenswert und für das

Erster Trend: kürzere Ausbildungsformate

Die oben schon angesprochene Schweizer INTERPRET-Ausbildung ist zweistufig (IP 3). Das erste Ausbildungsniveau, das mit dem Zertifikat abschließt, besteht aus zwei Modulen, in denen die Themen interkulturelle Kommunikation, Dolmetschtechniken und Rolle von DolmetscherInnen sowie Fachwortschatz und Informationen zum Bildungs-, Gesundheits- und Sozialwesen in der Schweiz kontrastiv zu den Systemen der anderen Arbeitssprache behandelt werden (ca. 240 Stunden). Explizit als Voraussetzung für die Zertifikatsprüfung aufgeführt werden zudem Supervision und Praxiserfahrung im Dolmetschen (IP 4). Aufbauend auf dem Zertifikat INTERPRET können DolmetscherInnen sich weiterbilden und die eidgenössische Berufsprüfung für interkulturell Dolmetschende und Vermittelnde ablegen (*Eidgenössischer Fachausweis*). Das Besondere daran ist, dass die TeilnehmerInnen sich diesen Kurs je nach Arbeitsgebiet aus verschiedenen Modulen selbst zusammenstellen können; vorgegeben sind bei diesen Unterrichtsmodulen lediglich die Rahmenbedingungen. Für die Berufsprüfung müssen außerdem zusätzliche einschlägige Weiterbildung, Inter- und Supervision sowie weitere Dolmetschpraxis nachgewiesen werden (IP 5).

Mit Stand vom 15.12.2016 haben 1.029 Personen das Zertifikat INTERPRET und 114 Personen den eidgenössischen Fachausweis (IP 6) erworben. Vergleicht man diese Zahlen mit älteren[17], fällt auf, dass in den letzten Jahren im Verhältnis mehr Personen den Fachausweis als das Zertifikat erworben haben. In absoluten Zahlen hat die Nachfrage nach dem Fachausweis allerdings abgenommen. Ein Grund für das große Gefälle kann der Unterschied im Umfang der zwei Ausbildungsstufen sein. Allein bei der nachzuweisenden Praxiserfahrung stehen 50 Stunden für das Zertifikat 500 Stunden für den Fachausweis gegenüber. Das Zertifikat wird also häufiger erworben, was dafür spricht, dass neben einer vollwertigen Berufsausbildung wie dem eidgenössischen Fachausweis ein allgemeinzugängliches, niederschwelliges Angebot mit einem verhältnismäßig geringen Umfang erforderlich ist. Dieser Trend spiegelt sich auch teilweise in

---

Dolmetschen prinzipiell erforderlich, aber die Realität zeigt, dass dies von Ausbildungsinteressierten nur schwer nachzuweisen ist bzw. de facto auch schon bei geringen fremdsprachlichen Kompetenzen gedolmetscht wird. Empirische Untersuchungen zu dieser Problematik liegen für die DACH-Region nach Kenntnis der Autorinnen nicht vor.

17 Mitte 2012 waren es ca. 800 Personen mit Zertifikat, Ende 2011 66 Personen mit Fachausweis (vgl. Flubacher 2013: 129).

den Professionalisierungsmaßnahmen wider, die nachfolgend vorgestellt werden, ohne dass darauf ausdrücklich eingegangen wird.

Zweiter Trend: sprachübergreifender Unterricht

Die Unterrichtsmodule in der INTERPRET-Ausbildung sind sprachübergreifend. Für die Prüfungen ist aber neben dem Nachweis des erforderlichen Sprachniveaus auch der Nachweis von Dolmetscherfahrung notwendig, die ja spezifisch für das jeweilige Sprachenpaar der DolmetscherInnen ist. Mit sprachübergreifendem Unterricht findet auch *Community Interpreting – Professionalisierung von LaiendolmetscherInnen im sozialen, medizinischen, psychotherapeutischen und kommunalen Bereich*, der erste allgemein zugängliche CI-Professionalisierungskurs in Westösterreich, statt (UIBK 1). Dieser wurde 2013 von der Koordinationsstelle für universitäre Weiterbildung der Leopold Franzens-Universität Innsbruck auch vor dem Hintergrund entwickelt, dass der ULG zwar inhaltlich umfangreich war, aber in dieser Form eben nicht zustande kam. Der Innsbrucker Kurs ist daher bewusst kürzer.

Der Fokus liegt auf der Bewusstseinsbildung in Hinsicht auf das Dolmetschen als Profession, der Berufsethik, dem Thema Rolle in allen Aspekten und der spezifischen Emotionalität der gedolmetschten Gespräche. Dies sind Themen, die unabhängig von den jeweiligen Arbeitssprachen behandelt werden können, auch wenn sprachenpaarspezifische Übungen eingeplant sind. Der Kurs ist nicht sprachenpaarspezifisch ausgelegt, um einerseits das Problem zu umgehen, geeignete Lehrende und PrüferInnen für Sprachen wie Paschtu, Somali oder kurdische Varietäten finden zu müssen. Andererseits soll durch den sprachübergreifenden Charakter ein Zustandekommen des Kurses gewährleistet sein – für nur wenige TeilnehmerInnen mit einer z.B. für das Asylverfahren wichtigen Sprache wie Tigrinja könnte kein Kurs angeboten werden. Hier kommen die Überlegungen von Pöllabauer (2009: 111) zum Tragen, nämlich die Entkoppelung des Professionalisierungsprozesses vom eigentlichen Dolmetschen (vgl. Neff 2015: 219, 224).

Der berufsbegleitende Universitätskurs (UKI, vgl. Fußnote 13) wurde im Sommersemester 2014 erstmalig durchgeführt.[18] Der UKI findet an sechs Samstagen mit je 8 UE (insgesamt 48 UE, 2,5 ECTS-Anrechnungspunkte) statt und erstreckt sich über circa drei Monate (UIBK 1), damit einerseits der Kurs zusätzlich zu einem Brotberuf nicht zu anstrengend für die TeilnehmerInnen ist und

18 Mit Stand Ende 2016 fand der UKI vier Mal in Innsbruck und – in adaptierter Form – drei Mal in Wels statt (vgl. Iannone/Redl 2016: 14).

anderseits zwischen den Kurstagen genügend Zeit zum Reflektieren der behandelten theoretischen und zum Ausprobieren der praktischen Inhalte bleibt. Abschließend findet eine mündliche, aus zwei Teilen bestehende Prüfung statt. Den ersten Teil bildet ein Gespräch, in dem die wichtigsten Kursinhalte angesprochen und selbstkritisch durch die TeilnehmerInnen reflektiert und in Beziehung zu ihrem eigenen Verhalten gesetzt werden. Der zweite Teil besteht aus einem sprachenpaarspezifischen Rollenspiel – einem für ein CI-Setting typischen Gespräch –, das erst gedolmetscht und dann analysiert wird.

Dritter Trend: Modularisierung

Der UKI ist mit einer Dauer von sechs Kurstagen zwar kurz, allerdings war von vornherein geplant, je nach Rückmeldungen der TeilnehmerInnen aufbauende, einzelne Aspekte vertiefende Seminare anzubieten. Der Weiterbildungsbedarf wird regelmäßig durch die TeilnehmerInnen in den Evaluierungen vorgetragen. So wurde beispielsweise ein Expertenvortrag zum Thema Steuern und Gewerberecht organisiert, gehalten von einem auf SprachdienstleisterInnen spezialisierten Steuer- und Unternehmensberater[19], oder ein Wochenendworkshop mit Bahadır nach der von ihr entwickelten Methode[20]. Zusätzlich werden die UKI-AbsolventInnen über einschlägige Veranstaltungen informiert, die nicht von der Koordinationsstelle für universitäre Weiterbildung organisiert werden. Exemplarisch sind ein Vortrag von Brigitta Busch über die Asyleinvernahme aus sprachwissenschaftlicher Sicht[21] oder Fortbildungen, die von der Wirtschaftskammer Tirol[22] angeboten werden, zu nennen.

Hinter den von der Koordinationsstelle für universitäre Weiterbildung organisierten Aktivitäten steht auch die Überlegung, ob diese Veranstaltungen auch für andere Zielgruppen, wie allgemein beeidete und gerichtlich zertifizierte DolmetscherInnen, interessant sein könnten. So wird eine zusätzliche Vernetzung der DolmetscherInnen und damit einhergehend eine weitere Möglichkeit zum Austausch und Wissenstransfer geboten.

---

19 »Steuern & Co. – was DolmetscherInnen wissen müssen!«, 11.5.15 (UIBK 2).

20 »Dolmetschinszenierungen. Dolmetscherinnen und Dolmetscher als Körper und als Mensch«, 10. und 11.6.16 (UIBK 3).

21 »Unglaubwürdig? Sprachideologisch geprägte Annahmen über das Erzählen und Wiedererzählen im Asylverfahren«, 14.4.15 (Busch 2015).

22 »Notizentechnik: mehr als nur Symbole«, 25.9. und 2.10.15 (Einladungs-E-Mail an die Mitglieder der Fachgruppe der gewerblichen Dienstleister der Wirtschaftskammer Tirol vom 8.9.2015).

Während die aufbauenden Veranstaltungen beim UKI bedarfsorientiert angeboten werden, wurde eine andere Initiative von vorneherein modular geplant. *QUADA – Qualitätsvolles Dolmetschen im Asylverfahren* ist ein Projekt von UNHCR Österreich und entstand ungefähr zeitgleich zum UKI. In diesem Rahmen wurde zunächst ein Trainingshandbuch (UNHCR 2015) entwickelt. Anschließend wurden die zwölf Kapitel des Handbuchs durch den Verband der Österreichischen Volkshochschulen (VÖV) als sprachübergreifender Kurs angeboten. Die *Qualifizierungsmaßnahme für DolmetscherInnen im Asylverfahren* findet berufsbegleitend statt, und es wird insofern auf TeilnehmerInnen mit längerer Anreise Rücksicht genommen, als je an einem Freitag und Samstag hintereinander zwei unterschiedliche, thematisch abgestimmte Module besucht werden können.

Nach zwei Pilottagen in Wien und Salzburg am 07. bzw. 14.11.2014 (BFA) fand der erste Kursdurchgang 2016 in Wien statt. Mittlerweile wird der Kurs neben Wien auch in Salzburg durchgeführt, die Anmeldephase für Graz läuft aktuell noch. Die gleichen Kursinhalte werden also zu unterschiedlichen Terminen an unterschiedlichen Orten angeboten. Diese größere zeitliche Flexibilität und damit die bessere Vereinbarkeit von Weiterbildung mit Familie, Hauptberuf und Dolmetschaufträgen erhöht die Wahrscheinlichkeit, dass DolmetscherInnen die QUADA-Module besuchen. Zusätzlich ergibt sich dadurch auch eine gewisse finanzielle Flexibilität, da die TeilnehmerInnen den Beitrag jeweils für die gebuchten Module (4er-Block) entrichten und nicht für alle Module gleichzeitig (VÖV).

Ein QUADA-Modul wird an einem Kurstag in 6 UE umgesetzt. Hinzu kommen Arbeitsaufträge im Ausmaß von ca. 3 UE, die vor dem Kurs erledigt werden müssen (insgesamt 72 UE Präsenz und 36 UE E-Learning). Die Themen reichen von Informationen zum Asylverfahren über Dolmetschtechniken und Berufsethik bis hin zu Rolle und psychodynamischen Aspekten beim Dolmetschen (VÖV). Auch wenn QUADA »DolmetscherInnen, die im Verfahren vor dem Bundesamt für Fremdenwesen und Asyl sowie bei Erstbefragungen von Asylsuchenden durch Organe des öffentlichen Sicherheitsdienstes beteiligt sind« (Pinter 2015: 4) zur Zielgruppe hat, sind einzelne Module auch für andere DolmetscherInnen interessant. Insgesamt acht von zwölf Modulen beziehen sich nicht auf das Asylverfahren und behandeln Themen, die auch für andere Settings relevant sind (VÖV).

Auch INTERPRET ist modular aufgebaut. Für die Zertifikatsprüfung ist der Besuch von zwei Modulen Voraussetzung, anschließend können einzelne Aspekte in zusätzlichen Modulen vertieft werden. Nach insgesamt sechs Modulen (und der Erfüllung weiterer Voraussetzungen, siehe oben) kann die Prüfung für den Fachausweis abgelegt werden.

Vierter Trend: E-Learning-Einheiten

Bei QUADA garantieren E-Learning-Einheiten als Vorbereitung auf die Präsenzeinheiten, dass die Kurstage von fünf Zeitstunden effizient gestaltet werden können. Die Präsenzeinheiten stehen dabei aber im Vordergrund. Anders gestaltet sich dies bei dem neu eingeführten *Kommunaldolmetschen Basiskurs: Grundlagen und Basiskompetenzen* des Instituts für theoretische und angewandte Translationswissenschaft der Karl-Franzens-Universität Graz, durchgeführt durch die UNI for LIFE Seminarveranstaltungs GmbH. Dieser ebenfalls sprachübergreifend stattfindende Universitätskurs (UKG) kombiniert Präsenz- und E-Learning-Einheiten (UNI for LIFE): Ein knappes Drittel der Kurszeit entfällt auf E-Learning, die anderen Stunden auf Präsenzeinheiten, sodass beide Lehrformen miteinander *vermischt* werden (sogenanntes *Blended Learning*; Uni Graz 2016: 6). Bei dieser Lernform wird versucht, die Ortsgebundenheit (teilweise) aufzuheben und damit – wie bei QUADA – den Zeitaufwand für die Professionalisierung flexibler zu gestalten.

Der UKG ist in fünf Module unterteilt, wobei im letzten die Abschlussprüfung abgenommen wird. Die ersten vier Module bestehen aus mehreren Lehrveranstaltungen von unterschiedlichem Umfang und Aufwand, sowohl im Präsenz- wie auch im Onlineteil (insgesamt 20 ECTS). Die mündliche Abschlussprüfung besteht aus einem Reflexionsgespräch in beiden Arbeitssprachen und einer Prüfung in Notizentechnik (UIBK 2). Ähnlich wie der UKI spricht der UKG DolmetscherInnen aus allen Settings an. Behandelt werden berufspraktische und -ethische Inhalte, Dolmetschtechniken, psychosoziale Aspekte des Dolmetschens sowie transkulturelle Kommunikation (UIBK 1).

Der UKG kann als Weiterentwicklung und Adaption des ULG gesehen werden. Die Inhalte unterscheiden sich nur unwesentlich, jedoch wurde der Umfang stark reduziert. Zusammen mit der Einführung der E-Learning-Einheiten sollten vermutlich die zeitliche Bindung und die Kosten reduziert werden. Der Erfolg bestätigt diese Überlegungen: Nach dem Kursstart im Juni 2016 hat der zweite Durchgang im November des gleichen Jahres begonnen (UIBK 3). Es ist zu wünschen, dass der Aufbaukurs und der folgende sprachenpaarspezifische Vertiefungskurs ebenfalls stattfinden werden.

FAZIT

Die Professionalisierung von LaiendolmetscherInnen für das CI ist regional unterschiedlich und auch heute noch (bei Weitem) nicht abgeschlossen. Nach den Kriterien von Grbić (1998: 613-614, siehe oben) ist das CI in der Schweiz bereits stark professionalisiert. In Österreich und Deutschland befindet sich die Professionalisierung jedoch erst zwischen den Phasen I und III, nämlich der beginnenden systematischen Ausbildung bei ungeregeltem Marktzugang und teilweise noch unklarem Berufsprofil. Dabei fällt auf, dass das Streben nach Professionalisierung – anders als implizit im *Integrierten Modell* beschrieben – vor allem von AkteurInnen vorangetrieben wird, die nur bedingt der Gruppe der Community Interpreter zuzuordnen sind. Vielmehr zählen sie zur Gruppe der KonferenzdolmetscherInnen und/oder Universitätsangehörigen. Dies ist insofern hervorzuheben, als beide Bereiche – CI und Konferenzdolmetschen – zwar zum Berufsprofil Dolmetschen gehören, aber von KonferenzdolmetscherInnen mitunter die Meinung vertreten wird, dass es sich um zwei separate Berufe handle (vgl. Ozolins 2014: 35-36; Pöllabauer 2010: 363). Dadurch, dass die Professionalisierungsbestrebungen von ausgebildeten DolmetscherInnen ausgehen, werden eine wissenschaftliche Fundierung der Ausbildungsangebote, die zum Teil auf Erfahrungen in der Ausbildung von KonferenzdolmetscherInnen zurückgreift, und von Beginn an hoch qualifizierte TrainerInnen gewährleistet.

Aus den Erfahrungen mit der Professionalisierung von DolmetscherInnen und vor dem Hintergrund der unterschiedlichen Rahmenbedingungen in den DACH-Ländern sind adaptierte Ausbildungsangebote entstanden. Eine vollwertige Berufsausbildung bzw. ein vollwertiges Studium wird immer noch nicht flächendeckend angeboten. Der Trend geht vielmehr hin zu einer Verkürzung der Kursdauer; erfolgreich sind derzeit vor allem Formate über die Dauer von einem Semester. Dabei erfolgt eine Trennung der eigentlichen Dolmetschübungen von den Themenkomplexen Rolle/Berufsethik/-praxis. Die Ausbildungsmaßnahmen werden sprachübergreifend angeboten, das heißt die Unterrichtssprache ist Deutsch, einzelne sprachenpaarspezifische Partner-/Gruppenübungen sind vorgesehen. Zu bewähren scheint sich ein modularer Aufbau der Ausbildungsmaßnahmen, was größere zeitliche Flexibilität ermöglicht. Die TeilnehmerInnen können aufbauend auf einem gemeinsamen Grundstock – je nach Vorwissen, Interesse und Setting – selbst bestimmen, welche weiteren Lernhinhalte für sie relevant sind. Örtliche Flexibilität wird durch E-Learning-Einheiten gewährleistet. Gerade durch die letzten beiden Trends werden die Kurs- und Reisekosten für die TeilnehmerInnen reduziert bzw. die Finanzierung erleichtert. Durch die geringere Ortsgebundenheit wird darüber hinaus das Einzugsgebiet vergrößert.

Beides erhöht die Wahrscheinlichkeit, dass die MindestteilnehmerInnenzahl der Kurse erreicht wird.

Selbst wenn der Trend zu kürzeren und flexibleren Formaten geht, ist offensichtlich, dass ein Minimum bei der Kursdauer nicht unterschritten werden sollte. In diesem Sinne kann ein kleines Format wie der UKI keine vollwertige Ausbildung ersetzen. In jedem Fall aber setzt eine Reflexion über das eigene Handeln ein, wie aus dem Feedback der UKI-AbsolventInnen hervorgeht, worin sie ihren Bedarf nach aufbauenden Fortbildungen zum Ausdruck gebracht haben. Daraus lässt sich schließen, dass auch hier erreicht wurde, was Daneshmayeh (2008: 332) als Ziel von CI-Professionalisierungskursen sieht, »[...] nämlich dass eine Professionalisierung nur möglich ist, wenn Ausbildungsprogramme die Voraussetzung dafür schaffen, dass DolmetscherInnen im Bereich des CI professionell agieren und reflektiert auf unterschiedliche Anforderungen reagieren können«.

Auch 2016 gilt, dass die Professionalisierung im CI-Bereich noch in den Kinderschuhen steckt (vgl. Stofner 2006: 4; Lesch 2011: 213). Daraus ergeben sich vor allem drei Desiderata: erstens die Umsetzung eines vergleichbaren Konzeptes an allen Ausbildungsstätten, wie es bei den Konferenzdolmetschstudiengängen der Fall ist, zumal die Konzeptentwicklung viele Ressourcen benötigt. Vorbild in diesem Sinne ist das INTERPRET-System in der Schweiz. Zweitens ist die Aufhebung der Abhängigkeit von (öffentlichen) ›Mäzenen‹, wie es bei subventionierten Formaten wie SprInt, UKI und ULG[23] der Fall ist, wünschenswert. Diese Abhängigkeit ist insofern problematisch, als der politische Wille das Zustandekommen von geförderten Ausbildungsmaßnahmen bedingt, solange kein Rechtsanspruch auf Dolmetschleistungen besteht. Eng damit verknüpft ist, drittens, der Schutz der Berufsbezeichnung[24], was die letzte Phase des Professionalisierungsmodells ist (vgl. Grbić 1998: 614). Mit der Akkreditierung durch staatliche Stellen geht eine systematische (finanzielle und andere) Förderung einher, sodass ein gewisser Grad an Professionalität Voraussetzung für die Ausübung des Dolmetschberufs ist (vg. Pöllabauer 1998: 57). Auch fast zwanzig Jahre nach Pöllabauers Feststellung[25] scheint dies jedoch aufgrund der betroffenen sozialen Gruppen beim CI schwierig:

23 Auch Pöllabauer (2009: 105-106) thematisiert die Abhängigkeit von Fördermitteln in Bezug auf den ULG.

24 Dies fordern KonferenzdolmetscherInnen und ÜbersetzerInnen schon lange.

25 Einige Ergebnisse ihrer empirischen Untersuchung sind zusammengefasst in Pöllabauer (2000) veröffentlicht.

»[...] für die Professionalisierung einer Tätigkeit [ist] es ungünstig, wenn die öffentliche Meinung die Bedeutung und Relevanz der Tätigkeit der Professionsmitglieder nicht anerkennt. Im Bereich des CI könnte die negative Einstellung in Bezug auf ausländische Mitbürger [sic] und der allgemeine Unwille, deren Bedürfnissen Rechnung zu tragen [...] ein Hindernis für die Professionalisierung des CI darstellen [...]. Darüber hinaus besitzen das Umfeld und die Klientel von Community Interpreters nicht die politische Macht und das Prestige, eine Änderung der öffentlichen Meinung bewirken zu können [...].« (Pöllabauer 1998: 57-58)

Nichtsdestotrotz stellen die oben beschriebenen Ausbildungsformate einen Schritt in die richtige Richtung dar, der darauf hoffen lässt, dass die Professionalisierung auch im Bereich Community Interpreting in nicht allzu ferner Zukunft Einzug hält.

LITERATUR

Ahamer, Vera (2013): Unsichtbare Spracharbeit. Jugendliche Migranten als Laiendolmetscher. Integration durch »Community Interpreting«, Bielefeld: transcript.

ATIB (Dachverband der Türkischen Vereine in OÖ): Lehrgang Laiendolmetschen im Kommunalbereich. Siehe http://www.turco.at/lehrgang-laien dolmetschen-im-kommunalbereich vom 01.12.2016.

Bahadır, Şebnem (2010a): »Von natürlichen Kommunikationskrücken zu professionellen Kommunikationsbrücken«, in: Şebnem Bahadır (Hg.), Dolmetschinszenierungen. Kulturen, Identitäten, Akteure, Berlin: Saxa, S. 51-66. Ursprünglich erschienen als »Von natürlichen Kommunikationskrücken zu professionellen Kommunikationskrücken (Reflexionen zum Berufsprofil und zur Ausbildung professioneller Dolmetscher im medizinischen, sozialen und juristischen Bereich)«, in: TEXTconTEXT 14 = 4 (2) (2000), S. 211-229.

Bahadır, Şebnem (2010b): »Dolmetschinszenierungen. Ein Skript für DolmetschtrainerInnen«, in: Şebnem Bahadır (Hg.), Dolmetschinszenierungen. Kulturen, Identitäten, Akteure, Berlin: Saxa, S. 177-193.

BDÜ (Bundesverband der Dolmetscher und Übersetzer e.V.) (Hg.) (2016): BDÜ Expertenservice. Übersetzer und Dolmetscher für seltene Sprachen 2016. Siehe http://www.bdue.de/fileadmin/files/PDF/Publikationen/BDUe_Verzeichnis_Seltene_Sprachen.pdf vom 01.12.2016.

BFA (Bundesamt für Fremdenwesen und Asyl): Qualitätsvolles Dolmetschen im Asylverfahren. Das Bundesamt für Fremdenwesen und Asyl (BFA) beteiligt sich am UNHCR-Projekt zur Sicherung von Qualitätsstandards bei der Dolmetschleistung im Asylverfahren. Pressemitteilung vom 10.10.2014. Siehe http://www.bfa.gv.at/presse/news/detail.aspx?nwid=67397279726E2B7A674F513D&ctrl=794E752F6259564A344A437375564B796375373831364F486E38592F6A766152 vom 01.12.2016.

Bowen, Margareta (1998): »Community Interpreting«, in: Mary Snell-Hornby/Hans G. Hönig/Paul Kußmaul (Hg.), Handbuch Translation, Tübingen: Stauffenburg, S. 319-321.

Busch, Brigitta (2015): »Unglaubwürdig? Sprachideologisch geprägte Annahmen über das Erzählen und Wiedererzählen im Asylverfahren«, Gastvortrag gehalten im Germanistikseminar von Monika Dannerer, organisiert vom Forschungszentrum Kulturen in Kontakt, Innsbruck, 14.04.2015.

Daneshmayeh, Marion (2008): »Eine kritische Analyse von Ausbildungsprogrammen im Bereich des Community Interpreting«, in: Nadja Grbić/Sonja Pöllabauer (Hg.), Kommunaldolmetschen/Community Interpreting. Probleme – Perspektiven – Potenziale, Berlin: Frank & Timme, S. 331-366.

Flubacher, Peter (2013): »Schweizer Erfahrungen mit Dolmetschern im Gesundheitswesen. Anstrengungen, den Einsatz kompetenter Dolmetscher zu fördern«, in: Lukas Kaelin/Maria Kletečka-Pulker/Ulrich Körtner (Hg.), Wie viel Deutsch braucht man, um gesund zu sein? Migration, Übersetzung und Gesundheit. Tagungsband, Wien: Verlag Österreich, S. 119-133.

Gentile, Adolfo/Ozolins, Uldis/Vasilakakos, Mary (1996): Liaison Interpreting. A Handbook, Carlton South: Melbourne University Press.

Grbić, Nadja (1998): »Professionalisierung. Ein soziologisches Modell und ein Beispiel aus der Praxis des Gebärdensprachdolmetschens in Österreich«, in: Das Zeichen 12: 46, S. 612-623.

Hale, Sandra Beatriz (2007): Community Interpreting, Basingstoke: Palgrave Macmillan.

HMS (Hochschule Magdeburg-Stendal): Bachelor Fachdolmetschen für Behörden und Gerichte. Siehe https://wwwalt.hs-magdeburg.de/studium/s-studienangebot/bachelor/b_fachdolmetschen/index_html vom 01.12.2016.

Iannone, Elvira/Redl, Katharina (2016): »Professionalisierung von LaiendolmetscherInnen – geht das?«, in: UNIVERSITAS Austria (Hg.), Mitteilungsblatt 4/16, S. 14-15. Siehe http://www.universitas.org/uploads/media/Universitas_416_Web.pdf vom 01.12.2016.

IP 1. (INTERPRET): Interpret. Siehe http://www.inter-pret.ch/ vom 01.12.2016.

IP 2 (INTERPRET): Überarbeitung des Eidgenössischen Fachausweises. Siehe http://www.inter-pret.ch/de/service/infothek/interkulturelles-dolmetschen-und-vermitteln_0-57.html vom 01.12.2016.

IP 3 (INTERPRET): Ausbildung und Qualifizierung von interkulturell Dolmetschenden und Vermittelnden. Siehe http://www.inter-pret.ch/de/ausbildung-und-qualifizierung_0/ausbildung-und-qualifizierung-4.html vom 01.12.2016.

IP 4 (INTERPRET): Zertifikat INTERPRET. Siehe http://www.inter-pret.ch/de/ausbildung-und-qualifizierung_0/ausbildung-und-qualifizierung/zertifikat-interpret-13.html vom 01.12.2016.

IP 5 (INTERPRET): Eidgenössischer Fachausweis. Siehe http://www.inter-pret.ch/de/ausbildung-und-qualifizierung_0/ausbildung-und-qualifizierung/eidgenoessischer-fachausweis-14.html vom 01.12.2016.

IP 6 (INTERPRET): Datenbank der zertifizierten interkulturell Dolmetschenden. Siehe http://www.inter-pret.ch/de/angebote/datenbank-der-dolmetschenden-41.html/page/2/?search_fulltext=&search_officialLang=&search_interpretLang=&search_practice_counties=&search_origin_countries=&search_exchanges=&search_gender=-1&search_certificates=1&search_required_form_key=0&search_contact_information=&search_submit=Suchen vom 15.12.2016.

ITAT (Institut für Translationswissenschaft der Universität Graz): Zusatzausbildungen am ITAT. Siehe https://translationswissenschaft.uni-graz.at/de/studieren/studienangebot-am-itat/zusatzausbildungen-am-itat vom 28.03.2016.

Lesch, Harold M. (2011): »The Value and Challenges of Service Learning for Interpreter Training: The Experience of the Interpreting Programme at the Stellenbosch University«, in: Claudia Kainz/Erich Prunč/Rafael Schögler (Hg.), Modelling the Field of Community Interpreting. Questions of methodology in research and training, Wien/Berlin: Lit, S. 213-238.

Michel-Neuroth, Gisela (2015): Positionspapier des BDÜ zu den Dolmetscherpools der Städte und Gemeinden. Siehe http://www.bdue.de/fileadmin/files/PDF/Positionspapiere/BDUe_Dolmetscherpools_2015.pdf vom 01.12.2016.

Moazedi, Maryam Laura (2006): »Von Samurai und Samaritern: Status, Image und Persönlichkeiten in unterschiedlichen Dolmetschtypen«, in: Nadja Grbić/Sonja Pöllabauer (Hg.), »Ich habe mich ganz peinlich gefühlt.« Forschung zum Kommunaldolmetschen in Österreich: Problemstellungen, Perspektiven und Potenziale, Graz: ITAT, S. 72-98.

Neff, Jacquy (2015): »Professionalisation: A Systematic Didactic Approach«, in: Dörte Andres/Martina Behr (Hg.), To Know How to Suggest… Approaches to Teaching Conference Interpreting, Berlin: Frank & Timme, S. 219-241.

Niska, Helge (2002): »Community interpreter training. Past, present, future«, in: Giulia Garzone/Maurizio Viezzi (Hg.), Interpreting in the 21st Century: Challenges and opportunities. Selected papers from the 1st Forlì Conference in Interpreting Studies, 9-11 November 2000. Amsterdam/Philadelphia: John Benjamins, S. 133-144.

Ozolins, Uldis (2014): »Descriptions of Interpreting and Their Ethical Consequences«, in: FITISPos International Journal 1, S. 23-41.

Pinter, Christoph (2015): »Geleitwörter. UNHCR Österreich«, in: UNHCR Österreich (Hg.), Trainingshandbuch für DolmetscherInnen im Asylverfahren, Linz: Trauner, S. 4.

Pöchhacker, Franz (2004): Introducing Interpreting Studies, London/New York: Routledge.

Pöchhacker, Franz (2007): Dolmetschen: konzeptuelle Grundlagen und deskriptive Untersuchungen, Tübingen: Stauffenburg.

Pöllabauer, Sonja (1998): Nema Problema, alles paletti …? Community Interpreting aus der Sicht von NGOs – Eine empirische Erhebung der Situation in Graz unter besonderer Berücksichtigung möglicher Implikationen für die Ausbildung. Unveröffentlichte Diplomarbeit, Graz.

Pöllabauer, Sonja (2000): »›Nema problema, alles paletti ...?‹ *Community interpreting* aus der Sicht von NGOs«, in: TEXTconTEXT 14 = NF 4.2, S. 181-210.

Pöllabauer, Sonja (2005): »I don't understand your English, Miss.« Dolmetschen bei Asylanhörungen. Tübingen: Narr.

Pöllabauer, Sonja (2009): »Im Wilden Westen des Dolmetschens. Ausbildung als Schritt zur Professionalisierung des Community Interpreting«, in: Éva Rásky (Hg.), Gesundheit hat Bleiberecht: Migration und Gesundheit, Wien: Facultas WUV, S. 97-116.

Pöllabauer, Sonja (2010): »Community Interpreting bei Ämtern der Sozialverwaltung: Auf der Suche nach Verständigung«, in: Nadja Grbić et al. (Hg.), Translationskultur revisited. Festschrift für Erich Prunč, Tübingen: Stauffenburg, S. 353-375.

Raijč, Kristina (2008): »›Die Familienaußenminister.‹ Kinder als Sprach- und KulturmittlerInnen – eine empirische Erhebung«, in: Nadja Grbić/Sonja Pöllabauer (Hg.), Kommunaldolmetschen/Community Interpreting. Probleme – Perspektiven – Potenziale, Berlin: Frank & Timme, S. 131-170.

SprInt (Sprach- und Integrationsmittler): Die Qualifizierung zum/zur Sprach- und Integrationsmittler/ in. Siehe http://www.sprachundintegrationsmittler.org/index.php/sprach-und-integrationsmittler/qualifizierung vom 01.12.2016.

Stofner, Christiane (2006): Sprach- und Kulturmittlung bzw. Kommunaldolmetschen im Gesundheitsbereich. Siehe www.integrationshaus.at/cgi-bin/file.pl?id=255 vom 01.12.2016.

Topf, Reinhard J. (2013): »Das schwerkranke fremdsprachige Kind und seine Familie – ein mehrfacher Übersetzungsprozess«, in: Lukas Kaelin/Kletečka-Pulker Maria/Ulrich H. J. Körtner (Hg.), Wie viel Deutsch braucht man, um gesund zu sein? Migration, Übersetzung und Gesundheit, Tagungsband, Wien: Verlag Österreich, S. 155-171.

Trim, John L. M./North, Brian/Coste, Daniel (2001): Gemeinsamer europäischer Referenzrahmen für Sprachen: lernen, lehren, beurteilen, Berlin/Wien: Langenscheidt.

UGER (Universität Mainz in Germersheim): Fachdolmetschen. Siehe http://www.fb06.uni-mainz.de/deutsch/755.php vom 01.12.2016.

UIBK 1 (Universität Innsbruck): Universitätskurs Community Interpreting – Professionalisierung von LaiendolmetscherInnen im sozialen, medizinischen, psychotherapeutischen und kommunalen Bereich. Siehe http://www.uibk.ac.at/weiterbildung/universitaetskurse/community-interpreting vom 01.12.2016.

UIBK 2 (Universität Innsbruck): Dolmetschen als Inszenierung. Siehe www.ac.at/weiterbildung/review/feiern-und-berichte.html vom 01.12.2016.

UIBK 3 (Universität Innsbruck): Dolmetschinszenierungen. Dolmetscherinnen und Dolmetscher als Körper und als Mensch. Siehe https://www.uibk.ac.at/weiterbildung/weiterbildungsseminare/dolmetschinszenierungen/ vom 28.03.2016.

UNI for LIFE: Sprachen: Kommunaldolmetschen Basiskurs: Grundlagen und Basiskompetenzen. Universitätskurse. Siehe http://www.uniforlife.at/sprachen/detail/kurs/kommunaldolmetschen-basiskurs-grundlagen-und-basis kompetenzen/ vom 01.12.2016.

Uni Graz (Karl-Franzen-Universität Graz) (2016): »Lehrplan des berufsbegleitenden Universitätskurses Kommunaldolmetschen Basiskurs: Grundlagen und Basiskompetenzen an der Karl-Franzens-Universität Graz«, in: Mitteilungsblatt, Sondernummer 43, Stück 28.a. vom 13.04.2016. Siehe http://www.uniforlife.at/fileadmin/user_upload/documents/Sprache_und_Kommunikation/Curricula/Curriculum_Kommunaldolmetschen_Basiskurs.pdf vom 1.12.2016.

UNHCR Österreich (Hg.) (2015): Trainingshandbuch für DolmetscherInnen im Asylverfahren, Linz: Trauner. Siehe http://www.unhcr.at/fileadmin/user_upload/dokumente/07_presse/material/Trainingshandbuch_fuer_DolmetscherInnen_im_Asylverfahren.pdf vom 01.12.2016.

UW 1 (Universität Wien): Studienrichtungen. Siehe http://spl.univie.ac.at/index.php?id=17585 vom 01.12.2016.

UW 2 (Universität Wien): Behörden- und Gerichtsdolmetschen. Siehe http://www.postgraduatecenter.at/weiterbildungsprogramme/kommunikation-medien/behoerden-und-gerichtsdolmetschen/ vom 01.12.2016.

VÖV (Verband Österreichischer Volkshochschulen): QUADA Qualifizierungsmaßnahme für DolmetscherInnen im Asylverfahren. Siehe http://www.vhs.or.at/594/ vom 01.12.2016.

Wadensjö, Cecilia (1998): Interpreting as Interaction, London/New York: Longman.

Hybrid linguistic and cultural practices as pathways to integration

How migration challenges traditional concepts of identity – The case of Hispanics in the USA

DANIELA WAWRA

LANGUAGE AS AN INDEX OF NATIONAL IDENTITY AND INTEGRATION

In 2014 the Los Angeles Times began a series called "The 21st century citizen" (Russo 2014). In the opinion section of the series, readers were encouraged to express their views. Debates on immigration feature prominently in the project and in relation to these also language policy is discussed. In one of the articles, Paul Thornton (2014) asks the question: "Does speaking English make an immigrant more American?"

The answer of the great majority of non-immigrant readers' comments on this question (see Russo 2014; Thornton 2014) and a related editorial (see LAT 2014) is an overwhelming "yes". Most commentators believe that immigrants must be fluent in English in order to be considered integrated into American society. Various reasons are given which also reflect peoples' understanding of what constitutes integration. Thus, many of the commentators refer to political and economic aspects: Good English skills are seen as, for example,

- "important for full political participation and economic advancement in the United States"
- necessary if "you want to be an [sic!] fully functional American", and one comment reads
- "[...] the American dream can only be dreamed in English".

Also, fears are expressed that speaking a language other than English threatens American cultural identity and disrupts national unity. As one reader comments: "When you have a government that allows a nation to be divided by a language, you have a country divided by ethnic segregation. […] 'United we stand, divided we fall' […]."

In the lead article of the citizenship project, it says: "cultural blending has produced many Americans with loyalties to other nations" (Russo 2014). The statement insinuates that this is something that is undesirable and that you cannot be loyal to more than one nation. Taking this line of argumentation a step further, it means that you are disloyal to the United States, not really an American and not really integrated if you continue the cultural and linguistic practices of your non-American heritage. The contents of a majority of the comments show that most commentators still adhere to the so-called "standard language ideology". They are convinced that there should only be one national language and, in an ideal world, all citizens would speak just one single language. For them, English functions as what Ricento (2013: 532) calls a "marker of national (American) identity". These findings are in line with earlier research which has shown that the "ideology of English [normative] monolingualism" (Ricento 2013: 532; Fuller 2013: 10) is dominant in US society:

> "In the US, not just English but English monolingualism is an icon of American belonging. Theodore Roosevelt played on this sentiment in the early 1900s when he wrote: 'we have room for but one language here, and that is the English language […]'. […] there is room for […] but one sole loyalty, the loyalty to the American people. Language is unambiguously made into a symbol of belonging, and speaking English – and only English – is portrayed as the choice to be American."(Fuller 2013: 10)

Clearly, this heritage is still very much alive in US society today. In its wake, immigrants who continue to use their mother tongue are categorized as not truly American, they are accused of "divided loyalties" and a resistance towards integration (Ricento 2013: 529, 532). Behind this there seems to be a deeply rooted fear that immigrants who continue to speak their mother tongue might constitute a threat to the cohesion of the American nation. Therefore, the expression of immigrants' linguistic and cultural heritage and their proficiency in English become an index of immigrants' degree of integration. In this line of thought, those who publicly display their linguistic and cultural heritage or speak English insufficiently, according to the long-time resident, are considered to be a threat to the cohesion of the American nation. This leads us to the question of what the actual language situation of immigrants in the US looks like. We will focus on the largest group of immigrants, the Hispanics.

THE LANGUAGE SITUATION OF HISPANICS IN THE USA

According to the United States Census Bureau (2016), Hispanics constitute "the nation's largest ethnic [...] minority". They make up " 7.6% of the nation's total population". According to projections, in about 40 years, Hispanics "will constitute 28.6%" of the US population. Do Hispanics in the US predominantly learn English? How proficient are they and do they continue to use their mother tongue? Which are the reasons for Hispanics' language choices? These questions will be addressed in the following sections and can best be answered on the basis of large-scale data. In our further discussions, we will mainly rely on data compiled by the Pew Research Center. They "are a nonprofit, nonpartisan and non-advocacy" organization. They state as their mission "to inform, not to prescribe" and "believe that better information can build a better world". Also, in their founding charter it says that "Fact-based information is the fuel democracies run on the raw material from which societies identify problems and construct solutions." (Pew 2016; see also Davies 2016; Leonhardt 2016) It is in this vein that the data were used in this paper. Immigration and related language issues are topics that are often discussed ideologically by laypeople and researchers alike without taking into account empirical data which can put some claims into perspective.

Use of and proficiency in English and Spanish

According to a survey of the Pew Research Center from 2013 (Krogstad/Gonzalez-Barrera 2015), 6% of Hispanic adults (of all age groups and immigrant generations) mainly speak English or English and Spanish. 38% mainly speak Spanish. If we concentrate on the group of adult US-born second-generation Hispanics, only 8% speak mainly Spanish. Second-generation Hispanics are those who were "born in the US to at least one parent who was born outside the U.S. or in Puerto Rico". The percentage of Hispanics who speak mainly Spanish drops to 1% among third and higher generations of Hispanics. At the same time, the percentage of respondents saying they mainly speak English rises to 76% for third and higher generations of adult Hispanics.

As regards all Hispanics' proficiency in English, a comparison between the situation in 2000 and the one in 2014 conducted by the Pew Research Center (see Krogstad 2016) shows that the following statement has been proven to be true for both points in time: in the younger age groups (5 to 17 and 18 to 33), Hispanics' proficiency in English improved significantly according to respondents' self-reports.[1] In 2000, 43% in the age group 5 to 17 (and 39% in the age group 18 to 33) said they spoke English very well, in 2014 50% (48%) said so. Also, the percentage of those who said they spoke only English increased considerably in both age groups (from 30% in 2000 to 37% in the age group 5 to 17, and from 20% to 28% in the age group 18 to 33). In the older age groups, the percentages remained about the same regarding proficiency in English. In all age groups, they increased for those saying they spoke English only, although not as much as in the two youngest age groups.[2] In 2013, "68% of all Hispanics ages 5 and older" reported they spoke English proficiently, i.e. very well and that they "speak only English at home or [also] a language other than English". In 2000 only 59% said so (Krogstad/Stepler/Lopez 2015). So we may sum up that younger Hispanics' proficiency in English has considerably improved over the last decade. Also, for all age groups, the percentage of those who speak English only has increased most significantly among the younger Hispanic population.

Data from California (see LAT 2014) and a nationwide survey by the Pew Research Center (2009) show that proficiency in English has continuously risen from young first- to third-generation immigrants. At the same time, proficiency in Spanish has declined from generation to generation among young Hispanics. Thus, 21% of first-generation California immigrant children aged 5 to 18 say they speak English only, while 96% of the third-generation say so. In Pew's nationwide survey, 48% of 16 to 26-year-old first-generation Hispanics say they speak English very well or pretty well (and 44% that they read it very or pretty well). Among third-generation immigrants of this age group, 97% (and 98%) say so. Thus, we can summarize following Krogstad (2016) that the "[r]ise in English proficiency among U.S. Hispanics is driven by the young".

At the same time, the percentage of 16 to 25 year-old Hispanics who say they "speak/read Spanish very well or pretty well" has decreased considerably from the first to the third and higher generations of immigrants: 89% of first generation Hispanics of this age group say they speak Spanish very or pretty well (90% that they read it very or pretty well). But only 38% (26%) of third and higher

---

1 A caveat must be made in that respondents might over- or underestimate their proficiency in a language in self-reports.

2 The percentage of respondents saying they spoke English only rose from 18% in 2000 to 20% in 2014 in the age group 34 to 49, from 15% to 20% in the age group 50 to 68 and from 14% to 16% in the age group 69 and older.

generations of young Hispanics say so (see Pew 2009). Also, from 1980 to 2013, we can observe a declining trend within the group of US-born Hispanics (5 years and older) to use Spanish at home: In 1980, 67% still reported to do so; by 2013 this percentage had declined to 60. Among foreign-born Hispanics, the percentage of Spanish speakers at home has slightly risen from 93 to 95. For all Hispanics ages 5 and older (US- and foreign-born taken together) the number of those who speak Spanish at home has declined from 78% in 2000 to 73% in 2013 (Krogstad/Stepler/Lopez 2015). We can thus summarize that, starting with second-generation Hispanics, the use of and proficiency in Spanish has declined while it has risen in English. The so-called "three generation model" of the typical transmission of the Spanish language among Hispanic immigrants predicts that the third generation is mostly monolingual in English (see Fishman 1964; Rivera-Mills 2012: 24). Some research, mostly since around 2005 (see Anderson-Mejías 2005; Mora/Villa/Dávila 2005), however, points out that

> "the ongoing immigration of native Spanish speakers [...] strengthen[s] the use of Spanish in the United States [...]. [This] allows patterns of a shift toward English to slow down so that no longer do we see the drastic loss in three generations, but the resiliency of Spanish well into the fourth generation and beyond." (Rivera-Mills 2012: 28)

Comparing this with the previously cited data (see LAT 2014; Krogstad/Gonzalez-Barrera 2015), we can say that for the majority of third and higher generations of young Hispanics, English is clearly the dominant language. Foreign-born Hispanics use Spanish more at home and are more fluent in Spanish than US-born Hispanics. But does this "strengthen the use of Spanish in the United States" as Rivera-Mills (2012: 28) claims? I would not draw this conclusion, because the data also show that the overall use of Spanish at home has continuously declined among US-born Hispanics since the 1980s. The children of today's immigrants are or will be the parents of the US-born Hispanics of the future. And the statistics have shown that their use of Spanish has always declined. Why should this be different in the future? Digital media and the purchasing power of Hispanics could play a role as will be discussed in the following section.

Digital media and the economy as promoters of the use of Spanish in the US?

Seidelhofer (2009), for example, describes the general influence of digital media[3] on our communication as follows:

> "conditions of language use in the early 21st century have changed drastically compared to even the second half of the 20th. Countless interaction networks are now independent of physical proximity and are instantiated through interaction over vast distances, often without the participants ever meeting in the same physical space. Instead, virtual communities have achieved considerable significance in the sum of global interactions." (Seidelhofer 2009: 39)

Consequently, it is much easier for Hispanics who live in the US today to stay in regular contact with friends and family in their country of origin via smartphones and social networks. This typically involves regular communication in Spanish and a continuing connection to Hispanic culture and heritage. However, this seems to apply mainly to first-generation immigrants. The previously cited data (see LAT 2014; Krogstad/Gonzalez-Barrera 2015) do not indicate that the use of Spanish has increased among second and higher generations since the widespread use of digital media. It is likely that for them the attachment to members of their family who stayed in their country of origin is no longer very strong. Usually, their only first-grade relatives they had to leave behind and to whom the relationship is typically closer than to second- and higher grade relatives will be their grandparents. After these have died, however, it is to be expected that family ties to the immigrants' country of origin will weaken – despite the availability of modern communication technologies.

Apart from digital media, the economy could be a positive force in promoting Spanish in the US. Martínez (2012: 70), for example, reports a growing awareness of bilingualism possibly being an asset in various professions, especially as global competition increases. Therefore, the longstanding firm language ideology in the United States of English being the only language "with valued cultural [and economic!] capital" (Potowski 2012: 183) could be challenged. Rivera-Mills (2012: 31) identifies a current trend among Americans with Spanish roots to learn the language of their ancestors or to improve their language skills in Spanish. She sees this as an indication that Spanish is gaining prestige in the United States. Our data, however, do not support this claim as regards the His-

3 The term "digital media" is used here in the sense of "new media technologies".

panic population: The number of US-born Hispanics continuing to speak Spanish has not increased but decreased (see above).

Furthermore, Hispanics in the US have become an important clientele as their purchasing power has grown:

> "Hispanics are transforming the definition of what it means to be a mainstream American." (Rennie 2015)" And "Joe Uva, chairman of Hispanic enterprises and content at NBCUniversal, a big media company, is fond of telling that with a combined purchasing power of $1.1 trillion, if Hispanic-Americans were a country they would rank 16th in the world." (See ibid.)

This means that Hispanics are a profitable target group for companies. Consequently, marketing campaigns are directed towards them, which connote Hispanics' heritage, language and culture positively. A good example of this is an AT&T marketing campaign launched in 2014, called "The mobile movement. Between two worlds" and directly targeted at young Hispanics (see Bergen 2014; Schoon 2014). The commercial's focus is on the emotional benefit of mobile devices: Being able to stay connected with your family abroad and thereby being able to live your bicultural and bilingual identity and being more yourself. This hybrid identity is described as an asset that adds to one's personality. In the commercial, this aspect is expressed by switching between English and Spanish. With regard to form, this message is constructed by foregrounding the term "more", which is structurally highlighted through repetition and parallelisms. One of the young adults in the commercial says, for example: "I'm Dominican and American and that is why I have more to say, more to eat, more to dance" (English subtitle). The advertisement culminates in the final message: "More than feeling American, Puerto Rican or from any other nationality, I feel like a person. More than anything, that's how our world is."

This offers the perspective that migration enriches societies and demands that we transcend national identities which seem to be outdated in today's globalized world. Such commercials, however, run mainly on Spanish networks and do not reach the wider public. And again, our data do not indicate that the use of Spanish has increased.[4]

---

4 In a comment to Pew data, Edward Rincón states: "The increasing use of English among U.S. Latinos has been well documented over the years by Pew as well as our own research. This trend is not commonly known or accepted in the advertising industry largely due to the strong advocacy efforts by selected Spanish-language media that have historically misled the public into believing that Spanish-language usage was in-

It is also important to note that the prestige of a language depends on the status of its speakers and Spanish speakers in the US are still having to struggle with negative connotations (such as being lazy, poor, in the US illegally and criminals) and discrimination (see Potowski 2012: 186). Generally, in mainstream US society, the prestige of Spanish continues to be rather low. Hispanics have a "status […] as primarily low-income working-class persons" (Sánchez 2008: 5) and Fuller (2013: 13), for example, states that in US society Spanish is "an index of the underclass". This can "affect [Hispanics'] […] self-identification and identity development" (Potowski 2012: 186). It is not uncommon that children and adolescents associate Spanish with poverty and therefore do not want to use it (see e.g. Sánchez 2008: 6). In the wake of these challenges, a hierarchy has developed among Hispanics:

> "Typically, those individuals with a higher socioeconomic status, documented legal status, knowledge of English, and lighter skin usually seek to distance themselves from other [Hispanics] […] without these qualities." (Potowski 2012: 186)

And Dowling (2010) observes:

> "Research on socio-economic differences among Mexican Americans suggests sharp distinctions exist between working-class and middle-class persons of Mexican ancestry […]. Middle-class Mexican Americans often complain that Anglos lump all persons of Mexican ancestry together, and conflate race and class, identifying them as working-class simply because they are Mexican American." (Dowling 2010: 266)

When we examine current data of the United States Census Bureau (Proctor/Semega/Kollar 2016: 5), it is evident that from the 1970s till 2015 (which marks the end of this survey), Hispanics have continuously been the ethnic minority with the second lowest "real median household income" after African-Americans. Their income has always been significantly below the average of all races and this gap has continuously remained about the same. There is thus no indication that Spanish speakers' economic status has risen or will rise in the future. The educational status of Hispanics is also still rather low: Only 14.8% had a bachelor's degree in 2015 and only 2.65% had an advanced degree (e.g. master's, professional, doctorate) (United States Census Bureau 2016).

creasing in the U.S. and was the best way to reach U.S. Latinos. Hopefully, your research will be useful in changing these inaccurate perceptions." (Krogstad 2016).

While some Hispanic families or at least their younger members therefore do not continue to use Spanish because they reject as an index of a 'subordinate status' in US society, others continue to use it, but mainly in the private domain. For them, it has become an index of "home, friendship, and intimacy". For some it is a "symbol of cultural resistance" which is also being used for bonding between working-class Hispanics in the US and in Latin America (see Sánchez 2008: 5-6).

Furthermore, the cultural and linguistic identity construction of Hispanics is very much dependent on whether they live in an area that is densely populated by Hispanics and whether they mostly interact with Hispanics or not (see Potowski 2012: 187). And while new immigrants from Spanish-speaking countries continue to use Spanish (but mostly alongside English), the number of Spanish speakers tends to decline among higher generations of immigrants (see discussion and data above). From the data we may also deduce a trend: the younger the immigrants are and the higher the generation is to which they belong, the more proficient they are in English and, usually, full proficiency is reached by the majority of US-born Hispanics and by very young new immigrants.

We can summarize that the aforementioned factors that could have strengthened Spanish in the US have been in play for a while now and obviously have not had a significant impact according to our data. The effect of the prestige of a language on individuals' motivation to learn it or continue to use it should not be underestimated and in this respect, Spanish is still predominantly considered to be a language of low prestige. It is thus not likely that it will spread within the public domain but it will rather remain restricted to the private domain. A projection as to the language situation in 2020 based on Pew and U.S. Census data (see Ortman/Shin 2011: 20; Lopez/Gonzales-Barrera 2013) comes to the conclusion that

"the share of Hispanics who speak Spanish falls, the share that speaks only English at home is expected to rise. About a third (34%) of Hispanics will speak only English at home by 2020, up from 25% in 2010 […]." (Lopez/Gonzalez-Barrera 2013)

At the same time, they note:

"Nonetheless, the path that Spanish takes could be different. A 2012 Pew Research Hispanic Trends Project report showed 95% of Hispanic adults – including those born in the U.S. – said it is important that future generations of Hispanic speak Spanish. And today's young Hispanics are more likely than their parents to say they hear messages about the importance of speaking Spanish. But [then again] among Hispanics, use of English when consuming news media, television entertainment, music or speaking it is on the rise." (Lopez/Gonzalez-Barrera 2013)

Thus, all in all, there is no indication for an increase in prestige and for a spread of the use of Spanish in the US. It is rather to be expected that new Hispanic immigrants will follow the usual pattern of increase in English proficiency and use and decline of Spanish proficiency and use.

So if Spanish does not seem to be the language of "America's Future", might "Spanglish" be (as, for example, the Huffington Post (2013) assumes)? Apart from English and Spanish it is a further variety which is spoken by Hispanics in the USA.

Spanglish – the language of 'America's Future'?

Spanglish illustrated

Spanglish is "an informal hybrid" of Spanish and English (Krogstad/Gonzalez-Barrera 2015). It is used to designate code switching and mixing, defined as the intra- or intersentential or -phrasal alternation between or blending of "linguistic codes [here English and Spanish] in the same conversational event" (Toribio 2000: 184; see also Sánchez 2008: 35-36). We find instances of Spanglish in informal conversations among Hispanics, in public spaces (e.g., in advertisements, on billboards etc.), in song texts (by Shakira, for example), on television shows (mostly targeted at young Hispanics) and also in literature. Spanglish can be categorized as an example of "polylingualism" or "polylanguaging" (Jørgensen 2008: 161), the combination of features of different varieties, which is typical of migrant young people (see Martyn/Diskin 2016: 7).

Here are some examples of inter- (1) and intrasentential (2) code switching or mixing[5] taken from the Spanglish novel *Yo-Yo Boing!* (Braschi 1998):

(1) "El muro de Berlín fue derribado. Why can't I do the same? Desde la torre de Babel, las lenguas han sido siempre una forma de divorciarnos del resto de la humanidad. Poetry must find ways of breaking distance."

(2) "Tú tienes las keys. [...] I left mine adentro."

Typical and frequent is also the combination of an English verb stem and a Spanish inflectional morpheme such as <- (e)ar>, which is particularly frequent. These formations often occur in Internet language or "Cyber-Spanglish" (see

5 The terms code switching and mixing are used interchangeably here.

Stavans 2008:70) – (3) but also in other domains (4) (see Longo 2014; Speaking Latino 2016):

(3) a. *linkear – to link* (as in *hyperlinks*) (Spanish: hacer un enlace)
b. *updatear* or *opdeitear – to update* (actualizar)
c. *googlear* or *gugulear – to google* (buscar en google)

(4) a. *parquear – to park* (estacionar)
b. *chequear – to check* (comprobar, revisar, verificar)
c. *frizar – to freeze* (in the freezer) (congelar)

Also common is the combination of an English noun stem and a Spanish inflectional morpheme, frequently <-o, -a>, e.g. *roofo* or *rufo – roof* (*techo, tejado*); *marketa – market* (*supermercado*) (...) Another phenomenon of Spanglish is the assimilation of English words to Spanish pronunciation like in e.g. *lonche – lunch* (*almuerzo*); *conflei – cornflakes/cereal* (*cereal*); *biles – bills* (*cuentas*) (Longo 2014). These are not exhaustive lists, but they illustrate the most common combinations nicely.

Spanglish is the result of code or language mixing, which "reflects a natural and universal aspect of bilingual verbal behavior" (Ritchie/Bhatia 2013: 389). A metalinguistic analysis of empirical studies of code mixing involving different languages renders some general tendencies to which Spanglish is no exception: Typically, it occurs "where there are similarities in structures but not in cases where the surface structures are entirely different" (Sánchez 2008: 36). Intersentential code-switching tends to be more frequent than intra-sentential code-switching and here the switch between coordinate clauses is more frequent than the one between adverbial clauses, for example (see Muysken 2013: 199).

Use and spread of Spanglish

Now could Spanglish be the language of "America's Future"? Let us first look at some statistics again. "Spanglish is widely used among Hispanics ages 16 to 25. 70% of them report using Spanglish 'most' or 'some of the time'." The "[a]doption of Spanglish peaks in [...] second generation [young Hispanics]". 79% report they use it most or some of the time. In the third generation of young Hispanics, however, this percentage drops to 57% (Pew 2009). This does not point in the direction of Spanglish being the language of 'America's Future'. Also, Spanglish is spoken more widely only in the age group 16 to 25 years, not particularly among older Hispanics. If we take into account however, that the percentage of Hispanics in the USA is projected to rise to about 28% till 2060 (from about 17% now), the conclusion to be drawn is rather different. We will observe a constant arrival of new immigrants from Spanish-speaking countries and there will be new and more young second-generation Hispanic Americans who are likely to speak Spanglish. Therefore, the number of speakers will rise among young people.

Why is Spanglish mostly a phenomenon of young second-generation Hispanics? I would suggest that this is the case because Spanglish is mainly a transitory language of the Hispanic-American youth. A major developmental challenge during adolescence is to develop one's identity and to find one's place in society and in life. The Hispanic-American youth, especially of the second generation, faces the special task of integrating their Hispanic and their American heritage. Language is closely linked to identity and so it seems only natural that the languages of both heritages are combined. Young Hispanic Americans are regularly faced with "ambivalence" (Potowski 2012: 181): Their Hispanic identity is often questioned or looked down upon by the societal majority group. Also, the Hispanic community may challenge their membership if they speak too much English, if their competence in Spanish is not fully developed or if they speak the 'wrong' variety of Spanish. Such potential crises of identity and belonging which immigrants typically face can be resolved by developing a hybrid identity (see Potowski 2012: 181).

Especially for second-generation Hispanics, the use of Spanish and English is relatively balanced as they are still frequently exposed to Spanish at home. So their roughly equally frequent use of Spanish and English increases the probability that they will switch between the two languages habitually. This is because the cognitive resting activation for both languages is relatively high. This means that words and phrases that are used frequently can be retrieved and processed quickly (see Plag 2008: 49-50). We have seen that the use of Spanglish is much less frequent among older and young third- and higher generation Hispanics. I think this is because for them, English has become the dominant language. Cognitively, this reduces the tendency to switch between English and Spanish. Also, the language situation of first- and second- generation Hispanics differs significantly in the following ways (Montrul 2013: 171, 172): "First-generation immigrants […] are typically monolingual [native] speakers" of Spanish and learn English "as a second language [relatively] late in life (and imperfectly)". Their command of Spanish usually remains very good. The children of these immigrants, the second-generation immigrants, comprise those who are born in the US, those who were not yet aged 5 when they came to the United States and those "around ages 7-11" who already "received some elementary schooling in their home country". They are thus usually "simultaneous" or "sequential bilinguals" or "late child second language learners". Typically the use of Spanish of these second-generation immigrants decreases when they start school, where English is spoken. They often pass through "a period of [...] balanced bilingualism" and then "become dominant" in English. "[A]s [...] [English] becomes their primary and dominant language, [...] [Spanish] gradually becomes their secondary and weaker language." The third generation then uses English as their native language (Montrul 2013: 171, 172). A meta-analysis of empirical studies of second-generation immigrants' competence in Spanish renders the result that it diverges from the language competence of first-generation immigrants. This is documented on "all levels of structural analysis". For example, as Spanish is only used "in restricted contexts", second-generation speakers of Spanish "manifest significant gaps in their vocabulary" and they find it "difficult to retrieve words they do not use very frequently" (Montrul 2013: 173, 174). On the level of morphology, the speakers show problems with inflectional morphology such as gender marking. So "all words that end in *a* [...] may be converted to the feminine gender": Instead of *el sistema* and *el diploma* for example, they would say *la sistema* and *la diploma* (Sánchez 2008: 27). Also, they tend to omit the preposition *a* that "marks animate direct objects" in Spanish: So instead of "Juan vio a María" (Juan saw Mary), they would say "Juan vio María". All in all, these studies clearly show that the "linguistic systems [of second generation Spanish speakers in the USA] show a marked tendency toward simplification and overregularization of complex and irregular morphological patterns and [also] stricter word order" (Montrul 2013: 176). All this also facilitates code-switching with English.

Finally, Spanglish fulfills a very important function for young Hispanics as an in-group marker: It allows them to demarcate themselves as a group from the rest of society. Generally, this phase in adolescence is typical and finds a special manifestation in the use of Spanglish.

One further reason why Spanglish has not spread within the Hispanic community is that most people struggle with hybrid language forms like Spanglish as the belief is widely held that "languages are internally homogeneous, bounded entities" (Weber/Horner 2012: 17). This assumption is also closely linked to the ideology of linguistic purism, which is often, among other things, motivated by a "fear of foreign (cultural) elements" and a "general cultural decline" (Langer/Davies 2005: 5-6). The deviation of second-generation Hispanics' Spanish from standard Spanish (see above) certainly also plays a role. Thus, we find many negative attitudes towards Spanglish among the Hispanic community (see also e.g. Stavans 2008: 65):

> "Spanglish [...] poses a grave danger to Hispanic culture and to the advancement of Hispanics in mainstream America. [...] Spanglish is an invasion of Spanish by English. [...] Spanglish is a capitulation; it indicates marginalization [...]. If [...] Spanglish were to spread to Latin America, it would constitute the ultimate imperialistic takeover, the final imposition of a way of life that is economically dominant but not culturally superior in any sense. [...] Spanish is our strongest bond, and it is vital that we preserve it." (Echevarría 2008: 116, 117)

Weber/Horner (2012: 20) state that "[m]ovements of linguistic purism tend to emerge at times of rapid social change and [...] can target features perceived as 'non-standard' or as 'foreign'." Spanglish also "generates anxiety – and even xenophobia" among people in US society who are afraid of an Hispanization of the US and a resulting language mix which they see as a corruption of the English language (Stavans 2008: 65).

Considering all this, is Spanglish the language of "America's Future" as the Huffington Post titled? My answer is no in the sense that it is mainly just a transitory language used by the youth. At the same time, my answer is yes in that Spanglish will continue to be a language and cultural practice for future generations of young Hispanic Americans, especially of the second generation. For them, Spanglish is a cohesive device that integrates their American and Hispanic identities.

Spanglish as a pathway to integration in the 21st century

I would therefore suggest that Spanglish is a natural pathway to integration for young Hispanics. Here, I contradict widespread language attitudes that continuing to speak one's mother tongue as an immigrant or a mixture of native and second language prevents integration and that Spanglish is a corruption of the Spanish or English language. How Spanglish can function as a pathway to integration is expressed in the following statement by a young Hispanic (a Mexican-American Latina, or Chicana) from her personal experience. She sees code-switching as a "[1] cultural, [2] social and [3] political tool":

1. "Spanglish is culturally significant because it reflects our identity [...]. By speaking Spanglish, we restore pride in our language and in ourselves. [...] Spanglish provides the means [...] to transmit social information with emotion, solidarity, and trust. We code-switch with people we feel close to and who are also bilingual. Spanglish reflects our experience as bilingual, bicultural people."

2. "Code-switching in social settings gave me a sense of unity with others who also faced the cultural shock and alienation of being Chicano in an institution where we are so under-represented."
3. "As Chicanos, we have our distinct language and culture which help us to seek equal access, opportunity, and justice without being absorbed by mainstream society." (Jiménez 2009)

Spanglish can also be seen as a pathway to integration in that Spanglish is "a fertile terrain for negotiating a new identity" (Morales 2002: 6-7) and represents, according to Rodríguez (2007: 29), "the evolution of an identity that is finally disconnected – liberated, really – from one race, one place, one space, one language, one vision, one history [...]."

This could serve as an example for all generations and all ethnic groups that make up American society, as well as other societies. It shows a pathway to a modern concept of identity and integration in a global world.

CONCLUSION AND OUTLOOK

Our discussion has demonstrated the importance of integrating quantitative data into research on immigration and language use since undifferentiated claims about a spread of Spanish or Spanglish in the United States may fuel sentiments against immigrants. Fears are stirred up that someday English could be replaced by Spanish or Spanglish in the public sphere and as the USA's national language and that English only speakers might become a minority and suffer disadvantages in society. It also seems likely that claims of Spanish and Spanglish being on the rise in the US are sometimes made for ideological reasons, out of political correctness, since it seems like a major step towards empowering an ethnic minority.

Multilingualism, multiculturalism and diversity define societies in the US and elsewhere. The linguistic and cultural practices of immigrants are often interpreted as an index of their degree of integration. This leads to a double standard as regards people's language competences and cultural identifications: If an immigrant is bi- or multilingual or -cultural, he or she is in danger of being accused of disloyalty towards his or her host country and thus potentially even seen as a threat to the very foundations of the nation state. A long-time resident who speaks more than one language and adheres to diverse cultural behaviors on the other hand is seen as an open-minded and sophisticated world citizen. But nations never really were and certainly no longer are homogenous entities. It seems that national cohesion and the functioning of a nation state is secured if a nation's inhabitants accept and comply with the fundamental 'national' values, as laid down in the American Declaration of Independence, in constitutions and laws and if they can contribute to the gross domestic product. How many languages somebody speaks or what the color of a person's skin is, is certainly not a threat to national identity, the nation-state and its cohesion. If national cohesion is secured by a common core of fundamental values, then diverse linguistic and cultural practices can enrich societies and our lives by offering new perspectives, approaches and solutions.

REFERENCES

Anderson-Mejías, Pamela (2005): "Generation and Spanish language use in the lower Rio Grande Valley of Texas", in: Southwest Journal of Linguistics 24, 1-12.

Beaudrie, Sara/Fairclough, Marta (2012): "Introduction. Spanish as a heritage language in the United States", in: Sara Beaudrie/Marta Fairclough (eds.), Spanish as a heritage language in the United States. The state of the field, Washington DC: Georgetown University Press, 1-17.

Bergen, Mark (2014): "AT&T, vice roll out 'Spanglish' spots to court young Latinos. The carrier's 'Mobile Movement' platform makes its next move", in: Advertising Age, July 21. See http://adage.com/article/cmo-strategy/t-vice-roll-spanglish-spots-court-young-latinos/294211/. Last accessed 16 May 2016.

Braschi, Giannina (1998): Yo-Yo Boing! Pittsburgh: Latin American Literary Review Press.

Davies, William (2016): "The Age of Post-Truth Politics", in: The New York Times, August 24. See https://www.nytimes.com/2016/08/24/opinion/campaign-stops/the-age-of-post-truth-politics.html. Last accessed 24 January 2017.

Dowling, Julie (2010): "'I'm not Mexican... pero soy mexicano'. Linguistic context of labeling among Mexican Americans in Texas", in: Susana Rivera-Mills/Daniel Villa (eds.), Spanish of the U.S. Southwest. A language in transition, Madrid/Frankfurt am Main: Iberoamericana Vervuert Publishing, 265-276.

Echevarría, Roberto (2008): "Is 'Spanglish' a language?", in: Ilan Stavans (ed.), Spanglish, Westport/London: Greenwood Press, 116-117.

Fishman, Joshua (1964): "Language maintenance and language shift as fields of inquiry", in: Linguistics 9, 32-70.

Fuller, Janet (2013): Spanish speakers in the USA, Bristol: Multilingual Matters.

García, Carmen (2013): The English language and Anglo-American culture. Its impact on Spanish language and society, Newcastle upon Tyne: Cambridge Scholars Publishing.

Huffington Post (2013): "Meet Spanglish, The Language Of America's Future", in: The Huffington Post, October 24. See http://www.huffingtonpost.com/2013/10/24/spanglish_n_4157226.html. Last accessed 12 October 2016.

Jiménez, Rosa María (2009): "Spanglish": The language of chicanos. See http://prizedwriting.ucdavis.edu/past/1995-1996/201cspanglish201d-the-language-of-chicanos. Last accessed 6 May 2016.

Jørgensen, J. Normann. (2008): "Polylingual languaging around and among children and adolescents", in: International Journal of Multilingualism 5/3, 161-176.

Krogstad, Jens Manuel/Gonzalez-Barrera, Ana (2015): A majority of English-speaking Hispanics in the U.S. are bilingual. See http://www.pewresearch.org/fact-tank/2015/03/24/a-majority-of-english-speaking-hispanics-in-the-u-s-are-bilingual/. Last accessed 26 September 2016.

Krogstad, Jens Manuel/Stepler, Renee/Lopez, Mark Hugo (2015): English Proficiency on the Rise Among Latinos. U.S. Born Driving Language Changes. See http://www.pewhispanic.org/2015/05/12/english-proficiency-on-the-rise-among-latinos/. Last accessed 15 November 2016.

Krogstad, Jens Manuel (2016): Rise in English proficiency among U.S. Hispanics is driven by the young. See http://www.pewresearch.org/fact-tank/2016/04/20/rise-in-english-proficiency-among-u-s-hispanics-is-driven-by-the-young/. Last accessed 26 September 2016.

Langer, Nils/Davies, Winifred (2005): "An introduction to linguistic purism", in: Nils Langer/Winifred Davies (eds.), Linguistic purism in the Germanic languages, Berlin: DeGruyter, 1-17.

LAT (2014): "English for Americans: Encouraged but not required", in: LA Times, November 30. See http://www.latimes.com/nation/la-ed-citizenship-english-20141130-story.html. Last accessed 6 May 2016.

Leonhardt, David (2016): "Facebook's damage to democracy", in: The New York Times, November 16. See https://www.nytimes.com/2016/11/16/opinion/facebook-vs-thomas-jefferson.html? r=0. Last accessed 24 January 2017.

Longo, Donovan (2014): "Top 15 Spanglish words you love and hate as a Latino", in: Latin Times, April 11. See http://www.latintimes.com/top-15-span

glish-words-you-love-and-hate-latino-165194. Last accessed 12 October 2016.

Lopez, Mark/Gonzalez-Barrera, Ana (2013): What is the future of Spanish in the United States? See http://www.pewresearch.org/fact-tank/2013/09/05/what-is-the-future-of-spanish-in-the-united-states/. Last accessed 16 November 2016.

Martínez, Glenn (2012): "Policy and planning research for Spanish as a heritage language. From language rights to linguistic resource", in: Sara Beaudrie/ Marta Fairclough (eds.), Spanish as a heritage language in the United States. The state of the field, Washington DC: Georgetown University Press, 61-77.

Martyn, Jennifer/Diskin, Chloé (2016): "Introduction. Sociolinguistic and discursive approaches to language and identity", in: Vera Regan et al. (eds.), Language, identity and migration, Bern: Peter Lang, 1-16.

Montrul, Silvina (2013): "Bilingualism and the heritage language speaker", in: Tej Bhatia/William Ritchie (eds.), The handbook of bilingualism and multilingualism, Oxford: Blackwell Publishing, 2nd edition, 168-189.

Mora, Marie/Daniel Villa/Alberto Dávila (2005): "Language maintenance among the children of immigrants. A comparison of border states with other regions of the US", in: Southwest Journal of Linguistics 24, 127-144.

Morales, Ed (2002): Living in Spanglish. The search for Latino identity in America, New York: St. Martin's Griffin.

Muysken, Pieter (2013): "Two linguistic systems in contact. Grammar, phonology, and lexicon", in: Tej Bhatia/William Ritchie (eds.), The Handbook of Bilingualism and Multilingualism, Oxford: Blackwell Publishing, 2nd edition, 193-215.

Ortman, Jennifer/Shin, Hyon (2011): Language Projections: 2010 to 2020. See https://www.census.gov/hhes/socdemo/language/data/acs/Ortman_Shin_ASA2011_paper.pdf Last accessed 20 June 2017.

Pew Research Center (2009): Between two worlds. How young Latinos come of age in America. See http://www.pewhispanic.org/2009/12/11/iv-language-use/. Last accessed 26 September 2016.

Pew Research Center (2016): Our mission. See http://www.pewresearch.org/about/our-mission/. Last accessed 22 November 2016.

Plag, Ingo (2008): Word-formation in English. Cambridge Textbooks in Linguistics, Cambridge: Cambridge University Press, 4th edition.

Potowski, Kim (2012): "Identity and heritage learners. Moving beyond essentializations", in: Sara Beaudrie/Marta Fairclough (eds.), Spanish as a heritage language in the United States. The state of the field, Washington DC: Georgetown University Press, 179-199.

Proctor, Bernadette/Semega, Jessica/Kollar, Melissa (2016): "Income and Poverty in the United States: 2015", in: U.S. Census Bureau, Current Population Reports, P60-256(RV), Washington DC: U.S. Government Printing Office. See http://www.census.gov/content/dam/Census/library/publications/2016/demo/p60-256.pdf. Last accessed 18 November 2016.

Rennie, David (2015): "America's Hispanics. From minor to major", in: The Economist, March 14,. See http://www.economist.com/news/special-report/21645996-one-american-six-now-hispanic-up-small-minority-two-generations-ago. Last accessed 15 November 2016.

Ricento, Thomas (2013): "Language policy, ideology, and attitudes in English-dominant countries", in: Robert Bayley/Richard Cameron/Ceil Lucas (eds.), The Oxford Handbook of Sociolinguistics, Oxford: Oxford University Press, 525-544.

Ritchie, William/Bhatia, Tej (2013): "Social and psychological factors in language mixing", in: Tej Bhatia/William Ritchie (eds.), The Handbook of Bilingualism and Multilingualism, Oxford: Blackwell Publishing, 2nd edition, 375-390.

Rivera-Mills, Susana (2012): "Spanish heritage language maintenance. Its legacy and its future", in: Sara Beaudrie/Marta Fairclough (eds.), Spanish as a heritage language in the United States. The state of the field, Washington DC: Georgetown University Press, 21-42.

Rodríguez, Amardo (2007): Diversity, Mountain View, CA: Floricanto Press.

Russo, Anthony (2014): "The 21st century citizen", in: LA Times, October 5. See http://www.latimes.com/nation/la-ed-citizenship-sg-storygallery.html?page=1. Last accessed 6 May 2016.

Sánchez, Rosaura (2008): "Our linguistic and social context", in: Ilan Stavans (ed.), Spanglish, Westport: Greenwood Press, 3-41.

Schoon, Robert (2014): "AT&T, Vice Launch 'Between Two Worlds' Campaign to Reach Young Latinos", in: Latin Post, July 21. See http://www.latinpost.com/articles/17648/20140721/att-wireless-vice-launch-between-two-worlds-campaign-to-reach-young-latinos.htm. Last accessed 15 November 2016.

Seidlhofer, Barbara (2009): "Orientations in ELF research. Form and function", in: Anna Mauranen/Elina Ranta (eds.), English as a lingua franca. Studies and findings, Cambridge: Cambridge University Press, 37-59.

Speaking Latino (2016): 28 Spanglish words: The best of the worst. See http://www.speakinglatino.com/funny-spanglish-words/. Last accessed 12 October 2016.

Stavans, Ilan (2008): "The gravitas of Spanglish", in: Ilan Stavans (ed.), Spanglish, Westport/London: Greenwood Press, 64-71.

Thornton, Paul (2014): "Does speaking English make an immigrant more American?", in: LA Times, December 2. See http://www.latimes.com/nation/la-ol-english-official-language-immigrants-20141202-story.html. Last accessed 6 May 2016.

Toribio, Almeida (2000): "Once upon a time en un lugar muy lejano... Spanish-English codeswitching across fairy tale narratives", in: Ana Roca (ed.), Research on Spanish in the United States, Somerville, MA: Cascadilla Press, 184-203.

United States Census Bureau (2016): F(acts) F(or) F(eatures): Hispanic Heritage Month 2016, Release Number: CB16-FF.16. See http://www.census.gov/newsroom/facts-for-features/2016/cb16-ff16.html. Last accessed 13 October 2016.

Weber, Jean-Jacques/Horner, Kristine (2012): Introducing multilingualism. A social approach, London: Routledge.

Eine verpasste Chance?

Förderung von Herkunftssprachen als berufliche Kompetenz an der Hochschule

CARMEN RAMOS, JOANA ROMANO

EINLEITUNG

Forschungsarbeiten über Herkunftssprachen und -sprecher[1] begannen in den USA und Kanada Ende der 70er Jahre. Die Begriffe *heritage languages* (Herkunftssprachen) und *heritage speakers* (Herkunftssprecher) erschienen zum ersten Mal im Rahmen der Sprachenpolitik des kanadischen Bundesstaates Ontario. Seither hat sich das Thema in der Wissenschaft, zumindest in den USA, etabliert (vgl. Cummins 2005: 585; Van Deusen-Scholl 2014: 76; Wiley 2014: 19). Die Forschung bewegt sich dort auf vier Feldern (vgl. Van Deusen-Scholl 2014: 77):

- Aus der soziolinguistischen Perspektive prägt die Forschung die Sprachpolitik und ihre Rolle in der Bildungspolitik (vgl. ebd.: 77-78)
- Interkulturelle Studien beschäftigen sich mit der Identität der Herkunftssprecher (vgl. ebd.: 79-80; Roche 2013).
- Die Linguistik arbeitet an der Entwicklung einer Theorie des Herkunftssprachenerwerbs (vgl. Van Deusen-Scholl 2014: 80-81).
- Die Didaktik der Herkunftssprachen versucht, die Herkunftssprecher genauer zu beschreiben, um passende Ansätze für die neuen Herausforderungen zu entwerfen (vgl. ebd.: 78-79).

1 Mit Nennung der männlichen Form ist in diesem Text, sofern nicht anders gekennzeichnet, immer auch die weibliche Form mitgemeint.

Da Hispanics die größte Minderheit in den USA darstellen, beziehen sich viele Studien auf diese Bevölkerungsgruppe (siehe Wawra in diesem Band).

Die Lage der herkunftssprachlichen Forschung in Europa stellt sich anders dar. Zwischen der Forschung, der Sozial- und Bildungspolitik der verschiedenen Staaten, den Bedürfnissen der meist mehrsprachigen Bevölkerung und den Anforderungen der Europäischen Union kommen einige Dissonanzen zum Vorschein. Beispielsweise, während die Bildungspolitik in der Bundesrepublik Deutschland über den Sinn und Zweck des herkunftssprachlichen Unterrichts diskutiert (vgl. Reich 2012: 3), wird die Förderung von Herkunftssprachen auf der schulischen Ebene ausdrücklich von der Europäischen Union postuliert:

> »Although the primary focus should remain on the host language(s), encouraging pupils to acquire or maintain knowledge of their heritage language can bring benefits at several levels: socially in terms of cultural identity and personal self-confidence, professionally in terms of future employability, but also educationally in terms of future learning.« (Council of the European Union 2009).

Dieses Desideratum kommt nicht nur von offiziellen politischen Instanzen. Eine von der Europäischen Kommission beauftragte unabhängige Expertengruppe formuliert Empfehlungen, wie es gelingen könnte, Sprachenvielfalt für eine bessere Beschäftigungsfähigkeit (*employability*) zu nutzen. Sie plädiert dafür, in der tertiären Bildung Sprachen für spezifische berufliche Kompetenzen wie mehrsprachige Kommunikation und Moderation zu fördern (Working Group »Languages for Jobs« 2011). Meyer (vgl. 2008: 55) bemängelt zudem das fehlende Angebot an Studiengängen, in denen Studierende ihre herkunftssprachlichen Kompetenzen gezielt ausbauen können.

Um Vorschläge zu erarbeiten, wie Hochschulen als Orte persönlicher, akademischer und beruflicher Entwicklung das sprachliche und interkulturelle Potenzial von Herkunftssprechern fördern könnten, werden in diesem Beitrag die Forschungslage und die Diskussion in Deutschland aufgezeigt und eine mit Spanisch-Herkunftssprechern durchgeführte Pilotstudie vorgestellt. Dieses Potenzial bezieht sich u.a. darauf, dass mehrsprachige Menschen kognitive Vorteile haben, um eine neue Sprache zu lernen, wie Brehmer und Mehlhorn (2015) ausführen; dass interkulturelle Kompetenzen durch die »Identitätspotenziale« mehrsprachiger Menschen gefördert werden könnten (Roche 2013: 235) und dass Herkunftssprachen eine wichtige Kompetenz im Beruf darstellen (vgl. CILT 2006; Settelmeyer 2010).

HERKUNFTSSPRACHEN UND HERKUNFTSSPRECHER

Unter *Herkunftssprachen* versteht man in den USA und Kanada die dort gesprochenen Minderheitssprachen, d.h. einheimische amerikanische Sprachen, Kolonialsprachen und die verschiedenen Sprachen der Migranten (vgl. Carreira 2004: 1; Cummins 2005: 586; Van Deusen-Scholl 2014: 76; Wiley 2014: 19). Auch in Europa bezieht sich der Terminus Herkunftssprachen auf die Sprachen, die von Einwanderern und ihren Nachkommen gesprochen werden und sich von der Mehrheitssprache eines Landes unterscheiden (vgl. Montrul 2016: 14).

Welche Sprache eine Herkunftssprache ist, hängt vom sozialpolitischen Kontext ab. Die Herkunftssprache ist immer eine Minderheitssprache in einer bestimmten gesellschaftlichen Umgebung (vgl. ebd.: 14). In der Bundesrepublik Deutschland stellen die Sprachen der Einwanderer Herkunftssprachen dar (wie beispielsweise Türkisch, Arabisch, Italienisch oder Spanisch), aber nicht in ihrem jeweiligen Herkunftsland. Dort sind sie oftmals Mehrheits- und Amtssprachen wie Deutsch in Deutschland. Auch staatenlose Sprachen wie Kurdisch sind in Deutschland Minderheitssprachen und deshalb Herkunftssprachen.

Problematischer ist eine Definition der *Herkunftssprecher*, die vielfältige Merkmale in sich vereinen kann (vgl. Carreira 2004: 1). Man hat versucht, sich aus unterschiedlichen Richtungen diesem Begriff zu nähern. Gegenwärtig werden in den USA zwei Definitionen verwendet, um den Begriff einzugrenzen.

Dem soziokulturellen Ansatz folgend, macht allein die Verbindung zur Kultur der Eltern und Großeltern den Herkunftssprecher aus. Ob er die Sprachen seiner Vorfahren spricht oder die Kulturen verinnerlicht hat, spielt keine Rolle, seine familiären Bindungen sind der entscheidende Faktor (vgl. Carreira 2004: 3; Wiley 2014: 21). Demnach also sind Herkunftssprecher nicht immer zwingend zwei- oder mehrsprachig aufgewachsen, nur das Interesse an einer Integration in die Gesellschaft ihrer Eltern oder die Suche nach ihren kulturellen Wurzeln bewegt sie, ihre Herkunftssprache zu lernen (vgl. Carreira 2004: 7).

Die Definition aus der linguistischen Perspektive grenzt die Herkunftssprecher auf zwei- bzw. mehrsprachige Menschen ein, die ihre Herkunftssprache in der familiären Umgebung sprechen. Wie hoch die funktionale Kompetenz in der Herkunftssprache ist, hängt von der Dauer, der Häufigkeit, der Intensität und der Qualität des Inputs in den beiden erworbenen Sprachen ab (vgl. Acosta Corte 2013: 135; Montrul 2008: 217; Valdés 2014: 29). Auch der Identifikationsgrad beeinflusst die sprachliche Kompetenz (vgl. Van Deusen-Scholl 2014: 79).

Für didaktische Zwecke ist der soziokulturelle Ansatz schwierig anzuwenden, weil die Herkunftssprecher ihre Herkunftssprache lernen, als wäre sie eine Fremdsprache (vgl. Carreira 2004: 1; Montrul 2016: 20; Wiley 2014: 21). Daher bezeichnen wir hier die Herkunftssprecher als mehrsprachige Menschen, die in einer zweisprachigen Familie aufgewachsen sind und einigermaßen kompetent (zumindest für eine reibungslose Alltagskommunikation) in beiden Sprachen sind. Ihre zu Hause erworbene Sprache ist in dem Umfeld, in dem sie leben, die Minderheitssprache. Die starke Sprache der Herkunftssprecher ist die Mehrheitssprache, die sie wie Muttersprachler beherrschen. Die Herkunftssprache dagegen ist die schwache und das Kompetenzniveau variiert sehr stark von Mensch zu Mensch (vgl. Montrul 2016: 18). Meistens beherrschen diese Sprecher ihre Herkunftssprache als Familiensprache für die Alltagskommunikation, jedoch nicht als »Bildungssprache«, wie weiter unten ausgeführt.

Für den deutschen Kontext ist es wichtig, den Unterschied zwischen regionalen Minderheitssprachen und Herkunftssprachen herauszustellen. Letztere sind zwar auch Minderheitssprachen, weil sie nicht von der Mehrheit der Bevölkerung gesprochen werden. Regionale Minderheitssprachen sind beispielsweise Dänisch (dänische Minderheit in Schleswig-Holstein) und Sorbisch (Ober- und Unterlausitz, Sachsen und Brandenburg).[2] Obwohl alle Minderheitssprachen um ihre Existenz kämpfen müssen, ist der Schutz regionaler Minderheitssprachen gesetzlich besser verankert als der von Herkunftssprachen (vgl. Extra/Yağmur 2004). Demnach sind sie im deutschen Bildungssystem besser vertreten (vgl. Schmitz/Olfert 2013).

ZUR ROLLE DER HERKUNFTSSPRACHEN IN DEUTSCHLAND

Ungeachtet der politischen Debatte darüber, ob Deutschland ein Einwanderungsland ist, sprechen die Zahlen eine klare Sprache: 2015 lebten in Deutschland insgesamt über 81 Millionen Menschen; davon über 17 Millionen mit Migrationshintergrund (vgl. Statistisches Bundesamt 2016). Deutschland ist demnach ein Einwanderungsland. Migrationshintergrund wird in diesem Kontext wie folgt definiert: »Eine Person hat einen Migrationshintergrund, wenn sie selbst oder mindestens ein Elternteil die deutsche Staatsangehörigkeit nicht durch Geburt besitzt.« (Statistisches Bundesamt 2016: 4) Darin sind zugewanderte und nicht zugewanderte Menschen mit und ohne die deutsche Staatsangehörigkeit, Aussiedler und Spätaussiedler und auch die mit der deutschen Staatsangehörigkeit geborenen Nachkommen der genannten Bevölkerungsgruppen vertreten. Das sind die

2 Für einen Überblick über die regionalen Minderheitssprachen in Deutschland siehe Bundesministerium des Innern (2015).

Bevölkerungsgruppen, für die Herkunftssprachen (siehe oben) in ihrer Sozialisation und Identitätskonstruktion eine wesentliche Rolle spielen.

Mit der Ankunft von Tausenden von Gastarbeitern in Deutschland in den 50er Jahren des 20. Jahrhunderts wurden Herkunftssprachen zum Thema. Der deutsche Staat schloss Anwerbeabkommen zuerst mit Italien im Jahr 1955 ab, danach mit Spanien, Griechenland, der Türkei, Marokko, Portugal, Tunesien und Jugoslawien. Dadurch stieg die Zahl der ausländischen Arbeitskräfte von ca. 280.000 im Jahr 1960 auf 2,6 Millionen im Jahr 1973 (vgl. BPB 2010).

Die Anwerbeabkommen mit Ländern wie Italien, Spanien, Griechenland oder der Türkei sorgten dafür, dass die Nachkriegsindustrialisierung in Deutschland mit genügend Arbeitskräften vorangetrieben werden konnte. Ursprünglich war geplant, dass diese Arbeitskräfte sich für einige Zeit in Deutschland aufhalten und dann in ihre Herkunftsländer zurückgehen; es zeigte sich jedoch, dass viele Familien auf Dauer in Deutschland blieben. Fereidooni (2012) bietet einen chronologischen Überblick über die deutsche Migrationspolitik mit einem kategorischen Fazit:

> »Zu konstatieren bleibt, dass die Migrations- und Integrationspolitik aller Bundesregierungen seit Beginn der 1950er Jahre bis zur Gegenwart auf die vornehmliche Anwendung ökonomischer Nützlichkeitserwägungen ausgerichtet war und nicht mit politischen Maßnahmen der Inklusion von Migranten in die bundesdeutsche Gesellschaft einherging bzw. einhergeht.« (Fereidooni 2012: 34)

Inzwischen steht die zweite Generation von Menschen mit Migrationshintergrund als Nachkommen der ehemaligen Gastarbeiter voll im Berufsleben und die dritte in der Ausbildung bzw. im Studium. Trotz Sprachabbau oder -attrition (siehe dazu weiter unten) leben zahlreiche mehrsprachige Menschen in Deutschland, deren sprachliches bzw. interkulturelles Potenzial nicht genügend genutzt wird (vgl. Dirim 2010; Roche 2013; Settelmeyer 2010).

Die Aussage, dass Bildung und Sprache die Schlüssel zur Integration in die Aufnahmegesellschaft sind, ist zum Allgemeinplatz geworden. Was den Bildungserfolg betrifft, sind zweifellos Fortschritte zu verzeichnen, dennoch gibt es noch markante Unterschiede zwischen den verschiedenen Migrantengruppen und deren Nachkommen (vgl. Woellert/Klingholz 2014) im Hinblick auf ihren Bildungserfolg und dementsprechend auf ihre Chancen auf dem Arbeitsmarkt. Diese Studie zeigt zwei wesentliche Faktoren für den Bildungserfolg auf:

- Das Bildungsniveau der ersten Zuwanderergeneration prägt den Bildungserfolg der Nachkommen, die in der Regel besser abschneiden als ihre Eltern, aber eben sehr unterschiedlich in den verschiedenen Migrantengruppen.
- Das deutsche Bildungssystem erschwert Kindern aus bildungsfernen Familien das Erreichen von höheren Bildungsabschlüssen.

Es gilt als allgemeiner Konsens, dass gute Deutschkenntnisse unabdingbar für den Bildungserfolg, die Partizipation am Arbeitsmarkt und die gesellschaftliche Teilhabe sind. Aber wie verhält es sich mit den Sprachen der Migranten? In Deutschland wird noch sehr häufig die These vertreten, dass Herkunftssprachen ein Hindernis für die volle Integration sind und dass es sich nicht lohnt, oder es sogar hinderlich ist, in die Förderung dieser Sprachen zu investieren (vgl. Esser 2006; Schmitz/ Olfert 2013). Andererseits berichten in der von der Europäischen Kommission in Auftrag gegebenen ELAN-Studie (CILT 2006) 11 Prozent von 2000 befragten kleinen und mittleren Unternehmen, dass ihnen bereits Aufträge wegen fehlender Fremdsprachenkenntnisse entgangen sind. Über 10 Prozent der Unternehmen geben an, auf interkulturelle Schwierigkeiten im Umgang mit Kunden gestoßen zu sein. Etwa 22 Prozent der Unternehmen versuchen, diese Probleme zu lösen, indem sie Herkunftssprecher mit Fremdsprachenkenntnissen einstellen. Die ELAN-Studie listet andere Untersuchungen und Befragungen auf, die die Relevanz von internationalen Managementkompetenzen herausstellen.

Sowohl beim Bildungserfolg als auch beim Zugang zum Arbeitsmarkt spielt die sogenannte »Bildungssprache« eine wesentliche Rolle. Das bedeutet, dass hervorragende Kenntnisse der Alltagssprache für den Bildungserfolg nicht ausreichend sind und demnach auch nicht für aussichtsreiche Chancen am Arbeitsmarkt hilfreich sind. Es bedarf zusätzlich sehr guter Kenntnisse der Bildungssprache (vgl. Duarte, 2012; Gogolin et al. 2013) als »Register, das in der Schule verwendet und gleichzeitig von der Schule verlangt wird.« (Duarte 2012). Und dies kann für die deutsche Sprache in Schulen, Hochschulen und anderen Bildungseinrichtungen gewährleistet werden. Für die Herkunftssprachen gestaltet es sich aber weitaus schwieriger.

Zu diesen Überlegungen kommen Nützlichkeitserwägungen hinzu, vor allem im Falle der klassischen Fremdsprachen wie Englisch, Französisch oder Spanisch, aber auch die Einstellung der deutschen Bevölkerung zu Sprachen. Migrantensprachen werden oft als nicht prestigeträchtige Sprachen angesehen (vgl. Roche 2013; Schmitz/Olfert 2013), beispielsweise im Fall der türkischen Sprache (vgl. Dirim 2010), obwohl diese die meistgesprochene Minderheitssprache in Deutschland ist (vgl. Statistisches Bundesamt 2016).

Über die Unwägbarkeiten bei der Einrichtung schulischen, herkunftssprachlicher Unterricht in Deutschland berichtet Ramos (2017). Ohne ein geeignetes zuverlässiges Angebot ist aber die Bildungssprache in der jeweiligen Herkunftssprache als Lernziel unerreichbar, vor allem für bildungsferne Familien. Die Länderhoheit im Bereich Bildung und die unterschiedlichen Vorstellungen der Rolle von Herkunftssprachen in den Bundesländern erschweren die Erstellung eines Gesamtüberblicks über alle relevanten Sprachen für ganz Deutschland. Sprachbezogene Zusammenfassungen finden sich beispielsweise hier:

- für allochthone Sprachen wie Türkisch oder Russisch und autochthone Sprachen wie Dänisch oder Sorbisch (Schmitz/Olfert 2013)
- für Russisch (Brehmer/Mehlhorn 2015)
- für Spanisch (Ramos 2017)
- für Türkisch (Küppers/Şimşek/Schroeder 2015)

In der tertiären Bildung gestaltet sich die Situation etwas anders. Inzwischen erkennen einige deutsche Hochschulen die Bedeutung von gelebter Mehrsprachigkeit und demnach auch die Bedeutung von Herkunftssprachen. Einige Beispiele hierfür sind: das Herkunftssprachenzentrum an der Technischen Universität Darmstadt (Kurdisch, Polnisch, Russisch, Türkisch), die Universität Duisburg-Essen (Türkisch), die Hochschule für Angewandte Sprachen des SDI München (Türkisch), das Sprachenzentrum der Technischen Universität Braunschweig (Türkisch), das Fachsprachenzentrum an der Leibnitz Universität Hannover (Polnisch, Russisch, Türkisch) und die Hochschule Landshut (Türkisch). Dennoch wird einige Zeit vergehen, bis festgestellt werden kann, ob dadurch die Arbeitsmarktchancen der herkunftssprachlichen Absolventen tatsächlich steigen.

Eine Förderung der Herkunftssprachen an den Hochschulen würde die *Employability* der Absolventen stärken, denn Englisch als »lingua franca« genügt nicht mehr. Laut ELAN-Studie wird Englisch für den ersten Markteintritt eines Unternehmens verwendet, »aber längerfristige Partnerschaften hingen vom Aufbau von Beziehungen und dem Management solcher Beziehungen ab, und um dies zu erzielen ist es wesentlich, über kulturelle und sprachliche Kenntnisse des Ziellandes zu verfügen.« (CILT 2016, 7). Herkunftssprecher bringen hervorragende Eigenschaften dafür. Sie müssen aber in Bildungssprache und in beruflichen Kompetenzen geschult werden.

Wie Hochschulen das sprachliche und interkulturelle Potenzial von Herkunftssprechern fördern können, steht deshalb im Mittelpunkt der folgenden Überlegungen. Um Vorschläge auf eine solide Grundlage zu stellen, erscheint es zielführend, eine Lernbedarfsanalyse anhand der Biografien von Herkunftssprechern durchzuführen. Die weiter unten erläuterte Pilotstudie am Beispiel von Spanisch ist Teil eines größeren, in der Anfangsphase stehenden Forschungsprojekts, das bereits Hinweise für eine universitäre Förderung von Herkunftssprachen als berufliche Kompetenz bietet.

PILOTSTUDIE: LERNBEDARF VON HERKUNFTSSPRECHERN AM BEISPIEL VON SPANISCH

Im Sommer 2015 wurde an der Hochschule für Angewandte Sprache des SDI München eine Fallstudie von drei Studierenden mit Spanisch als Herkunftssprache durchgeführt[3]. Alle besuchten einen Fortgeschrittenenkurs in Spanisch als Fremdsprache. Dabei wurde untersucht, inwieweit der Fremdsprachenunterricht den Lernbedarf der Herkunftssprecher abdecken kann. Die Forschungsarbeit hatte das Ziel, den Lernbedarf der Herkunftssprecher zu bestimmen, um die Grundlage für einen geeigneten didaktischen Ansatz und eine adäquate Curriculumsentwicklung zu liefern. Dabei sollten aussagekräftige Daten über das Profil der Herkunftssprecher erhoben werden, um ein besseres Verständnis über ihre akademischen Lernbedürfnisse zu erlangen, wie sie sich mit ihrer Herkunftskultur identifizieren und wie sie vom Angebot des muttersprachlichen Ergänzungsunterrichts[4] profitiert haben. Die Teilnehmer dieser Studie wiesen unterschiedliche Profile auf. Beispielsweise verfügen diejenigen, die ihre Herkunftssprache auch außerhalb des Familienkreises gelernt hatten, über eine höhere Sprachkompetenz. Ihre verschiedenen Spracherfahrungen stehen in Wechselbeziehung zur kulturellen Identifikation mit ihrer Herkunftskultur. Jedoch verfolgen alle drei ein gemeinsames Ziel: Spanisch – ihre Herkunftssprache – an der Hochschule zu erlernen, um im Beruf kompetent und professionell agieren zu können, selbst wenn sie nicht unbedingt beabsichtigen, in einem spanischsprachigen Land zu arbeiten.

3 Diese Pilotstudie wurde als Masterabschlussarbeit durchgeführt.

4 Der Begriff »muttersprachlicher Ergänzungsunterricht« bezieht sich auf den herkunftssprachlichen Unterricht, der in Deutschland von verschiedenen Institutionen organisiert wird. Es handelt sich um ein Angebot, um die Herkunftssprache als Bildungssprache zu lernen.

Teilnehmer, Datenkorpus und Methode der Studie

Teilnehmer der Fallstudie waren drei Studierende mit Spanisch als Herkunftssprache. Alejandro[5] und Juan Carlos waren beide 22 Jahre alt und studierten den Bachelorstudiengang *Internationale Wirtschaftskommunikation*. Sonia, 24 Jahre alt, war Studentin im Masterstudiengang *Interkulturelle Kommunikation und Moderation*.

Juan Carlos und Sonia wurden in Deutschland eingeschult; Alejandro besuchte zunächst die chilenische Grundschule und später deutsche weiterführende Schulen in Deutschland und in Mexiko. In Deutschland wurde Juan Carlos in der deutschen Schule eingeschult und Sonia besuchte in Deutschland eine bilinguale Privatschule. Der Umstand, dass Alejandro und Sonia schon seit der Grundschule Unterricht in Spanisch hatten, zeigt beachtliche Konsequenzen für ihr Sprachniveau, wie wir weiter unten ausführen werden.

Der größte Teil der Daten stammte aus leitfadengestützten Interviews, die mit jedem Teilnehmer auf Spanisch geführt wurden. Der Interview-Leitfaden war in drei Bereiche strukturiert. Der erste Teil beschäftigte sich mit der Sprachbiografie der Teilnehmer. Einzelheiten über die von ihnen gesprochenen Sprachen und über ihre Lernerfahrungen mit Fremdsprachen wurden hier aufgezeichnet. In einem zweiten Schritt wurden Daten über ihr familiäres Umfeld, ihre Sprachlernprozesse und ihren Gebrauch der Herkunftssprache sowie ihre Identifikation mit der vererbten Kultur erhoben. Im letzten Fragenblock ging es um ihren eigenen Lernbedarf im Hinblick auf Spanisch.

Die gestellten Fragen waren zum größten Teil offen, um Antworten mit ja oder nein zu vermeiden und den Teilnehmern die Gelegenheit zu bieten, sich so detailliert wie möglich zu äußern. Die Interviews wurden aufgenommen und transkribiert. Dabei lag der Fokus auf der präzisen Wiedergabe des Inhalts. Pausen, Wiederholungen, grammatikalische Fehler, Momente der Unschlüssigkeit und der nonverbalen Kommunikation wurden jedoch nur dann im Transkript notiert, wenn sie für die Analyse und die Diskussion von besonderer Bedeutung waren.

An der Untersuchung nahmen außerdem sechs Dozenten derselben Hochschule teil, die Unterrichtserfahrung mit Herkunftssprechern hatten. Den Dozenten wurde via Internet ein ausführliches Formular gesandt, in dem sie über ihre Erfahrungen mit Herkunftssprechern im Fremdsprachenunterricht und über ihre Ansichten zum Lernbedarf solcher Sprecher befragt wurden.

5 Es handelt sich hier nicht um die echten Namen, sondern um Pseudonyme.

Anhand dieser Daten konnten Vorstellungen, Wahrnehmungen und Erfahrungen von Lehrenden und Studierenden verglichen werden. Beide Gruppen sind oft geteilter Meinung hinsichtlich vor allem des Lernbedarfs. In einem Punkt waren sich jedoch alle einig: Herkunftssprecher brauchen für sie geeigneten Unterricht, um ihr Sprachpotenzial umfassend entfalten zu können.

Ergebnisse der Studie

In diesem Abschnitt werden Ergebnisse und Diskussion anhand von vier Kategorien dargestellt: Charakteristika der Herkunftssprecher, ihr Lernbedarf, ihre Beziehung zu der Herkunftskultur und die bisherige Nutzung des Lehrangebots für Herkunftssprecher.

Charakteristika

- Familiäres Umfeld: Dieser Kontext ist in den drei Fällen sehr ähnlich. Die Mütter der drei Studierenden sind Spanischsprecher der ersten Generation von Einwanderern, Spanisch ist ihre Muttersprache und sie haben ein Fachstudium an deutschen bzw. ausländischen Hochschulen absolviert. Zu Hause haben die drei Teilnehmer immer Deutsch mit dem Vater und Spanisch mit der Mutter gesprochen. Die bevorzugte Sprache in der Kommunikation mit den Geschwistern variiert jedoch. Alejandro spricht mit ihnen Spanisch, Juan Carlos zieht Deutsch vor und Sonia richtet sich nach dem anwesenden Elternteil: Spanisch bei der Mutter und Deutsch bei dem Vater und seiner deutschen Lebensgefährtin.
- Qualität der Sprachproduktion: Den befragten Dozenten nach zeichnen sich alle Studierenden mit Herkunftssprache durch eine sehr hohe kommunikative Kompetenz in ihrer Herkunftssprache aus. Dennoch variiert ihre *fluency*. Wie bereits angemerkt, sind diese Unterschiede auf die Dauer, die Häufigkeit, die Intensität und die Qualität des Inputs zurückzuführen, die die Teilnehmer erhalten haben (vgl. Acosta Corte 2013: 135; Montrul 2008: 217; Valdés 2014: 29).
- Alejandros Spanisch, der seine ersten drei Jahre in Venezuela lebte, danach die chilenische Grundschule besuchte und anschließend in Mexiko in der deutschen Schule war, ist von mexikanischem Akzent geprägt. Seine Grammatik ist idiomatisch korrekt, sein Wortschatz aber auf das umgangssprachliche Register begrenzt. Aufgrund seiner Schwierigkeiten mit der spanischen Bildungssprache wurde er in Mexiko auf eigenen Wunsch in der deutschen Schule eingeschult. Diese Ungleichheit in der Beherrschung von verschiedenen Registern ist eine charakteristische herkunftssprachliche Erscheinung, denn

mehrsprachige Menschen haben einen größeren Wortschatz als einsprachige, aber die Verteilung ist nicht gleichmäßig, sondern je nach Sprachgebrauch in den unterschiedlichen Kontexten mehr oder weniger ausgeprägt (vgl. Gogolin/Lange/Michel/Reich 2013: 8-9).

- Juan Carlos besuchte bis zum Hochschulstudium keinen Spanischunterricht. Er spricht Spanisch mit einem leichten kolumbianischen Akzent, dabei artikuliert er den vibranten Laut [ʀ] als uvularen Laut wie im Deutschen und nicht als Dentallaut wie im Spanischen. In seinen Produktionen sind die Verwendung kurzer Sätze, der Mangel an Nebensätzen und zahlreiche Interferenzen in Grammatik und Wortschatz zu beobachten.
- Bei der einzigen Studentin, die eine zweisprachige Ausbildung genoss, ist die Qualität der Sprachproduktionen dem muttersprachlichen Niveau sehr nahe. Wie sie selbst angibt, sind es nur Kleinigkeiten, die in Erscheinung treten, wie Wörter, die nicht so schnell im Redefluss wie im Deutschen artikuliert werden, oder beispielsweise die irrealen Konditionalsätze der Vergangenheit, die ihr noch einige Schwierigkeiten bereiten. Diese Details kommen jedoch so selten vor, dass sie in der normalen Konversation kaum spürbar sind.
- Sprachattrition: Ein typisches Merkmal der Herkunftssprachen ist der natürliche Schwund (vgl. Montrul 2008, 2016; Valdés 2014). Dabei wird die Herkunftssprache immer weiter vernachlässigt und später ganz auf den Gebrauch verzichtet. Je niedriger das Prestige und der Beherrschungsgrad der Herkunftssprache sind, desto größer ist die Gefahr, dass die Herkunftssprache nicht mehr gebraucht wird und im Laufe der Generationen verschwindet. (Vgl. Valdés 2014: 29) Diese Sprachattrition ist in der Fallstudie nicht zu beobachten. Die drei Teilnehmer wollen weiter ihre Herkunftssprache lernen, vertiefen und sie später auch an ihre Kinder weitergeben, weil sie der Überzeugung sind, dass ihre Zweisprachigkeit immer vorteilhaft gewesen ist. Diese Aussagen sollen nicht als allgemeine Regel verstanden werden. Bei drei Studierenden, die gerade ihre Herkunftssprache in einer Spracheinrichtung verbessern wollen, sind das Sprachbewusstsein und der Stolz auf ihre Zweisprachigkeit nicht unbedingt überraschend. Zweifellos sind aber weitere und umfassendere Studien notwendig, um allgemeingültige Aussagen treffen zu können.

Lernbedarf

Der Wunsch, im Beruf wie ein Muttersprachler kommunizieren und handeln zu können, begründet den Lernbedarf der drei Teilnehmer. Dafür benötigen sie Kenntnisse der Bildungssprache (vgl. Acosta Corte 2013: 134), damit sie die diskursive (schriftliche) Kompetenz entwickeln können (vgl. Acosta Corte 2013;

Potowski 2005; Valdés 2014). Hinsichtlich des Lernbedarfs der drei Studierenden können folgende drei Bereiche explizit hervorgehoben werden:

- Leseverstehen: Obwohl die drei Teilnehmer in ihrer Freizeit nicht lesen, glauben sie, dass die Lektüre von Sachtexten im Unterricht absolut notwendig ist, um sich Fachvokabular und Rechtschreibung anzueignen. Auch lassen sich die Kenntnisse über Schreibtechniken, Sprachregister und Herkunftskultur durch die Lektüre deutlich verbessern. Für Alejandro wäre der Lerneffekt vollkommen, wenn die Texte auch noch schriftlich zusammengefasst und aktiv bearbeitet würden. Das Lesen stellt für Juan Carlos einen unterhaltsamen Weg dar, Lexik und Rechtschreibung zu lernen. Sonia, die wegen ihrer schulischen Ausbildung am meisten in Spanisch gelesen hat, betrachtet die Texte, die im Unterricht bearbeitet werden, als Information über die spanischsprachige Kultur. Die größte Schwierigkeit besteht im Lernprozess selbst, also wichtige Informationen während der Lektüre schnell zu erfassen und sie zu verwenden.
- Im Gegensatz dazu erwähnten die befragten Dozenten weder die von den Studierenden genannten Probleme noch die Notwendigkeit der Lektüre im Unterricht. Leider machten sie keine Angaben dazu, wie sie Lesetexte im Unterricht einsetzen, und ließen das entsprechende Feld im Formular leer. An dieser Stelle kann deshalb nur vermutet werden, dass viele Dozenten das Potenzial der Herkunftssprachenlerner im Hinblick auf das Lesen ungenutzt lassen.
- Schriftlicher Ausdruck: Im Bereich des Schriftlichen tritt die partielle Zweisprachigkeit am deutlichsten hervor. Deshalb wird diese Fertigkeit im Unterricht für Herkunftssprecher als notwendig eingestuft (vgl. Potowski 2005: 46; Acosta Corte 2013: 141; Valdés 2014: 33). Das Schreiben verlangt das Erlernen formaler Aspekte wie der Rechtschreibung oder der Textstrukturierung, sowie pragmatische Aspekte wie das Sprachregister und die Format- und Stilkonventionen. Im Hinblick auf diese Fertigkeit tauchten ebenfalls große Unterschiede zwischen den Ansichten von Studenten und Dozenten auf. Keiner der drei Teilnehmer glaubt ernste Schwierigkeiten mit dem schriftlichen Ausdruck zu haben. Nur Juan Carlos nannte die Rechtschreibung als ein persönliches Problem. Andererseits wiesen die Dozenten mit Nachdruck auf diese Problematik hin. Dabei bezogen sie sich nicht nur auf die Rechtschreibung (z.B. Akzentsetzung und Interpunktion), sondern auch auf mangelnde Schreibkompetenz: die Studenten mit Herkunftssprache schreiben wie sie sprechen, ohne Berücksichtigung von Sprachregister, Merkmalen der Schriftsprache und der unterschiedlichen Textsorten. Weshalb die Studenten diesen Mangel nicht erkennen, bleibt an dieser Stelle offen.

- Grammatik: Studierende und Dozenten beurteilen die Notwendigkeit, explizite Grammatik zu lehren und zu lernen, vollkommen unterschiedlich. Die drei Teilnehmer der Studie sehen das Lernen von expliziter Grammatik als überflüssig für eine Verbesserung ihrer Sprachkompetenz. Alejandro sieht keinen notwendigen Grund, Grammatik zu lernen; Juan Carlos ist sich bewusst, dass sein gesprochenes Spanisch grammatikalisch korrekt ist. Zusätzliche grammatikalische Erklärungen haben ihm aber nicht geholfen, gute Noten in schriftlichen Prüfungen zu erzielen. Die Beherrschung der Grammatik des Gesprochenen ist also noch keine Garantie für gute akademische Ergebnisse (vgl. Polinsky 2015a).
- Sonia diente der Unterricht nur zur Auffrischung. Trotzdem konnte sie ihre Schwierigkeiten im Gebrauch irrealer Konditionalsätze der Vergangenheit nicht überwinden. Während die Studenten über kleine punktuelle Probleme berichteten, gaben die Dozenten an, bei Herkunftssprechern viele grammatikalische Schwächen wahrgenommen zu haben. Obwohl sie im Fragebogen explizit darum gebeten wurden, haben die befragten Dozenten nicht näher spezifiziert, welche Probleme sie konkret sehen und wie sie sie im Unterricht adressieren. Die Vermutung liegt nahe, dass diese Beobachtungen der Dozenten auf dem schlechteren Abschneiden der Herkunftssprecher in Prüfungen fußen (vgl. Polinsky 2015a).

Beziehung zur Herkunftskultur

In der Forschung über Herkunftssprecher spielt die Wechselbeziehung zwischen der Sprache und der Herkunftskultur eine zentrale Rolle (vgl. Roche 2013; Van Deusen-Scholl 2014). In dieser Fallstudie ist diese Beziehung sehr unterschiedlich. Alejandro, der in verschiedenen Ländern gelebt hat, kann sich keiner Kultur zuordnen. Er bezeichnet sich als »Weltbürger«. Sonia schwankt zwischen den »zwei Welten«, neigt aber dazu, sich »eher« als Deutsche zu sehen. Dennoch erkennt sie in ihrem Charakter und Verhalten Elemente beider Kulturen. Nur Juan Carlos fühlt sich allein als Deutscher und kann mit der Weltanschauung seiner Herkunftskultur »nichts anfangen«.

Nutzung des muttersprachlichen Ergänzungsunterrichts

Keiner der drei Befragten hat als Kind muttersprachlichen Ergänzungsunterricht besucht. Alejandro und Sonia hatten es nicht nötig, da sie Unterricht in beiden Sprachen hatten. Juan Carlos lernte Spanisch nur in der Familie und nahm Spanischunterricht als Fremdsprache erst an der Hochschule.

In der Fallstudie ist der positive Einfluss des schulischen Lernens der Herkunftssprache auf den Spracherwerb zu beobachten. Anhand der Interviews kann man feststellen, dass Alejandro und Sonia, die zwei Teilnehmer, die an einem zweisprachigen Unterricht teilgenommen haben, eine bessere Sprachkompetenz besitzen. Dazu bezeichnen sie sich selbst als komplett zweisprachig und bikulturell. Juan Carlos, der die Sprache nur in der familiären Umgebung gelernt hat, zeigt sich dagegen nur teilweise zweisprachig und kann sich nur mit der dominanten Kultur identifizieren. Hinsichtlich dieses Befunds kann die Vermutung geäußert werden, dass der Fremdsprachenunterricht für Herkunftssprecher höchstwahrscheinlich nicht geeignet ist. Einerseits erkennen die Fremdsprachendozenten den spezifischen Bedarf der herkunftssprachlichen Studenten nicht. Andererseits fehlen ihnen didaktische Kenntnisse und Ressourcen, die Studierenden effektiv zu fördern.

VORSCHLÄGE FÜR DIE FÖRDERUNG VON HERKUNFTSSPRACHEN ALS BERUFLICHE KOMPETENZ AN HOCHSCHULEN

Aus der oben dargestellten Pilotstudie lässt sich ableiten, dass der Fremdsprachenunterricht, so wie er für alle Studierende unabhängig ihrer Muttersprache(n) angeboten wird, für die Förderung der Herkunftssprachen möglicherweise nicht geeignet ist. In dieser Hinsicht zeigen einschlägige Studien unterschiedliche Tendenzen auf. Montrul (2016) schließt die Möglichkeit nicht aus, dass Herkunftssprecher getrennt von Fremdsprachenlernern unterrichtet werden; sie plädiert aber dennoch für gemeinsamen Unterricht, da sich beide Gruppen sinnvoll ergänzen: Fremdsprachenlerner schneiden in metalinguistischer Kompetenz und in expliziten Sprachkenntnissen ab, während Herkunftssprecher in mündlicher Kompetenz und bei den impliziten Sprachkenntnissen deutlich im Vorteil sind (vgl. Polinsky 2015b: 15; Montrul 2016: 293).

Im Gegensatz dazu sprechen sich Potowski und Lynch (2014) für getrennte Kurse für Fremdsprachenlerner und Herkunftssprecher aus. Ihr Hauptargument besteht darin, dass Sprachkurse in der Regel für Fremdsprachenlerner konzipiert sind und dass sie die spezifischen Bedürfnisse von Herkunftssprechern (zum Beispiel im Hinblick auf größere Niveauunterschiede bei Letzteren oder bei der Diskrepanz zwischen expliziten und impliziten Sprachkenntnissen), wie gerade erläutert, nicht ausreichend berücksichtigen.

Schwartz Caballero (2014) betrachtet das gemeinsame Unterrichten von Fremdsprachenlernern und Herkunftssprechern zwar als besondere Herausforderung, die aber gemeistert werden kann.

Da sich jeder Fachbereich und jede Fakultät strategisch überlegen wird, inwiefern gemeinsame oder getrennte Lehrveranstaltungen für diese zwei Gruppen machbar sind, werden im Folgenden einige Vorschläge erläutert, wie Herkunftssprachen als berufliche Kompetenz gefördert werden könnten, unabhängig vom Kursformat. Sie müssten alle bei der Erstellung eines herkunftssprachlichen Curriculums an einer Hochschule berücksichtigt werden.

Auf bestehenden Stärken aufbauen und sprachliches Selbstbewusstsein stärken

Oft haben Herkunftssprecher das Gefühl, dass ihre Sprachkenntnisse im akademischen oder beruflichen Kontext nicht nützlich sind, weil sie die Alltagssprache beherrschen, jedoch nicht das formale Sprachregister. Für sie ist die Herkunftssprache meistens die Familiensprache, die eben nur in der Familie gesprochen wird, aber für die sich keine Verwendung außerhalb findet. Positive Einstellungen gegenüber der eigenen Herkunftssprache und -community sind deshalb zweifellos förderlich für den Lernprozess.

Klare Stärken der Herkunftssprecher sind Aussprache, Alltagssprache, mündliche Produktion in informellen Settings und implizite Sprachkenntnisse (vgl. Montrul 2016; Polinsky 2015a). Wie weiter oben dargelegt, waren sich die Befragten bewusst, dass ihre Stärken in der Aussprache, in einem breiteren Vokabular und in der mündlichen Redegewandtheit liegen – zumindest im alltäglichen Sprachgebrauch. Juan Carlos erzählte im Interview, dass er im Unterricht seinen Kommilitonen vor allem beim Wortschatz helfe, was ihm große Freude bereite. In gemischten Gruppen sollten die Dozenten diese bestehenden Stärken nutzen, um die Herkunftssprecher aufzubauen und ihr sprachliches Selbstbewusstsein zu stärken. Im Gegensatz zu den drei Teilnehmern der Pilotstudie sind sich die Lerner generell aber oft ihrer Stärken nicht bewusst. Durch Selbstevaluationsinstrumente kann das Sprachbewusstsein zusätzlich gefördert und eine bessere Diagnostik von Sprachdefiziten ermöglicht werden.

Sprachkenntnisse weiterentwickeln

Potowski und Lynch (2014: 161) formulieren dies als das erste Ziel des herkunftssprachlichen Unterrichts. Durch die Sprachattrition verliert sich die Sprache von einer Generation auf die nächste. Dem sollte entgegengewirkt werden, um eine bessere gesellschaftliche Sichtbarkeit der Sprachen zu gewährleisten.

Herkunftssprecher sind in der Regel Meister der Alltagssprache, vor allem mündlich. Aus diesem Grund sollte der Schwerpunkt der Hochschulsprachausbildung auf dem Aufbau ihrer Herkunftssprache als Bildungssprache, das heißt, als formale, akademische Varietät, liegen, so wie von einigen Autoren gefordert (vgl. Acosta Corte 2013; Gogolin et al. 2013; Montrul 2016).

Das Erlernen der Bildungssprache (vor allem im Hinblick auf Lesen und Schreiben) war die höchste Priorität der drei untersuchten Studierenden. Sie sehen die Lektüre von Fachtexten als den effektivsten Weg für den Erwerb der spanischen Bildungssprache. Sie geben an, dass das Zusammenfassen von Texten ihnen helfe, Schreibtechniken zu lernen und ihren Wortschatz zu erweitern. Das Lesen stellt ebenfalls eine spielerische und entspannte Art dar, neue Vokabeln zu lernen. Auch als Quelle kultureller Kenntnisse seien die Texte geeignet.

Um die Sprachkenntnisse weiterzuentwickeln, ist es unerlässlich, den Sprachstand der Herkunftssprecher zuverlässig zu prüfen. Polinsky (2015b: 16-21) erläutert einige spezifische Möglichkeiten für diese Lernergruppe.

Metalinguistische Kompetenz fördern

Eine Stärke der Fremdsprachenlerner den Herkunftssprechern gegenüber ist, wie bereits erwähnt, eine bessere metalinguistische Kompetenz. Eine geeignete Förderung dieser Kompetenz, beispielsweise durch Sprachreflexion, Benennung und Erläuterung wesentlicher Sprachphänomene im Bereich der Grammatik, Lexik oder Morphosyntax, würde den herkunftssprachlichen Studierenden wichtige Tools für ein selbstständiges Erlernen der Sprache auch nach ihrem Studium an die Hand geben.

Die drei Befragten der Studie sahen jedoch keinen dringenden Bedarf für eine Verbesserung ihrer strukturellen Kompetenz. Sonia bewertet den Grammatikunterricht lediglich als Auffrischung. Juan Carlos behauptet, für die im Unterricht erweiterten Kenntnisse des spanischen Sprachsystems (wie z.B. das Pronominalsystem des in Spanien gesprochenen Spanischen oder die Namen und den Gebrauch verschiedener Vergangenheitstempora) keine Anwendung gefunden zu haben, nicht einmal für das Erlangen besserer Noten in den Prüfungen. Es ist daher zu vermuten, dass der vermittelte Stoff die Lernbedürfnisse der drei Befragten nicht genügend adressierte.

Akademische und berufliche Sprachkenntnisse und -kompetenzen ausbauen

Um sowohl den Ausbau akademischer als auch beruflicher Sprachkenntnisse und -kompetenzen zu fördern, sind Präsentationskompetenz, Kenntnisse von spezifischem Wortschatz in Arbeitssituationen, schriftliche Kompetenz, Lesekompetenz auf gehobenem Niveau, mündliche Kompetenz in formalen Zusammenhängen und Mediationskompetenz in mehrsprachigen Kontexten von Bedeutung.

Hinzu gehört auch das Erwerben einer prestigeträchtigen Sprachvarietät (vgl. Potowski/Lynch 2014: 161), die in formalen Kontexten verwendet wird. So wollen die drei untersuchten Studierenden, die sich ihrer Stärken im informellen und alltäglichen Sprachgebrauch bewusst sind, im Unterricht das Spanische als Bildungssprache lernen. Juan Carlos zum Beispiel nennt die mündlichen Präsentationen als sehr nützlich, da sie ihm die Möglichkeit geben, zu jemandem außerhalb der Familie über Themen zu sprechen, die mit der Arbeitswelt zu tun haben.

Interkulturelle Kompetenz fördern

Die Förderung der interkulturellen Kompetenz verlangt einen differenzierten Blick und eine Reflexion über die Herkunftskultur, jenseits der in der Familie erworbenen Kenntnisse und Einstellungen, die oftmals einen sehr kleinen Teil davon widerspiegeln. Dabei geht es nicht um die »Rekonstruktion von Wissen – etwa durch die Landeskunde – als um die Konstruktion von Identität« (Roche 2013: 236). Identität wird als ein dynamisches Konstrukt betrachtet, das jenseits binärer Kulturkonzepte (»das Eigene« und »das Fremde«) zu verorten ist. Dazu sollte man sich verschiedener Ansätze bedienen: Erweiterung der mehrsprachigen Kompetenzen, inklusive Mehrsprachigkeitsdidaktik, höhere Wertschätzung und Wertschöpfung aller Kulturen und Sprachen (auch von Migrantensprachen), größere Berücksichtigung innerer und äußerer Mehrsprachigkeit und Nutzung ihrer kognitiven Synergieeffekte (vgl. Roche 2013: 242-243).

Davon ausgehend könnten Kompetenzen erarbeitet werden, die beruflich relevant sind, wie beispielsweise Interaktions- und Sprachmittlungskompetenz in mehrsprachigen Kontexten, wie Sonia beweist, die einen Masterabschluss in interkultureller Kommunikation und Moderation anstrebte. Für sie sind die Kenntnisse und Erfahrungen mit ihrer Herkunftskultur von Bedeutung. Aber auch Alejandro und Juan Carlos waren sich der Bedeutung kultureller Kenntnisse für den Erfolg in der Arbeitswelt bewusst.

Zertifizierungsmöglichkeiten anbieten

In einem Land wie Deutschland, mit einem hohen Grad an Stratifizierung des Bildungssystems, sind Zertifikate ein wichtiges Kriterium für die Vergabe von Arbeitsstellen. Dies ist der Hauptvorteil von Bildungsinländern gegenüber Bildungsausländern bei der Beschäftigung (vgl. Herwig 2017: 247). Hochschulen könnten Zertifizierungsmöglichkeiten, zum Beispiel für »Herkunftssprachen für den Beruf« anbieten, um eine bessere Beschäftigungsfähigkeit der Absolventen zu erreichen. Mit dualen Studiengängen könnte der Anspruch von »Berufsfachlichkeit« (Herwig 2017: 41) erfüllt werden.

Diese Zertifizierungsmöglichkeiten würden zudem dem informellen Charakter herkunftssprachlicher Kompetenzen entgegenwirken. Für Unternehmen wäre es somit eine Hilfe, um berufliche Qualifikationen besser einschätzen (und wertschätzen) zu können.

Sprachdozenten weiterbilden

Hochschulen sollten ihre Sprachdozenten auf die Spezifika von Herkunftssprechern vorbereiten, auch wenn sie eine lange Erfahrung in der Fremdsprachenlehre haben. Dabei geht es beispielsweise um folgende Fragestellungen:

- Wie kann man sprachliche Vorteile und Defizite solcher Lerner identifizieren und beschreiben?
- Was sind geeignete Testmethoden, inklusive Einstufungstests?
- Welche didaktischen Ansätze sind hilfreich für diese Lerner?
- Wie kann Diversität im Sprachunterricht (zum Beispiel Mehrsprachigkeit) als gewinnbringende Ressource genutzt werden?
- Wie kann das sprachliche und kulturelle Selbstbewusstsein solcher Lerner gestärkt werden?
- Wie können positive Einstellungen zur eigenen Community gefestigt werden?

Schwartz Caballero (2014) gibt einen umfassenden Überblick darüber, wie Lehrkräfte sich speziell auf die Arbeit mit Herkunftssprechern vorbereiten können.

FAZIT

Für einige Herkunftssprecher wird die Hochschule die erste Gelegenheit für ein formales Erlernen bzw. Vertiefen der Sprache sein. Der Übergang vom informellen zum formalen Lernen sollte unter Berücksichtigung der spezifischen Eigenschaften und des Lernbedarfs dieser Lernergruppe durchgeführt werden. Zwei Hauptziele sind: die beruflichen Kompetenzen dieser Studierenden zu stärken, um ihre Chancen am Arbeitsmarkt zu erhöhen und zur Identitätsbildung dieser Menschen beizutragen. So würde das enorme herkunftssprachliche Potenzial, das in Deutschland oftmals noch brachliegt, genutzt werden. Dies hätte eindeutige wirtschaftliche Vorteile, aber nicht nur. Wenn Herkunftssprachen stärker in den Vordergrund rücken, werden ihre Sprecher dabei unterstützt, aktive, mündige Bürger zu werden, die sich ihrer »Mehrfachzugehörigkeit« (Settelmayer 2010: 71) bewusst sind und sie nutzen.

Hochschulen können nur von der gelebten Mehrsprachigkeit und Diversität profitieren, und zwar in zweierlei Hinsicht. Eine Lehr- und Lernkultur, die Herkunftssprachen schätzt und fördert, trägt zur Internationalisierung der Hochschulen bei, denn dadurch werden vielfältige Kooperationsmöglichkeiten eröffnet, nicht nur in den klassischen Fremdsprachen wie Englisch oder Französisch. Zudem kann die *Employability* der Absolventen deutlich verbessert werden, denn die Nachfrage nach sprachlichen und interkulturellen Kompetenzen wird auch in Zukunft wachsen. Nicht umsonst geben 42 Prozent der in der ELAN-Studie (CILT 2016) befragten Unternehmen an, zukünftig einen wachsenden Bedarf an unterschiedlichen Sprachen zu haben. Hierzu kann der Tertiärbereich einen wichtigen Beitrag leisten.

LITERATUR

Acosta Corte, Álvaro (2013): »Hijos de hispanohablantes en el exterior: hablantes de herencia que adquieren el español rodeados de otros idiomas«, in: Actas del II Congreso de Enseñanza de Español como Lengua Extranjera en Asia Pacífico CELEAP, S. 131-44.

BPB – Bundeszentrale für Politische Bildung (2010): Erstes »Gastarbeiter-Abkommen« vor 55 Jahren. Siehe http://www.bpb.de/politik/hintergrund-aktuell/68921/erstes-gastarbeiter-abkommen-20-12-2010 vom 20.04.2017.

Brehmer, Bernhard/Mehlhorn, Grit (2015): »Russisch als Herkunftssprache in Deutschland. Ein holistischer Ansatz zur Erforschung des Potenzials von Herkunftssprachen«, in: Zeitschrift für Fremdsprachenforschung 26 (1), S. 85-123.

Bundesministerium des Innern (2015): Nationale Minderheiten. Minderheiten- und Regionalsprachen in Deutschland. Siehe https://www.bmi.bund.de/SharedDocs/Downloads/DE/Broschueren/2015/Minderheiten_Minderheiten sprachen.pdf?__blob=publicationFile vom 20.04.2017.

Carreira, Maria (2004): »Seeking explanatory adequacy: A dual approach to understanding the term heritage language learner«, in: Heritage Language Journal 2:1, S. 1-25.

CILT – National Centre for Languages (2006): ELAN: Auswirkungen mangelnder Fremdsprachenkenntnisse in den Unternehmen auf die europäische Wirtschaft. Siehe http://ec.europa.eu/dgs/education_culture/repository/languages/policy/strategic-framework/documents/elan_de.pdf vom 29.04.2017.

Council oft he European Union (2009): Council conclusions on the education of children with a migrant background. Siehe http://www.consilium.europa.eu/uedocs/cms_data/docs/pressdata/en/educ/111482.pdf vom 01.05.2017.

Cummins, Jim (2005): »A proposal for action: Strategies for recognizing heritage language competence as a learning resource within the mainstream classroom«, in: Modern Language Journal 89: 4, S. 585-592.

Dirim, İnci (2010): »Wenn man mit Akzent spricht, denken die Leute, dass man auch mit Akzent denkt oder so. Zur Frage des (Neo-)Linguizismus in den Diskursen über die Sprache(n) der Migrationsgesellschaft«, in: Paul Mecheril/İnci Dirim/Mechthild Gomolla/Sabine Hornberg/Krassimir Stojanov (Hg.), Spannungsverhältnisse. Assimilationsdiskurse und interkulturell-pädagogische Forschung, Münster: Waxmann, S. 91-114.

Duarte, Joana (2012): »Bildungssprache in bilingualen Schulen«, in: Marcus Bär/Andreas Bonnet/Helene Decke-Cornill/Andreas Grünewald/Adelheid Hu (Hg.), Globalisierung – Migration – Fremdsprachenunterricht. Dokumentation zum 24. Kongress für Fremdsprachendidaktik der DGFF, Baltmannsweiler: Schneider Verlag Hohengehren, S. 249-262.

Esser, Hartmut (2006): Sprache und Integration. Die sozialen Bedingungen und Folgen des Spracherwerbs von Migranten, Frankfurt am Main: Campus Verlag.

Extra, Guus/Yağmur, Kutlay (Hg.) (2004): Urban Multilingualism in Europe. Immigrant Minority Languages at Home and School, Clevedon: Multilingual Matters.

Fereidooni, Karim (2012): »Schlaglichter der bundesdeutschen Migrations- und Integrationspolitik seit 1945 bis zur Gegenwart«, in: Karim Fereidooni (Hg.), Das interkulturelle Lehrerzimmer. Perspektiven neuer deutscher Lehrkräfte auf den Bildungs- und Integrationsdiskurs, Wiesbaden: Springer VS, S. 23-38.

Gogolin, Ingrid (2013): »Mehrsprachigkeit und bildungssprachliche Fähigkeiten. Zur Einführung in das Buch ›Herausforderung Bildungssprache‹«, in: Ingrid Gogolin/Imke Lange/Ute Michel/Hans H. Reich (Hg.), Herausforderung Bildungssprache – und wie man sie meistert, Münster: Waxmann, S. 7-18.

Gogolin, Ingrid/Lange, Imke/Michel, Ute/Reich, Hans H. (Hg.) (2013): Herausforderung Bildungssprache – und wie man sie meistert, Münster: Waxmann.

Herwig, Andreas (2017): Arbeitsmarktchancen von Migranten in Europa. Analysen zur Bedeutung von Bildungsherkunft und Bildungssystemen, Wiesbaden: Springer.

Küppers, Almut/Şimşek, Yazgül/Schroeder, Christoph (2015): »Turkish as a minority language in Germany: aspects of language development and language instruction«, in: Zeitschrift für Fremdsprachenforschung 26 (1), S. 29-51.

Meyer, Bernd (2008): Nutzung der Mehrsprachigkeit von Menschen mit Migrationshintergrund. Berufsfelder mit besonderem Potenzial. Expertise für das Bundesamt für Migration und Flüchtlinge. Siehe http://www.bamf.de/SharedDocs/Anlagen/DE/Publikationen/Expertisen/ExpertiseMehrsprachigkeit.pdf?__blob=publicationFile vom 12.3.2017.

Montrul, Silvina A. (2008): Incomplete acquisition in bilingualism. Reexamining the age factor, Amsterdam: John Benjamins.

Montrul, Silvina A. (2016): The Acquisition of Heritage Languages, Cambridge: Cambridge University Press.

Polinsky, Maria (2015a): »When L1 becomes an L3: Do heritage speakers make better L3 learners?«, in: Bilingualism: Language and Cognition 18, S. 163-178.

Polinsky, Maria (2015b): »Heritage languages and their speakers: state of the field, challenges, perspectives for future work, and methodologies«, in: Zeitschrift für Fremdsprachenforschung 26 (1), S. 7-27.

Potowski, Kim (2005): Fundamentos de la enseñanza del español a hispanohablantes en los EE.UU, Madrid: Arco Libros.

Potowski, Kim/Lynch, Andrew (2014): »Perspectivas sobre la enseñanza del español a los hablantes de herencia en los Estados Unidos«, in: Journal of Spanish Language Teaching 1 (2), S. 154-170.

Ramos, Carmen (2017): »Spanish as a heritage language in Germany«, in: Kim Potowski (Hg.), The Routledge Handbook on Spanish as a heritage/minority language (in Druck).

Reich, Hans H. (2014): Über die Zukunft des Herkunftssprachlichen Unterrichts. Überarbeitete Fassung eines Vortrags bei der GEW Rheinland-Pfalz in Mainz am 31.01.2012. Siehe https://www.uni-due.de/imperia/md/content/prodaz/reich_hsu_prodaz.pdf vom 12.03.2017.

Roche, Jörg (2013): »Identität und Sprache«, in: Eva Burwitz-Melzer/Frank G. Königs/Claudia Riemer (Hg.), Identität und Fremdsprachenlernen. Anmerkungen zu einer komplexen Beziehung, Tübingen: Narr Verlag, S. 233-246. Siehe https://epub.ub.uni-muenchen.de/20882/1/oa_20882_Roche.pdf vom 12.03.2017.

Schmitz, Anke/Olfert, Helena (2013): »Minderheitensprachen im deutschen Schulwesen – Eine Analyse der Implementierung allochthoner und autochthoner Sprachen«, in: Zeitschrift für Fremdsprachenforschung 24 (2), S. 203-227.

Schwarz Caballero, Ana María (2014): »Preparing Teachers to Work with Heritage Language Learners«, in: Terrence G. Wiley/Joy Kreeft Peyton/Donna Christian/ Sarah Catherine K. Moore/Na Liu (Hg.), Handbook of Heritage, Community and Native American Languages in the United States, New York: Routledge/Washington DC: Center for Applied Linguistics, S. 359-369.

Settelmeyer, Anke (2010): »Zur Bedeutung von Herkunftssprachen in Ausbildung und Beruf«, in Friedrich-Ebert-Stiftung (Hg.), Sprache ist der Schlüssel zur Integration. Bedingungen des Sprachlernens von Menschen mit Migrationshintergrund. WISO Diskurs, S. 68-76. Siehe http://library.fes.de/pdf-files/wiso/07666.pdf vom 12.03.2017.

Statistisches Bundesamt (2016): Bevölkerung und Erwerbstätigkeit. Bevölkerung mit Migrationshintergrund – Ergebnisse des Mikrozensus 2015. Fachserie 1 Reihe 2.2. Siehe https://www.destatis.de/DE/Publikationen/Thematisch/Bevoelkerung/MigrationIntegration/AuslaendBevoelkerung2010200157004.pdf?__blob=publicationFile vom 29.04.2017.

Valdés, Guadalupe (2014): »Heritage Language Students: Profiles and Possibilities«, in: Terrence G. Wiley/Joy Kreeft Peyton/Donna Christian/ Sarah Catherine K. Moore/Na Liu (Hg.), Handbook of Heritage, Community and Native American Languages in the United States, New York: Routledge/Washington DC: Center for Applied Linguistics, S. 27-35.

Van Deusen-Scholl, Nelleke (2014): »Research on Heritage Language Issues«, in: Terrence G. Wiley/Joy Kreeft Peyton/Donna Christian/Sarah Catherine K. Moore/Na Liu (Hg.), Handbook of Heritage, Community and Native American Languages in the United States, New York: Routledge/ Washington DC: Center for Applied Linguistics, S. 19-26.

Wiley, Terrence G. (2014): »The Problem of Defining Heritage and Community Languages and Their Speakers«, in: Terrence G. Wiley/Joy Kreeft Peyton/ Donna Christian/Sarah Catherine K. Moore/Na Liu (Hg.), Handbook of Heritage, Community and Native American Languages in the United States, New York: Routledge/Washington DC: Center for Applied Linguistics, S. 341-348.

Wiley Terrence G./Kreeft, Joy Peyton/Christian, Donna/Moore, Sarah Catherine K./Liu, Na (Hg.) (2014): Handbook of Heritage, Community and Native American Languages in the United States, New York: Routledge/Washington DC. Center for Applied Linguistics.

Woellert, Franziska/Klingholz, Reiner (2014): Neue Potentiale. Zur Lage der Integration in Deutschland. Berlin: Berlin Institut für Bevölkerung und Entwicklung. Siehe http://www.berlin-institut.org/fileadmin/user_upload/Neue_Potenziale/Neue_Potenziale_online.pdf vom 03.03.2017.

Working Group »Languages for Jobs« (2011): Providing multilingual communication skills for the labour market. European Strategic Framework for Education and Training (ET 2020). Siehe http://ec.europa.eu/dgs/education_culture/repository/languages/policy/strategic-framework/documents/languages-for-jobs-report_en.pdf vom 01.05.2017.

#CulturaTándem, preparing students for today's multicultural societies

A virtual exchange between the Regent's University London and the University of Applied Languages SDI Munich

AMPARO LALLANA, PILAR SALAMANCA

"Global Citizenship, that is a sense of solidarity between citizens across the world, is increasingly important in today's society. As we grow increasingly connected and interact with many different people so global citizenship teaches people of all ages not simply to understand these differences but to embrace them." (UNESCO 2015)

Mobility is a defining characteristic of today's world: while human migrations have been numerous and diverse in nature throughout history, widespread availability of means of transport now enables most members of society to travel between countries or settle abroad for a variety of purposes at a much higher rate than ever before.

Furthermore, wider access to education in general and to language learning in particular, as well as policies such as the Erasmus programmes (see EACEA 2016) that encourage economic and educational international exchanges, and, last but not least, a plethora of digital tools that facilitate communication, all contribute to make mobility possible and to shape a new lifestyle in an increasingly individualistic society where the pursuit of personal goals is not only accepted but encouraged.

Physical mobility is traditionally understood as a characteristic of developed societies where

- well-qualified individuals make the conscious decision to change their surroundings and resettle elsewhere to improve their living standards or broaden their personal and professional horizons
- companies operating in the context of a globalised economy expect availability and readiness to embark in mobility at short notice from employees
- institutions, such as the EU, promote mobility as a political objective by designing programmes and issuing directives in the cultural and educational realms.

Affordances of technology today, though, remove the need to share a specific physical space, so much so that any academic or professional interaction in the physical world may be replicated virtually, for work in virtual teams and for study through Online Intercultural Exchanges (see O'Dowd 2012). But virtual academic interaction and professional collaboration is oftentimes embraced without specific training, which may bring about interpersonal and intercultural conflicts or result in efficiency shortcomings for companies.

Universities are well placed to provide students with the education and training in the additional set of skills that virtual mobility requires for successful cooperation across borders and cultures. Additionally, by providing students with training in intercultural skills and virtual teamwork, universities fulfil their social responsibility and ensure their graduates join the workforce with the sensibility, awareness and capabilities necessary to cooperate with others in the private, public and professional realms. Education, argues Hicks, has a central role to play in helping create citizens who can not only think globally and locally, but also "understand their interconnectedness with others and make sense of the human condition" (Hicks 2007: 4).

Over 5,000 European Higher Education Institutions (see EACEA 2017) offer opportunities for work or study abroad that, despite Erasmus and other mobility schemes, a meagre 5 percent of students in Europe choose to take advantage of (see Helm 2015: 197); virtual international experiences, however, are rarely included in curricula. In the authors' experience, programmes of study tend to limit students' international experience and exposure to diversity to those set periods. Back at the home campus, returning students' academic experience is usually straitjacketed into home courses, delivered by home lecturers, taken together with home students.

Regardless of whether students spend time abroad or not, virtual telecollaboration and online intercultural exchanges (OIEs) enable limitless opportunities of international experience that can contribute to develop not only global citizenship but also professional skills, while reducing the relocation costs on the one hand, and compensating for possible drawbacks of physical mobility (e.g. work-life balance) on the other. #CulturaTándem, the telecollaboration project discussed here, originated precisely with the aim of extending students' virtual mobility by incorporating the international, intercultural experience and subject content from partner universities not as an isolated occurrence during Study Abroad but as an integral part of the curriculum.

VIRTUAL TELECOLLABORATION IN ACADEMIC CONTEXTS

Various definitions of virtual telecollaboration can be found in current literature. For Castrillejo (2016: 20) telecollaboration or "web conferences can be defined as a telecollaborative practice consisting of online encounters through specific software that enables synchronous interaction via audio, video or chat"[1]. While there is no reference to academic settings in her definition, Castrillejo highlights synchronicity as an essential feature of the telecollaboration, where participants are online simultaneously, as if in a business meeting.

Helm (2015: 197), in turn, defines telecollaboration as the "practice of engaging classes of geographically dispersed learners in online intercultural exchange using Internet communication tools for the development of language and intercultural competence".

Indeed, instances of telecollaboration of this nature (OIEs) can be found at almost every level of education. Growing numbers of primary and secondary schoolchildren get their first taste of formal intercultural exchange supported by "major networks and virtual platforms" (MacKinnon 2013: 24) by interacting with peers in partner schools in countries other than their own. Similarly, collaborative learning via OIEs is finding its niche in language teacher training programmes (see Helm 2015: 199).

In the current scenario of limited physical mobility in Higher Education, telecollaboration (OIEs) is slowly gaining presence and examples of student collaborative projects are frequently found in Modern Languages and Translation degrees where, whether small scale or through platforms such as UniCollaboration, virtual projects usually focus on developing students' linguistic and intercultural skills see (MacKinnon 2013).

1 In Spanish in the original: "[...] se pueden definir las conferencias web como una práctica tele-colaborativa que consiste en un encuentro síncrono en línea que se lleva a cabo utilizando un software específico que permite la interacción por medio de audio, vídeo o chat".

In her study Helm (ibid.) surveyed a total of 210 telecollaborative projects in Higher Education in Europe, offered a comprehensive view of the type of projects carried out collaboratively and verified that the outputs teachers expected of said projects were mainly linguistic and intercultural. Helm also classifies OIEs according to 3 categories based on task-types, on what the students actually do during the collaborations:

- information exchange: e.g. primary and secondary schoolchildren interview their peers abroad and exchange facts about themselves, their schools, villages etc.
- comparison and analysis of cultural products: e.g. Cultura, a Spanish-American project initially trialled in language courses at MIT where, to understand each other's culture, and learn to interact and communicate across cultures (MIT-Cultura 1997) student tandems would discuss e.g. a film to illustrate different cultural realities or compare how some products are advertised in each other's culture.
- product creation: e.g. students collaborate to create, for example, a webpage or magazine, or the very few cases where exchanges are directed towards subject-specific projects or outputs, some particularly in STEM[2] .

Examples in the first two categories are geared towards the development of foreign language skills both on its own merit or combined with intercultural awareness and competence. But OIEs for product creation, the least frequent according to Helm (2015: 206), are precisely those that facilitate "higher-level thinking and interaction [...because students...] incorporate procedures and perspectives different from their own", which aligns them more suitably with the learning outcomes expected in Higher Education.

Therefore, #CulturaTándem, rather than limiting the experience to language development or intercultural awareness, uses the foreign language as a tool to widen the scope of the collaboration to other areas of knowledge, e.g. international business, tourism etc.

2 Science, Technology, Engineering and Mathematics.

#CULTURATÁNDEM: CONTEXT AND RATIONALE

Regent's University London and the University of Applied Languages SDI in Munich both have very international staff and student bodies coupled with internationally focussed degrees where periods of study or work abroad are integral to their programmes. In these ideal settings for intercultural experiences, the #CulturaTándem project was initiated to extend internationalisation opportunities within the syllabus and outside university walls and to equip students with competences for collaborating virtually with individuals of different backgrounds, languages, cultures and experiences.

The rationale and objectives for the #CulturaTándem are manifold. On the one hand and with regards to students learning, the project aims, firstly, to foster pedagogical innovation in teaching and learning and offer students the experience of new, diverse learning formats. Secondly, to create an environment that facilitates the development of workplace skills at universities and supports the practice of typical professional tasks through virtual, intercultural and multilingual cooperation. Thirdly, to design a product, interdisciplinary and complex in character, that builds upon previous knowledge of the target language to integrate cultural content and intercultural experiences while enabling learning through a shared research task. Lastly, to help students learn about another institution without leaving home and thus continue their mobility virtually.

On the other hand, for us teachers, #CulturaTándem results from the drive to innovate our practice and enhance our expertise for professional development. Also, having previously experienced team-teaching and collaboration within our respective institutions, the project presented an opportunity for academic virtual mobility outside standard Erasmus frameworks.

PROJECT DESCRIPTION

To achieve these ambitious objectives, we designed a *Lernarrangement*, a learning schedule where student tandems engaged in collaboration at various skill levels or layers (Figure 1): the interpersonal level, to relate to each other; the linguistic, with Spanish as the medium; the academic, to conduct research; the professional, to manage the team project virtually, and the overarching intercultural layer.

Figure 1: #CulturaTándem skill layers

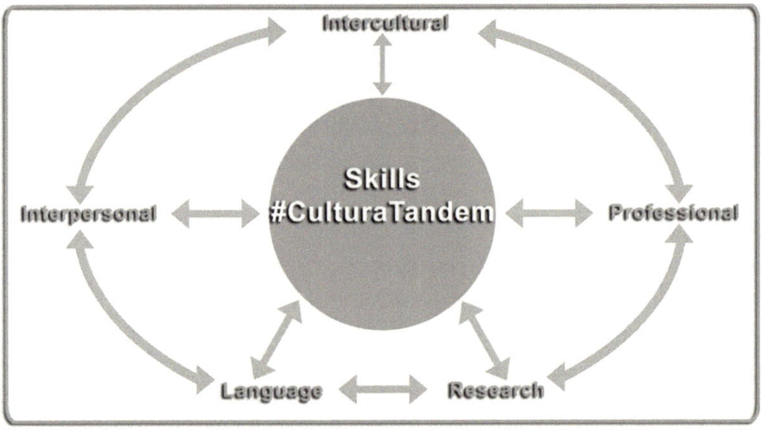

Source: Lallana/Salamanca

#CulturaTándem pairs graduating students in a BA in International Business or International Events Management in London with postgraduate students in a Master in Intercultural Communication in Munich. Tandem members have first-hand international experiences of diverse nature and length as well as diverse linguistic and cultural profiles; they do share, though, a similar level of proficiency in Spanish, the lingua franca of the project.

Their task brief is to research business and sociocultural topics in Spanish-speaking countries, relate them to their countries of origin or study, manage the team project virtually and finally reflect on the exercise. At the end, via a webinar, tandems share their research findings with participants and mentors in both locations and produce a joint written report of their key conclusions and reflections on the process. All in all, tandems collaborate over a period of 6 to 8 weeks and follow the steps indicated in Figure 2.

Figure 2: Project Stages

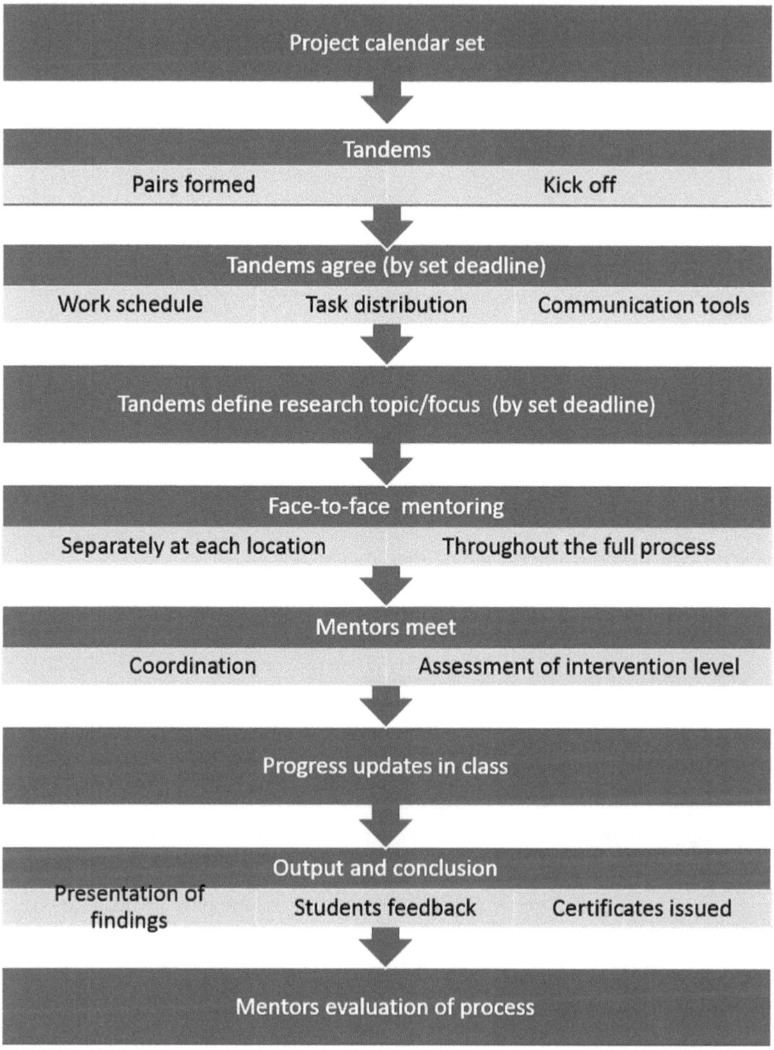

Source: Lallana/Salamanca

We would argue that our model of Online Intercultural Exchange (Figure 3) introduces innovative approaches to telecollaboration that are discussed in the section below.

Figure 3: Project structure

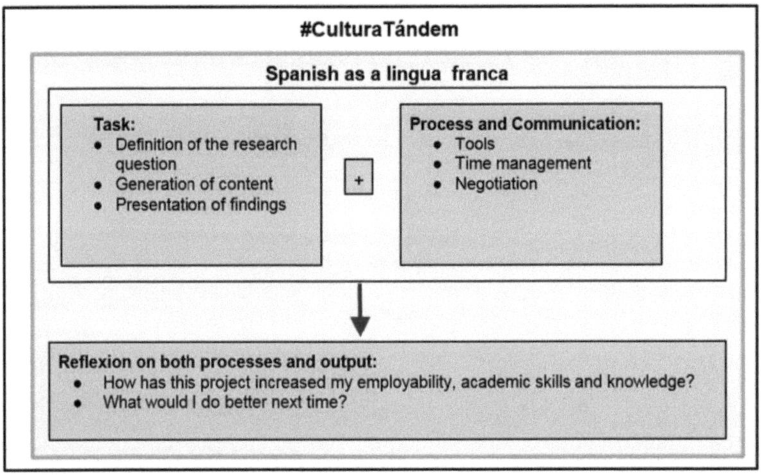

Source: Lallana/Salamanca

WHAT IS NEW IN OUR PROJECT

Telecollaborative exchanges are usually integrated into classroom-based set-ups: virtual activities happen during class time with partners interacting synchronously (see Castrillejo 2016; O'Dowd 2013). In #CulturaTándem, telecollaboration is not necessarily synchronous, primarily because the different schedules in London and Munich make this impossible. To start the project off, teachers join each other's class via skype and get to know the partner group of students; this is useful to set up the tandems according to interests and experiences. After that, tandems are left to their own devices and provided with deadlines by which to define the topic and focus of the research, to negotiate the mode, media and frequency of online meetings, to plan the research stages and distribute tasks and, lastly, to agree a format for delivery of their findings (e.g. Camtasia, joint online presentation, video-recording etc.).

It is important to note at this stage that students engage in tandems voluntarily and do the work alongside their studies. #CulturaTándem, as most telecollaborations, is "an 'add-on' activity which relies on highly motivated teachers and students who are willing to invest a lot of extra time working online with their partners" (O'Dowd: ibid.). Being in their final degree year or in the middle of a full-time master, these are busy students. Thus, once the topic is agreed upon and the tasks assigned, they work separately but meet as necessary to discuss progress, very much as if in a real work scenario.

In addition to managing time and communication efficiently, students need to apply interpersonal skills, which are necessary to foresee and compensate for any problems associated to the lack of face-to-face contact on the one hand, and absolutely essential for becoming a team with previously unknown partners and establishing effective collaboration dynamics on the other. Marta Guarda (see 2013: 428) confirms the vital role of the interpersonal bond in her research with tandems learning English in Innsbruck and Padua, where she states

> "[...] this third space nourished the seeds of transculturality and transnationality, in that it enabled the exchange participants to feel part of a common group which transcended the national and cultural borders of the countries they belonged to."

Throughout the collaboration, our student tandems also build their 'third space', a new inclusive 'we' that transcends difference and sets them on the road to global citizenship.

#CulturaTándem is also innovative in that together with expectations of cross-cultural and linguistic gains, it specifically encompasses cognitive and research skills and targets the development of transferable and employability skills such as team-working and adaptability. Thus, although participants, normally B2 or above, continue to hone their language skills by reading, researching, writing and interacting in Spanish, the nature of #CulturaTándem requires them to focus primarily on the content and the process of creating it and in so doing, they stop being language learners to become language users (see Helm 2015: 200). Moreover, tandems not only generate content, they negotiate how to generate it as well, an essential part of the collaboration which is in fact possible because of the proficiency level of the participants.

Exchanges with native speakers (NSs) have traditionally been believed to be best practice (see Helm ibid: 199) as only NSs would ensure the modelling and production of correct language and only NSs could provide non-native speakers (NNSs) with appropriate corrective feedback and assistance in word retrieving. Helm adds, however, that exchanges where English is a lingua franca have been successfully trialled in recent times. Considering the affective dimension of learning, Guarda (see ibid: 189-190) confirms that learners feel more confident collaborating with a NNS whom they perceive as their equal, whereas interacting with a NS they harbour feelings of linguistic inadequacy. In addition, operating in a lingua franca makes the language switching of most OIEs redundant. Besides, in a world of widespread migration and mobility, communicating in a foreign language does not always involve NSs. What is more, plurilingualism is increasingly more frequent in international work environments as companies are keen to use linguas francas other than English to communicate with customers and suppliers.

Through #CulturaTándem our students, for whom either English or German is the language of study and Spanish is the lingua franca, further develop plurilingual competence and the ability to perform different tasks in different languages according to particular environments and goals (see Salamanca 2015) which makes them particularly apt for collaboration in multilingual teams and hence, for successful interaction in today's multicultural societies.

With regards to Helm's categories of task types, #CulturaTándem adds a layer of complexity to 'product creation' and, we would argue, introduces a fourth category, namely research, suitable to tandems of graduating and postgraduate students, that are no longer language learners nor users but researchers in the language.

information exchange + comparison and analysis + product creation + **research**

In addition, by virtue of their affiliation with international business and intercultural communication, tandem participants need not take roles foreign to them but rather, from topic choice to final output, they collaborate within their knowledge area and interests. Naturally, engagement with the research topic is fully mediated by previous experience of and interest in the target culture, but instead of focusing on isolated cultural events or products, our tandems analyse and compare cultural phenomena in diverse settings (e.g. Carnival across 3 countries), explore the impact of contemporary issues across distant geographical settings (e.g. sociocultural and economic impact of ecotourism on indigenous Latin American communities, Western trends of quinoa consumption) or consider intercultural aspects in the global economy (e.g. BMW marketing strategy in Germany and Chile).

Finally, presenting research findings collaboratively and in a professional manner, to audiences in geographically distant locations replicates work scenarios and further enhances desirable skills for students who are likely to be employed by international companies based anywhere in the world.

STUDENT FEEDBACK

The collaboration spanned the spring of 2016, after which time each of the five tandems was tasked to produce a joint report reflecting on the exercise. We opted for a report format, primarily to replicate standard practices in work projects, but also to provide a space for open narrative; tandems were not asked to consider any particular aspect but to focus on what they deemed relevant. Leaving that decision to students empowered them, sustained their motivation for learning and ensured their participation ("it has been a completely new experience that has taught us a lot", T1[3]).

The analysis of the five reports yielded the conclusions in the paragraph below.

Student Tandem dynamics

Students appreciated the open design of the learning activity, the opportunities to experiment and the freedom to adapt it to their needs and preferences ("we divided the work so each of us would enjoy the research we were doing", T5). So, instead of following detailed guidelines, they had to make their own choices at all stages, on how to communicate (mostly Skype, WhatsApp and e-mail) and the platform for the collaboration (e.g. Google Docs) to the actual planning of the work.

In fact, student tandems took different operational approaches: while T1 worked independently and only got together at the end, T2 and T3 planned a detailed agenda of meetings, T2 switched means of communication half way through the project for efficiency reasons and T5 started off by brainstorming ideas.

Challenges and benefits

Similar problems and challenges were reported by all tandems, primarily communication issues (T2, T3) largely due to time incoherence (T1, T2, T5), e.g. the different study or work schedules and different time zones ("had to take the one-hour time difference into account", T5). Problems were aggravated by academic calendars with conflicting holidays when tandem members spent periods in locations within yet more disparate time zones.

3 Tandems hereinafter referred to as T1, T2 etc.

Despite that, 4 out of 5 tandems reported good communication and understanding. T1 conceded that "even though technology can make this process easier, good communication is not guaranteed" and indicated that the collaboration was successful because participants felt "really open to the new ideas and recommendation of the other one", evidencing attitudes that underpin intercultural and global understanding. It is interesting to note, in this respect, that the difficulties the tandems experienced never involved cultural differences. On the contrary, agreement was unanimous that the intercultural encounter had provided personal enrichment and an advantageous preparation for professional life.

"The great advantage of teamwork with people from different cultures is that each can bring their different ideas and points of view. This impacted greatly on the project and on the information shared because both of us, being from different cultures, had a slightly different point of view" (T3), which evidences the cognitive sophistication Helm attributes to tandems of her 3rd type.

For T5, there is great value in practicing real work scenarios "to get an insight into an organization that would require such presentations. It was interesting to work with someone who you were not familiar with and who was neither present face to face [...] a situation we could probably face one day and could succeed doing so". Other tandems expressed thoughts along similar lines.

Contrary to students interviewed by Helm (2015: 208) where only one in two stated "they had developed skills which would make them employable", participants in #CulturaTándem unanimously agreed that employability gains were a key, tangible outcome of the telecollaboration. We would further argue that it is, actually, during the reflection and report writing process that tandems create and internalise an "employability narrative" (Lallana/Pastor 2016) they can later sell to prospective employers.

From the reports, no indication arose of drawbacks we had anticipated in relation to, for example, communication and the cultural and personal construction of privacy; participants were willing to share mobile numbers with an unknown person from the start and had no difficulty in finding culturally appropriate times of the day to communicate.

Nor were there ethical concerns with regards to accountability – or lack of – in case the project lagged from one end. Through views garnered via regular contact in and outside class, we were made aware of an instance of "ineffective collaborative behaviour" (Vinagre Laranjeira 2016) in tandem 4 which was subsequently 'covered up' by one member unwilling to criticise the other. Further research would be required to explore whether participants prioritise the process (relationship orientation) or the product (task orientation) and whether that can be culturally attributed.

Finally, T5 resented "the lack of academic credit awarded to students for telecollaborative activity" (O'Dowd 2013) and the added difficulty of "accommodating a project [...] within our busy academic schedules". To mitigate that, tandem efforts are recognised with an academic certification of professional value: a physical certificate issued by both universities and a public LinkedIn endorsement of the skills practiced and strengths demonstrated.

Evaluation of the task and recommendations

All reports convey a feeling of accomplishment and satisfaction for taking part in an "innovative" activity (T3) and "a good learning opportunity" (T1). Moreover, despite the lack of academic grade, most pairs explicitly recommended extending the opportunity to more students.

MENTORS' FEEDBACK

Mentor Tandem dynamics

Our evaluation of #CulturaTándem stems from the double perspective of our engagement with the exercise, firstly in the academic collaboration for the design of the project and secondly as mentors to our students. Collaborating from different time zones required careful negotiation of meeting times; even the hour difference between Munich and London necessitated careful double-checking. Additionally, efficient distribution of tasks was key in making the collaboration progress as we juggled the demands of our respective jobs in very disparate academic calendars. In summary, we faced and had to solve challenges similar to those of the students.

Challenges and benefits

Timing was undoubtedly the biggest challenge. Different academic calendars and module lengths affected staging the project steps and deadlines in a manageable fashion. Terms have different start dates in London and Munich, so the number of possible participants is unknown in advance. Identifying candidates prepared to engage in a voluntary, ungraded activity, creating momentum and maintaining motivation is a critical challenge to the success of the project.

We had each engaged in pedagogical collaboration within the confines of our respective institutions but never worked together. Devising the learning activity virtually was an advantage in itself as it meant 'going through the motions' students would go through themselves.

This collaboration has afforded us an opportunity for research and professional development in the digital environment, more and more relevant nowadays. Finally, and notwithstanding the organisational challenges and time demands on our tight schedules, we feel well rewarded by the inspiring experience of learning from each other but, mostly, by the creation of a successful cooperative working relationship – yet another newly-formed 'we' operating in its own 'third space' – with someone we had no previous experience of working with.

Evaluation of the task and recommendations

First of all, it is reassuring that the participants appreciated the benefits of collaborative learning associated with the project; and by bringing innovation into students' learning, establishing new learning environments, and by bringing real work practices into our teaching, we, the teachers, enjoy a sense of achievement and satisfaction.

As mentors, it is important to emphasise a key aspect of our role; that of motivating participants throughout the activity and helping members feed their own motivation, which is essential when face-to-face contact is not possible. While tandems manage their projects autonomously, mentors need to accompany, support and reassure them in their first virtual academic experience.

DEVELOPING THE MODEL FURTHER

It is clear that in #CulturaTándem the positives outnumber the negatives. For future versions, however, various pedagogical and structural constraints need to be considered, where the latter are the cause of the former.

The key challenge originates from the different academic structures (calendars, teaching schedules, degree formats etc.) which make planning and integrating #CulturaTándem formally rather problematic. As a result, formal recognition and accreditation of student efforts is not easy. In order to circumvent this difficulty, gaps must be identified within the curricula where telecollaboration might be formally embedded (i.e. in non-required, credited modules or by students' reusing their research in other assessment). Furthermore, to provide an equal and sufficient number of participants at each institution, the opportunity should be extended to other students (e.g. outside the PG course in Munich).

However, to entice more students to what is still a voluntary activity, it is important to educate them from the start on the developmental benefits of telecollaboration. For this purpose an introductory class should be designed on the topic of collaboration and cultural differences at work to be delivered synchronously online to both groups. This session, to which previous participants could be invited, will help establish a relationship, create motivation and launch the project.

Finally, going forward, the project layers of engagement (e.g. interpersonal, intercultural, linguistic, research and professional) could be made more explicit to tandems so that in their reports, they may consider any transformational effect derived from the project towards global understanding as well as construct their particular employability narrative.

CONCLUSIONS

In summary, we would argue that #CulturaTándem is holistic in that participants benefit from the collaboration and develop core skills and global competences in various areas: firstly, the advanced language and communication skills for the intercultural exchange; secondly, the academic and research skills for the creation of content; thirdly, the employability skills such as multicultural teamwork and working collaboratively to see a task to completion; and finally, the global competencies for interacting flexibly.

Additionally, when compared to other models of telecollaboration, #CulturaTándem is also innovative because Spanish is the lingua franca, secondly because the objective is to research to create knowledge jointly and finally, because students manage, negotiate and reflect on the process autonomously in a shared third space.

Different factors contribute to the creation of the 'third space' and the establishment of a transcultural cooperative 'we' within each the tandems. In the first place, the project is not a one-off activity but rather extends through time. Secondly, it is not carried out in class with classmates present but rather in a separate space exclusive to the tandem. Thirdly, the members own and present together simultaneously and online to both sets of participants the knowledge they have created together. Finally, the report is prepared and its contents negotiated jointly.

The contribution of #CulturaTándem towards the development of third spaces which are essential for telecollaboration but totally indispensable for coexistence and cooperation among citizens, makes this model a suitable vehicle for the development of global citizenship and an understanding of others, as it nurtures the capacity of participants to transcend their own in-groups and create a new one. Furthermore, irrespective of students' backgrounds and of the opportunities afforded to them in terms of education or international experience, the competences acquired through telecollaboration are, we believe, fully transferable to situations and settings that are neither virtual nor academic, but embedded in social life in the private, public and professional environments.

In today's increasingly diverse world, where physical and virtual migrants are becoming the norm, a collaborative outlook can only be beneficial for societies. Where individuals unknown to each other are capable of collaborating successfully in a virtual context despite its limitations, it is safe to assume they will also be equipped to understand and embrace difference in face-to-face interactions.

Embedding collaborative projects such as #CulturaTándem more widely in higher education curricula would not only serve objectives of academic, personal and professional development. It would also imbue in students the openness and flexibility to adapt to and understand others, to collaborate effectively outside their in-groups, and ultimately to become global citizens.

REFERENCES

Castrillejo, Victoria (2016): "Nos vemos en línea: docencia y telecolaboración en E/LE a través de conferencias web", in: Hispanorama 153, 20-23.

Diamond, Abigail et al. (2011): Global Graduates into Global Leaders – CIHE, AGR, CFE. See http://www.ncub.co.uk/index.php?option=com_docman&view=download&category_slug=publications&alias=42-global-graduates-into-global-leaders&Itemid=2728. Last accessed 10 November 2016.

EACEA (2016): Erasmus Charter for Higher Education 2014-2020. See https://eacea.ec.europa.eu/sites/eacea-site/files/annotated_eche_guidelines_2016.pdf. Last accessed 17 March 2017.

EACEA (2017): From Erasmus to Erasmus+. See https://eacea.ec.europa.eu/erasmus-plus. Last accessed 17 March 2017.

Guarda, Marta (2013): Negotiating a transcultural place in an English as a lingua franca telecollaboration exchange. Unpublished PhD thesis. See http://paduaresearch.cab.unipd.it/5337/1/guarda_marta_tesi.pdf. Last accessed 13 October 2016.

Helm, Francesca (2015): "The practices and challenges of tele-collaboration in Higher Education in Europe", in: Language Learning & Technology, June

2015, Volume 19, Number 2, 197-217. See http://llt.msu.edu/issues/june 2015/helm.pdf. Last accessed 8 December 2016.

Hicks, David (2007): Responding to the world, in: David Hicks/Cathie Holden (eds.), Teaching the global dimension, New York: Routledge, 3-13.

Lallana, Amparo/Pastor González, Victoria (2016): Spanish for business: a journey into employability, in: E. Corradini/K. Borthwick/A. Gallagher-Brett (eds.), Employability for languages: a handbook, Dublin. See Research-publishing.net, 155-160. http://dx.doi.org/10.14705/rpnet.2016.cbg2016.477. Last accessed 22 September 2016.

MacKinnon, Teresa (2013): Using e-tools to facilitate international collaborations and enhance language teaching, The Higher Education Academy report. See http://www.ucml.ac.uk/sites/default/files/pages/160/Using_e_tools.pdf. Last accessed 8 December 2016.

MIT-Cultura (1997): See https://cultura.mit.edu/. Last accessed 13 October 2016.

O'Dowd, R. (2012): Online Intercultural Exchanges. The Encyclopaedia of Applied Linguistics, Blackwell.

O'Dowd, R. (2013): Technology: virtual mobility with a difference, European Association for International Education. See http://www.eaie.org/blog/tech nology-virtual-mobility. Last accessed 10 November 2016.

Salamanca, Pilar (2015): Lehren in Zeiten des Wandels: Anforderungen des Arbeitsmarktes als Herausforderungen für Hochschulen, in: Florian Feuser/ Regina Freudenfeld/Pilar Salamanca (eds.), Studierende im Fokus: Beiträge zur Entwicklung von Hochschullehre und Hochschulorganisation. Hildesheim, Zürich & New York: Georg Olms Verlag, 29-40.

UNESCO, Viewpoint (2015): How to foster global citizenship through education. See http://en.unesco.org/news/global-citizenship-education-all-one-ad vocate-s-story-0. Last acceded 4 November 2016.

Vinagre Laranjeira, Margarita (2016): Identifying collaborative behaviours online: training teachers in wikis, in: Antonio Pareja-Lora/Cristina Calle-Martínez/Pilar Rodríguez-Arancón (eds.), New perspectives on teaching and working with languages in the digital era. Dublin Ireland: Research-publishing.net. 129-140. See https://dx.doi.org/10.14705/rpnet.2016.tislid 2014.428 Last accessed 4 November 2016.

Migrant(innen) in der Schweiz: Bedrohung, Bereicherung oder bedürftig?

Ergebnisse einer korpuslinguistischen Diskursanalyse politischer Vorstöße im Schweizer Parlament, 1991-2015

PAULA KRÜGER

Migrationspolitisch hat die Schweiz in den letzten Jahren international vor allem durch die beiden Initiativen gegen den Bau von Minaretten (2009) sowie gegen Masseneinwanderung (2014) von sich reden gemacht. Beide Initiativen wurden vom Volk angenommen und beide sind Ausdruck einer anhaltenden Angst vor Überfremdung. Tatsächlich hat die Schweiz im internationalen Vergleich mit 26 Prozent einen relativ hohen Ausländeranteil (Bundesamt für Statistik 2016); zum Vergleich: Der europäische Durchschnitt liegt – bei deutlichen Unterschieden zwischen den Mitgliedsstaaten – bei knapp 7 Prozent (Statista 2017). Angst vor Überfremdung und Sorgen um die Integration der Migrant(inn)en sind jedoch keine neuen Phänomene in der Schweiz. Wicker (2003: 27) führt die regelmäßige politische Diskussion um Überfremdung sowie die permanenten Integrationssorgen auf die Schweizer Zuwanderungspolitik seit Beginn des Ersten Weltkrieges zurück. Insbesondere habe die »doppeldeutige Politik« seit den 1950er Jahren – liberale Einwanderung aus wirtschaftspolitischen Gründen einerseits und »konservative« Einbürgerungsmöglichkeiten andererseits – den Ausländeranteil ansteigen lassen. Diese »Gastarbeiterpolitik« mit der Idee der Rückkehr der ausländischen Arbeitskräfte in ihre Herkunftsländer sei bis Ende der 1980er Jahre verfolgt worden; seit den 1990er Jahren sei die Migrationspolitik hingegen von der Einsicht gekennzeichnet, dass demografische und wirtschaftliche Gründe Zuwanderung notwendig machen. Allerdings werde hierbei zwischen »erwünschten« und »unerwünschten« Migrant(inn)en unterschieden (Wicker 2003). Dies spiegelt sich in der Dualität des Einwanderungssystems wider: Hier steht die Freizügigkeit für EU/EFTA-Bürger(innen) einer restriktiven Migrationspolitik bezüglich Angehöriger sogenannter Drittstaaten sowie einer zunehmend restriktiven Asylgesetzgebung gegenüber (Lavenex/Manatschal 2014; Wicker 2003). Diese Lösung stelle nach Lavenex und Manatschal (2014: 673) einen Kompromiss zwischen »der anhaltenden Nachfrage der Wirtschaft nach ausländischen Arbeitskräften einerseits und xenophoben Tendenzen der Öffentlichkeit andererseits« dar. Erwünscht sind dabei vor allem Menschen, die über ausreichend Kapital im Sinne Bourdieus (1997) verfügen – das heißt nicht nur über ökonomisches, sondern auch über soziales, kulturelles und symbolisches Kapital; bei ihnen würden keine Integrationsschwierigkeiten angenommen (Wicker 2003). Hierfür spricht, dass seit den 1990er Jahren gesetzgeberische Maßnahmen umgesetzt wurden, die für bestimmte Gruppen zu einer Erleichterung bei der Einbürgerung sowie zur Anerkennung der doppelten Staatsbürgerschaft geführt haben. In dieser Weise geöffnet hat sich die Schweiz jedoch in erster Linie für Westeuropäer(innen). Dies zeige laut Wicker (2003), dass sich die symbolischen Grenzen des Fremdseins verschoben hätten: Südeuropäer(innen), die zuvor noch als »kulturell anders« wahrgenommen worden seien, fänden heute breite Akzeptanz, während Menschen aus afrikanischen oder südosteuropäischen Ländern sowie Muslime »einem starken *cultural othering* ausgesetzt« seien (Wicker 2003: 35, [Herv. i.O.]). Politisch scheint Zuwanderung bzw. scheinen Zugewanderte in der Schweiz somit sowohl als Bereicherung als auch als Bedrohung konstruiert zu werden, abhängig von ihrer Herkunft und ihren Kapitalen.

Eine mit Blick auf den Gesetzgebungsprozess relevante Sprecher- bzw. Diskursgemeinschaft sind die Mitglieder der beiden Kammern des Schweizer Parlamentes – dem National- und dem Ständerat. Diese können mit politischen Vorstößen sowohl die Einführung neuer Gesetze oder Verfassungsbestimmungen beantragen als auch deren Änderung. Darüber hinaus können Berichte oder Auskünfte beim Bundesrat in Auftrag gegeben werden. Nicht alle Vorstöße werden jedoch weiter verfolgt. Hierfür muss sich eine Mehrheit in den vorberatenden Kommissionen der beiden Kammern für die Annahme aussprechen (Lüthi 2014). Die Politiker(innen) werden die Vorstöße daher strategisch formulieren, um die Wahrscheinlichkeit der Annahme derselben zu erhöhen; letztlich ist »politische Kommunikation zu weiten Teilen strategisches Handeln [...], das Zustimmung evozieren soll« (Niehr 2002: 85). Dabei kann die Formulierung der Vorstöße u.a. beeinflussen, ob vermittelt wird, dass Migrant(inn)en eine Bedrohung oder eine Bereicherung für die Schweiz darstellen. Und – geht man davon aus, dass Sprache nicht allein die wahrgenommene Wirklichkeit repräsentiert, sondern auch das Denken über dieselbe prägt (u.a. Spitzmüller/Warnke 2011) – wird hierdurch letztlich auch die Wahrnehmung dieser Personengruppe beeinflusst. Hierbei spielt der lexikalische Kontext, in dem die Wörter verwendet werden, eine entscheidende Rolle.

Ziel der zugrundeliegenden Studie war es zu untersuchen, inwieweit mit der Verwendung der Begriffe ›Ausländer*‹, ›Zuwander*‹, ›Einwander*‹, ›Immigrant*‹ sowie ›Migrant*‹[1] in die Schweiz Zugewanderte in politischen Vorstößen der letzten 25 Jahre (1991-2015) im Schweizer Parlament als Bedrohung oder Bereicherung konstruiert wurden. Hierzu wurden im Rahmen einer korpuslinguistischen Diskursanalyse (Bubenhofer 2008) kontrastierende Keyword- und Kollokationsanalysen durchgeführt, wobei in Bezug auf Letztere im zugrundeliegenden Projekt nicht zwischen Kollokationen und Kookkurrenzen unterschieden wird (Bubenhofer 2008). Es wurden demnach sowohl Ausdrücke analysiert, die signifikant häufiger im Primär- als in einem Referenzkorpus vorkommen (*keywords*), als auch solche, die – in einer definierten Umgebung – überzufällig häufig miteinander auftreten. Untersucht wurden Unterschiede zwischen bestimmten politischen Lagern (rechts-konservative Parteien[2], konservativ-liberale Parteien[3], links-progressive Parteien[4]) und dabei ebenso zwischen den Suchlemmata. Die linguistischen Analysen wurden mit dem LDA-Toolkit v2.7 beta von Vogel (2012) durchgeführt.

Aufgrund des begrenzten Umfangs des vorliegenden Aufsatzes werden hier allein die Ergebnisse der Kollokationsanalysen vorgestellt, die der Keywordanalysen werden an anderer Stelle veröffentlicht.

---

1 Der Asterisk (*) steht bei der Suche innerhalb der Texte als Platzhalter für eine beliebige Anzahl von Zeichen nach dem Suchlemma, sodass auch nach weiteren Wortformen gesucht wird.

2 Hierzu wurden die Schweizerische Volkspartei (SVP, inkl. SVP-Fraktion), die Eidgenössisch-Demokratische Union (EDU), die Lega dei Ticinesi sowie die Schweizer Demokraten gezählt.

3 Hierzu wurden die Christlichdemokratische Volkspartei der Schweiz (CVP), die Bürgerlich-Demokratische Partei Schweiz (BD), die Freisinnig-Demokratische Partei der Schweiz/Die Liberalen (FDP.Die Liberalen) sowie die jeweiligen Fraktionen im Parlament gezählt (CVP-Fraktion, FDP.Liberale-Fraktion, Liberale Fraktion, Grünliberale Fraktion, Fraktion BD).

4 Hierzu wurden die Sozialdemokratische Partei der Schweiz (SP), die Grüne Partei, die Partei der Arbeit, der Landesring der Unabhängigen sowie die jeweiligen Fraktionen im Parlament (SP-Fraktion, Grüne Fraktion) gezählt.

KORPUS

Zur Erstellung des Korpus wurde in der Geschäftsdatenbank des Schweizer Parlamentes (Schweizer Parlament o.J.) nach relevanten Motionen und Postulaten[5] gesucht, die im Text mindestens eines der genannten Suchlemmata enthielten: ›Ausländer*‹, ›Zuwander*‹, ›Einwander*‹, ›Immigrant*‹ sowie ›Migrant*‹. Dabei wurde der Zeitraum der Einreichung der Vorstöße aus zwei Gründen auf den vom 01.01.1991 bis zum 31.12.2015 festgelegt: (1) Die aktuelle Phase der Schweizer Migrationspolitik, die oben beschrieben wurde, hat laut Wicker (2003) in den 1990er Jahren begonnen; (2) dieser Zeitraum wird etwa mittig durch den 11. September 2001 geteilt. Die Anschläge auf das World Trade Center in New York und das Pentagon in Washington führten europaweit zu einer Änderung der Migrations- und Asylpolitik: »Fragen bezüglich Asyl und Einwanderung werden zunehmend unter dem Sicherheitsaspekt betrachtet und bewertet.« (Jahn et al. 2006: 4) Insbesondere mit Blick auf die Frage, ob Migrant(inn)en als Bereicherung oder Bedrohung konstruiert werden, ist der 11. September 2001 somit ein entscheidendes Datum.

Bei der Recherche konnten insgesamt 834 Treffer erzielt werden, mehrheitlich handelte es sich um Motionen (74 %). Da eine Aufbereitung und Analyse aller Dokumente im Rahmen der zugrundeliegenden Studie nicht möglich war, wurde eine Zufallsauswahl von 20 Prozent der Dokumente in die weiteren Analysen eingeschlossen (*n*=176); neun doppelte Dokumente wurden ausgeschlossen (*n*=167). Bezüglich der Vorstoßform ist diese Auswahl repräsentativ für das zugrundeliegende Gesamtkorpus (72 % Motionen), die Teilkorpora spiegeln zudem die Schwankungen in den Trefferzahlen wider, wie sie in Abbildung 1 für den Gesamtkorpus zu entnehmen sind, obwohl Vorstöße bis 2002 mit 37 Prozent im Vergleich zum Gesamtkorpus (31 %) überrepräsentiert waren.

Bezüglich der verschiedenen Suchlemmata lässt sich konstatieren, dass ›Ausländer*‹ über den gesamten Zeitraum hinweg dominiert (62 % der Treffer), während ›Zuwander*‹ (14 %), ›Einwander*‹ (12 %) und ›Migrant*‹ (10 %) etwa die gleiche Anzahl an Treffern erzielt haben. Die wenigsten Treffer konnten mit dem Suchlemma ›Immigrant*‹ erzielt werden (1 %); hierbei handelte es sich zudem ausschließlich um Vorstöße links-progressiver Politiker(innen). Die häufige Verwendung des Ausdrucks Ausländer(in) in den politischen Vorstößen hängt vermutlich zum einen damit zusammen, dass dieser im rechtlichen Kontext üb-

5 Mit einer Motion kann ein Mitglied des National- oder Ständerats den Bundesrat beauftragen, gesetzgeberisch tätig zu werden, mit einem Postulat wird der Auftrag zur Prüfung der Notwendigkeit einer Maßnahme erteilt (Lüthi 2014).

lich ist (z.B. Bundesgesetz über die Ausländerinnen und Ausländer [AuG]); zum anderen fanden sich erst ab 2002 Motionen und Postulate, die das Suchlemma ›Migrant*‹ enthalten. Mit der vorrangigen Verwendung von ›Ausländer*‹ wird die fremde Staatsangehörigkeit der Zugewanderten hervorgehoben, diese Information wird mit den anderen Begriffen nicht übermittelt. Diese verweisen – mit Ausnahme von ›Migrant*‹ – lediglich darauf, dass die Personen in die Schweiz eingewandert sind. ›Migrant*‹ hingegen verweist auf Personen, die wandern bzw. gewandert sind. Laut Scarvaglieri und Zech (2013: 207) handele es sich bei Migration im Gegensatz zur Ein- oder Auswanderung nicht um einen abgeschlossenen Prozess. In dieser Perspektive impliziert Migrant oder Migrantin, dass die Person den ursprünglichen Zielort zumindest potenziell wieder verlässt und weiterwandert.

Die folgende Abbildung zeigt die Zahl der zwischen 1991 und 2015 zum Thema Ausländer(innen) eingereichten und in der Geschäftsdatenbank des Schweizer Parlamentes abrufbaren Motionen und Postulate.

Abbildung 1: Trefferzahlen, differenziert nach Jahr des Einreichens des Vorstoßes (Gesamtkorpus und Teilkorpora)

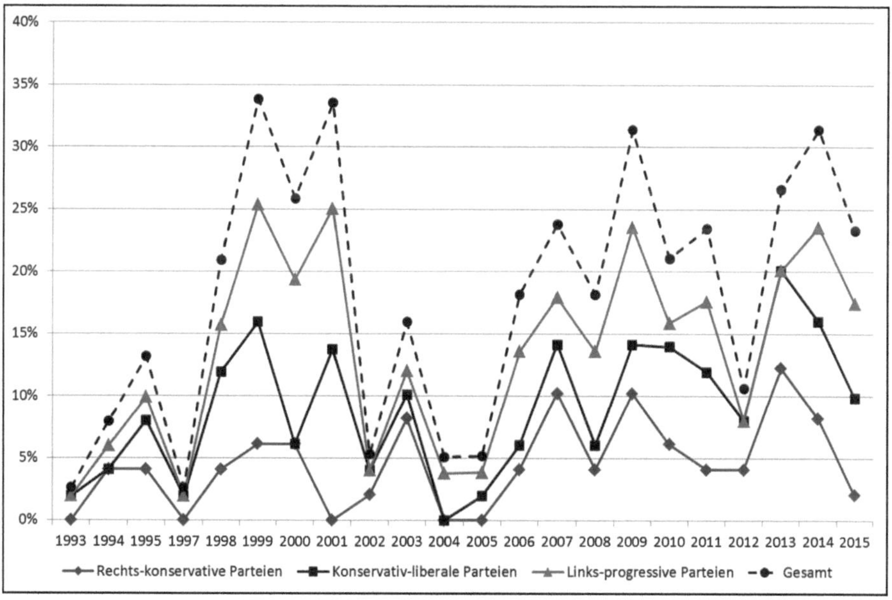

Quelle: Eigene Abbildung

Wie der Abbildung 1 zu entnehmen ist, sind zu Beginn der 1990er Jahre weniger Motionen und Postulate zum Thema Ausländer(innen) eingereicht worden als in den Folgejahren; ein erster Anstieg findet sich zwischen 1998 und 2001, der vermutlich auf die Verhandlungen über, die Unterzeichnung von (Juni 1999) und schließlich auf die Volksabstimmung über das Abkommen über die Personenfreizügigkeit zwischen der EU und der Schweiz im Mai 2000 zurückzuführen ist. 2002 trat dieses in Kraft. Zu dieser Zeit finden sich auch erste Treffer für ›Migrant*‹. Bemerkenswerterweise finden sich im Folgejahr der Anschläge in New York und Washington deutlich weniger Motionen und Postulate zum Thema Ausländer(innen); ab 2006 schwanken die Trefferzahlen zwar noch, jedoch erneut auf einem höheren Niveau als zwischen 2002 und 2006. Auch dies hängt vermutlich mit dem Thema Personenfreizügigkeit zusammen, da das Abkommen 2006 auf die zehn EU-Mitgliedsstaaten ausgeweitet worden ist, die 2004 der EU beigetreten sind (u.a. Estland, Malta, Polen). 2009 befürwortete das Schweizer ›Stimmvolk‹ die Weiterführung des Abkommens sowie seine nochmalige Ausdehnung auf Bulgarien und Rumänien, was die hohe Zahl an Vorstößen in diesem Jahr erklären kann.

Der Beitritt Kroatiens zur EU und die folgenden Verhandlungen zur Ausdehnung des Personenfreizügigkeitsabkommens auf Kroatien, führten wahrscheinlich zum erneuten Anstieg der Vorstoßzahlen ab 2013. Diese wurden zwar im Juli 2013 abgeschlossen, durch die Annahme der Masseneinwanderungsinitiative im Februar 2014 konnte der Bundesrat das Protokoll III zu Kroatien jedoch nicht unterzeichnen. Dies war erst im März 2016 möglich. Im Juni 2016 hat das Schweizer Parlament den Bundesrat ermächtigt, das Protokoll zu ratifizieren, sofern mit der EU eine Regelung zur Steuerung der Zuwanderung gefunden wird, die mit der Schweizer Rechtsordnung vereinbar ist (Schweizerische Eidgenossenschaft 2017). Dies war im Dezember 2016 der Fall; das Protokoll trat am 01. Januar 2017 in Kraft (Bundesrat 2016).

Insgesamt scheint somit die Häufigkeit der Motionen und Postulate zu Themen bezüglich Zugewanderten in erster Linie von den Verhandlungen der Schweiz mit der EU bezüglich des Personenfreizügigkeitsabkommens bestimmt zu sein; die Anschläge in den USA vom 11. September 2001 scheinen hingegen – anders als vielfach vermutet – keinen Einfluss hierauf gehabt zu haben. Die genannten politischen Entwicklungen können ebenso die Schwankungen in den Vorstoßzahlen der drei politischen Lager erklären, die alle dem skizzierten Verlauf folgen (vgl. Abbildung 1). Die linguistischen Analysen werden zeigen, inwieweit sich die genannten politischen Entwicklungen auch im typischen Sprachgebrauch der Politiker(innen) in den analysierten Vorstößen widerspiegeln.

ERGEBNISSE

Das LDA-Toolkit bietet mit der kontrastierenden Kollokations- bzw. Kookkurrenzanalyse die Möglichkeit, »korpusbedingte Unterschiede der Kookkurrenzprofile« (Vogel 2012: 139) herauszuarbeiten. Im Folgenden werden bei der Kollokationsanalyse somit die Teilkorpora der drei politischen Lager einander gegenübergestellt. Die Kollokationsspanne um die jeweiligen Suchlemmata wurde auf sieben Wörter rechts und sieben Wörter links von ihnen festgelegt. Berücksichtigt wurden ausschließlich statistisch signifikante Kookkurrenzen bzw. Kollokationen ($\chi^2 \geq 3{,}84$, $P \geq 95$ %). Die Suche wurde auf die folgenden Wortarten beschränkt: Adjektive (ADJ), Adverbien (ADV), »normale Nomen« (NN)[6], Voll- (VV) und Modalverben (VM). Bei der Darstellung der Ergebnisse werden die jeweiligen signifikanten Kookkurrenzpartner der Suchlemmata kleingeschrieben und kursiv gesetzt, die Themenbereiche, auf die sie verweisen, in Kapitälchen.

Rechts-konservative Parteien

Signifikante Kollokationspartner im Teilkorpus ›rechts-konservative Parteien‹ konnten zu den folgenden Suchlemmata gefunden werden: ›Ausländer*‹, ›Migrant*‹ und ›Einwander*‹; zu ›Immigrant*‹ fanden sich in keinem der Teilkorpora signifikante Kookkurrenzpartner.

Zu den Kollokationen von ›Ausländer*‹ zählten Ausdrücke, die auf den *(rechtlichen) Aufenthaltsstatus* der Ausländer(innen) oder ihren *Aufenthaltsort* mit Blick auf ihre Ein- und Ausreise verweisen: *einbürgerungen*, *eingebürgerten*, *hier*, *ansässigen*, *niederlassung*, *niederlassungsbewilligung* und *bewilligung* auf der einen Seite sowie *ausreise* und *ausgereisten* auf der anderen Seite (vgl. Abbildung 2). *Zuwanderer* unterstreicht, dass es sich um Fremde handelt, die von außen gekommen sind; so wie *einwanderer* als einziger signifikanter Kookkurrenzpartner von ›Einwander*‹. Weitere Kollokationen zu ›Ausländer*‹ können den folgenden thematischen Kategorien zugeordnet werden:

- Recht/Kriminalität (rechtswidrig, rechtsordnung, strafdrohung)
- Wirtschaftliche Interessen (erwerbstätigkeit, mehrwert, arbeitslos) sowie
- Ausländeranteil unter bestimmten Personengruppen (einer Straftat Beschuldigter, Studierende) (*total*, *prozent*) (vgl. Abbildung 2)

6 »Normale Nomen« sind in der Stuttgarter-Tübinger-Tagging-Liste Nomen, die keine Eigennamen sind.

Abbildung 2: Signifikante Kookkurrenzpartner von ›auslaender‹ im Teilkorpus ›rechts-konservative Parteien‹ ($\chi^2 \geq 3{,}84$, $P \geq 95$ %)*[7]

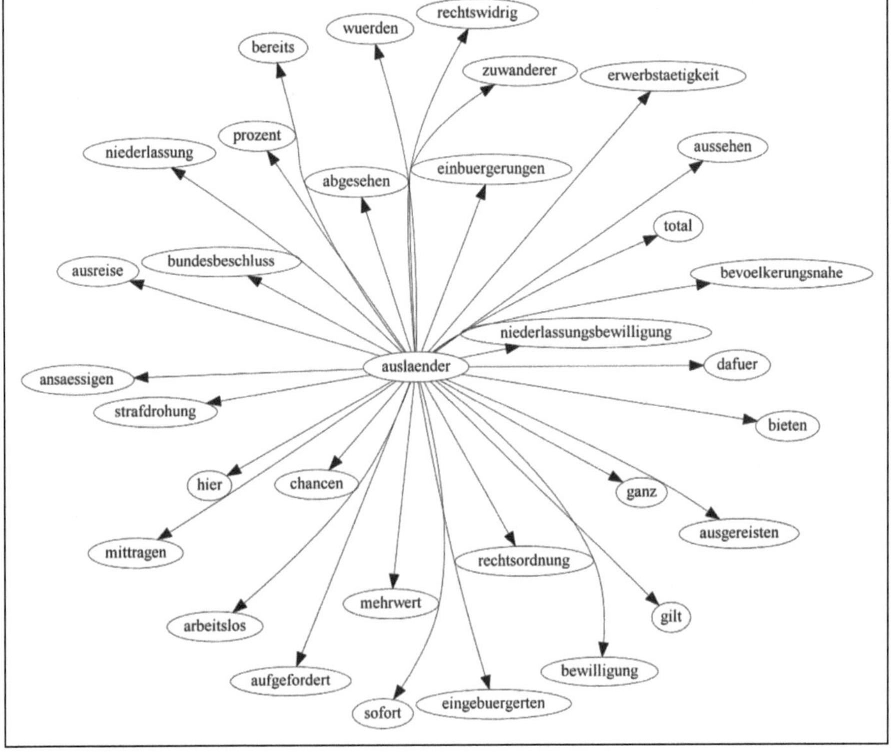

Quelle: Eigene Abbildung

Die Kotextanalysen von *mittragen*, *abgesehen* und *gilt* zeigen, dass diese ebenfalls auf das Thema *Recht/Kriminalität* rekurrieren (Mittragen der Rechtsordnung, kann von Bestrafung abgesehen werden, die Strafdrohung gilt/ Bürgerrecht: Forderung der Bereitschaft zur Aufgabe der ausländischen Staatsbürgerschaft gilt insbesondere für ...) sowie *bereits* auf den *Ausländeranteil* unter bestimmten Personengruppen, *bieten* auf *wirtschaftliche Interessen* (Mehrwert bieten) und *sofort* auf die Frage des *Aufenthaltes* der Ausländer(innen) (sofort

7 Die Wort-Netze zur Darstellung der Kotextprofile (Abbildung 2-7) wurden mit dem Programm Graphviz – Graph Visualization Software erstellt (http://www.graphviz.org).

ausschaffen). Die beiden Adverbien sofort und bereits unterstreichen dabei die Dramatik oder Dringlichkeit des jeweiligen Themas.

Die signifikanten Kollokationen zu ›Ausländer*‹ sprechen somit für eine Konstruktion von Ausländer(inne)n als Bedrohung für die Schweizer Gesellschaft in den Vorstößen der rechts-konservativen Politiker(innen) – Bedrohung durch den hohen Ausländeranteil, Kriminalität sowie Arbeitslosigkeit. Kookkurrenzpartner, die auf Ausländer(innen) als Bereicherung verweisen, waren hingegen in der Minderheit (*mehrwert, bieten, chancen*). Die Verantwortung dafür, ob die Zugewanderten eine Bedrohung oder eine Bereicherung darstellen, scheint dabei ihnen selbst zugeschrieben zu werden, insofern es auf ihr Verhalten bzw. ihre Eigenschaften (kriminell, arbeitslos) zurückgeführt wird. Die Kookkurrenzpartner *bundesbeschluss* und *aufgefordert* verweisen hingegen auf die Zuständigkeit des Bundes, etwas gegen die skizzierte Bedrohung zu tun. Entsprechend zeigt die Betrachtung der Kotexte des Kookkurrenzpartners *würden*, durch dessen Verwendung sprachlich Zweifel an den gemachten Aussagen markiert werden, Kritik, die die Politiker(innen) an der jeweils aktuellen Migrationspolitik üben. So wurde zum einen scheinbar die Möglichkeit »bevölkerungsnahe[r] Kriterien zur Integration von Ausländerinnen und Ausländern« (Postulat 10.3667) ausgezweifelt, zum anderen wurde den politischen Gegnern vor Augen geführt, dass ihr Argument, »arbeitslos gewordene Ausländer [würden] wieder in ihr Heimatland zurückkehren« falsch war. »Genau das Gegenteil [sei] nun der Fall« (Motion 09.4024).

Die signifikanten Kollokationen zu ›Migrant*‹ rekurrieren auf ein neues Thema, das der steigenden (*zahl, anzahl, zunehmenden*) bzw. der zu definierenden optimalen ZAHL VON MIGRANT(INN)EN in der Schweiz (*definiert, soll, optimale, anzahl*) und der damit verknüpften Frage nach der *umsetzbarkeit* eines *harmonischen Integrationsprozesses*, wie die Kotextanalysen der letzten beiden Kookkurrenzpartner zeigen (vgl. Abbildung 3). Auch hierdurch wird wieder eine Drohkulisse entworfen – die der Überfremdung.

Abbildung 3: Signifikante Kookkurrenzpartner von ›migrant‹ im Teilkorpus ›rechts-konservative Parteien‹ ($\chi^2 \geq 3{,}84$, $P \geq 95$ %)*

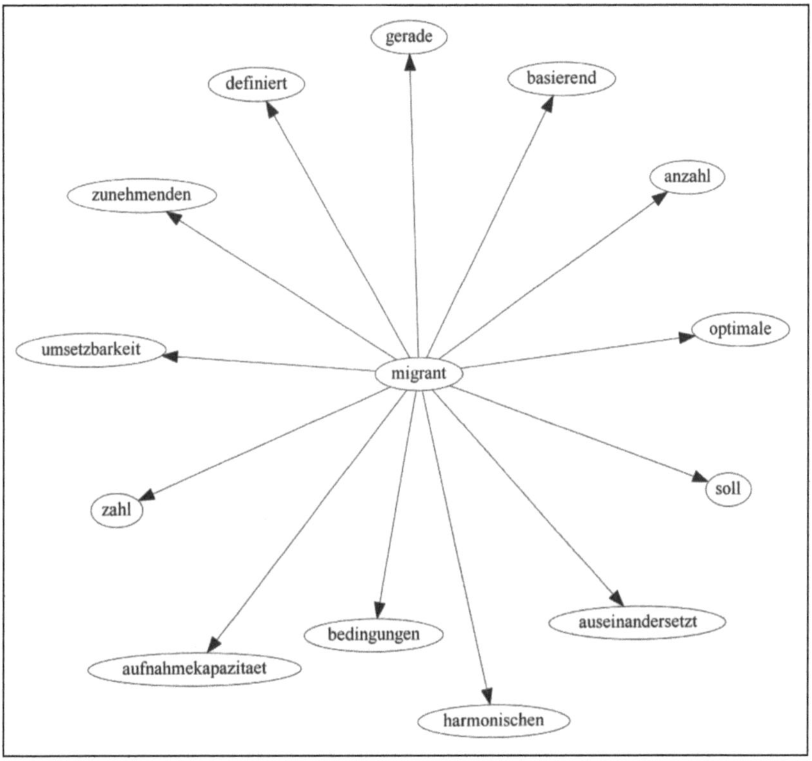

Quelle: Eigene Abbildung

Die Betrachtung der Kotexte von *einwanderer* als einziger signifikanter Kookkurrenzpartner von ›Einwander*‹ in den Motionen und Postulaten der rechtskonservativen Politiker(innen) verdeutlicht die Unterscheidung zwischen ›erwünschten‹ Einwanderern aus EU-Ländern und ›unerwünschten‹ aus Drittländern sowie illegalen Einwanderern (*n*=9), die insbesondere aus Afrika und aus »kulturfremden Ländern« (Motion 02.3616) stammten. Dabei wurde auf die Gefahr hingewiesen, dass die Schweiz für illegale Einwanderer immer attraktiver werde, wenn die Asylgesetzgebung nicht geändert werde (Motion 02.3616), bzw. dass

»[i]n Zukunft [...] die Gefahr [droht], dass die Schweiz wegen ihren grosszügigen Regelungen zu einem Sammelbecken für Einwanderer wird, welche in anderen Staaten abgelehnt wurden, da sie deren Einwanderungsbedingungen nicht erfüllen.« (Motion 10.4144)

Gefordert wird daher zum einen eine Änderung des Asylgesetzes, zum anderen, dass

»[d]ie Zuwanderer [...] bestimmte Voraussetzungen für eine Einwanderung in die Schweiz erfüllen [müssen]. Dazu gehören vor allem sehr gute Sprachkenntnisse (Test), eine qualifizierte Ausbildung und eine umfangreiche Berufserfahrung. Für hochqualifizierte Fachkräfte und für Mangelberufe muss es Ausnahme-Regelungen geben. Damit hat die wirtschaftliche und soziale Integration der neuen Einwanderer hier in der Schweiz massiv bessere Chancen auf Erfolg. Nicht weniger wichtig ist auch die Frage der finanziellen Absicherung der Einwanderer. Dazu könnte z. B. eine Einzahlung auf ein spezielles Bankkonto zählen oder ein Mindesteinkommen. Mit dieser neuen Regelung leisten die Einwanderer einen wichtigen Beitrag zum Wohlstand der Schweiz, da unsere Wirtschaft qualifizierte und gut ausgebildete Fachkräfte braucht.« (Motion 10.4144)

Willkommen sind somit hochqualifizierte, integrationswillige und finanziell abgesicherte Personen, die für die Schweiz einen wirtschaftlichen Mehrwert darstellen. Dabei wird allerdings nicht – wie man annehmen könnte – eine Erweiterung des Personenfreizügigkeitsabkommens mit der EU verlangt, sondern im Gegenteil »die Einführung von Kontroll- und Regulierungsmechanismen zur Steuerung der Einwanderung aus EU- und Drittländern [...], um eine übermäßige Einwanderung infolge der Personenfreizügigkeit zu verhindern« (Motion 09.4272).

Zusammen mit den ausgewählten Suchlemmata treten in den Vorstößen der rechts-konservativen Politiker(innen) somit in erster Linie überzufällig häufig Ausdrücke auf, die auf Kriminalität durch Ausländer(innen) sowie eine zunehmende Zahl von Migrant(inn)en verweisen. Dabei zeigen sich insofern Unterschiede zwischen den Suchlemmata ›Ausländer*‹ und ›Migrant*‹, als Ersteres eher in Verbindung mit den Themen (rechtlicher) Aufenthaltsstatus von Ausländer(inne)n, Kriminalität und wirtschaftliche Interessen auftritt, während Letzteres mit der Zahl von Migrant(inn)en und deren Begrenzung verknüpft wird. Diese Unterschiede im typischen Sprachgebrauch der rechts-konservativen Politiker(innen) könnten darauf zurückzuführen sein, dass der Ausdruck Ausländer(innen) eine fremde Staatsbürgerschaft impliziert und somit den Status des Fremdseins besonders betont. Darüber hinaus ist er – wie gesagt – im rechtlichen Kontext üblich (z.B. AuG). Der Begriff Migrant(inn)en umfasst hingegen grundsätzlich auch eingebürgerte Zuwanderer, so dass mit dem Ausdruck auf eine zahlenmäßig größere Gruppe verwiesen wird, zu denen auch jene zählen, die als integriert gelten. Zugleich bestärkt die höhere Zahl das Gefühl der Überfremdung.

Konservativ-liberale Parteien

Im Vergleich mit den Kollokationen von ›Ausländer*‹ in den Vorstößen der rechts-konservativen Politiker(innen) fällt mit Blick auf das Teilkorpus ›konservativ-liberale Parteien‹ auf, dass sich weniger Ausdrücke finden, die auf den (RECHTLICHEN) AUFENTHALTSSTATUS rekurrieren: *ausländerin*, *asylsuchende*, *irregulär anwesende* sowie *schweizern*. Darüber hinaus verweisen diese Kookkurrenzpartner auf die Personengruppen, um die es in den Vorstößen konservativ-liberaler Politiker(innen) signifikant häufiger ging als in denen der Vertreter(innen) der anderen beiden politischen Lager (vgl. Abbildung 4). Während die Kollokationspartner *unternehmen*, *immobilieninvestitionen*, *ausbildung* sowie *praktische* [Ausbildung] auf den *wirtschaftlichen Mehrwert* der Ausländer(innen) für die Schweiz verweisen, rekurrieren die folgenden Ausdrücke auf PROBLEME: *mangelhaft*, *ausländerprobleme*, *legalverhalten*, *informationsdefizit* [bezüglich des Legalverhaltens von Ausländer(inne)n], *bekämpfung* [von Drogenhandel bzw. Zwangsheirat], *irregulär*. Auch *religiöse* kann hier zugeordnet werden, da hier nach den »Zulassungsregeln für Ausländerinnen und Ausländer, die eine religiöse Betreuungs- und/oder Lehrtätigkeit ausüben« (Postulat 10.3069) gefragt wurde; diese müssten besondere Integrationserfordernisse erfüllen. Die Analyse der Kotexte von *personen* und *ziel* zeigt, dass beide ebenfalls auf die genannten Themenbereiche verweisen: *wirtschaftlicher Mehrwert* (Zielland für Immobilieninvestitionen von Ausländern, Personenfreizügigkeitsabkommen) und PROBLEME (schwer integrierbare Personen, Scheinehe mit dem Ziel der Erlangung einer Aufenthaltsbewilligung). Das Adverb *teilweise* verweist ebenfalls auf Probleme mit »teilweise mangelhaft integrierten« Ausländer(inne)n. *Frauenfragen* nimmt hingegen Bezug auf einen anderen Diskurs und meint die bestehende Kommission für Frauenfragen (vgl. Abbildung 4).

Wie die Kotextanalyse zeigt, unterstreicht das Adjektiv *offensichtlich* in diesem Zusammenhang sowohl die Erkennbarkeit des Attraktivitätsverlustes der Schweiz für ausländische Immobilieninvestor(inn)en sowie Probleme bei der Verhinderung von Scheinehen, da diese schwer zu erkennen und Ehen in offensichtlichen Missbrauchsfällen bereits geschlossen seien. *Offensichtlich* verweist hier somit auf die Dringlichkeit von Gegenmaßnahmen bzw. auf die Prüfung der Wirksamkeit bisheriger Maßnahmen. Die folgenden Kollokationen zu ›Ausländer*‹ verweisen hingegen auf mögliche *Zuständige Gruppen bzw. Stellen* in der Bearbeitung der aufgezeigten Probleme: *eidgenössische*, *Kommission*, *justiz*, *arbeitsgruppe*, *ausländerbehörden*, *stellen*, *AHV* [Alters- und Hinterlassenenversicherung].

Abbildung 4: Signifikante Kookkurrenzpartner von ›auslaender‹ im Teilkorpus ›konservativ-liberale Parteien‹ ($\chi^2 \geq 3{,}84$, $P \geq 95$ %)*

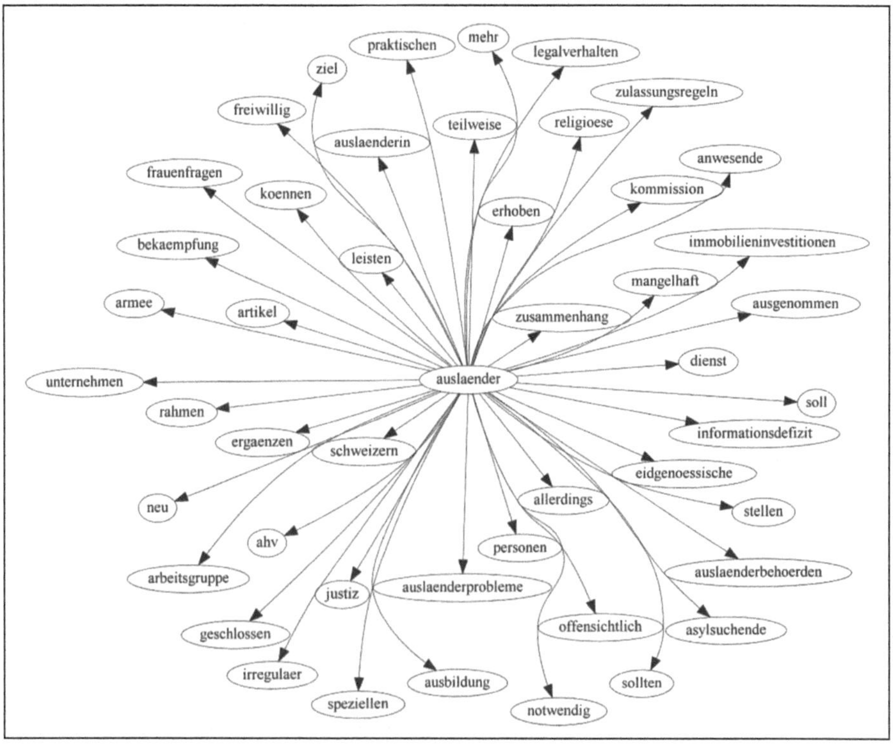

Quelle: Eigene Abbildung

Weitere signifikante Kollokationen beziehen sich auf Forderungen der Politiker(innen): So nehmen *artikel*, *ergänzen*, *neu*, *speziellen* [Maßnahmen bzw. Ausländergesetzgebung] auf *Gesetze* und die Forderung nach neuen, speziellen bzw. nach Änderung bestehender Gesetze Bezug, wie die Betrachtung der jeweiligen Kotexte zeigt. Auch hierbei standen wirtschaftliche Interessen im Vordergrund. *soll* und *sollten* rekurrieren beide auf die Aufforderung, der Bundesrat solle etwas Bestimmtes tun, oder auf bestimmte Wünsche der Politiker(innen) reagieren und verweisen damit implizit auf die zugrundeliegende Textsorte. Die Ausdrücke *rahmen* und *zusammenhang* nehmen auf bestimmte umgrenzte Kontexte Bezug, in denen eine Änderung vollzogen werden sollte. Mit Blick auf bisherige Maßnahmen zur Integration von Ausländer(inne)n wurde die Untersuchung der Wirkung derselben verlangt (*erhoben*) (vgl. Abbildung 4). Im Vergleich zu den Kollokationen der Suchlemmata in den Vorstößen der Vertreter(innen) rechtskonservativer Parteien verweisen die konservativ-liberaler Politiker(innen) somit häufiger auf konkrete Forderungen sowie auf Integrationsmöglichkeiten für Migrant(inn)en, wie die Kotextanalyse der Kollokationen *freiwillig*, *dienst*, *leisten*, *ausgenommen* und *armee* zeigt: Diese beziehen sich zum einen nicht allein auf Ausländer(innen), sondern ebenso auf Schweizerinnen: »Schweizerinnen können freiwillig Dienst leisten« (Motion 12.4114). Zum anderen beziehen sie sich darauf, dass Ausländer(innen) – ausgenommen in der Armee – freiwillig [Zivil-] Dienst leisten können (Motion 12.4114). Hiermit würde es Ausländer(inne)n ermöglicht, sich gesellschaftlich zu engagieren und zu integrieren.

Die signifikanten Kollokationen zu ›Migrant*‹ im Teilkorpus der Vorstöße der Vertreter(innen) konservativ-liberaler Parteien nehmen auf verschiedene Themen Bezug, wie die Kotextanalysen zeigen: Zum einen auf den *(Rechtlichen) Aufenthaltsstatus/Aufenthaltsort* von Migrant(inn)en (*flüchtling/migrant*, *asylbewerbern*, *rückkehr*, [im Heimatland] *bleiben* [können], *heimatländern*, *ländern*, [Schengen] *raum*, *umsiedlung* [ersparen]) und das Thema HERKUNFT (*schweizer*, *afrikanischen*, [völlig anderen] *kulturkreis*), zum anderen auf die Themen *wirtschaftliche Interessen* (*arbeiten*, *unternehmen*, *unternehmern*, *einstellen*, *ausbildungsplätze*) sowie benötigte *Ressourcen* (*finanzielle*, *personelle*, *ressourcen*, *rahmenkredits*, *geldern* [der Entwicklungshilfe]) (vgl. Abbildung 5).

Betrachtet man die Kotexte der Ausdrücke genauer, zeigt sich allerdings, dass zwar wirtschaftliche Interessen thematisiert werden, jedoch mit dem Ziel, »innenpolitische Konflikte zu vermeiden [und] Asylbewerbern sowie Migranten die Umsiedlung in einen völlig anderen Kulturkreis zu ersparen« (Motion 98.3585). Hierzu sollen Schweizer Unternehmen in den Herkunftsländern der Migrant(inn)en die Möglichkeit erhalten, Migrant(inn)en einzustellen, von Geldern der Entwicklungshilfe zu profitieren und damit den Migrant(inn)en eine wirtschaftliche Perspektive in ihren nordafrikanischen Heimatländern zu bieten (vgl. Postulat 11.3274). Es geht somit nicht um Migrant(inn)en, die der Schweiz einen wirtschaftlichen Nutzen durch deren Immigration in die Schweiz verschaffen, sondern um potenzielle Migrant(inn)en aus afrikanischen Ländern, denen Entwicklungshilfe zuteil wird, sodass sie der Schweizer Wirtschaft nutzen können, ohne selbst zuzuwandern. Mit dem gleichen Ziel – Reduktion der Zahl von Asylgesuchen und *irregulärer* Zuwanderung – sollen Gelder für die Rückkehr von Migrant(inn)en sowie in Ausbildungsplätze in den Herkunftsländern derselben fließen (vgl. Postulat 11.3699).

Abbildung 5: Signifikante Kookkurrenzpartner von ›migrant‹ im Teilkorpus ›konservativ-liberale Parteien‹ ($\chi^2 \geq 3{,}84$, $P \geq 95$ %)*

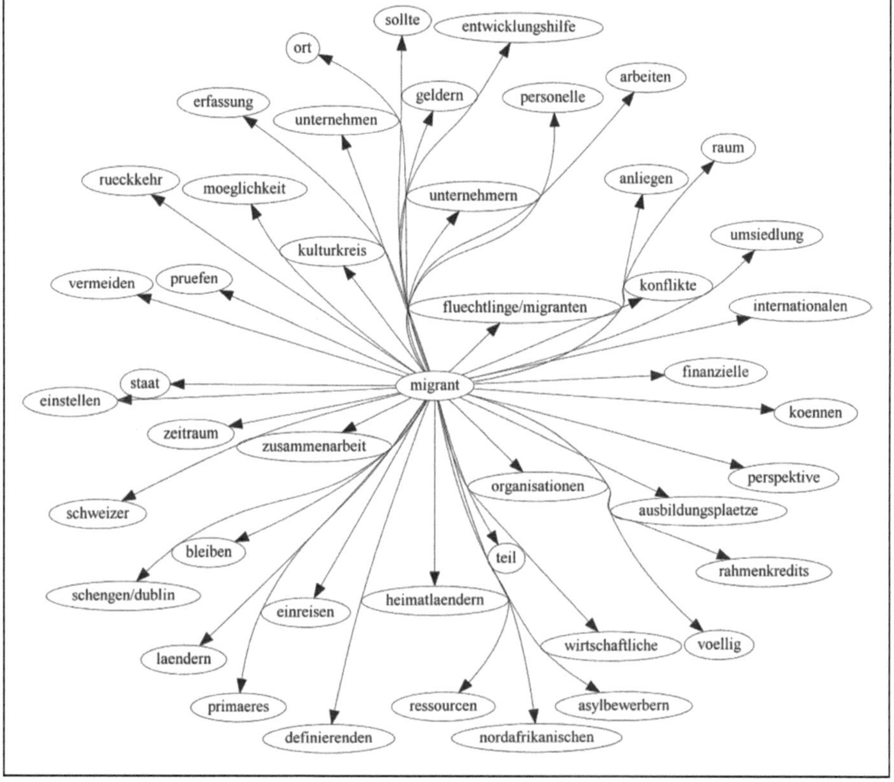

Quelle: Eigene Abbildung

Die signifikanten Kollokationen zu ›Einwander*‹ rekurrieren auf die Schweizer Einwanderungspolitik und deren Auswirkungen – insbesondere mit Blick auf den Arbeitsmarkt, jedoch ebenso auf die Zahl der Asylgesuche: *einwanderungspolitik, auswirkungen, asylgesuche, wirtschaftlichen, kohärenten* [Einwanderungspolitik]. Gefordert wurde eine Ausdehnung des Personenfreizügigkeitsabkommens auf die zehn mittel- und osteuropäischen Staaten (u.a. Bulgarien, Ungarn), die sich auf einen EU-Beitritt beworben hatten und dann 2004 auch beigetreten sind (vgl. Motion 01.3493). Es müsse

»eine Einwanderungspolitik geführt werden, die diesen Namen verdient und gewisse Prinzipien beachtet. Insbesondere geht es dabei um folgende Punkte:

1. die Sicherung einer kohärenten Einwanderungspolitik mit regelmässiger Auswertung ihrer Auswirkungen auf die Asylgesuche, die illegale Einwanderung und die wirtschaftliche, soziale und demographische Entwicklung; [...]« (Motion 01.3493).

Als Begründung wird »[d]ie Zunahme der Schwarzarbeit und die illegale Einwanderung sowie Asylgesuche aus hauptsächlich wirtschaftlichen und deshalb ungenügenden Gründen« (Motion 01.3493) angeführt. Eine solche Migrationspolitik entspreche nicht nur »wirtschaftlichen Interessen unseres Landes, sondern [berücksichtigt] auch den Geburtenrückgang [...] und [steht] im Zeichen der Zusammenarbeit mit den Herkunftsländern« (Motion 01.3493).

Wie die Kotextanalysen zeigen, thematisieren die signifikanten Kollokationen zu ›Zuwander*‹ als Ziele (*soll*) die eigenständige Steuerung durch und die Reduzierung der Zuwanderung in die Schweiz (*eigenständig*, *steuern*) sowie die Auswirkungen einer Ausdehnung des Personenfreizügigkeitsabkommens (*mai*). Insgesamt verweisen sie somit auf die Forderung nach der Eigenständigkeit der Schweiz bezüglich ihrer Einwanderungspolitik.

Die kontrastierenden Kollokationsanalysen zu den ausgewählten Suchlemmata weisen somit insgesamt auf wirtschaftliche Interessen als thematischen Schwerpunkt der Vorstöße konservativ-liberaler Politiker(innen) im Vergleich zu denen der Vertreter(innen) der anderen beiden politischen Lager hin. Allerdings zeigt sich hier deutlich eine Trennung in ›erwünschte‹ und ›unerwünschte‹ Migrant(inn)en: Während hoch qualifizierte Fachkräfte aus EU-Ländern willkommen sind, sollen mit Blick auf Asylsuchende und illegal Eingereiste Maßnahmen ergriffen werden, die ihre Einwanderung in die Schweiz verhindern, wobei sie gleichzeitig durch entsprechende Investitionen in den Heimatländern der Schweizer Wirtschaft dienen sollen. Bemerkenswerterweise rekurrieren hier die Kookkurrenzen von ›Ausländer*‹ auf einen wirtschaftlichen Mehrwert derselben, während die zu ›Migrant*‹ auf die ›unerwünschten‹ Zuwanderer verweisen.

Links-progressive Parteien

Die signifikanten Kollokationen zu ›Ausländer*‹ in den Motionen und Postulaten links-progressiver Politiker(innen) nehmen im Vergleich mit denen der Vertreter(innen) der anderen beiden politischen Lager in erster Linie auf die INTEGRATION von Ausländer(inne)n Bezug sowie auf entsprechende Maßnahmen und deren Kosten: *integration*, *sprachkurse*, *finanzielle*. Im Gegensatz zu den konservativen Politiker(innen) scheinen die links-progressiven die *Zuständigkeit* für eine gelingende Integration jedoch nicht bei den Migrant(inn)en, sondern auf Ebene der *kantone* bzw. bei speziellen *büro(s)* zu verorten. Die signifikanten Kookkurrenzpartner *ausländerinnen* und *lebenden* rekurrieren auf die Zugewanderten und ihren Aufenthalt, *jungen* auf eine bestimmte Altersgruppe von Ausländer(inne)n. *straftat* und *begangen* nehmen hingegen auf das Thema *Kriminalität* Bezug (vgl. Abbildung 6). Die Analyse der Kotexte der letzten drei Kookkurrenzpartner zu ›Ausländer*‹ zeigt allerdings, dass hierbei nicht auf ›unerwünschte‹ Ausländer(innen), sondern auf zu beschützende Personengruppen verwiesen wird: junge Ausländer(innen) sowie solche, »die keine andere Straftat begangen haben als sich illegal in der Schweiz aufgehalten oder kein Asyl erhalten zu haben« (Motion 11.3953). Letztere sollten nicht mehr den Zwangsmaßnahmen nach Abschnitt 5 des Ausländergesetzes unterliegen. *Dahingehend*, *ändern* und *konkretisieren* rekurrieren auf Forderungen der Politiker(innen); die Kotexte zeigen, dass hierbei die Änderung oder Konkretisierung von Gesetzestextes gefordert wird.

Abbildung 6: Signifikante Kookkurrenzpartner von ›auslaender‹ im Teilkorpus ›links-progressiver Parteien‹ ($\chi^2 \geq 3{,}84$, $P \geq 95$ %)*

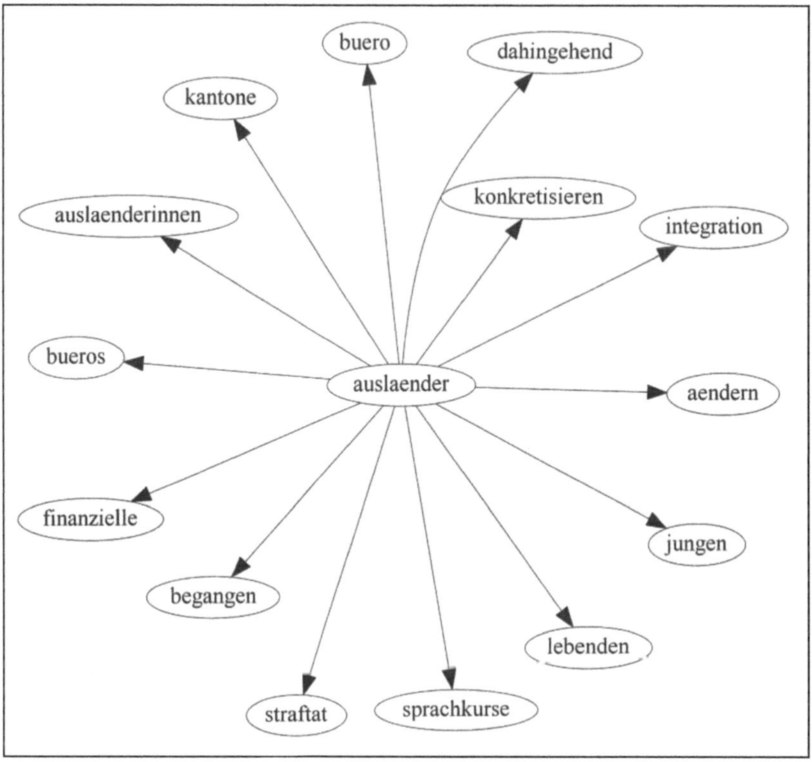

Quelle: Eigene Abbildung

Wie im Teilkorpus der Vorstöße der konservativ-liberalen Politiker(innen) sind *teil* und *soll* ebenfalls signifikante Kookkurrenzpartner von ›Migrant*‹ in den Vorstößen von Vertreter(inne)n links-progressiver Parteien. Die Betrachtung der Kotexte derselben zeigt jedoch, dass sie sich hier auf eine andere Forderung beziehen: So sollen Arbeitgeber(innen) die Zeit, die Migrant(inn)en für die Teilnahme an Sprachkursen aufwenden, als Arbeitszeit bezahlen. Dies ermögliche den Migrant(inn)en erst die Teilnahme an den Kursen, die zentral für deren Integration seien. Zwar sei es »in bestimmten Fällen möglich [...], diese Sprachkurse zur Pflicht zu machen (insbesondere durch Integrationsvereinbarungen), [...] dies erfolge faktisch [jedoch, *Anmerkung der Autorin*] nur für einen geringen Teil außereuropäischer Migrantinnen und Migranten.« (Postulat 08.3817) *teil* rekurriert somit nicht allein auf einen Anteil von einem Ganzen, sondern ebenfalls auf teilnehmen, mitmachen.

Abbildung 7: Signifikante Kookkurrenzpartner von ›einwander‹ und ›zuwander*‹ im Teilkorpus ›links-progressive Parteien‹ ($\chi^2 \geq 3{,}84$, $P \geq 95$ %)*

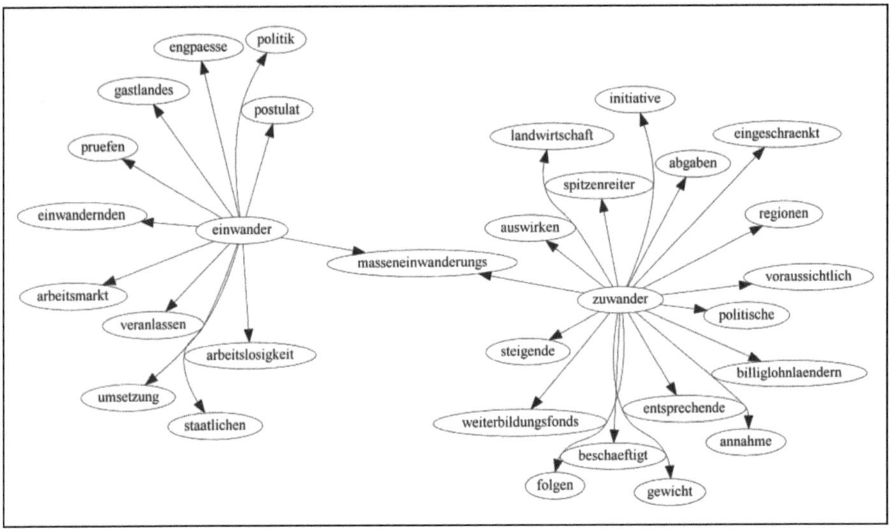

Quelle: Eigene Abbildung

Die Betrachtung der Kotexte der signifikanten Kollokationen zu ›Zuwander*‹ zeigt, dass diese hingegen zum einen auf die Thematisierung der *Folgen bestimmter politischer und wirtschaftlicher Entwicklungen* verweisen:

- Annahme der Masseneinwanderungsinitiative (*annahme*, *masseneinanderungs*, *initiative*, *voraussichtlich*, *eingeschränkt*, *folgen*)

- Arbeitsbedingungen in der Landwirtschaft (*landwirtschaft, spitzenreiter, billiglohnländern*)
- unterschiedliche wirtschaftliche Entwicklung Schweizer Regionen (*auswirken, politische, gewicht, regionen*)

Zum anderen nehmen sie auf geeignete Maßnahmen Bezug, um der steigenden Zahl arbeitsloser Migrant(inn)en entgegenzuwirken – die Weiterbildung zugewanderter Arbeitskräfte auf Kosten der Arbeitgeber(innen) (*entsprechende, abgaben, weiterbildungsfonds, steigende*) (vgl. Abbildung 7). Damit wird die Verantwortung für eine gelingende Integration erneut nicht bei den Migrant(inn)en selbst, sondern bei ihren Arbeitgeber(inne)n gesehen. Demnach verweisen die Kookkurrenzpartner insgesamt in erster Linie auf Ursachen und Wirkungen mit Blick auf Zuwanderung: Die Annahme der Masseneinwanderungsinitiative beschränke voraussichtlich die Zuwanderung und führe zu einem Fachkräftemangel (Postulat 15.4111), aufgrund der schlechten Arbeitsbedingungen und tiefen Löhne sei die Landwirtschaft »Spitzenreiter bei der Zuwanderung aus den EU-10-Billiglohnländern« (Motion 10.3677),

> »[e]ine divergierende wirtschaftliche Entwicklung wird sich langfristig auch auf die politische Situation der Schweiz auswirken:
> a. Durch Ab- und Zuwanderung wird sich das politische Gewicht von Regionen und Kantonen verändern.« (Postulat 06.3327)

Wie der Abbildung 7 zu entnehmen ist, ist die *masseneinwanderungs*-Initiative der verbindende Kookkurrenzpartner von ›Zuwander*‹ und ›Einwander*‹. Im Postulat 14.3230 »Nichtdiskriminierende Umsetzung der Masseneinwanderungs-Initiative« wurde der Bundesrat gebeten

> »zu prüfen, wie für die Umsetzung der Masseneinwanderungs-Initiative eine referendumsfähige Vorlage erarbeitet werden kann, welche die Weiterführung der bilateralen Verträge ermöglicht, Steuer- und Standortdumping reduziert, anstatt Kontingente anzuwenden, und die flankierenden Massnahmen verstärkt und ausdehnt.« (Postulat 14.3230)

Auch insgesamt verweisen die Kookkurrenzpartner von ›Einwander*‹ – wie die in den Vorstößen der konservativ-liberalen Politiker(innen) – auf die Thematisierung der *Umsetzung der Einwanderungspolitik* (*umsetzung, politik, staatlichen* [Politik]) insbesondere mit Blick auf den *Arbeitsmarkt* (*engpässe, arbeitsmarkt, arbeitslosigkeit*) und die »Sozialkassen des Gastlandes« (Postulat 03.3166). »Sozialkassen des Gastlandes« allerdings nicht im Sinne einer Belastung des Sozialsystems durch Zuwanderung, sondern im Gegenteil, wie die Kotextanalyse zeigt:

»So kam die Studie z. B. zum Schluss, dass die Sozialkassen des Gastlandes von der Einwanderung profitieren und dass jeder ausländische Haushalt uns jährlich mit 2000 Franken subventioniert.« (Postulat 03.3166) Auch zur Untermauerung der Forderung, »einen umfassenden Lösungsvorschlag zu unterbreiten, um die Situation der Bürgerinnen und Bürger aus Kosovo, die sich noch in der Schweiz aufhalten und deren Rückschaffung fällig wird, zu regeln« (Motion 01.3039), wurde auf den Arbeitsmarkt und dabei auf einen drohenden Anstieg der Zahl illegaler Arbeitskräfte verwiesen; die Kosovar(inn)en selbst wurden als arbeits- und integrationswillig beschrieben, sie seien der Gesellschaft dienlich. Die Schweizer Einwanderungspolitik wurde dabei allerdings nicht allein als Lösung, sondern auch als Ursache der prekären Situation der Kosovar(inn)en in der Schweiz ausgemacht:

»Durch den Krieg in Kosovo und die Änderungen in unserer Einwanderungspolitik sind sie [in der Schweiz lebende Kosovar(inn)en, PK] zwischen Stuhl und Bank geraten, weil sie weder unter das Saisonnierstatut fallen noch den Status von Asylsuchenden haben. Und doch arbeiten sie weiterhin hier, integrieren sich in die Gesellschaft und sind unserer Wirtschaft dienlich. Sie hatten das Pech, durch die Maschen des Sicherheitsnetzes der Humanitären Aktion 2000 zu fallen, sei es, dass sie eine Frist verpasst haben, sei es, dass sie andere Bestimmungen geringfügig verletzt haben. [...]
In dieser Situation droht die Zahl der illegalen Arbeitskräfte anzusteigen, und für die Arbeitgeber wird die Versuchung gross, auf das Mittel der Schwarzarbeit zurückzugreifen. Deshalb muss die Situation der noch in der Schweiz lebenden Kosovarinnen und Kosovaren legalisiert werden.« (Motion 01.30319)

In der Motion 09.4205 »Qualifizierung von zugewanderten Arbeitnehmerinnen und Arbeitnehmern durch die Arbeitgeberinnen und Arbeitgeber« werden Einwanderer aus dem Westbalkan, bei denen die Arbeitslosigkeit steige, den ›Migrationsgewinnern‹ aus Deutschland gegenübergestellt. Die daraus folgende Forderung lautet jedoch erneut nicht, Erstere auszuweisen, sondern sie auf Kosten ihrer Arbeitgeber(innen) weiterzubilden. Als weitere Maßnahme zur Integration der Eingewanderten wird der Abschluss von Integrationsvereinbarungen vorgeschlagen; diese seien »als Teil der ›Willkommenskultur‹ und als individuelle Chance für die Einwandernden zu verstehen. Der Einstieg soll damit begleitet und erleichtert werden« (Motion 06.3764).

Die Ausdrücke *postulat*, *prüfen* und *veranlassen* verweisen auf das *politische Mittel* des Postulats, durch das der Bundesrat beauftragt werden kann, eine Studie zu einem bestimmten Thema zu veranlassen oder etwas zu prüfen. Das heißt, im Vergleich mit den Vorstößen der Vertreter(innen) der anderen beiden politischen Lager rekurrieren links-progressive Politiker(innen) in ihren Postulaten häufiger explizit auf die zugrunde liegende Textsorte.

Insgesamt beziehen sich die Kookkurrenzpartner zu den Suchlemmata in den Motionen und Postulaten links-progressiver Politiker(innen) somit in erster Linie auf das Thema Integration, wobei die Zuständigkeit für eine gelingende Integration nicht bei den Migrant(inn)en selbst, sondern beim Staat und den Arbeitgeber(inne)n verortet wird. Die Migrant(inn)en selbst werden weniger als Bereicherung dargestellt, sondern als schutz- und förderbedürftig skizziert, allerdings ohne Unterscheidung von ›erwünschten‹ und ›unerwünschten‹ Einwanderern, wie in den Vorstößen der konservativen Politiker(innen); alle Migrant(inn)en sind schützenswert. Bemerkenswerterweise rekurrieren allein die Kookkurrenzen zu ›Zuwander*‹ und ›Einwander*‹ auf wirtschaftliche und politische Entwicklungen bzw. Einwanderungspolitik.

DISKUSSION UND FAZIT

Die Analysen zeigen, dass durch den typischen Sprachgebrauch, den typischen Umgang mit den Ausdrücken Ausländer(in), Migrant(in), Zu- und Einwanderer von Vertreter(inne)n der drei politischen Lager unterschiedliche Bilder von Migrant(inn)en in der Schweiz gezeichnet werden, obwohl zum Teil auf dieselben Themen verwiesen wird: in erster Linie der (rechtliche) Aufenthaltsstatus der Migrant(inn)en, ihr wirtschaftlicher Nutzen sowie Recht und Kriminalität. Während Ausländer(innen) in den Vorstößen der rechts-konservativen Politiker(innen) jedoch in erster Linie als Bedrohung und Belastung für die Schweiz konstruiert werden, indem eine Drohkulisse der Überfremdung durch eine steigende Zahl (›unerwünschter‹) Migrant(inn)en aufgebaut wird und entsprechend Maßnahmen zur Reduktion der Zuwandererzahlen gefordert werden, skizzieren konservativ-liberale Politiker(innen) sie hingegen in erster Linie als Bereicherung für die Schweizer Wirtschaft. Allerdings unterscheiden beide Lager zwischen ›erwünschten‹ und ›unerwünschten‹ Einwanderern, wobei zu Ersteren Personen zählen, die über ausreichend (kulturelles) Kapital im Sinne Bourdieus (1997) verfügen, zu Letzteren vor allem Asylsuchende und Angehörige sogenannter Drittstaaten. Sie sollen zwar ebenfalls der Schweizer Wirtschaft nutzen, jedoch ohne in die Schweiz zu migrieren. Damit spiegeln die Befunde die Ergebnisse der eingangs genannten Analysen Wickers (2003) wider, wonach die Schweizer Migrationspolitik seit den 1990er Jahren zwar von der Einsicht gekennzeichnet sei, dass demografische und wirtschaftliche Gründe Zuwanderung notwendig machen, jedoch nicht alle Migrant(inn)en gleichermaßen erwünscht seien. Darüber hinaus zeigt sich im typischen Sprachgebrauch konservativer Politiker(innen) sowohl das wiederkehrende Thema der Angst vor Überfremdung als auch die nach Wicker (2003) permanenten Integrationssorgen.

Zwar verweisen auch die signifikanten Kookkurrenzpartner zu den Suchlemmata in den Vorstößen von Vertreter(inne)n links-progressiver Parteien auf das Thema Integration. Doch wird hier die Verantwortung für eine gelingende Integration weniger den Migrant(inn)en selbst als dem Staat und den Arbeitgeber(inne)n zugeschrieben. Die Zugewanderten selbst werden hingegen mehrheitlich als schutz- und förderbedürftig skizziert, wobei alle willkommen, alle schützenswert sind. Hierdurch werden sie jedoch dennoch gleichzeitig implizit eher als Belastung denn als Bereicherung für die Schweiz dargestellt.

Bemerkenswerterweise fanden sich in keinem der Teilkorpora unter den signifikanten Kookkurrenzpartnern zu den Suchlemmata Ausdrücke, die auf die Anschläge vom 11. September 2001 verweisen. Allein ›religiös‹ in Verbindung mit der Thematisierung von Personengruppen mit besonderen Integrationsbedürfnissen könnte auf die islamistischen Terroranschläge zurückgeführt werden. Darüber hinaus finden sich keine Ausdrücke, die auf einen erhöhten Sicherheitsbedarf der Schweiz aufgrund der Gefahr terroristischer Anschläge verweisen. Die linguistischen Analysen bestätigen somit das Bild, dass sich aufgrund der Betrachtung der Entwicklung der Vorstoßzahlen zwischen 1991 und 2015 ergeben hat: Der Migrationsdiskurs im Schweizer Parlament scheint vor allem durch die Verhandlungen über die Personenfreizügigkeit mit der EU sowie die Flüchtlingspolitik bestimmt zu sein, nicht durch den sogenannten Kampf gegen den Terror. Dies scheint im Widerspruch zu den eingangs genannten Initiativen zu stehen, insbesondere zur Initiative gegen den Bau von Minaretten. Interessant wäre daher zu prüfen, inwieweit der typische Sprachgebrauch der Initiant(inn)en und der ihrer Gegner in den verwendeten Abstimmungsmaterialien dem der Parlamentarier(innen) entspricht und ob sich hier ebenfalls keine Verweise auf islamistische Terroranschläge finden lassen.

Mit Blick auf die hier zugrunde liegende Fragestellung lässt sich abschließend konstatieren, dass Migrant(inn)en in den Motionen und Postulaten im Schweizer Parlament in den letzten 25 Jahren durch den typischen Sprachgebrauch der Politiker(innen) auf der einen Seite als Bedrohung bzw. Belastung für die Schweizer Gesellschaft dargestellt wurden, auf der anderen Seite als Bereicherung für die Schweizer Wirtschaft, je nach ihrer Herkunft und ihren Kapitalen.

LITERATUR

Bourdieu, Pierre (1997): Die verborgenen Mechanismen der Macht, Hamburg: VSA-Verlag.

Bubenhofer, Noah (2008): »Diskurse berechnen? Wege zu einer korpuslinguistischen Diskursanalyse«, in: Jürgen Spitzmüller/Ingo Warnke (Hg.), Methoden der Diskurslinguistik. Sprachwissenschaftliche Zugänge zur transtextuellen Ebene, Berlin/New York: de Gruyter, S. 407-434.

Bundesamt für Statistik (2016): »Ständige Wohnbevölkerung, 2015«. Siehe https://www.bfs.admin.ch/bfs/de/home/statistiken/bevoelkerung.html vom 04.04.2017.

Bundesrat (2016): »Schweiz ratifiziert Kroatien-Protokoll« (16.12.2016). Siehe https://www.admin.ch/gov/de/start/dokumentation/medienmitteilungen.msg-id-64991.html vom 15.12.2016.

Jahn, Daniela/Maurer, Andreas/Oetzmann, Verena/Riesch, Andrea (2006): »Asyl- und Migrationspolitik der EU. Kräftespiel zwischen Freiheit, Recht und Sicherheit«. Siehe https://www.swp-berlin.org/fileadmin/contents/products/arbeitspapiere/AsylpolitikKS1.pdf vom 15.11.2016.

Lavenex, Sandra/Manatschal, Anita (2014): »Migrationspolitik«, in: Peter Knoepfel/Yannis Papadopoulos/Pascal Sciarini/Adrian Vatter/Silja Häusermann (Hg.), Handbuch der Schweizer Politik. Manuel de la politique suisse, Zürich: Verlag Neue Zürcher Zeitung, S. 671-694.

Lüthi, Ruth (2014): »Parlament«, in: Peter Knoepfel/Yannis Papadopoulos/Pascal Sciarini/Adrian Vatter/Silja Häusermann (Hg.), Handbuch der Schweizer Politik. Manuel de la politique suisse, Zürich: Verlag Neue Zürcher Zeitung, S. 169-192.

Niehr, Thomas (2002): »Kampf um Wörter? Sprachthematisierungen als strategische Argumente im politischen Meinungsstreit«, in: Oswald Panagl/Horst Stürmer (Hg.), Politische Konzepte und verbale Strategien: brisante Wörter – Begriffsfelder – Sprachbilder, Frankfurt a. M. u.a.: Peter Lang, S. 85-104.

Scarvaglieri, Claudio/Zech, Claudia (2013): »›ganz normale Jugendliche, allerdings meist mit Migrationshintergrund‹. Eine funktional-semantische Analyse von ›Migrationshintergrund‹«, in: Zeitschrift für angewandte Linguistik 58, S. 201-227.

Schweizer Parlament (o.J.): »Suche – Curia Vista Geschäftsdatenbank«. Siehe https://www.parlament.ch/de/search-affairs-advanced vom 15.11.2016.

Schweizerische Eidgenossenschaft (2017): »Abstimmungen« (29.03.2017). Siehe http://www.personenfreizuegigkeit.admin.ch/fza/de/home/abkommen/abstimmungen.html vom 04.04.2017.

Spitzmüller, Jürgen/Warnke, Ingo (2011): Diskurslinguistik: Eine Einführung in Theorien und Methoden der transtextuellen Sprachanalyse, Berlin/New York: De Gruyter.

Statista (2017): »Europäische Union: Anteil ausländischer Staatsangehöriger an der Gesamtbevölkerung in den Mitgliedsstaaten im Jahr 2015«. Siehe https://de.statista.com/statistik/daten/studie/73995/umfrage/auslaenderanteil-an-der-bevoelkerung-der-laender-der-eu27/ vom 04.04.2017.

Vogel, Friedemann (2012): »Das LDA-Toolkit. Korpuslinguistisches Analyseinstrument für kontrastive Diskurs- und Imageanalysen in Forschung und Lehre«, in: Zeitschrift für angewandte Linguistik 57, S. 129-165.

Wicker, Hans-Rudolf (2003): »Einleitung: Migration, Migrationspolitik und Migrationsforschung«, in: Hans-Rudolf Wicker/Rosita Fibbi/Werner Haug (Hg.), Migration und die Schweiz. Ergebnisse des Nationalen Forschungsprogramms »Migration und interkulturelle Beziehungen«, Zürich: Seismo Verlag, S. 12-62.

Zwischen Willkommenskultur und Diskriminierung

Medien auf der Suche nach Wahrhaftigkeit

Anton Sahlender

Der intensive Diskurs über die flüchtenden Menschen, die in Deutschland eintreffen, und über deren Integration hat journalistisches Handeln und seine Grundsätze auf den Prüfstand gestellt. Spätestens seit dem zweiten Halbjahr 2015 halten die Auseinandersetzungen darüber an. Viele Hunderttausende, die in Deutschland angekommen sind und der Hilfe bedurften, waren und sind eine große Herausforderung für die Gesellschaft, für die Politik und damit für den Journalismus.

So wird der Diskurs über die Rolle, die die Medien dabei spielen, kontrovers geführt. Dabei sind vermehrt Zweifel an ihrer Glaubwürdigkeit aufgekommen. Ob der Neigung zur Willkommenskultur, die es bei Journalisten aus guten Gründen zunächst wohl überwiegend gegeben hat, wurden Medien und Journalisten häufig für einen »Mainstream-Journalismus« gescholten, der von oben gesteuert sei. Das führte zu einem Sturm der Kritik und leider auch zu Hass-Attacken, teilweise persönlich gegen Journalisten gerichtet.

Nur der Blick auf die Anforderungen an Redaktionen und auf deren Perspektiven lässt erkennen, in welches Spannungsfeld in dieser Zeit seriöse Journalisten geraten sind. Verschärft wurde die kritische Stimmungslage 2016 durch die Silvester-Übergriffe in Köln (vgl. Franz/Wolf 2016) den Umgang damit und die Berichterstattung darüber.

Die Eindrücke von der massenhaften Flucht der Menschen, die über Medien vermittelt wurden, erregten aber nicht nur Mitleid oder förderten Hilfsbereitschaft, sie konnten auch Angst machen.

Friederike Herrmann

Im Juni (20.06.2016) hat in Frankfurt (Frankfurter Neue Presse) die Journalistik-Professorin Friederike Herrmann vor Journalisten eine Studie aus dem Diskurs über Flüchtlinge im Herbst 2015 vorgestellt. Ihr Titel: »Das Märchen vom überkochenden Brei«. Sie erklärte, dass man in dieser Zeit über die Berichte aus den Medien Angst davor bekommen konnte, dass die Massen der Flüchtenden in Deutschland wohl nicht mehr zu bewältigen seien.

Sie hat für ihre These die Tagesschau vom 20. Oktober 2015 beispielhaft in den Mittelpunkt gestellt. Die Sendung war überwiegend dem Zustrom der Flüchtlinge gewidmet. Er wurde aus verschiedenen Blickwinkeln betrachtet und beurteilt. Herrmann ließ erkennen, dass schon angesichts der versendeten Menge über die Flüchtlingsströme in den Köpfen der Zuschauer der Eindruck entstehen konnte, alles müsse im Chaos enden. Das sei so gewesen, erklärte Herrmann, obwohl im Alltag nur ganz wenige Menschen etwas von Einschränkungen durch Flüchtlinge bemerkt hätten.

Die Herrmann-Studie (vgl. Herrmann 2016), darauf ist hinzuweisen, hat sich auf die Beobachtung von TV und auf die überregionalen Zeitungen wie FAZ, Süddeutsche Zeitung und Die Welt beschränkt. Regionale und lokale Tageszeitungen kamen darin nicht vor. Aber für die in ihrer Studie erfassten Medien konnte sie nicht bestätigen, dass der Vorwurf eines einseitigen »Willkommensjournalismus« zutrifft.

Fotos, die um die Welt gingen

Für die Beurteilung der Stimmungslage in der Gesellschaft findet das Foto vom ertrunkenen und an einem türkischen Strand angespülten syrischen Flüchtlingskind Aylan große Beachtung. Es ist fast weltweit durch alle Medien gegangen – in Deutschland also auch durch die Lokalblätter. Möglicherweise hat es das Denken mancher Menschen verändert, hat die Hilfsbereitschaft erhöht. Zu diesem Ergebnis kamen häufig Kommentatoren der Situation.

Dem fast ebenso berühmten und ebenso weltweit verbreiteten Selfie, das der syrische Flüchtling Anas Modamani am 10. September 2015 in der Asylunterkunft Berlin-Spandau mit Bundeskanzlerin Merkel gemacht hat, wird ebenfalls gewaltige Wirkung nachgesagt. Unter anderem führte das in politischen Diskussionen zu der nicht belegbaren Behauptung, dieses Bild habe den Flüchtlingszustrom nach Deutschland verstärkt. Es wirke wie eine Einladung.

Außerdem wurde es missbraucht: Monate später beschuldigte man Modamani auf einer rechten Propaganda-Seite im Netzwerk von Facebook, an Terrorakten beteiligt gewesen zu sein. Das ist nachweislich falsch. Bei jedem weiteren terroristischen Anschlag folgten aber neuerliche Verleumdungen gegen Modamani. Hinzu die ebenso üble wie unhaltbare Folgerung, die Opfer dieser Anschläge seien deshalb »Merkels Tote«.

Der 19-Jährige, inzwischen als integriert geltende Modamani (Abbildung 1), hat geklagt. Er will die komplette Löschung aller falschen Behauptungen über seine Person auf Facebook erstreiten, um in Sicherheit leben zu können. Das Verfahren vor dem Landgericht Würzburg, bei dem er eine einstweilige Verfügung erreichen wollte, hat er am 7. März 2017 allerdings gegen Facebook verloren. Sein Anwalt Chan-jo Jun sieht nun die Politik gefordert, Facebook und Co. per Gesetz zu mehr Engagement gegen Rechtsverstöße in den Netzwerken zu verpflichten (vgl. Czygan 2017; Czygan/Schmidt 2017).

Abbildung 1: Der Syrer Anas Modamani zeigt vor dem Landgericht Würzburg das berühmt gewordene Selfie mit Bundeskanzlerin Angela Merkel.

Quelle: Foto Michael Czygan, Main-Post, Würzburg (2017)

Insgesamt wird den Medien seit Herbst 2015 oft pauschal Kritiklosigkeit und Einseitigkeit zugunsten einer Willkommenskultur vorgeworfen. So sprach im August 2016 der Medienwissenschaftler Michael Haller in einem Interview mit dem Medienmagazin *Zapp* des NDR von einer »selbstgefälligen Willkommenskultur« (Haller 2016).

Eine Erklärung, warum es für Journalisten seriöser Medien zu ihrem Selbstverständnis gehörte, Menschen in Not auch journalistisch willkommen zu heißen, wird in einem Fazit am Ende dieses Beitrages folgen.

Die Situation wird nun in fünf Kapiteln diskutiert:

- Eine Erklärung, was Wahrhaftigkeit in der Praxis für Medien heißt, steht am Anfang.
- Untersuchungen zeigen im zweiten Kapitel, wie es 2015 um die Glaubwürdigkeit der Medien gestanden hat.
- Dass Journalisten nicht diskriminieren dürfen, ist klar. Dass sie dabei in einen Konflikt mit der Wahrhaftigkeit kommen können, zeigt das dritte Kapitel.
- Welche Rolle dabei Sprache spielt, soll im vierten Kapitel aufgezeigt werden.
- In einem Fazit im letzten Kapitel ist die Bedeutung von Medienkompetenz unterstrichen und es wird aufgezeigt, wie sich journalistische Arbeit verändert.

WAS BEDEUTET WAHRHAFTIGKEIT FÜR MEDIEN?

Ein Ziel journalistischer Arbeit ist Wahrhaftigkeit. Alles was dazu gehört, hat in Auseinandersetzungen mit Medieninhalten an Bedeutung gewonnen. Weil die Aufmerksamkeit der Öffentlichkeit groß ist, gilt das gerade für Beiträge über flüchtende und geflüchtete Menschen, über deren Integration und die Verantwortung der Politik.

Warum reden Journalisten von Wahrhaftigkeit und nicht nur von Wahrheit? Weil Wahrhaftigkeit jene wichtigen Informationen anspricht, die meist noch vor der eindeutigen Wahrheit kommen, die bekanntlich nicht immer gefunden werden kann.

Auch der Deutsche Presserat, die freiwillige Selbstkontrollinstanz der Zeitungen und Zeitschriften, spricht in der Richtlinie 1 des Pressekodex von »Wahrhaftigkeit« (Deutscher Presserat 2016a). Darin heißt es unter der Überschrift »Wahrhaftigkeit und Achtung der Menschenwürde«:

> »Die Achtung vor der Wahrheit, die Wahrung der Menschenwürde und die wahrhaftige Unterrichtung der Öffentlichkeit sind oberste Gebote der Presse.«

In wahrhaftiger Unterrichtung stecken für Journalisten Aufrichtigkeit und Transparenz. Es muss erkennbar sein, wo Grenzen liegen, an denen sie in ihren Recherchen auf dem Weg zur Wahrheit nicht weitergekommen sind, wo es unbeantwortete Fragen gibt.

Zur Wahrhaftigkeit gehört auch Quellenklarheit. Die lässt erkennen, woher Fakten kommen, wie sicher sie und damit die Nachrichten sind, um die es geht. Und Wahrhaftigkeit bedeutet, dass Journalisten bei Analysen und meinungsbetonten Beiträgen offenbaren, wo sie selbst in der Sache stehen. Persönliche Verknüpfungen sollten zu ihren Erörterungen gehören.

Tatsache und Wertung

Es gibt noch eine schärfere Differenzierung, derer man sich vor allem in der Rechtsprechung über Journalismus bedient. Sie unterscheidet zwischen Tatsache und Wertung.

Als Tatsache kann ein Baum gelten, der draußen vor dem Haus steht, weil ihn dort tatsächlich alle stehen sehen können. Diese Tatsache ist somit unbestreitbar.

Demgegenüber stehen Wertungen dieser Tatsache: Der Baum nehme die gute Sicht aus dem Fenster und verschmutze mit seinem Laub das Gelände vor dem Haus. Oder: Der Baum verschönere die ganze Umgebung, spende Schatten und verbessere das Klima.

Zur Flüchtlingspolitik, die Bundeskanzlerin Angela Merkel 2015 vertreten hat, gab es mehrere Wertungen. Die wurden von Kritikern mitunter als Wahrheiten verkündet. Zu ihnen gehört jene, die behauptet, Merkels Politik der Grenzöffnung sei rechtswidrig. Das gilt gleichermaßen für Ansichten, die dem widersprechen. Darüber gab und gibt es keine Einigkeit.

Eine Bewertung schrieb dazu im Februar 2016 die Göttinger Professorin Christine Langenfeld in einem Beitrag in *ZEIT ONLINE*. Sie kam zu der Auffassung, dass es kein Rechtsbruch gewesen sei (vgl. Langenfeld 2016). Der Verfassungsrechtler Udo di Fabio gelangte demgegenüber zu der Ansicht, dass es sich um einen Rechtsbruch gehandelt habe. So stand es im Dezember 2016 im Online-Debattenmagazin *The European* (vgl. Weimer 2016).

Dass Merkel aber die Grenzen – zumindest zweitweise – wirklich für Flüchtlinge hat öffnen lassen, zumindest das ist ein Fakt, somit eine Tatsache wie der Baum vor dem Haus. Und Merkels Politik darf auf der Basis dieses Faktums bewertet werden.

Der Rechtsprechung ist unter anderem der folgende erklärende Satz zu entnehmen (Ricker/Weberling 2012: Kapitel 53/5):

»Wo Wahrheit und Unwahrheit einer Äußerung sich letztlich menschlicher Beweisführung entzieht, weil sie allein Sache der persönlichen (z.B. politischen) Überzeugung ist oder weil es sich um einen wissenschaftlich noch nicht beweisbaren Standpunkt handelt, ist grundsätzlich ein Werturteil und damit § 185 StGB[1] gegeben. Sind in einer Äußerung Tatsachenbehauptungen und Werturteile miteinander verbunden, so ist das Element entscheidend, das für den objektiven Empfänger erkennbar dominiert, so stehen z.B. bei politischen, substanzarmen Äußerungen Wertungen stets im Vordergrund.«

Einfluss der digitalen Welt

In einer Welt vieler unterschiedlich verbreiteter Tatsachen und Wertungen, Wahrheiten und Haltungen, ist Orientierung schwieriger geworden. Nicht immer wird eindeutig klar, wo Wahrheit aufhört und schon Meinung beginnt. Digitale Netzwerke machen die Situation noch verzwickter, weil alle die, die nur ihre Haltung bestätigt haben wollen, dort eine Bestätigung als scheinbare Wahrheit finden werden.

Bei der Suche nach Wahrheit laufen Internet-Nutzer leicht Gefahr, an sogenannte Fake-News, an falsche und gefälschte Nachrichten zu glauben, wenn diese in ihr Weltbild passen. Das kann in Gesellschaft und Politik vermehrt zu nahezu unüberbrückbaren Gegensätzen führen.

Mittlerweile hat eine Entwicklung eingesetzt, die als »postfaktisch« bezeichnet wird. Das heißt, dass Wunschdenken gerne zur Wahrheit erhoben wird – leider oft erfolgreich. Das geht so weit, dass der Baum, der tatsächlich vor dem Haus steht, geleugnet oder ein Berg daraus gemacht wird.

»Fake-News« oder »Postfaktisches« transportieren meist Lügen. Hinter ihnen steckt die Absicht, damit ein bestimmtes Ziel zu erreichen. Darüber sollte das frömmste Postfaktum, das man sich für ein hohes Ziel ausgedacht hat, nicht hinwegtäuschen können. Kein Ziel heiligt solche Mittel.

Die Verbreitung falscher Tatsachen bleibt auch in diesen Zeiten justiziabel und kann für Medien erhebliche rechtliche Konsequenzen haben. Denen entgehen leider zu viele anonyme Absender von verbotenen Beiträgen im Netz. Bei Ermittlungen ihrer verdeckten Identität stößt die Justiz zu oft an Grenzen. Diese Täter sind eben kaum auffindbar. Wenn doch, fallen Falschmeldungen, irgendwo aus Übersee oder andernorts versendet, nicht in die Reichweite der deutschen oder europäischen Rechtsprechung.

---

1 § 185 StGB: »Die Beleidigung wird mit Freiheitsstrafe bis zu einem Jahr oder mit Geldstrafe und, wenn die Beleidigung mittels einer Tätlichkeit begangen wird, mit Freiheitsstrafe bis zu zwei Jahren oder mit Geldstrafe bestraft«.

Eingeständnis von Schwächen

Zurück zur Wahrhaftigkeit. Sie ist unabdingbare journalistische Pflicht und sollte konstant anwesend bleiben. Das unterscheidet sie von den nicht immer fassbaren Wahrheiten, wie sie oft Politiker vertreten.

Wahrhaftigkeit ist erkennbares Streben nach Wahrheit, das sich für Medien-Nutzer nachvollziehen lässt. Dazu gehört das Eingeständnis von Schwächen.

Und Schwächen gibt es. Das gestehen mittlerweile vermehrt Journalisten klassischer Medien in Veröffentlichungen bewusst ein. Hinter Schwächen steckt freilich selten Absicht. Derzeit ist es überwiegend erhöhte Belastung von Mitarbeiterinnen und Mitarbeitern der Medienbranche angesichts der gewaltigen Veränderungen, die umgesetzt werden müssen. So kommt es zu Fehlern, Ungenauigkeiten, fehlender Durchschaubarkeit und mangelnder Dialogfähigkeit mit Lesern, Hörern, Sehern und sonstigen Nutzern von Medien.

Dass Kritik an Schwächen notwendig, Misstrauen aber nicht gerechtfertigt ist, hat der Medienethiker Alexander Filipovic in einem Gastbeitrag unter anderem in der Würzburger *Main-Post* festgestellt. Er meint, Vorwürfe lassen sich zum Teil erklären mit der Unkenntnis in breiten Teilen der Bevölkerung darüber, wie im Journalismus Themen ausgewählt, in ihrer Relevanz sortiert, auf ihre Richtigkeit überprüft und präsentiert werden. Der Journalismus selbst könnte hier mehr leisten, aufklären über seine Entscheidungen, welche Themen gebracht werden und welche anderen aus welchen Gründen nicht (vgl. Filipovic 2017).

Auch der Schweizer Journalistik-Professor Vinzenz Wyss hat in einem Interview mit dem *St.Galler Tagblatt* in der Schweiz festgehalten, dass Journalismus öfter eine erklärende »Packungsbeilage« braucht (Wyss 2016).

Erklärungen für den Journalismus in ihren Medien versuchen vermehrt Medien-Ombudsleute zu geben, die sich 2012 zu einer Vereinigung (VDMO) zusammengeschlossen haben. Mittlerweile gibt es mehr als zehn, die diese Rolle bei Tageszeitungen in Deutschland übernommen haben. Man spricht vom »Ende der Einbahnstraße«, weil Leser-Interessen und -Beschwerden in Redaktionen mehr Berücksichtigung finden müssen. Ombudsleute versuchen, für beide Seiten, für Leser und Redaktion, auch in Konflikten befriedigende Lösungen zu finden (Vereinigung der Medien-Ombudsleute 2012).

Freiheit zur Tendenz

Für Medien gehört zur Wahrhaftigkeit das Bekenntnis zur eigenen Haltung. Sender oder Zeitungen sollten stets erkennen lassen, wenn sie sich eine Tendenz oder eine Haltung zum Grundsatz ihrer publizistischen Arbeit gemacht haben. Das könnte beispielsweise heißen, dass man den europäischen Gedanken fördern will. Das ist nicht verwerflich. Das Grundgesetz gibt und schützt diese Freiheit.

So könnten Medien durchaus einer demokratischen Partei oder einer politischen Linie nahestehen. Sie dürfen für Obergrenzen, aber auch für unbegrenzte Aufnahme von Flüchtlingen in Deutschland eintreten. Aber immer muss dabei die Wahrung demokratischer Grundsätze, also gerade die Wahrung der Menschenwürde, unumstößlich gewährleistet bleiben.

Zu welcher Linie und zu welchen Grundsätzen die Redaktion einer Zeitung oder eines Senders auch immer stehen mag: Sie sollten offen dargelegt sein, vor allem dann, wenn sie generell als Tendenz vorbestimmt sind. Das heißt, wenn sie über die Bewertung im Einzelfall hinausgehen. Transparenter Umgang mit der eigenen Linie gehört zur Wahrhaftigkeit.

Bedeutung für Journalisten

In Wahrhaftigkeit steckt die Anerkennung, dass die letzte, von allen als Tatsache anerkannte Wahrheit, in der Politik wohl nur selten festzumachen ist. Erkennbar muss aber das Streben danach sein.

Das bedeutet für Journalisten:

- alle legalen Möglichkeiten ausschöpfen
- recherchieren
- Quellen nennen und einordnen

Es kann auch bedeuten:

- sich zu den Grenzen eigener Möglichkeiten bekennen und
- die gewählte Stilform und Präsentation einer Veröffentlichung begründen

Es gibt selten nur einen Weg zum Ziel, nur eine Perspektive oder nur eine Darstellungsform für ein Thema. Journalismus funktioniert längst nicht mehr nach dem Prinzip »friss oder stirb«. Leser und Nutzer nehmen gerade Berichte über konfliktbeladene Themen nicht mehr gerne unerklärt hin. So ist es wichtig geworden, ihnen die journalistische Herangehensweise an ein Thema zu begründen. Die Zeiten, in denen alles so anerkannt worden ist wie es schwarz auf weiß in Zeitungen stand, die sind seit dem vorigen Jahrhundert vorbei.

Dafür sorgt eine unendlich gewachsene Medienwelt, die weit über die klassischen Medien hinausgeht, die also mehr ist als Zeitungen, Rundfunk und Fernsehen. Deshalb gehört, um der Orientierung willen, zum journalistischen Handwerk mittlerweile auch mehr als nur das Finden von Themen, das Recherchieren und Veröffentlichen. Es muss auch moderiert, kommuniziert und interagiert werden, vor allem mit kritischen Rezipienten und das auf vielen Kanälen. Medien sind keine Einbahnstraße mehr.

Diese Veränderungen haben die digitalen Medien und deren Netzwerke mit sich gebracht und immer weiter verstärkt.

Glaubwürdiger ist folglich,

- wer moderiert
- wer andere einbezieht
- wer die eigene Rolle oder Haltung als Journalist kenntlich/transparent macht
- wer durch Fakten Vertrauen schafft und
- wer dadurch auch das Gefühl vermittelt, aufrichtig zu sein.

Beispiel: Dunya Hayali

Als Beispiel für den ernsthaften Umgang mit journalistischer Wahrhaftigkeit gilt eine vielbeachtete Rede von Dunya Hayali. Die kritische TV-Moderatorin stand in ihren Beiträgen sicherlich einer Haltung nahe, die bei der Willkommenskultur eingeordnet werden kann. Bei der Verleihung der Goldenen Kamera 2016 hat sie aufgezeigt, welchen bösartigen, ja hässlichen Angriffen und Beleidigungen sie danach ausgesetzt gewesen ist. Sie wandte sich deshalb mit ihren Worten direkt an die Kritiker:

> »Seien Sie offen!«, bat sie. »Legen Sie doch gern den Finger in die Wunde und streiten Sie mit uns, diskutieren Sie mit uns, weisen Sie uns auf Fehler hin. Wir sind Journalisten, wir sind keine Übermenschen, wir machen Fehler — deshalb sind wir aber noch lange keine Lügner.« Die Worte der 41-Jährigen rissen die Gala-Gäste, darunter viele Journalisten und Schauspieler, von den Rängen und spiegelten sich in betroffenen Gesichtern.

Das war ein viel beachteter Versuch, Rezipienten und Kritiker auf dem Weg zur Wahrhaftigkeit mitzunehmen (Hayali 2016).

Beispiel: Alena Jabarine

Ein weiteres gutes Beispiel aus den Medien steht für Wahrhaftigkeit: Der Beitrag »Kehrt um«, erschienen am 3.11.2015 auf *ZEIT ONLINE*. Dafür hat die Journalistin Alena Jabarine aus Hamburg einen Medien-Preis für reflektierenden Journalismus erhalten: Den *MedienSpiegel*. Der wird jährlich vom Verein zur Förderung der Publizistischen Selbstkontrolle e.V. (FPS) vergeben. 2015 neu geschaffen, betont er die Bedeutung eines aufrichtigen Journalismus (vgl. Jabarine 2015).

Der damit ausgezeichnete Artikel von Alena Jabarine, so hat die Jury erkannt, lässt Wahrhaftigkeit auch im journalistischen Scheitern erkennen. Denn er erzählt über die menschliche Krise, in die Jabarine unfreiwillig gerät, als sie von sich unvereinbar gegenüberstehenden Parteien zur Vermittlung gezwungen wird. Als arabisch sprechende Journalistin wird sie von der Berichterstatterin unversehens zur Vertrauten und zur Autorität für Flüchtlinge – und zugleich soll sie instrumentalisiert werden, die flüchtenden Menschen zu bewegen, sich in ein Lager der slowenischen Polizei zu begeben. Ihr bleibt nur noch der Rückzug.

Jabarine lässt eine andere Präsenz von Journalistinnen und Journalisten zwischen Berichtspflicht und menschlicher Anteilnahme erkennen. »Aufgezeigt«, so die MedienSpiegel-Jury, »wird ein Rollenkonflikt von allgemein moralischer und rollenspezifischer Perspektive einer Journalistin. Dabei wird auf die öffentliche Rolle von Journalismus und der Schwierigkeit, eine wirklich ›objektive‹ Position einzunehmen, verwiesen.«

»Auch Journalisten haben Vorbildfunktion. Menschlichkeit sollte außerhalb ihres Mediums nicht enden. So sind das Verhalten und das Scheitern der persönlichen Hilfsaktion von Frau Jabarine wichtige Nachrichten in der eigentlichen Nachricht«, sagt die Jury, welcher der Autor dieses Beitrages angehört (Journalistenpreise.de 2016).

GLAUBWÜRDIGKEIT

In einem Interview mit der in Würzburg erscheinenden *Main-Post* hat sich der Leiter der Berliner Journalistenschule, Joachim Widmann, mit der gewaltigen Hysterie in den sozialen Medien auseinandergesetzt, die sich gerade in den Tagen gezeigt habe, in denen besonders viele flüchtende Menschen in Deutschland ankamen. Wörtlich hat er gesagt: »Keiner glaubt mehr dem anderen.« Er hat versucht, das »Warum« zu erklären.

Er spricht dabei über die sogenannte »Filterblase«. Das heißt, die Internet-Nutzer finden dank der Algorithmen (etwa von Google oder Facebook) immer wieder vor allem die Themen, Ereignisse und Meinungen, die sie zuvor ohnehin immer gesucht haben. Diese sogenannte »Filterblase«, in die sie sich mehr oder weniger freiwillig begeben, lässt sie kaum mehr etwas wahrnehmen, was von der eigenen Haltung abweicht. Widmann riet den Medien in der Zeit, in der Gerüchte und Falschmeldungen die Asyl-Diskussion vergiftet haben, ruhig und besonnen zu bleiben (vgl. Widmann 2016).

Umfrage-Ergebnisse

Von *Infratest dimap* vom Oktober 2015 im Auftrag der ARD (mit Radiosender WDR 5) durchgeführte Umfragen für Glaubwürdigkeit (750 Befragte) stehen mit ihren Ergebnissen für die Stimmungslage. Danach hielt jeder fünfte Bundesbürger die Medien in Deutschland für »Lügenpresse«. Genau 20 % gaben nämlich an, sie würden persönlich den Begriff benutzen, wenn sie an Zeitungen, Radio und Fernsehen denken. Fast drei Viertel der Befragten (72 %) haben nicht den Vorwurf der »Lügenpresse« geteilt, der vor allem bei Pegida-Demonstrationen zu hören war (Infratest dimap 2015).

Im Einzelnen rangierte bei Antworten auf die Vertrauensfrage zu Einrichtungen in Deutschland der öffentlich-rechtliche Rundfunk mit über 60 % vor den Tageszeitungen mit fast 50 %.

Bezeichnend war auch: Die Bundesregierung fand sich nur im unteren Drittel bei 36 % und hatte zu diesem Zeitpunkt 2015 mächtig an Vertrauen verloren. Hinter ihr standen im Ranking noch Bundestag 35 %, Kirchen 31 %, Private Rundfunksender 24 % und das Internet 20 %.

Zur Qualität der deutschen Medien hat der Zeit-Chefredakteur Giovanni di Lorenzo in einer viel beachteten Rede 2016 in Dresden betont: »Die deutschen Medien gehören zu den besten unabhängigsten Medien der Welt.« (Di Lorenzo 2016). Und in der Umfrage von *Infratest dimap* hielten 38 % die Qualität dieses Medien-Angebotes für »sehr gut«, 50 % für »gut« und 10 % halten es für »schlecht«.

Es ist freilich schockierend, dass mehr als 40 % der Befragten gesagt haben, die Inhalte der Medien seien nicht glaubwürdig. Ihnen stehen nur 52 % gegenüber, die sie für glaubwürdig gehalten haben.

Bedenklich für die Medien ist es außerdem, dass 42 % in dieser Umfrage glauben, dass es für die Berichterstattung der Medien Vorgaben aus der Politik gibt. Gerade mal 54 % glauben das nicht.

Beurteilung der Umfrage-Ergebnisse

Oliver Quiring

Bedenken hat angesichts der Ergebnisse gerade für ein demokratisches Staatswesen der Mainzer Kommunikationsforscher Oliver Quiring geäußert. Beruhigen können nach seinen Worten die Umfragen nur insoweit, als sie zeigen, dass den öffentlich-rechtlichen Sendern und den Tageszeitungen tendenziell hohes Vertrauen entgegengebracht wird. Privaten Anbietern und Internet-Quellen hingegen weniger.

Die Umfragen zeigen aber auch, so Quiring, wie wenig durchdacht die Vorwürfe an die Medien seien. Einerseits halte man sie für gesteuert, andererseits bringe man den Etablierten viel Vertrauen entgegen. So glaubt er, dass die entsprechenden Meinungen nicht sehr gefestigt sind, sondern stark davon abhängen, wie sehr die aktuelle Berichterstattung gerade ins individuelle Weltbild passt (vgl. Quiring 2015).

Stabiles Vertrauen

Kim Otto und Andreas Köhler

Das *Europäische Journalismus Observatorium* (European Journalism Observatory) in Lugano zitiert aus einer Studie von Kim Otto, Professor für Wirtschaftsjournalismus an der Universität Würzburg, und seinem wissenschaftlichen Mitarbeiter Andreas Köhler. Sie sind entgegen der 2015 empfundenen Stimmungslage zu dem Ergebnis gelangt, dass das Vertrauen in Medien stabil ist. Sie griffen zum Vergleich auf Daten des Eurobarometers zurück, einer jährlich von der Europäischen Kommission in Auftrag gegebenen öffentlichen Meinungsumfrage in den Ländern der EU. Diese befasst sich auch mit dem Vertrauen in Institutionen, u.a. Presse, Radio und TV. In Deutschland werden hierfür von *TNS Infratest* seit 16 Jahren mehr als 1.000 Personen befragt. In Zahlen bedeutet das:

Im Herbst 2015 vertrauen 46 % der Befragten der Presse, 49 % misstrauten ihr. Die übrigen 5 % antworteten mit »weiß nicht«. Das heißt: Misstrauen überwog.

2014 haben nur 45 % der Presse misstraut und 47 % haben ihr vertraut. Das Vertrauen in die Presse ist 2015 im Vergleich zum Vorjahr also tatsächlich zurückgegangen.

Als sie aber das Medienvertrauen von 2000 bis 2015 betrachteten, sahen Otto und Köhler keinen Grund, Alarm zu schlagen: Das Misstrauen war von 2000 bis 2003 und von 2006 bis 2008 nämlich schon größer. So vertrauten im Jahr 2000 nur 30 % der Befragten der Presse. Nur in sieben von 16 untersuchten Jahren war das Vertrauen in die Presse größer als 2015 (vgl. Otto/Köhler 2016).

Reimann und Fazwi

Auch der Münchner Kommunikationsprofessor Carsten Reinemann schrieb zusammen mit Nayla Fazwi in einem Beitrag für den Tagesspiegel (Reinemann/Fazwi 2016): »Offenbar hatte sich zumindest bis Ende 2014 das Medienvertrauen großer Teile der Bevölkerung gar nicht dramatisch verändert. Auch die im Jahr 2015 erhobenen Daten lassen diesen Schluss nicht zu.«

Die beiden Wissenschaftler haben sowohl Daten aus den vergangenen 25 Jahren als auch Daten aus anderen Ländern verglichen. Sie stellten fest: »Wird nach bestimmten Mediengattungen, Medienanbietern oder denjenigen Medien gefragt, die man selbst nutzt, dann liegt das Vertrauen oftmals deutlich höher.«

Skepsis gegenüber Medien ist nach ihrer Meinung normal in einer Demokratie und nichts Neues. Seit der Etablierung des Internets sei das Vertrauen in Zeitungen sogar gestiegen. Grundsätzlich sei das Vertrauen der Deutschen in ihre Medien im Vergleich zu anderen Ländern sehr hoch.

> Reinemann und Fazwi halten zudem fest: Das stärkste Vertrauen dürften Leser besitzen, die regelmäßig den Lokalteil ihrer Zeitung lesen: Das wäre ihrer Meinung nach eine wissenschaftliche Untersuchung wert. (Raue 2016)

Carlo Imboden

Untersuchungen von Lokalteilen gibt es von Carlo Imboden (2016), durchgeführt bei vielen Zeitungen mit ReaderScan, einem digitalen System zur Untersuchung der Nutzung von Zeitungsinhalten. Imboden hält im lokalen Branchendienst *Drehscheibe* für Tageszeitungen fest:

> »Als wir vor sieben, acht Jahren damit begonnen haben, das Leseverhalten elektronisch zu messen, waren die ersten Ergebnisse frustrierend. Es stellte sich heraus, dass die Mantelteile der Zeitungen im Durchschnitt bei weitem mehr gelesen wurden als die Lokalteile. Das widersprach eigentlich dem, was sich ergab, wenn man die Leute befragte. Denn da gaben die meisten Leser an, dass sie selbstverständlich den Lokalteil lesen würden.« (Ebd.)

Vergleiche man dies nun mit unseren Ergebnissen von heute, so stellt Imboden fest, »dass mit der wachsenden Bedeutung des Internets der Lokalteil intensiver gelesen wird als der Mantel« (ebd.).

Michael Haller

Für den Journalistikprofessor Michael Haller sind schlechte Ergebnisse, die er einer eigenen Studie entnimmt, ein Ausdruck von Ratlosigkeit vieler Menschen. Dafür gebe es verschiedene Ursachen, sagte er im Deutschlandfunk. So spiele es eine große Rolle, dass »in den letzten 15, 20 Jahren die sogenannten Leitmedien gerade in der Außenpolitik eine große Übereinstimmung mit der politischen Linie der Bundesregierung aufzeigen«. Als Beispiele nannte er die Berichterstattung über den Kriegseinsatz in Afghanistan, den Ukraine-Konflikt und das »Bashing« Griechenlands in der Finanzkrise des Landes. Dabei sei der Eindruck entstanden, »die Eliten in Politik und Journalismus verstehen sich gut und sind weitgehend einer Meinung«. Menschen mit anderer Auffassung hätten das Gefühl, ihre Meinung nicht mehr wiederzufinden.

Hinzu komme, so Haller, »dass die Menschen angesichts der Fülle der verschiedensten Informationsmöglichkeiten irritiert sind«. Der Journalismus als gesellschaftliche Aufklärungsautorität habe grundsätzlich nicht mehr den Stellenwert wie noch vor 20 Jahren (Haller 2016).

Die Regional- und Lokalzeitungen

Um die Medien insgesamt und damit ihre Bedeutung gewichten zu können, ist darauf hinzuweisen, dass die Regional- und Lokalzeitungen in Deutschland als Medien-Gattung mit Abstand die meisten Menschen dauerhaft erreichen. So listet der BDZV (Bundesverband der Deutschen Zeitungsverleger) auf:

> »Deutschland ist ein Zeitungsland. Täglich erscheinen hier 351 Tageszeitungen mit 1.528 lokalen Ausgaben in einer – gedruckten – Gesamtauflage von 16,8 Millionen Exemplaren. Daneben kommen 21 Wochenzeitungen mit 1,7 Millionen Exemplaren und sieben Sonntagszeitungen mit einer Auflage von 2,9 Millionen heraus. Das bedeutet: Auf je 1.000 Einwohner über 14 Jahre kommen in Deutschland 306 Zeitungsexemplare.« (Bund Deutscher Zeitungsverleger 2014/2015)

Kommunikations- und Journalismus-Forscher widmen sich freilich in den meisten Fällen nur den überregionalen Medien. Das ist ein überschaubares Feld. Die

Gesamtheit der Tageszeitungen zu untersuchen, ist ein gewaltiger Aufwand. Ergebnisse, die nur überregionale Medien erfassen, lassen aber kein realistisches Bild von der Medien-Landschaft und ihren Veröffentlichungen entstehen.

Erkennen kann man, dass die Reichweite der Tageszeitungen insgesamt deutlich zugenommen hat und weiter zunimmt. Um zu diesem Ergebnis zu kommen, muss man freilich ihre digitale Reichweite der im Papier verkauften hinzurechnen. Zusammengenomen ist sie so hoch wie nie zuvor. So teilt der BDZV mit:

> »Angebote der Zeitungen im Internet besuchen mittlerweile 30,9 Millionen Unique User[2] über 14 Jahren (43,9 Prozent). Hinzu kommen mehr als 9,6 Millionen mobile Nutzer, die sich via Smartphone oder Tablet-App mithilfe mobiler Verlagswebsites über das Tagesgeschehen informieren.« (Bund Deutscher Zeitungsverleger 2014/2015)

Allerdings ist das trotzdem für Zeitungen noch keine wirtschaftliche Zukunftsoption, weil gerade die Geschäftsmodelle für ihre digitalen Auftritte noch nicht tragfähig sind. Somit ist es bedrohlich, dass die Auflage-Zahlen der gedruckten Exemplare jährlich um etwa 3 % dahinschmelzen (vgl. Schröder 2017). Abbestellungen, etwa wegen Unzufriedenheit oder aus sozialen Gründen, werden dabei kaum genannt. Nach Aussagen aus der Branche sollen bei dieser negativen Entwicklung Alter und Tod am stärksten ins Gewicht fallen. Leser der gedruckten Zeitung drohen auszusterben. Junge Menschen greifen kaum zum Papier.

Die Journalisten

Die größte Gruppe der hauptberuflich tätigen Journalistinnen und Journalisten in Deutschland arbeitet bei der Presse, davon wiederum die meisten bei Tageszeitungen (in Lokalredaktionen). Im Folgenden stehen die Zahlen des Deutschen Journalistenverbandes (DJV).

Fest angestellte Journalistinnen und Journalisten (qualifizierte Schätzzahlen):

- Tageszeitungen ca. 13.500
- Rundfunk (öffentlich-rechtlich und privat) ca. 9.000
- Zeitschriften/Anzeigenblätter ca. 9.000

2 Anzahl von unterschiedlichen Internet-Nutzern, die innerhalb eines bestimmten Zeitraumes das Internet-Angebot besuchten.

- Pressestellen ca. 7.000
- Online/Multimedia ca. 4.000
- Agenturen/Pressebüros ca.1.000
- Festangestellte gesamt ca. 43.500

Hinzu kommen etwa 3.000 Volontäre und 26.000 freie, hauptberufliche Journalistinnen und Journalisten (vgl. Kaiser 2012).

Flüchtlingsthematik positiv konnotiert

Ursula Scheer berichtet im Januar 2017 im *FAZ-Feuilleton* über ein Zwischenergebnis aus umfangreichen Studien von Michael Haller, durchgeführt mit einem Projektteam der Hamburg Media School. 34.000 Pressebeiträge wurden danach zwischen 2009 und 2015 ausgewertet. Scheer (2017) schreibt:

> »Insgesamt seien 82 Prozent aller Beiträge zur Flüchtlingsthematik positiv konnotiert gewesen, zwölf Prozent rein berichtend, sechs Prozent hätten die Flüchtlingspolitik problematisiert. Reichweitenstarke Medien hätten sich das Motto der Bundeskanzlerin – ›Wir schaffen das‹ – zu eigen gemacht.«

In diese Studie von Haller und der Media School wurden 87 Lokal- und Tageszeitungen einbezogen. Sie war zum Redaktionsschluss dieses Buches noch nicht veröffentlicht. Haller selbst erklärte dazu vorab bei der Tagung des Netzwerks *Medienethik* am 17. Februar 2017 in München unter anderem, die in den ausgewerteten Berichten erkennbare Willkommenskultur sei im Sinne von empathischem Verhalten gegenüber Fremden sozialmoralisch aufgeladen. Davon seien exzellente Einzelleistungen von Lokalredaktionen und Reportern aber unberührt. Im Umfeld von zuletzt ausgewerteten 17.000 Texten seien geschätzte 700 diskursive Beiträge die Ausnahme.

Flüchtende Menschen kamen in den Lokalteilen an

In den lokalen Veröffentlichungen der Tageszeitungen lassen sich tatsächlich viele beispielhafte Beiträge finden, die für einen differenzierten journalistischen Umgang mit dem Eintreffen der Flüchtlinge im Spätsommer und Herbst 2015 stehen. Darin wird, dort wo Asylbewerber ankamen, untergebracht wurden und leben, das gesamte Spektrum der Berichterstattung deutlich: von den Menschen, von ihrer Flucht, ihrem Eintreffen, von Willkommenskultur und Ablehnung, von Lebensumständen und der Arbeit der Ämter und Helferkreise.

Für diese Feststellung sind unter anderem 50 Beiträge und Serien zu nennen, die eingesandt worden sind für die Preise, welche die Konrad-Adenauer-Stiftung für den Lokaljournalismus in Deutschland alljährlich vergibt. Die Entscheidung über diese bedeutendsten Preise für den deutschen Lokaljournalismus trifft eine unabhängige Jury.

Jene Beiträge und Serien präsentieren Willkommenskultur in allen Facetten, sehen in der Folge die Vor- und Nachteile. Sie berichten über Wege zur Integration – gelungene und gescheiterte. Aus nächster Nähe erfahren die Leser von Nöten der Flüchtlinge und der Helfer, von denen der Bürokratie und der Sozialbetreuung.

So wurden zwei der Preise 2015 für herausragende Beiträge zu diesem Thema vergeben. Einmal für den Zeitungsverlag Waiblingen für eine 40-teilige Serie »Eine Woche in einer Notunterkunft«. Die Reporter sind dorthin gegangen, wo die geflüchteten Menschen waren. Den anderen Preis erhielt die *Neue Presse Hannover* für 19 Geschichten, die Mut machen. Ihr Titel: »Geflüchtet. Geblieben. Geschafft« (Golombek/Groll 2016).

DISKRIMINIERUNG VERSUS WAHRHAFTIGKEIT

Zu einem Ausgangspunkt für beträchtliche Kritik an Medien wurde immer wieder eine Regelung aus der Richtlinie 12, die sich im Kodex des Deutschen Presserates gegen Diskriminierungen richtet. Dort steht:

> »Niemand darf wegen seines Geschlechts, einer Behinderung oder seiner Zugehörigkeit zu einer ethnischen, religiösen, sozialen oder nationalen Gruppe diskriminiert werden.« (Deutscher Presserat 2016a)

Das ist klar und unstrittig. So will es auch das Grundgesetz im Artikel 3, dort heißt es unter Punkt (3):

> »Niemand darf wegen seines Geschlechtes, seiner Abstammung, seiner Rasse, seiner Sprache, seiner Heimat und Herkunft, seines Glaubens, seiner religiösen oder politischen Anschauungen benachteiligt oder bevorzugt werden. Niemand darf wegen seiner Behinderung benachteiligt werden.«

Allerdings müssen sich Journalisten stets aufs Neue fragen, wo genau Diskriminierung beginnt. Der Presserat hat als Antwort seit vielen Jahren (in der Zeit der US-Besatzung, der farbigen Soldaten wegen) die Richtlinie 12 um Punkt 1 ergänzt. Unter 12.1 steht folglich weitergehend:

> »In der Berichterstattung über Straftaten wird die Zugehörigkeit der Verdächtigen oder Täter zu religiösen, ethnischen oder anderen Minderheiten nur dann erwähnt, wenn für das Verständnis des berichteten Vorgangs ein begründbarer Sachbezug besteht.
> Besonders ist zu beachten, dass die Erwähnung Vorurteile gegenüber Minderheiten schüren könnte.« (Deutscher Presserat 2016a)

Dieser eigentlich als Entscheidungshilfe gedachte Zusatzpunkt 12.1 hat Redaktionen zunehmend Probleme bereitet, als mehr geflüchtete Menschen in Deutschland eingetroffen und einige davon straffällig geworden sind oder sich verdächtig gemacht haben.

Unterstellungen und Hasstiraden

Es war vielfach schwer, richtig zu bewerten, ob für das Verständnis der Nachricht über eine Straftat die Nennung der Ethnie des Verdächtigen oder Täters notwendig ist. Kritische und fremdenfeindliche Mediennutzer haben diese einschränkende Regelung aus Richtlinie 12.1 als Zensurvorschrift verurteilt. Redaktionen wurden beschimpft und der Nachrichten-Unterschlagung bezichtigt, wenn die Ethnie eines Verdächtigen nicht genannt worden war.

Überall dort, wo im Internet unkontrolliert diskutiert werden konnte, wurde tatsächlich teilweise überbordend diskriminiert. Es kam digital 2015 stellenweise zur völligen Enthemmung. Die ging nicht von den Medien aus. Absender waren Kritiker und Gegner der Flüchtlingspolitik. Deren Wortwahl war oft Ausdruck von Menschen- und Fremdenfeindlichkeit. Hinter jeder Verfehlung, hinter jeder Straftat wurde gleich ein Flüchtling oder ein Ausländer vermutet. Alle denkbaren Klischees und Vorurteile über Volksgruppen und Nationalitäten traten dabei zutage.

Diskussionsforen werden kontrolliert

Man konnte angesichts des Sprachgebrauchs zeitweilig durchaus schon von einer »Jagd auf Menschen« sprechen. Die ging so weit, dass viele klassische Medien ihre unkontrollierten zu kontrollierten Diskussionsforen gemacht haben. Sie wollten damit auch ihr Image als seriöse Marke schützen. Das hatte unter Hasstiraden auf ihren Medien-Homepages bereits gelitten. So wurden nicht mehr zu jedem Beitrag über Flüchtlinge Diskussionen zugelassen, aber wenn doch, dann mussten die Kommentare der Nutzer zuvor von der Redaktion kontrolliert und freigeschaltet werden. Hasskommentare wurden von den meisten klassischen Medien in Deutschland in der Folge auch digital nicht mehr verbreitet.

In die Kritik geriet Medien-Berichterstattung über Straftaten oft dadurch, dass manche Polizeidienststellen auf ihren Internet-Homepages die Nationalitäten von Verdächtigen nannten. Aber von den Tageszeitungen wurden sie danach weder gedruckt noch digital wiederholt — der Richtlinie 12.1 wegen. Das führte zu Unterschlagungs- und Zensurvorwürfen von Nutzern.

Weiter angeheizt wurde die Kritik nach den Übergriffen auf Frauen in der Silvesternacht in Köln. Zurückgeblieben ist bis zur Stunde eine kontroverse Diskussion über diese Richtlinie, an der sich alle klassischen Medien orientieren, nicht nur die Tageszeitungen.

Die Kritik daran lautet:

- Es ist keine ethische Leitlinie, sondern eine Handlungsanweisung.
- Sie verhindert die Darstellung von erwiesenen Tatsachen.
- Sie unterstellt Nutzern und Lesern Unmündigkeit und den Willen zu Diskriminierung.
- Sie misstraut der Kompetenz von Journalisten, Fakten so darzustellen, dass sie nicht diskriminieren.

Für die Richtlinie spricht:

- Diskriminierungen, die es nach Veröffentlichungen von Straftaten mit der Information über die Nationalität der Verdächtigen oder Täter tatsächlich oft gegeben hat
- Sie ist Anlass zu mehr Nachdenken und wesentliche Hilfe für die redaktionelle Arbeit

Kritiker der Formulierung in Richtlinie 12.1 ist der Medienethiker Horst Pöttker. Er sieht darin eine Handlungsanweisung, die nicht als ethische Leitlinie geeignet ist. Pöttker ist mit seiner Kritik in einem Beitrag der *Main-Post* zitiert. (vgl. Pöttker 2016).

Immer wieder gab in Einzelfällen die Richtlinie 12.1 auch für den Autor dieses Beitrages in seiner Rolle als Medien-Ombudsmann der *Main-Post* Anlass zu Stellungnahmen. Denn in der Leserschaft fehlen häufig die Kenntnis oder das Verständnis für diese Regelung (vgl. Sahlender 2016a). Sinngemäß wurde meist unterstellt, dass die Ethnie von Verdächtigen oder Straftätern unterschlagen werde, weil die Redaktion auf eine einseitige Willkommenskultur verpflichtet worden sei. Zudem galt es Versuche von Lesern abzuwehren, die Veröffentlichungen forderten, die zu Diskriminierungen führen konnten (vgl. Sahlender 2016b, 2016c).

Bestätigte Richtlinie gegen Diskriminierung

Der Presserat musste die Diskussion über 12.1 wieder aufnehmen. Schon im März 2016 hat er die Richtlinie aber bestätigt. Er hat dabei deutlich gemacht, dass sich Journalisten bei der Berichterstattung über die Herkunft von Straftätern stets in einer anspruchsvollen Entscheidungssituation befinden. Wörtlich heißt es:

> »Dabei folgen sie ihrer grundlegenden, professionellen Aufgabe, aus einer Flut von Informationen stets eine Auswahl nach Bedeutung zu treffen. Immer, wenn die Veröffentlichung einer Information die Gefahr diskriminierender Effekte enthält, ist besonders hohe Sensibilität gefordert.«

Den Vorwurf des Verschweigens und der Zensur hat der Presserat ausdrücklich zurückgewiesen. »Wenn Redaktionen Informationen nicht veröffentlichen, weil ihre Bedeutung für das Verständnis gering, die Diskriminierungsgefahr aber hoch ist, handeln sie nicht unlauter, sondern verantwortungsbewusst«, sagte der Sprecher des Presserats, Manfred Protze (Deutscher Presserat 2016b).

Beispiel: Sächsische Zeitung

Anders als es der Presserat in seiner Richtlinie erwartet, handelt die *Sächsische Zeitung* in Dresden. Am 2. Juli 2016 konnte man dort lesen:

> **»Auch Deutsche unter den Tätern**
> Von heute an wird die ›Sächsische Zeitung‹ systematisch gegen den Pressekodex verstoßen. Sie will die Nationalität von Tatverdächtigen nicht mehr nur in begründeten Ausnahmefällen nennen, wie es die Richtlinie 12.1 vorsieht, sondern in aller Regel. Sie wird das aber immer tun: nicht nur bei ausländischen, sondern auch bei deutschen Tätern. Auf diese Weise sollen die Leser des Blattes ein realistischeres Bild davon bekommen, wie oft Zuwanderer straffällig werden.« [Herv. i.O.]

Die Richtlinie 12.1 war wohl angesichts der verschärften Situation, die auch in den Pegida-Demonstrationen sichtbar wurde, in Dresden und dem Verbreitungsgebiet der Sächsischen Zeitung nur schwerlich durchzuhalten. Ihre Mitarbeiter sahen sich massiven Angriffen ausgesetzt. Und bei fehlender Nationalität in der

Berichterstattung haben Leser besonders häufig geflüchtete Menschen der Tat verdächtigt.

Die kontroverse Diskussion über die Richtlinie 12.1 hält angesichts einiger bundesweit beachteter Straftaten weiter an.

SPRACHE

Die Wirkung von Sprache, von einzelnen Wörtern und Begriffen wird im Journalismus oft falsch eingeschätzt. Allzu leicht werden Begriffe durcheinandergeworfen und Wörter nicht richtig gebraucht. Was Flüchtlinge betrifft, will die Organisation *Neue Deutsche Medienmacher* abhelfen: Deren Netzwerk versteht sich als Interessenvertretung für Medienschaffende mit Migrationshintergrund und tritt für eine ausgewogene Berichterstattung ein. Die soll das Einwanderungsland Deutschland adäquat wiedergeben. Sie sagen von sich: »Wir sind Ansprechpartner für interkulturellen Journalismus« (Neue Deutsche Medienmacher 2016).

Mit dieser Einleitung wird auf das Sprach- und Begriffs-Glossar der Neuen Medienmacher verwiesen, das auch auf ihrer Homepage im Internet zu finden ist. Darin heißt es über neue Begriffe für die Einwanderungsgesellschaft:

> »Als Journalistinnen und Journalisten arbeiten wir jeden Tag mit unserem Handwerkzeug, der Sprache. Berichte sollten möglichst wertfrei, korrekt und präzise die Sachverhalte wiedergeben. Nicht selten passiert es aber, dass Wörter wie ›Einwanderer‹, ›Zuwanderer‹ und ›Migrant‹ im selben Text nebeneinander verwendet werden, in der Annahme, sie würden alle dasselbe bedeuten. Worin sich diese Begriffe unterscheiden und bei welchen weiteren Themen ungenau formuliert wird, erläutern wir im Glossar mit Formulierungshilfen für die Berichterstattung.«

Um das Problem zu veranschaulichen, sei hier der Begriff »Flüchtlingskrise« genannt. Er ist als Kennzeichnung für Asylthemen ständiger Begleiter in der Berichterstattung geworden. Inhaltlich belastet er mit »Krise« die Menschen, die geflüchtet und in Europa und Deutschland eingetroffen sind. Das wird auch von den Neuen Deutschen Medienmachern kritisch hinterfragt:

Gemessen an den derzeit weltweit rund 60 Millionen Menschen auf der Flucht und der Zahl von gut 81 Millionen Einwohnern in Deutschland, erscheinen knapp eine Million Menschen, die nach Deutschland kamen, nicht sehr viel.

Zudem weist das Schlagwort »Flüchtlingskrise« die Krise den Flüchtlingen zu, anstatt die Ursachen für Probleme in Kriegszuständen, bei einem möglichen

Versagen von Europa und in deutschen Gesetzen und Strukturen zu suchen. Entsprechend könnte besser von einer Asylgesetzkrise oder wertfrei von Asylpolitik die Rede sein.

Das Reizwort

»Flüchtlingskrise« hat sich aber zu einem Reizwort ausgewachsen, das die Wahrnehmung in den Algorithmen des Internets sichert. Die Deutsche Presseagentur (DPA) verwendet es für ihre Medienkunden oft als Kennwort für Meldungen zu flüchtenden Menschen. Und TV-Sender nutzen es fast täglich.

Der Gebrauch belastender Begriffe ist fatal. Denn es ist unbestritten, dass Wörter und Begriffe auch das Handeln bestimmen. Aufschlussreich ist in diesem Zusammenhang das Buch von Elisabeth Wehling zu politischem Framing (Wehling 2016). Danach tragen Journalisten durch ihren Sprachgebrauch eine Menge zum mitunter gestörten Verhältnis ihrer Leser und Nutzer gegenüber geflüchteten Menschen bei. Das Buch ist jedem zu empfehlen, vor allem Journalisten.

Wehling, die in den Vereinigten Staaten forscht, kommt auf Basis ihrer Studien zu dem Schluss:

> »Nicht Fakten bedingen politische Entscheidungen, sondern kognitive Deutungsrahmen, in der Wissenschaft Frames genannt.«

Wehling stellt die politische Tragweite des Sprachgebrauchs in den Fokus und zeigt auf, inwieweit Sprache unser Denken und Handeln bestimmt. Sie erklärt über Versuche mit Probanten, dass schon mit einem einzigen wertenden Wort eine ganze Kriminalitätsstatistik in einem anderen Licht erscheinen kann (vgl. Wehling 2016: 49 unten).

FAZIT

Jugend macht Hoffnung

Zu den Menschen, die Hoffnung machen, zählen Jugendliche. Laut der Shell-Jugendstudie 2015 ist die Akzeptanz gegenüber Zuwanderern und Flüchtlingen gestiegen. Wollten 2006 noch 58 % der Jugendlichen die Zuwanderung nach Deutschland begrenzen, sind es heute lediglich 37 %. 24 % wollen sogar noch mehr Menschen Schutz gewähren als bisher.

Gleichzeitig ist danach ihre Angst vor Fremdenfeindlichkeit von 40 auf 48 % gestiegen. Das macht Hoffnung, dass sie von ihnen nicht gefördert oder gar ausgehen wird (vgl. Albert/Hurrelmann/Quenzel 2015).

Gründe für die Willkommenskultur

Der wiederkehrende Vorwurf an die Medien lautet, sie hätten samt und sonders unkritisch und einseitig im Sinne einer Willkommenskultur berichtet, so wie sie von der Bundesregierung und der Kanzlerin ausgegangen sei.

Aber kann diese Wertung überraschen? Kann man, wenn es so gewesen sein sollte, daraus einen Vorwurf formulieren? Auf diese Fragen lohnt es sich einzugehen.

Bei der Suche nach Antworten sollte man zugrunde legen:

- Journalismus in einem freiheitlich demokratischen Staatswesen ist den Menschen und damit der Menschlichkeit verpflichtet.
- Das gilt grundsätzlich gleichermaßen für Politiker.
- Menschlichkeit ist unteilbar. Sie gilt nicht nur für Deutsche.

Willkommenskultur bedeutet in diesem Fall die Aufnahme von Menschen, die auf der Flucht vor Krieg und Not hier eingetroffen sind. Dazu gehören die Hilfe, die ihnen hier gemeinschaftlich gewährt wurde, und die Begegnungen mit ihnen. Daraus hervorgehend auch die Berichterstattung in den Medien, die zunächst wohl vorwiegend dieses Verhalten gespiegelt haben.

Menschlichkeit steht an erster Stelle und bedingt eben eine Kultur des Helfens. Das bedeutet in der Folge auch, dass eine Willkommenskultur als Reaktion auf den Zustrom verständlich und erfreulich gewesen ist. Sie ist ein Zeichen für eine humane Gesellschaft. Grundsätzlich stärken auch das Grundgesetz der Bundesrepublik Deutschland und die Europäische Menschenrechtskonvention die Willkommenskultur. So hat jeder Vertragsstaat der Europäischen Union unter anderem Ausländer oder Staatenlose, die sich etwa auf seinem Staatsgebiet aufhalten, genauso in ihren Menschenrechten und Grundfreiheiten zu schützen wie seine eigenen Staatsangehörigen (vgl. Informationsseite zur Europäischen Menschenrechtskonvention 2017).

Menschlichkeit musste folglich 2015 im Vordergrund stehen, trotz der sich aus dem Zustrom der Flüchtlinge ergebenden kontroversen Diskussionen um die Auslegung von Artikel 16a im Grundgesetz der Bundesrepublik Deutschland, nach dem alle politisch Verfolgten Asylrecht genießen. Und trotz der politischen

Spannungen, die sich zwischen Mitgliedstaaten der EU um die Aufnahme von Flüchtlingen ergaben.

Man kann deshalb im Hinblick auf die Rolle von Medien und von Journalismus durchaus festhalten: Hätte es 2015 beim massenhaften Eintreffen der Flüchtlinge keine politische Willkommenskultur gegeben, dann hätte sie von den Medien eingefordert werden müssen. Das wäre der Wächterrolle der Presse gerecht geworden. Denn es geht um Menschenrechte.

Auch aus der Richtlinie 1 des Pressekodex kann man die Wahrung der Menschenwürde gleich einer dringenden Empfehlung herauslesen:

> »Die Achtung vor der Wahrheit, die Wahrung der Menschenwürde und die wahrhaftige Unterrichtung der Öffentlichkeit sind oberste Gebote der Presse.« (Deutscher Presserat 2016a)

Wahrhaftigkeit und Achtung der Wahrheit schließen natürlich für Journalisten in der Folge die Verpflichtung ein, dass alles das, was im Zusammenhang mit flüchtenden Menschen berichtet wird, von allen Seiten anzusprechen ist. Das heißt, über alle rechtlichen Grundlagen, über sämtliche Probleme, die aufgetreten sind und noch auftreten, ist zu berichten. Dazu sollten auch Einordnung und Analyse gehören. Das ist nicht sofort, aber zunehmend sehr intensiv geschehen, dort wo der direkte Kontakt mit den flüchtenden Menschen zustande kommen musste und die Wege zur Integration begannen, also gerade auch in Lokalzeitungen.

Unkenntnis über die Rolle der Medien

Wer mit Mediennutzern kommuniziert, dem kann ebenfalls auffallen, was dem Autor dieses Beitrags in seiner Rolle als Medien-Ombudsmann und Leseranwalt der Würzburger *Main-Post* oft begegnet: Wenige Kenntnisse oder falsche Vorstellungen von Aufgabe und Rolle der Medien und darüber, was der Artikel 5 des Grundgesetzes, der die Medienfreiheit garantiert, in der Praxis genau bedeutet. Das Wissen über rechtliche und ethische Verpflichtungen von Journalisten und Medien ist ausbaufähig.

Pörksen: Bildungsauftrag

Der Medienethiker Bernhard Pörksen erklärt schon weitergehend, dass wir alle zu Sendern geworden sind. Wir alle tragen in Gestalt von Smartphones kleine, netzfähige Sendestationen in der Tasche. Wir alle sind damit in der Lage, zu publizieren. Pörksen sieht aber nichts Schlechtes in einer medialen Situation, in der er auch »etwas Großartiges, etwas Befreiendes« entdeckt. Er glaubt, dass darin »ein noch nicht entdeckter, noch nicht entzifferter Bildungsauftrag für die Gesellschaft steckt« (Pörksen, 2015).

Mehr Medienkompetenz

Mehr Medienkompetenz hilft bekanntlich seriöse Nachrichten von den Falschmeldungen zu unterscheiden, die sich weiter zu vermehren scheinen. Dass Grundwerte unseres Zusammenlebens schon in der Schule stärker thematisiert werden müssen, sagt wohl auch deshalb Carsten Reinemann. Seiner Meinung nach sind ganze Bevölkerungsgruppen dem Hass und Vorurteilen ausgesetzt. Und das komme vorwiegend aus dem Internet, zu dem jede/r frühzeitig Zugang hat: »Die Grundwerte unseres Zusammenlebens zu benennen, vor allem dann, wenn ganze Bevölkerungsgruppen Hass und Vorurteilen ausgesetzt sind, das ist unsere Aufgabe – auch im Internet.« (Reinemann 2016)

Daraus ergibt sich ein weiteres Fazit. Schulbildung in Deutschland muss

- der aktuellen medialen Lebenswirklichkeit weitaus mehr Zeit widmen,
- sich stärker mit den zahllosen Kommunikationsmitteln und -wegen beschäftigen,
- sich intensiver mit Aufgabe und Rolle der Medien in einem freiheitlichen Staatswesen auseinandersetzen und
- vermitteln, wie man sichere von unsicheren Quellen unterscheidet.

Es gilt die schöne Formel: Medien plus Bildung ist Medienbildung. Das führt über die Praxis zur notwendigen Kompetenz. Das wäre zudem ein Weg zur Wahrung einer Humanität, an deren Stelle leider in Teilen der Bevölkerung Vorurteile und Ängste vor Fremden getreten sind. Dagegen helfen vor allem Fakten und Aufklärung, je frühzeitiger, desto besser.

Der Dialog

Auf dem Weg zu mehr Aufklärung müssen Journalisten den Dialog suchen. Der wurde über Jahrzehnte vernachlässigt, ebenso wie die Erklärung der eigenen Arbeit, der Leitlinien und der transparente Umgang damit. Zunehmend haben Redaktionen begonnen das zu ändern. Sie fragen häufiger die Meinungen von Lesern und Nutzern ab, wenn die nicht schon von alleine eingetroffen sind. Die Veränderungen der Mediensituation und die digitale Welt zwingen zu dieser Offenheit.

So können als dringende Empfehlungen an Journalisten gelten:

- Mehr Transparenz der Redaktionsarbeit
- Werte und Leitlinien erkennbar zeigen
- Inhalte einordnen
- Dialog mit Lesern und Nutzern suchen
- Eingestehen von Schwächen und Berichtigung von Fehlern
- Ständige Fortbildung

Medienkompetenz lohnt. Bleiben auch Sie kritisch und aufmerksam.

LITERATUR

Albert, Mathias/Hurrelmann, Klaus/Quenzel Gudrun (2015): »17. Shell-Jugendstudie. TNS Infratest Sozialforschung (10.15)«. Siehe http://www.shell.de/ueber-uns/die-shell-jugendstudie/multimediale-inhalte/_jcr_content/par/expandablelist_643445253/expandablesection.stream/1456210165334/d0f5d09f09c6142df03cc804f0fb389c2d39e167115aa86c57276d240cca4f5f/flyer-zur-shell-jugendstudie-2015-auf-deutsch.pdf vom 20.2.2017.

Bund Deutscher Zeitungsverleger (2014/2015): »Zeitungen und ihre Leser in Stichworten 2014/2015«. Siehe https://www.bdzv.de/maerkte-und-daten/wirtschaftliche-lage/zeitungen-in-zahlen-und-daten/ vom 18.02.2017.

Czygan, Michael (2017): »Ein Selfie und die Folgen«, in: Main-Post vom 19.01.2017, S. 6. Siehe http://www.mainpost.de/regional/wuerzburg/Boote-IS-Terroristen-Kriegsfluechtlinge-Polizeibehoerden-Ruhe-Sozialbehoerden-Soziale-Netzwerke;art735,9476643 vom 18.2.2017.

Czygan, Michael/Schmidt, Gisela (2017): »Modamani verliert gegen Facebook«, in: Main-Post vom 08. 03. 2017, S. 1. Siehe http://www.mainpost.de/regio

nal/wuerzburg/Gerichtsverhandlungen-Gerichtsprozesse-Gerichtssaele-Prozesse-Landgerichte-Hetze-Verleumdungen-Fluechtlinge-Internet-Soziale-Netzwerke;art735,9524474 vom 08.03.2017.

Deutscher Presserat (2016a): »Pressekodex Ziffer 1, Wahrhaftigkeit und Achtung der Menschenwürde«. Siehe http://www.presserat.de/pressekodex/pressekodex/#panel-ziffer_1____wahrhaftigkeit_und_achtung_der_menschenwuerde. Pressekodex Ziffer 12, Diskriminierungen: http://www.presserat.de/pressekodex/pressekodex/#panel-ziffer_12____diskriminierungen vom 20.02.2017.

Deutscher Presserat (2016b): »Keine Änderung im Kodex« (09.03.2016. Siehe http://www.presserat.de/presserat/news/pressemitteilungen/ vom 12.02.2017.

Di Lorenzo, Giovanni (2016): »Redetext: Unser Ruf steht auf dem Spiel«, in: ZEIT ONLINE. Siehe http://www.zeit.de/kultur/2016-02/dresdner-rede-dresden-giovanni-di-lorenzo/komplettansicht vom 15.02.2017.

Filipovic, Alexander (2017): »Kritik ist angebracht – Misstrauen nicht«, in: Main-Post vom 05.01.2017, S. 2. Siehe http://www.mainpost.de/ueberregional/meinung/leitartikel/Medienethiker-zu-Koeln-bdquo-Kritik-ist-angebracht-Misstrauen-nicht-ldquo;art9517,94641212 vom 20.02.2017.

Franz, Robert/Wolf, Christian (2016): »Die Kölner Silvesternacht. Die Ereignisse aus Sicht von Opfern, Tätern und Polizei«, Multimediareportage des WDR. Siehe http://reportage.wdr.de/silvesternacht-koeln#22009 vom 17.01.2017.

Golombek, Dieter/Groll, Heike (Hg.) (2016): Deutscher Lokaljournalistenpreis 2015. Rezepte für die Redaktion. Salzburg-Eugendorf: Medienfachverlag Oberauer GmbH.

Haller, Michael (2016): »Journalismus hat nicht mehr die Aufklärungsautorität wie vor 20 Jahren. Glaubwürdigkeit der Medien«, Deutschlandfunk-Gespräch. Siehe http://www.deutschlandfunk.de/glaubwuerdigkeit-der-medien-journalismus-hat-nicht-mehr-die.694.de.html?dram%3Aarticle_id=353123 vom 16.02.2017.

Haller (2016): »Selbstgefällige Willkommenskultur«, Interview mit Medienmagazin Zapp des NDR. Siehe http://www.ndr.de/fernsehen/sendungen/zapp/Studie-ueber-Willkommenskultur-in-den-Medien,haller112.html vom 15.02.2017.

Hayali, Dunja (2016): »›Wahrheit braucht Zeit‹: Dankesrede von Dunja Hayali – Goldene Kamera/ZDF«. Siehe https://www.youtube.com/watch?v=ZSLHYYJmqzc vom 20.02.2017.

Herrmann, Friederike (2016): »Flucht und Migration: Das Märchen vom überkochenden Brei. Narrative in der medialen Berichterstattung zum Flüchtlingsthema im Herbst 2015«. Siehe http://ejournal.communicatio-socialis.de/index.php/cc/article/viewFile/1161/1159 vom 15.02.2017.

Imboden, Carlo (2016): »Schnurstracks ins Lokale«, Mediendienst Drehscheibe. Siehe http://www.drehscheibe.org/interview-mit-carlo-imboden.html vom 17.02.2017.

Informationsseite zur Europäischen Menschenrechtskonvention (2017): »Verpflichtung zur Achtung der Menschenrechte«. Siehe https://www.menschenrechtskonvention.eu/verpflichtung-zur-achtung-der-menschenrechte-9285 vom 21.02.2017.

Infratest dimap, 2015: »Glaubwürdigkeit der Medien«, Umfrage im Auftrag des WDR. Siehe http://www.infratest-dimap.de/umfragen-analysen/bundesweit/umfragen/aktuell/glaubwuerdigkeit-der-medien/ vom 12.02.2017.

Jabarine, Alena (2015): »›Kehrt um!‹ Flüchtlinge in Slowenien«, in: ZEIT ONLINE. Siehe http://www.zeit.de/politik/ausland/2015-11/fluechtlinge-slowenien-lager-ndr-reporterin vom 20.02.2017.

Journalistenpreise.de (2016): »Medienspiegel für Alena Jabarine«. Siehe http://www.journalistenpreise.de/?id=news_detail&newsid=732 vom 18.02.2017.

Kaiser, Ulrike (2012): »Arbeitsmarkt und Berufschancen«. Deutscher Journalistenverband, Schätzzahlen. Siehe https://www.djv.de/startseite/info/themen-wissen/aus-und-weiterbildung/arbeitsmarkt-und-berufschancen.html vom 12.02.2017.

Langenfeld, Christine (2016): »Merkels Politik ist kein Rechtsbruch«, in: ZEIT ONLINE. Siehe http://www.theeuropean.de/wolfram-weimer/10656-verfahren-gegen-bundeskanzlerin vom 20.02.2017.

Neue Deutsche Medienmacher (2016): »Wer wir sind«. Siehe http://www.neuemedienmacher.de/ueber-uns/ und Glossar: http://glossar.neuemedienmacher.de vom 12.02.2017.

Otto, Kim/Köhler, Andreas (2016): »Online-Magazin Europäisches Journalismus-Observatorium: Medienvertrauen auf dem Tiefpunkt«. Siehe http://de.ejo-online.eu/qualitaet-ethik/medienvertrauen-auf-dem-tiefpunkt#!prettyPhoto vom 20.02.2017.

Pörksen, Bernhard (2015): »Mit der ›redaktionellen Gesellschaft‹ gegen Hass im Netz. Bernhard Pörksen im Gespräch mit Timo Grampes«, in: Deutschlandradio-Kultur vom 28.12.2015. Siehe http://www.deutschlandradiokultur.de/bernhard-poerksen-mit-der-redaktionellen-gesellschaft-gegen.2156.de.html?dram:article_id=340942 vom 20.02.2017.

Pöttker, Horst (2016): »Ist das unterdrückte Wahrheit?« Interview, in: Main-Post vom 26.02.2016, S. 2.

Qiring, Oliver (2015): »›Misstrauen gegenüber Medien gab es immer‹. Wissenschaftler zum ›Lügenpresse‹-Vorwurf«, Interview von Joachim Huber. Siehe http://www.tagesspiegel.de/medien/wissenschaftler-zum-luegenpresse-vorwurf-misstrauen-gegenueber-medien-gab-es-immer/12542512.html vom 15.02.2017.

Raue, Paul-Josef (2016): »Zahlen und Fakten zur Vertrauenskrise der ›Medien‹: Was kommt nach der ›Lügenpresse‹?«, kressNEWS: Siehe http://kress.de/news/detail/beitrag/134417-zahlen-und-fakten-zur-vertrauenskrise-der-medien-was-kommt-nach-der-luegenpresse.html vom 17.02.2017.

Reinemann, Carsten/Fazwi, Nayla (2016): »Eine vergebliche Suche nach der Lügenpresse. Analyse von Langzeitdaten«, in: Der Tagesspiegel vom 24.01.2016. Siehe http://www.tagesspiegel.de/politik/analyse-von-langzeitdaten-eine-vergebliche-suche-nach-der-luegenpresse/12870672.html vom 12.02.2017.

Reinemann, Carsten (2016): »Hass in Facebooks Echokammern«, Interview von Angelika Kleinherz, in: Main-Post vom 04.07.2016. Siehe https://www.mainpost.de/regional/wuerzburg/Kommunikationswissenschaft-Medienwissenschaftlerinnen-und-Medienwissenschaftler-Propaganda;art735,9274090 vom 12.02.2017.

Ricker, Reinhart/Weberling, Johannes (2012): Handbuch des Presserechts. München: Verlag C.H. Beck.

Sahlender, Anton (2016a): »Die Silvesternacht von Köln und das Vertrauen in die Medien«, in: Main-Post vom 09.01.2016. Siehe http://www.mainpost.de/ueberregional/meinung/leseranwalt/Die-Silvesternacht-von-Koeln-und-das-Vertrauen-der-Medien-in-das-Publikum;art18771,9079186 vom 15.02.2017.

Sahlender, Anton (2016b): »Main-Post-Leseranwalt. Was der Arbeitskollege von einer Bekannten erfahren haben will«, in: Main-Post vom 07.07.2016. Siehe http://www.mainpost.de/ueberregional/meinung/leseranwalt/Was-der-Arbeitskollege-von-einer-Bekannten-erfahren-haben-will;art18771,9089024 vom 15.02.2017.

Sahlender, Anton (2016c): »Aus einem misslungenen Diebstahl darf keine gelungene Diskriminierung werden«, in: Main-Post vom 01.07.2016. Siehe www.mainpost.de/ueberregional/meinung/leseranwalt/Aus-einem-misslungenen-Diebstahl-darf-keine-gelungene-Diskriminierung-werden;art18771,9079250 vom 20.02.2017.

Scheer, Ursula (2017): »Apropos Willkommenskultur. Flüchtlingsberichterstattung«, in: FAZ-Feuilleton vom 10.08.2017. Siehe http://www.faz.net/aktuell/feuilleton/medien/studie-wie-ueber-fluechtlinge-berichtet-wurde-14378135.html vom 12.02.2017.

Schröder, Jens (2017): »Die große Auflagen-Analyse der Regionalzeitungen: die 78 größten Titel auf einen Blick«, in: Meedia vom 23.01.2017. Siehe http://meedia.de/2017/01/23/die-grosse-auflagen-analyse-der-regionalzeitungen-die-78-groessten-titel-auf-einen-blick/ vom 20.02.2017.

Vereinigung der Medien-Ombudsleute (2012): »Grundsätze VDMO«. Siehe https://www.vdmo.de/informationen/grundsätze-vdmo/ vom 10.02.2017.

Wehling, Elisabeth (2016): Politisches Framing. Wie eine Nation sich ihr Denken einredet – und daraus Politik macht. Köln: Halem Verlag.

Weimer, Wolfram (2016): »Ist Merkel eine Verfassungsbrecherin?«, in: The European vom 27.12.2016. Siehe http://www.theeuropean.de/wolfram-weimer/10656-verfahren-gegen-bundeskanzlerin vom 21.02.2017.

Widmann, Joachim (2016): »Keiner glaubt mehr dem anderen«, Interview in: Main-Post vom 29.05.2016, S.2.

Wyss, Vinzenz (2016): »Nicht Werkzeug der Täter sein«, Interview von Richard Clavadetscher in: St.Galler Tagblatt vom 12.08.2016. Siehe http://www.tagblatt.ch/nachrichten/panorama/Nicht-Werkzeug-der-Taeter-sein;art253654,4714881 vom 12.02.2017.

Flüchtlingsdiskurse in der Bilderwelt

Fotos als erwünschte und unerwünschte Repräsentationen

CHRISTOPH SAUER

für Helmuth zum 23.12.2016

EINLEITUNG

Längst sind wir übersättigt mit Bildern. Unsere visuelle Kultur überschwemmt uns mit bildlichen Darstellungen, die mehr oder weniger gut zu den dazugehörigen Texten passen. Im Gegensatz zu einer Zeit, als Fotos rar waren und daher auch journalistisch als Besonderheiten ge- und behandelt wurden, drängen sie sich heutzutage den Journalisten und ihren Redaktionen auf und werden mit einer gewissen Beliebigkeit gestreut. Unsere Rezeptionsprozesse sind daran gewöhnt. Das liegt gewiss nicht nur am Journalismus, der sich bildgierig gibt (vgl. Haller 2008; Grittmann/Neverla/Amman 2008), es zeigt sich bereits in unserer Alltagswelt, die von Bildern verschiedener Art bestimmt wird, meist in digitalisierter Form, also internetaffin (vgl. auch die Literaturangaben in Niehr 2016). Diese Bestandsaufnahme betrifft nicht nur die Häufigkeit des Visuellen, sondern vor allem die Weise, wie wir Informationen verarbeiten: nämlich weg von der »linear-sukzessiven« und »hin zu einer simultanen und multiperspektivischen Rezeptionsweise« (Wyss 2000: 299; vgl. Stöckl 2000, 2011). Insofern kann sich schon die Frage stellen, wie Medienrezipienten überhaupt Informationen verarbeiten. Für unser Thema wichtig wird die Zusatzfrage, wie sich die Fülle bildlicher Informationen zur Fülle textlicher Informationen verhält, wie also Texte über Migranten durch Bilder von Migranten oder von Migrationsbezügen (im weitesten Sinne) beeinflusst, das heißt aber auch überlagert, verdrängt, verschoben, gestört, verstärkt, abgeschwächt, gekontert usw. werden. In bestimmten Fällen dürfte es sogar vorkommen, dass bildliche Aussagen und textuelle Informationen nichts miteinander zu tun haben, während sich die Rezipienten doch bemühen, zumindest minimale Zusammenhänge zu konstituieren. Auch wo kein Zusammenhang zwischen bildlichen Repräsentationen und verbalen Diskursen besteht oder angestrebt wird, führt die Rezeption solcher Kombinationen aus Bildern und Texten quasi automatisch zur Suche nach möglichen Zusammenhängen, eben als eine »multiperspektivische Rezeptionsweise«.

Obwohl unser Thema nicht eine Gesamterörterung der Flüchtlingsdiskurse ist, sondern wir uns auf die *bildlichen Darstellungen* von »Migration« beschränken, müssen wir uns mit solchen Bild-Text-Kombinationen beschäftigen (vgl. Straßner 2002; Grebe 2006; Wichert 2006). Das ist unausweichlich, schon weil wir Bilder nur verstehen, wenn wir Hinweise erhalten auf das und zu dem, das wir sehen oder sehen sollen (vgl. Lethen 2014). Diese Hinweise sind meistens *Bildunterschriften* oder *Artikeltexte*: Sie helfen uns, den Ausschnitt der Wirklichkeit, den ein Foto immer darstellt (vgl. Böhme 1999; Stegu 2000; Pandel 2009), zu verstehen, können jedoch auch zu Manipulationszwecken verwendet werden. Doch betrachten wir zunächst ein Beispiel.[1] Es entstammt dem Jahr 2015, dem Höhepunkt der sogenannten »Migrationskrise« (vgl. auch Vowe 2016).

Abbildung 1: Flüchtlinge erreichen Griechenland im Jahre 2015

Quelle: Büchi (2015). The New York Times/beobachter.ch

1 Alle Fotos in diesem Beitrag werden in Grauschattierungen wiedergegeben. Im Original handelt es sich praktisch immer um Farbfotos.

Die Bildunterschrift lautet hierzu »Nicht jeder hat so viel Glück: Flüchtlinge erreichen Griechenland«. Das beeinflusst die Rezeption, denn jetzt wird deutlich, dass der Fotograf auf dem (griechischen) Festland oder einer Insel steht – und damit die generelle Indexikalität jeden Fotos erfüllt (vgl. allgemein dazu Nöth 2009, Sauer 2010).[2] Die Menschen, die aus einem Schlauchboot ins seichte Wasser waten, sind an ihren Gepäckstücken und an ihrer Kleidung als Flüchtlinge zu erkennen. Es handelt sich somit nicht um eine Touristengruppe, wenn es auch offensichtlich um eine von Touristen frequentierte Gegend geht, was man an den Fährschiffen erkennen kann. Nur das Wort »Glück« ist hier ausgesprochen merkwürdig, da es uns mit einer Kategorie konfrontiert, die man nicht sehen kann, jedenfalls nicht auf dem Foto. Damit wird dem Foto eine positive Dimension hinzugefügt, etwas, das unsere Interpretation mit steuert, was aber auf dem Foto selbst nicht zu erkennen ist. Wir werden dazu gebracht, das Foto ebenfalls

---

2 Fotos gelten in theoretischen Erörterungen als Musterbeispiele für sogenannte indexikalische Zeichenrelationen. Von einem »Index» spricht der Semiotiker Peirce, auf den sich viele berufen, bei einem Zeichen, dessen Träger auf Grund seines raumzeitlichen und vor allem kausalen Zusammenhangs mit dem Bezeichneten als Zeichen für letzteres verwendet wird; wenn also beispielsweise rote Hautflecken das Zeichen für eine Maserninfektion oder Rauch das Zeichen für Feuer bilden. Sinngemäß steht dann ein Foto für die Einwirkung des Lichts zu einem bestimmten Zeitpunkt auf die lichtempfindliche Schicht oder den Sensor und zeigt an, wo der Fotograf wann gestanden haben muss. Das betrifft jedoch lediglich einen kleinen Teil der Schlussfolgerungen, die man an ein Foto knüpfen kann; meistens handelt es sich um Mischformen, insofern neben der indexikalischen Realisierung das Foto auch »ikonisch» funktioniert (weil die Erkennbarkeit des Dargestellten oder Abgebildeten gewährleistet ist) und zu »symbolischen« Interpretationen Anlass gibt (man nennt das eine auf Konvention beruhende Bedeutungszuschreibung oder eine stillschweigende Übereinkunft). Alle drei Relationen – die indexikalische, die ikonische und die symbolische – werden somit durch ein Foto ausgelöst, weshalb auch verständlich wird, warum textuelle Umgebungen wirkungsvoll sein können und jedenfalls nie ausgeschlossen werden sollten (vgl. Keller 1995). Horstkotte (2009: 33) spricht daher von der »Unschärfe der Fotografie zwischen der Aura des Authentischen und der Konstruktivität des fotografischen Einzelbildes«, während Lethen (2014: 235) lakonisch feststellt: »Geht man Bildern und ihren Wirklichkeiten nach, gerät man gleichermaßen in die Sphären des Vordergrund- und Hintergrund-Denkens«, worauf die »Langeweile des universellen Verdachts« beruhe, der die immerwährende Suche nach Verborgenem bestimme. Dennoch bilden solche zwiespältigen Verhältnisse die Anlässe für Schlussfolgerungen, denen man als Lesender oder Schauender nicht entgehen kann.

als positiv zu interpretieren und erkennen nunmehr »glückliche« Flüchtlinge. Wer aber hat wirklich »Glück« gehabt, wir, die Leser, die den guten Ausgang des Fluchtabenteuers bestaunen können, oder die Flüchtlinge, deren Flucht auch ganz anders hätte enden können? Was im ersten Moment eine günstige Interpretation ist, erweist sich im zweiten höchstens als eine Zwischenstation, denn die Flüchtlinge, deren »Glück« offensichtlich das Überlebthaben bedeutet, müssen erst noch aufgefangen, registriert und vorübergehend untergebracht werden. Und dann befinden sie sich erst in Griechenland, noch nicht in einem anderen Teil Europas. Das also suggeriert die Bildunterschrift, ohne dass wir überprüfen können, ob das Foto wirklich im Jahre 2015 aufgenommen wurde. Zugleich ist das Foto als *Illustration* erkennbar, weil der zugehörige Text – ein wesentliches Kriterium! – nicht diese Flüchtlinge thematisiert, sondern mehr allgemeine, gleichwohl wichtige, Fragen anschneidet.

Bei dem Foto spielt jedoch noch etwas eine Rolle, die geschickte Aufteilung mit Vordergrund – eine (arabische) Frau mit drei kleinen Kindern und einem Mädchen, das links zusieht und selbst auch noch im Wasser steht –, Mittelgrund – die aus dem Schlauchboot aussteigenden anderen Flüchtlinge – und Hintergrund – ein Fährschiff und weitere Segelboote im Hafen –, alles im glänzenden Sonnenlicht, sodass man alles gut erkennen kann. Da es keine Unschärfen gibt, liegt der Fokus auf der Gesamtszenerie, d.h. dass vielleicht mit Ausnahme der Frau niemand eindeutig im Zentrum steht.

Was sich uns als eine friedliche Szene aufdrängt, die zusätzlich mit der Bildunterschrift »Nicht jeder hat so viel Glück« verknüpft ist, verschiebt sich in der textuellen Umgebung. Denn bei Büchi (2015) steht an prominenter Stelle das Wort »Europa droht eine Zerreißprobe«, was das Foto zum ›Beweisstück‹ stempelt, dass es so nicht weitergehen kann. Wir sehen Flüchtlinge, die aus einem Schlauchboot aussteigen, der Text teilt uns jedoch mit, dass wir uns eine Krise vorstellen müssen, die wir fotografisch nicht repräsentiert finden. Somit ist das Foto undeutlich, unausgegoren, etwas beliebig und tut nicht sehr viel zur Sache, um die es offensichtlich geht. Schon ein Datum der Aufnahme fehlt, sodass man höchstens daran erinnert wird, welche anderen möglichen Fotos es noch gab oder gibt: Jedenfalls steht das Thema Migration im Vordergrund, darüber besteht Klarheit. Über alles andere lässt sich zweifeln.

Die Flüchtlingsdiskurse in der Bilderwelt erscheinen hier – und anderswo – recht unscharf und gewissermaßen nonchalant. Viel wird von den Rezipienten erwartet: dass sie ihre Fantasie bemühen, um ein Bild doch angemessen interpretieren zu können. Die Bildunterschrift ruft eine positive Bedeutung auf, sie wird das »Glück« genannt, das man nicht sehen, höchstens erahnen kann – schon weil man keine ertrunkenen Menschen sieht. Diese Ertrunkenen fungieren gewissermaßen als Folie, auf der sich die Interpretation dieses Bildes entfaltet. Ohne sie wäre diese Abbildung nutzlos. Man benötigt somit eine große Menge Wissen oder Erfahrungen, will man solche Fotos interpretieren und deren mögliche Bedeutungen erfassen. Bilder sprechen nicht von sich aus, ihnen werden Texte beigegeben, die unserer Interpretation auf die Sprünge helfen sollen (vgl. Pandel 2009, vgl. auch Holly 2011, 2016, wo TV-Nachrichtenfilme mit unterschiedlichen Kommentartexten besprochen werden).

Wenn wir kurz unsere Vorgehensweise rekapitulieren, dann erkennt man auf dem Foto eine Gruppe von Flüchtlingen, die aus einem Schlauchboot aussteigen. Zeitpunkt der Aufnahme oder Ort bleibt fotografisch undeutlich. Ohne zusätzliche Informationen können wir das Bild nicht interpretieren: Mit den Informationen jedoch, die wir aus der Bildunterschrift und dem Kontext heranziehen, wird uns die Bedeutung deutlicher, d.h. dass wir allmählich verstehen, was uns das Foto *symbolisiert*, dass unsere Assoziationen, die sich naturgemäß sofort einstellen, auf dieses *Zu-Verstehen-Geben* ausgerichtet werden. Was man sieht (ikonisch also), was man erschließen kann (Sommer, Küste, Flüchtlinge, indexikalisch also), reicht nicht aus, um unsere Assoziationen in Gang zu setzen. Zu verstehen, was das Foto *symbolisieren* soll, benötigt unsere aktive Interpretation, damit sich eine Realisierung des Flüchtlingsdiskurses einstellt, an der wir teilnehmen sollen: Dass Flüchtlinge zu zeigen bedeutet, dass wir in Europa mitten in einer Krise stecken, die man als »Migrationskrise« oder »Flüchtlingskrise« (vgl. AfD 2015; Lehmann 2015; Fach 2016; Hoerder 2016; Heussen 2016; van Houtum/Lucassen 2016; Kermani 2016; Klaus/Weigl 2016; Luft 2016; Ott 2016; Sperl 2016) bezeichnen kann, die jedenfalls Bilder von Flüchtlingen quasi automatisch koppelt an die Krisenhaftigkeit der (europäischen) Lage.

Wir betrachten ein weiteres Beispiel, wieder mit dem Mittelmeer als einem charakteristischen Ort, auf dem sich Migration offensichtlich abspielt (siehe nächste Seite). Dieses Foto hat die folgende Unterschrift: »Soldaten des Einsatzgruppenversorgers Berlin der Bundeswehr retten etwa 40 km vor der libyschen Küste Personen aus seeuntauglichen Booten« (Ostsee-Zeitung 2015a). Die Retter sind an ihren Uniformen erkennbar, auch haben sie kleinere Schlauchboote. Flüchtlinge sind als solche nicht wirklich erkennbar, sieht man doch nur in einem hellen Schlauchboot eine Menge zusammengepresster Menschen. Mit einiger Geduld (und eventuell einem Vergrößerungsglas) sieht man auch noch ein paar Menschen, die die Arme hochreißen, als ob sie die Soldaten begrüßen oder sich ergeben wollen. Der Zeitungsartikel zu diesem Foto resümiert die Entwicklung der Flüchtlingsbewegungen nach Deutschland im Jahr 2015. Das Foto passt nicht eigentlich zum Thema, da die besonderen Aufgaben der Bundeswehr gar nicht genannt werden. Was also soll das Foto symbolisieren? Welche Aussagen über »Flüchtlinge« werden gemacht, die das Foto unterstützen könnte? Lediglich im Lead des Artikels findet man die folgende Formulierung: »Das ablaufende Jahr steht im Zeichen der Flüchtlingskrise. Inzwischen sind allein nach Deutschland mehr als eine Million Menschen gekommen. Auch nach dem Flüchtlingsgipfel mit der Türkei kommen täglich Tausende auf Booten in Griechenland an«. Libyen jedoch kommt im ganzen Text nicht vor.

Abbildung 2: Flüchtlinge vor Libyen von Bundeswehr gerettet

Quelle: Bundeswehr/Achim Winkler/dpa/symbolbild, Ostsee-Zeitung (2015a)

Somit finden wir wiederum ein Foto vor, das uns etwas zur »Flüchtlingskrise« zu verstehen geben soll. Wir sehen, was wir sehen. Dass es um eine Rettungsoperation geht, sehen wir kaum, wir erkennen nur, dass Helfer (Soldaten?) in ihren professionellen Schlauchbooten auf ein großes Schlauchboot treffen. Im Text ist die Rede von der Türkei und Griechenland, Libyen wird gar nicht erwähnt. Warum taugt dieses Bild dennoch zur Illustration? Offenbar wird unser Wissen angesprochen, Schlauchbootflüchtlinge und Migration als ein großes Ganzes zu sehen, gewissermaßen ein *pars pro toto* für die »Flüchtlingskrise«.

Bei diesem Sachverhalt hätte es sich angeboten, eine funktional andere Art der Bebilderung zu wählen: eine Infografik etwa, in der auch die Statistik mit ihren spezifischen Darstellungsmöglichkeiten einen Platz hätte finden können. Für diese Art der Repräsentation ist unter anderem die UNHCR zuständig, die regelmäßig brauchbares Material liefert. Warum die Ostsee-Zeitung stattdessen zu diesem Foto gegriffen hat, dürfte etwas mit journalistischer Routine und greifbarem, schnell zugänglichem Material zu tun haben. Die Vorstellungskraft der Leser wird durch Infografiken womöglich weniger angespornt als durch Fotos, aber hierüber lässt sich sinnvollerweise ohne nähere Untersuchung nichts sagen. Betrachten wir daher eine hier mögliche Infografik.

Abbildung 3: Infografik der UNHCR über das Jahr 2015 im Mittelmeer

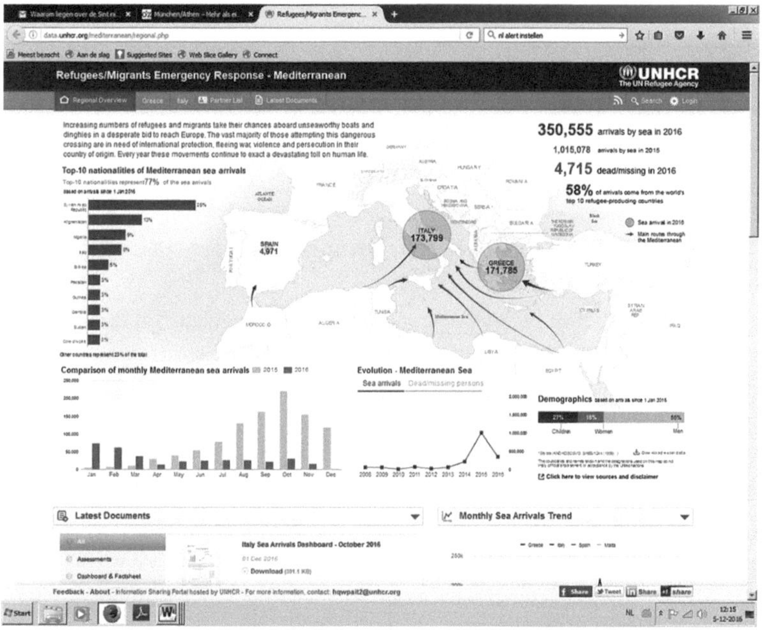

Quelle: UNHCR Refugees/Migrants Emergency Response – Mediterranean

Trotz der Verkleinerung wird in der Grafik auch metaphorisch – also mit Hilfe der leicht aggressiven Pfeile – deutlich, wie die Flüchtlingsströme im Mittelmeer verlaufen sind und welche Länder die Flüchtlinge vor allem erreicht haben: Italien und Griechenland. Eine solche Grafik wäre in der Ostsee-Zeitung von Abbildung 2 günstiger gewesen, da sie nicht vage Illustration, sondern *textunterstützende* Visualisierung gewesen wäre. Dass es »krisenhaft« zugeht, bedarf angesichts der Grafik keiner weiteren Erläuterung; allerdings bedarf es der Erläuterung, wenn man sich ausschließlich auf Fotos konzentriert. Textuelle und visuelle Informationen sollten jedoch zusammentreten und einander unterstützen (vgl. Pandel 2009; Holly 2016; Sauer 2016).

Im Folgenden entwickeln wir zunächst ein theoretisch-semiotisches Modell von Fotos – mit einer klaren Anwendungsperspektive. Wir wenden es zuerst auf die visuelle Definition von Flüchtlingen an. Die zweite Anwendung ist die Frage, welche Bilder im Flüchtlingsdiskurs angemessen sind, auch technisch angemessen. Wir setzen uns drittens damit auseinander, was passiert, wenn es trotz hohen Publikationsdrucks keine Fotos gibt, am Beispiel der Kölner Silvesternacht. Die vierte Anwendung ist das tote Flüchtlingskind Aylan Kurdi, von dem wir überlegen, ob es Sinnbild des Flüchtlingsdiskurses sein kann. Daraus ergibt sich fünftens die Frage, wie Flüchtlinge als Objekte staatlichen Eingreifens gezeigt werden. Die sechste Anwendung sind Fotos, die einen Preis gewonnen haben (Photo of the Year). In der abschließenden Abrundung versuchen wir uns an einer Einschätzung der Bilderwelt im Flüchtlingsdiskurs und besprechen rezente Richtlinien des *Österreichischen Presserats*.

BILDER ZWISCHEN OFFENHEIT UND BESCHRÄNKUNG

Wer ein Foto sieht – sei es in einer Zeitung, einem Wochenblatt, auf den Online-Ausgaben dieser Organe oder auf den sozialen Medien im Internet, wo sie millionenfach geteilt werden – sieht und versteht immer mehr als nur das Bild allein. Alle Rezeptionsprozesse ordnen das Foto als Interpretationsanlass in größere Rahmungen ein, darin teilweise angeregt von der Bildunterschrift oder von der textuellen Umgebung. Es ist zumindest eine Verkürzung, würde man nun annehmen, es handele sich bei einem Foto um ein einzelnes Zeichen. Schon die Semiotik, auf die man sich in diesem Falle bezieht, geht aber von einer Kombination von Zeichen aus:[3] Ausgelöst werden in aller Regel *indexikalische*, *ikonische* und *symbolische* Schlussfolgerungen (vgl. Keller 1995; Sauer 2010). Diese Schlussfolgerungen (oder Interpretationen) sind nicht zwingend, aber ihnen wohnt eine gewisse Regelmäßigkeit inne, sodass man sich ihnen nicht leicht entziehen kann. Sie sind Bestandteil der umfassenden Flüchtlingsdiskurse, mit denen sich die Menschen auseinandersetzen bzw. die ihnen auf den sozialen Medi-

3 Diese Konstellation, wie schon obige Abbildungsbeispiele gezeigt haben, führt zu einer charakteristischen Mehrfachverwendung desselben Fotomaterials. Dabei kann nach Herzenslust verändert und manipuliert werden, ohne dass solche Modifizierungen Anlass der Reflexion sein müssen oder auch werden (vgl. zu theoretischen Erörterungen Stegu 2000, zu gegensätzlichen Bildunterschriften Pandel 2009, zu tatsächlichen Verschleierungen der Herkunft von Fotos AfD 2015, zur Übersicht über die Berichterstattung im Jahre 2015 Hemmelmann/Wegner 2016, Herrmann 2016).

en allenthalben begegnen. Denn visuell geht es zu, mit Fotos wird argumentiert und manipuliert, alle Rezipienten sind auf eine visuelle Umgebung eingestellt, die ihnen nicht gehört, sie dennoch nachdrücklich angeht (vgl. Hemmelmann/Wegner 2016).

Für Bilder oder Fotos, die generell als Kombination verschiedener Zeichenrelationen angesehen werden können (vgl. Keller 1995; Nöth 2009, Sauer 2010), ist die Suche nach einem »Kontext«, der Anhaltspunkte für die Interpretation liefert, entscheidend. Entweder weiß man schon, was man zu erwarten hat, worauf die Algorithmen von *Facebook, Twitter* u.Ä. abgestimmt sind (vgl. Kappes 2015; Hemmelmann/Wegner 2016), oder man wartet auf andere Hinweise, auf die man interpretierend reagieren kann. Meist geht es dann um etwas, das weiter reicht als das eigentlich Sichtbare, das »Denotative«; es wird meistens das »Konnotative« genannt, wobei man sich auf Überlegungen von Roland Barthes stützt (vgl. Barthes 1990a, 1990b). Grundlage dieser Theorie ist die Ermöglichung von Schlussfolgerungen als der zentralen Dimension des Zeichenhandelns, die Keller (1995) auf der Grundlage der Peirce'schen Terminologie herausgearbeitet hat. Für Keller gelten drei Arten von Schlüssen, die er als »Grundverfahren der Interpretation« (Keller 1995: 114) bezeichnet:

- symptomatische (indexikalische)
- ikonische und
- symbolische Verfahren

Zeichen, die man mittels kausaler Schlüsse interpretiert, sind *Symptome* oder *Indices*. *Ikone* sind Zeichen, die man mit Hilfe assoziativer Schlüsse interpretiert. Und Zeichen, für die man regelbasierte Schlüsse benötigt, die also auf Grund einer schon bekannten Bedeutung erst funktionieren, sind *Symbole*.

Hieraus jedoch, wie es in der Einleitung schon deutlich wurde, ist nicht ohne weiteres eine Fotoanalyse zu entwickeln. Dazu ist es notwendig, erst noch genauer herauszuarbeiten, wie solche Verfahren eigentlich arbeiten. *Indices* sind zum Beispiel Bestandteile eines Fotos, die dazu einladen, kausal zu inferieren. So sind wir oben (in Abbildung 1) vorgegangen, als wir Menschen im seichten Seewasser bemerkten. Die Beobachtung selber beruht jedoch zunächst auf einem *ikonischen* Verfahren. Wir sehen die Menschen sofort. Bei dieser simplen (assoziativen) Konstatierung belassen wir es jedoch nicht, da wir uns direkt fragten, um welche Menschen es sich eigentlich handelte. Diese Frage wird Anlass zum *kausalen* Inferieren: So sehen wir etwa Flüchtlinge, Moslems, Familien u.Ä. Wir wissen nicht sicher, was wir sehen und erfahren die Notwendigkeit der Ergänzung: vom ikonischen Assoziieren, das uns unvollständig vorkommt, zur kausalen Interpretation, die vielleicht eine vollständigere Bedeutung hervorbringt.

Haltung und Gesichtsausdruck der Frau mit den Kindern und der Kinder selber veranlassen uns zu weiteren Schlüssen. Indem wir, was wir sehen, als »Mutter mit Kindern« identifizieren, sind wir weiter gegangen als was wir kausal inferierten, wir benutzten unsere kulturellen Kenntnisse über Familien, die vom Foto aufgerufen wurden. Somit funktioniert diese Mutter-Kinder-Konstellation auch als ein *Symbol*. Wir berufen uns dabei auf gesellschaftliche Konventionen, in denen dieses Wissen aufbewahrt wird. Die Wiedergabe der Frau mit dem Kopftuch und den Kindern benötigt dieses auf Regeln basierte Wissen, um die nächste Inferenz in Gang zu setzen: die Frage nach dem, was die Menschen, ihre Konstellationen und alles sonst noch Abgebildete eigentlich *symbolisieren*. Was ist der *Sinn* dieser Ansammlung von Menschen im gegebenen Rahmen? Was gibt man – uns – zu verstehen, indem man so ein Foto präsentiert? Keller (1995: 130) arbeitet diese spezifische Inferenzproblematik folgendermaßen heraus:

> »Eine Symbolverwendung zu interpretieren, heißt somit *nicht*, zu versuchen, die Bedeutung des Symbols herauszufinden; es heißt vielmehr, den Sinn dieser Symbolokkurrenz auf der Basis der Kenntnis der Bedeutung herauszufinden. Wenn ich die Bedeutung nicht kenne, d.h. wenn ich nicht weiß, zu welchem Zweck ein Symbol normalerweise regelkonform verwendet wird, werde ich auch nicht herausfinden, wozu du es gerade verwendest.«

Somit richtet sich die Interpretation auf den Sinn des Symbol*einsatzes*, auf die *Symbolisierung*. In der obigen Abbildung 1 können wir nicht wirklich sehen, dass die Flüchtlinge, die wir rasch als solche wegen dessen, wie sie aussehen und was sie bei sich haben, kausal erschließen, es wirklich geschafft haben, heil an europäisches Land zu kommen. Wir kennen genügend andere Fälle, wo es ebenfalls geklappt hat, und wieder andere, in denen es schiefgegangen ist, um doch genügend (regelbasiertes) Wissen zu besitzen. Wir verstehen den *Sinn* des Fotos, seine *Symbolisierung*. Es symbolisiert für uns eine erfolgreiche, wenn auch entbehrungsreiche und gefährliche Flucht. Wenn wir diese Symbolisierung realisieren, haken wir uns vielleicht in einen Flüchtlingsdiskurs ein, in dem die Flüchtlinge nicht als Verursacher, sondern als Folge oder Opfer der »Krise« fungieren.

In ähnlicher Weise symbolisiert das Foto der Abbildung 2 einen Fluchtversuch, der beinah misslungen wäre, wären da nicht die (deutschen) Soldaten gekommen und hätten die Insassen des großen Bootes gerettet. Übrigens sehen wir nicht, dass es sich um deutsche Soldaten handelt, wir sehen lediglich professionelle Helfer mit professionellen Schlauchbooten. Jedoch erklärt uns die Bildunterschrift, was wir erkennen können, und hilft uns Einzelheiten zu identifizieren.

Das Foto symbolisiert somit nicht nur die Rettung von Flüchtlingen auf dem Mittelmeer, sondern auch, dass deutsche Einheiten eingesetzt werden, die genau dies bewirken. Und so, weil auch die Beischrift auf einen nicht zum Text passenden Einsatz vor der libyschen Küste verweist, symbolisiert es vielleicht auch einen gewissen Stolz auf die deutsche Bundesregierung, die doch bereit ist, Bundeswehreinheiten auf dem Mittelmeer zu diesem Zweck zu stationieren.

Teile der Bildunterschriften sind, wie man sie nennen könnte, *ko-textuell*, weil sie für die Entschlüsselung bei der Betrachtung des Fotos unentbehrlich sind. Man kann auch sagen, sie sind notwendig, aber nicht hinreichend. So kann man einordnen, was man sieht, und sich in den kausalen Assoziationen leiten lassen. Die dazugehörigen Zeitungsartikel enthalten jedoch noch zusätzliche Informationen, die *kontextuell* auf Wissen bezogen sind, das im Foto nicht oder nicht genügend thematisiert wird. Das wären dann hinreichende Informationen. Ohne diesen *Kontext* sähen wir weder das »Glückgehabt« der Abbildung 1 noch die »Flüchtlingskrise« der Artikel bei Abbildung 1 und 2.

Beide Fotos belegen, dass die drei Inferenzen zustande kommen, dass aber bei den Symbolen die bloße Kenntnis der Bedeutung des Abgebildeten nicht ausreicht, um zu einer Einschätzung des »Sinnes der Symbolokkurrenz« zu gelangen. Dazu brauchen wird den jeweiligen spezifischen *Kontext* der Fotos. Wir sagen somit, die Bilder sind im Prinzip offen, weil sie sich in verschiedenen Texten und Zusammenhängen verwenden lassen, es kommt jedoch für uns im jeweiligen Augenblick darauf an, sie auch als beschränkt oder eingeschränkt zu erfahren, weil wir nur so imstande sind, das, was sie symbolisieren, zu inferieren. Wir erfahren die Offenheit, brauchen aber eine Beschränkung.

Dennoch erkennt man schnell, dass es zu einfach wäre, nur auf den Kontext zu verweisen und die Fotos aus der Notwendigkeit genauerer Analyse zu entlassen. So richtig es ist, Bild-Text-Kombinationen als eigentlichen Untersuchungsgegenstand anzusehen (vgl. Straßner 2002; Wichert 2006) bzw. ihre generelle »Kommentarbedürftigkeit« (vgl. Grebe 2006) anzunehmen, so sollten wir uns doch der Gefahr bewusst sein, uns zu rasch von den Fotos ab- und den Texten zuzuwenden. Das aber ist theoretisch unbefriedigend, weil es auf eine ungezügelte Hereinholung von Kontext hinausläuft. Wollen wir dies vermeiden, so müssen wir den fotografischen Möglichkeiten vollständig Rechnung tragen.

Wir greifen auf Roland Barthes (1990a, 1990b, ursprünglich schon 1961), den Urvater der semiotischen Fotoanalyse, zurück. Er hat sich mehrfach mit dem Problem der Bedeutung der Fotografie auseinandergesetzt. Für Barthes liegt die Lösung der Symbolisierungsfrage in der Unterscheidung von zwei Zeichensystemen, die gleichzeitig auftreten: *denotativ* (was man wahrnimmt, was sich ohne »Kodierung« ergebe) und *konnotativ* (was man drüber hinaus erschließen könne, wobei der »Kode« zum Tragen komme). Diese Unterscheidung lässt sich nicht einfach in die Keller-Peirce'schen Inferenzen übertragen. Ikonische und indexikalische Inferenzen dürften eher »denotativ« sein, weil sie mehr die, wie Barthes sie nennt, »objektiven« (nicht-kodierten) Elemente betreffen, also das, was die Kamera sowieso einfängt und wo kein Gestaltungswille (bei Barthes heißt er »Aufbereitung«) erkennbar ist. Die symbolischen Inferenzen sind eher »konnotativ«, da sie dasjenige, das im Bild schon – denotativ – vorliegt, auf seinen Sinn oder seine Lesart befragen und dabei auf Konstellationen der Fotoelemente angewiesen sind, für die Barthes einen Gestaltungswillen annimmt, so gering er auch sein mag. So ist in Abbildung 2 eine Gruppe von drei kleineren dunklen und einem großen hellen Schlauchboot zu sehen, deren Auswahl durch den Fotografen (oder die Redaktion) sicher nicht auf Zufall beruhen dürfte, sondern auf einer vermutlich nachträglichen Auswahl, wenn nicht sowieso ein Bildbearbeitungsprogramm am Werk war. Das ist, nach Barthes, eine *konnotative Prozedur*, wie er solche Unzufälligkeiten benennt. Barthes listet fünf Prozeduren auf:

- Fotomontagen oder Trickeffekte (in Zeiten digitaler Fotobearbeitung kaum mehr detektierbar, gleichwohl nicht auszuschließen, vgl. Lunenfeld 2002)
- offensichtliches Posieren von Personen (was auf Flüchtlingsbildern oft Kinder tun, wenn sie direkt in die Kamera schauen)
- auffällige und besondere Objekte (beispielsweise ein Stacheldraht, durch den ein Kind gereicht wird, vgl. World Press Photo 2016)
- Fotogenität (dem Medium eigene Darbietungsmöglichkeiten (Un-)Schärferelationen, Fotos mit Hilfe von Drohnen aus großer Höhe, Fisheye u.Ä.)
- ästhetischer Formwille (Symmetrie wie bei Abbildung 2, Sonnenlichtüberflutung wie bei Abbildung 1, metaphorische Flucht-Pfeile wie in der Infografik der Abbildung 3)

Einige dieser Konnotationen dürften sich in der Analyse erst entfalten lassen, wenn man auch Gesetzmäßigkeiten der *Gestaltpsychologie* heranzieht (vgl. Gibson 1979; Seyler 2004), was hier jedoch nicht vertieft werden kann; jedenfalls sollte man sich bewusst sein, dass manchmal gestaltpsychologische Kategorien (wie »Ähnlichkeit« oder »Anordnung«) eine Rolle spielen können – was in Abbildung 2 gewiss der Fall ist und in Teilen auch in der Infografik (Abbildung 3).

Später kehrte Barthes zu Fotobeschreibungen zurück, in denen er, was früher »konnotative Prozeduren« hieß, zum *punctum* verkürzte (1989: 52-70): etwas, ein Element auf einem Foto, das die »konventionelle Information« des Dargebotenen »aus dem Gleichgewicht« bringt und die Deutungen der Betrachter beflügelt (z.B. ein Spruchband in einer Menschenmenge). Alle diese Impulse müssen zum Einsatz gebracht werden, wenn es darum geht, die Symbolisierung auszuloten.

Jedes Foto, so fassen wir zusammen, löst eine Reihe von Inferenzen aus. Die Inferenzen spielen sich zuerst auf der Ebene der Bildelemente und ihrer Kombinationen ab, und sie können einander aufschaukeln. Betrachter ziehen kausale, assoziative und regelbasierte Schlussfolgerungen, die zunächst von den Elementen, aus denen ein Foto besteht, ausgelöst werden. Sie erstrecken sich dann auch auf das Insgesamt des Fotos und können danach durch ko-textelle und kontextuelle Unterschriften und dazugehörige Artikel zugespitzt werden. Wir fassen den bisherigen Gang der Argumentation visuell zusammen:

Abbildung 4: Konnotative Prozeduren, Ko-Texte und Kontexte

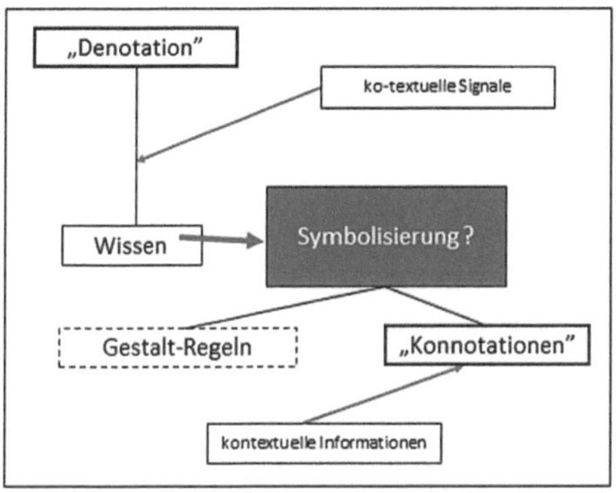

Quelle: Sauer (2010)

DEFINITION VON FLÜCHTLINGEN

Nach einer gewissen Übergangsphase, in der Flüchtlinge normaler Bestandteil der Berichterstattung waren, also routinisierte und stereotype Darstellungen vorkamen (vgl. Koch 2009), entwickelten sich die Fluchtbewegungen und ihre Konsequenzen im Spätsommer und Herbst 2015 stürmisch. Flüchtlinge gab es visuell nur in der Mehrzahl, als große und unübersehbare Gruppe. Das adäquate Bild für diese Massenhaftigkeit waren Fotos, auf denen vor allem viele Menschen zu sehen waren. Eine Individualität des einzelnen Migranten wollte sich damit nicht einstellen. Es kam zu Bildern, die etwa folgendermaßen aussahen.

Abbildung 5: Am 28. August 2015 an der Grenze zu Mazedonien

Quelle: Weltspiegel (2015): Serbien/Ungarn: Das Leid der Flüchtlinge

Auf diesem Foto sind rennende recht sportliche Männer zu sehen, die gerade einen Stacheldrahtzaun überwinden, indem sie durch ihn, mittels einer Lücke, die vorher hergestellt worden sein muss, kriechen und danach wegrennen, meistens mit ein paar Gepäckstücken. Hinter dem Zaun kommen weitere Männer vollgepackt angelaufen, die vermutlich dasselbe vorhaben. Symbolisiert das Foto nun die Energie von Flüchtlingen? Lassen sich in der Abbildung 5 noch einzelne Menschen erkennen und vielleicht sogar identifizieren, bei Bildern von Flüchtlingen im Allgemeinen ist das nicht mehr der Fall. Da dominiert die Massenhaftigkeit und damit die Unidentifizierbarkeit einzelner Personen. Solche Massen zeigen die Bilder von Flüchtlingen schlechthin:

Abbildung 6: Kroatien winkt weiter alle Flüchtlinge durch (26.10.2015)

Quelle: AP/dpa. T-Online 26.10.2015 (T-Online 2015a)

Die Bildunterschrift zu diesem Foto lautet: »Flüchtlinge am kroatisch-slowenischen Grenzübergang bei Rigonce. Das 170-Einwohner-Dorf wird zum Brennpunkt auf der Balkanroute«. Diese lakonische Beschreibung trifft nicht, was wir sehen, trifft vor allem nicht die vielen zum Teil gesenkten, zum Teil zur Kamera erhobenen Köpfe. Kausal können wir erschließen, dass der Fotograf gewissermaßen in der Menge war und sich nur etwas höher als die Flüchtlinge postierte (vielleicht auf einem Schemel oder einem Auto). Es gelingt ihm jedenfalls, eine endlose Menge von Menschen zu suggerieren. Unübersehbarkeit – das dürfte es auch sein, was dieses Foto symbolisiert.

Die nächste Abbildung 7 (Bognar/Kocina 2015) verfährt da ganz anders, denn die Position des Fotografen ist so hoch, dass man gewissermaßen von oben auf den Menschenzug schaut und dabei auch noch die Straße (Autobahn?) mit dem Verkehr in den Blick bekommt. Auffällig ist die Europaflagge, die mitgetragen und geschwenkt wird (ein *punctum*). Rechts am Rande erkennt man ein paar Polizisten. Mangels Kenntnissen können wir nicht sehen, ob es sich um ungarische oder österreichische handelt, sodass man auch nicht entscheiden kann, ob der Fotograf an der Grenze steht, in Wien oder irgendwo anders. Offensichtlich ist diese Frage nicht vorrangig, zeigt man uns doch eine Menschenmenge in Bewegung von oben, deren Einzug irgendwie geduldet und erlaubt wird. Das Foto hat eine gewisse Beweiskraft, weil es die Thematik des Artikels genau dokumentiert, die Art und Weise jedoch, wie die Aufnahme zustande kam, symbolisiert wiederum eine Menschenmasse, die sich, so der Text des Artikels, einfach in Bewegung gesetzt hatte und sich so den Weg nach Österreich »erzwang«.

Abbildung 7: Flüchtlinge dürfen nach Österreich 05.09.2015

Quelle: Reuters (Laszlo Balogh) 2015

Derartige Fotos definieren visuell, was »Flüchtlinge« eigentlich sind. Sie legen den Diskurs fest auf eine ganz spezifische Kombination: auf die Massenhaftigkeit der Fluchtbewegungen und darauf, dass diese verschiedenen Formen des Flüchtens sich darüber hinaus am Rande der Legalität abspielen. »Masse« und »Illegalität« gehen eine krude Mischung ein. Von Fluchtursachen handeln solche Fotos nicht, und Flüchtlinge gibt es im Grunde nur in der Mehrzahl. Je höher der Fotograf steht, desto eindringlicher wirken solche Symbolisierungen. Und je undeutlicher die Gesichter erkennbar sind, desto stärker wird man in einen Sog der Bedeutung oder Erwartung hineingezogen, dass ein zukünftiger Kontakt zu Flüchtlingen irgendwie etwas Bedrohliches haben könnte.

WELCHE BILDER SIND ANGEMESSEN?

Aus solchen Überlegungen schält sich seit geraumer Zeit schon die Frage nach der angemessenen Darstellbarkeit heraus. Was sind richtige, was sind falsche Flüchtlingsbilder? Was sind gute und was schlechte Fotos? Inwiefern sind sie ihrem jeweiligen medialen Umfeld angemessen (vgl. Zeid 2016)? Und welche technischen Möglichkeiten werden eingesetzt, solche Bilder zu machen und zu distribuieren? Hinzu kommt die generelle Frage, welche anderen Möglichkeiten die Öffentlichkeit hat, sich ein Bild über Flüchtlinge zu machen, das nicht medial vermittelt ist (vgl. Rothöhler 2016). Einfache Suchprozeduren auf *Google* mit dem Stichwort »Flüchtlingsbilder« zeigen sehr schnell, dass im Zentrum der Bilderdiskussion nicht etwas Inhaltliches steht, sondern die Wiederverwendbarkeit alter Bilder in neuen Diskursen; das Verwirrende an den vielen Fotos, die man leicht im Internet finden kann, ist die Tatsache, dass man sehr häufig ihre neuen Kontexte sieht und meistens auch ihre neuartigen Wiederverwendungen in den sozialen Medien, wo alt und neu sowie Bilder und Texte wild zusammengewürfelt werden. Dass dies so einfach geht, hängt auch mit der üblichen Praxis der Bebilderung von Zeitungstexten zusammen (vgl. Grittmann/Neverla/Amman 2008; Haller 2008). Es gilt somit, sich bei der Betrachtung der Bilder in den Flüchtlingsdiskursen der Tatsache bewusst zu sein, dass die visuellen Formen ihre eigene Bedeutung tragen, die nicht unbedingt etwas mit den textuellen Formen, in die sie eingebettet werden, zu tun hat. Die Massenhaftigkeit, als die wir die Definition der Flüchtlinge oben erfahren haben, setzt sich bei der Verwendung solcher Fotos durch, ohne dass die Spezifizierungen, die die Texte realisieren, daran noch viel ändern können. Will man Migranten beispielsweise positiv visualisieren, muss man auch dafür sorgen, dass diese positiven Bilder immer wieder an allen möglichen Stellen auftauchen, sogar dort, wo die Texte eine positive Symbolisierung nicht hergeben. Umgekehrt wird eine theoretische Sichtweise daraus: Was Fotos zu verstehen geben oder geben können, was sie also symbolisieren, setzt sich gegen die textuellen Umgebungen durch. Vor allem sollte man keine untauglichen Fotos verwenden – Fotos also, die weder den Text unterstützen noch von ihm unterstützt werden –, wenn man Text-Bild-Kombinationen entwickelt.

Diese Fragen gehen eigentlich über das hier zu Besprechende hinaus, weil sie schon einen zukünftigen Verwendungskontext in den Blick nehmen, der hier noch gar nicht wirklich zur Diskussion steht. Analog zu Rothöhler (2016) wollen wir dagegen fragen, wie sich aus dem, was üblicherweise mit Flüchtlingsbildern geschieht, ein Hinweis dafür finden lässt, was als angemessen betrachtet werden kann. Bei den Überlegungen zur Flüchtlingsdefinition war uns bereits aufgefallen, dass Migranten überwiegend nicht individuell, sondern als unübersehbare Gruppe, als Masse, abgebildet werden. Auch war schon herausgearbeitet worden, dass der Standpunkt des Fotografen dabei von Einfluss ist: Je höher er steht, desto unübersichtlicher lässt sich die Menschenmenge abbilden, genauer gesagt: desto eher ist man imstande, Unübersichtlichkeit zu verstehen zu geben. Es ist daher zu erwarten, dass Bilder öfters von oben aufgenommen werden. Und in der Tat führt die zeitgenössische Technik des *Drohneneinsatzes* dazu, dass immer mehr Fotos und Filme von drohnengesteuerten Apparaten aufgenommen werden, die somit die perfekte Technik für solche erwünschten Bilder liefern.

Abbildung 8: Drohnenfilm 2015 an der slowenisch-kroatischen Grenze

Quelle: The Guardian am 26.10.2015 (Videofilm-Still)

Man sieht ein improvisiertes Lager, das aus nur wenigen Zelten besteht, und eine Menschenmenge, die unmöglich in diesen paar Zelten wohnen kann. Auch sieht man Militärfahrzeuge und im Vordergrund links offensichtlich einen Zug. Die Entfernung der Drohne vom tatsächlichen Geschehen, das sie abbildet, teilt sich dem Zuschauer mit, der ebenfalls distanziert zusehen kann: »Ein Überwachungsbild also, das ein Außenperspektive, einen objektiven Kontrollblick auf die Dimension ›dieser Zustände‹ verspricht, statt sich in möglicherweise widersprüchlichen Detailaufnahmen zu verlieren. Insofern: paradigmatische Bilder für den Politikwechsel nach Abriegelung der Westbalkanroute« (Rothöhler 2016: 65). Ob Rothöhler recht hat, dass diese Bilder die Abriegelung symbolisieren, sei dahingestellt. Sie symbolisieren jedenfalls in technisch perfekter Weise die *Einladung zur Distanzierung*, die schon in früheren Abbildungen von ungreifbaren Menschenmengen ausgelöst worden war.

Geht es in den Drohnenfilmen gewissermaßen automatisch um Abstand, muss dieser in Standardfotos erst durch Kameraeinstellungen und Einsatz von Spezialobjektiven hergestellt werden. Insbesondere sind Aufnahmen von Booten im Mittelmeer daran zu unterscheiden, ob sie die Entfernung zum Boot sichtbar werden lassen oder nicht. Je sichtbarer sie nämlich ins Bild gebracht werden, desto gefährdeter wirken die Flüchtlinge. Kann man ein Boot jedoch nur noch erahnen, ist es recht eigentlich nicht da, das Problem hat sich aufgelöst. In der folgenden Abbildung scheint so etwas aufzutreten.

Abbildung 9: Auf dem Weg zu einer griechischen Insel

Quelle: Nuspliger (2016), NZZ vom 07.04.2016, Mousad Yousef/AP

Hier lautet die Bildunterschrift: »Auf dem Weg zu einer griechischen Insel: Flüchtlingsboot in der Ägäis«. Ohne diese Unterschrift könnte man an eine touristische, ja idyllische Szene denken.[4] (Die Bemerkung, dass das Foto nicht wirklich etwas mit dem Artikel, der die Reform des Dublin-Abkommens zum Thema hat, zu tun hat, erübrigt sich gewissermaßen.) Ist dieses Foto nun angemessen? Und inwiefern trägt es zum Textinhalt bei? Beide Fragen sind wohl negativ zu beantworten. Offensichtlich wollte die Redaktion ein ›neutrales‹ Foto wählen, das die Flüchtlingsfrage nicht eigentlich illustriert, sondern zur Beiläufigkeit erklärt, die die Brüsseler Beratschlagungen zwar in Gang setzt, aber nicht wirklich berührt. Technisch gesehen ist dies eine brillante Lösung, da das Foto praktisch nichts zeigt. Die Unsichtbarkeit von Flüchtlingen auf Grund

4 Auch Titelbilder von Publikationen laufen in dieselbe Falle und scheuen sich nicht, ähnliche Fotos zu verwenden, die in einem ganz allgemeinen Sinne auf »Flucht« und »Migration« verweisen sollen, z.B. Gansbergen/Pries/Witkowski (2016). Allerdings geht es in diesem speziellen Fall hier tatsächlich um »Flüchtlingsorganisationen im Mittelmeerraum und das Europäische Asylsystem« (Untertitel), was das Foto eines kleinen Bootes auf blauer See vielleicht legitimiert, wenn auch nicht seine Symbolisierung(en). Der Titel nämlich, »Versunken im Mittelmeer«, bleibt hinsichtlich des Versinkens unvisualisiert. Dass Flüchtlinge hier ebenfalls unsichtbar sind, braucht eigentlich nicht erwähnt zu werden.

dieser Lufaufnahme demonstriert vielleicht, wie der lange Arm von Brüssel funktioniert oder funktionieren sollte. Jedenfalls kann man dies als eine Form von Banalisierung sehen.

Es kommen auch einfache Luftaufnahmen vor, aus dem Hubschrauber oder dem Flugzeug. Für solche Aufnahmen, die ebenfalls einen distanzierenden Blick erlauben, eignen sich, da die Motoren viel Lärm machen, nicht so sehr Menschenmengen als vielmehr ihre Unterbringung in (improvisierten) Zeltlagern. Ein Gesamtbild kann sich so zwar einstellen, das wahrscheinlich ganz im Sinne der betreffenden Zeitung ist, freilich eines, das die einzelnen Menschen nicht mehr abbildet. Technik führt so zum Absehen von den Menschen, zur Symbolisierung von Migration als bloßer Logistik von Menschenmaterie.

Abbildung 10: Zeltlager für Flüchtlinge in Eisenhüttenstadt

Quelle: Baberowski/FAZ (2015) dpa

Die Bildunterschrift lautet: »Zelte für Flüchtlinge in Eisenhüttenstadt (Brandenburg)«, womit eine mögliche indexikalische Undeutlichkeit beim ersten Anblick gelöst sein dürfte. Das Foto begleitet jedoch einen Text, der sich recht kritisch zur damaligen Flüchtlingspolitik der Bundesregierung äußert, indem er unter anderem konstatiert (Baberowski 2015):

»In der veröffentlichten Meinung ist nur noch von Flüchtlingen die Rede, nicht von illegalen Einwanderern. Der Flüchtling ist verfolgt. Über ihn darf man nur Gutes sagen. Darüber wissen jene, die über den Wortgebrauch entscheiden, sehr gut Bescheid. [...] Es kommt nicht mehr darauf an, was jemand sagt, sondern, wer es sagt und in welcher Sprache es vorgetragen wird.«

Nun stellt sich natürlich die Frage, wie sich das Foto zu dieser Kritik und vor allem Diskurskritik verhält. Das Foto zeigt eine Notmaßnahme zur Aufnahme von vielen Neuankömmlingen. Über ihren Status – ob Flüchtling, ob illegaler Einwanderer – zeigt es nichts. Die einzige Symbolisierung, die diesen Kontext in etwa abdeckt, wäre die Massenhaftigkeit der Fluchtbewegungen, die Notbehelfe erzwingen, wie dieses provisorische Zeltlager. Man sieht also die Not(wendigkeit), nicht aber, dass sie sich an falschen Gruppen abarbeiten könnte. Was die Zeitung bewogen haben könnte, dieses Foto zu wählen, das eher ein Beleg für eine funktionierende Politik und Gesellschaft ist, also dem Textinhalt teilweise widerspricht, bleibt ein Rätsel. Die Entfernung, die das Foto auch ausdrückt, zumindest der große, technisch realisierte Abstand zwischen dem Gegenstand des Fotos, dem Zeltlager, und dem Fotografen, könnte vielleicht ein Beweggrund gewesen sein. Der Flüchtlingsdiskurs nimmt hier die Wendung, dass er visuell von den Flüchtlingen absieht, gleichwohl die politisch-gesellschaftliche Aufnahmebereitschaft, wie provisorisch sie auch immer ist, in den Mittelpunkt stellt.

BILDHUNGER NACH DER SILVESTERNACHT IN KÖLN

Im Flüchtlingsdiskurs gibt es auch Momente, wo man gerade nicht auf Fotos zurückgreifen kann. Wenn etwas geschieht, wofür es keine Bilder gibt, kann es zu einer gesteigerten Nachfrage nach Fotomaterial kommen, aber auch zu Ersatzlösungen. Das lässt sich an der *Kölner Silvesternacht* demonstrieren. Nachdem nach und nach deutlich wurde, dass eine Vielzahl von Tätern an den Belästigungen überwiegend von Frauen beteiligt waren und dass es sich überwiegend um, wie es formuliert wurde, »Männer aus dem nordafrikanischen oder arabischen Raum« (Baspinar 2016) handelte, setzte eine allgemeine Suche nach den »Tätern« ein, die sich in einer Welle von Anzeigen der Opfer der Übergriffe materialisierte. Im Verlauf von mehreren Tagen nach der Silvesternacht erstatteten immer mehr Frauen Anzeige, obwohl schon recht schnell deutlich wurde, dass man der Täter nicht habhaft werden würde (vgl. Schwarzer 2016). Die Enttäuschung darüber war auch eine Enttäuschung über fehlende Bilder, zumindest kann man die komplexe Gemengelage von diesem Aspekt her aufdröseln. Das wollen wir auch tun. Denn der Hunger nach greifbaren und eindeutigen Bildern dominierte den Flüchtlingsdiskurs, den politischen und alle Mediendiskurse nach dieser Silvesternacht. Was man stattdessen jedoch hatte, waren Bilder über Silvester, die volle Domplatte und explodierende Feuerwerkskörper. Diese wurden dann auch eifrig verwendet.

Abbildung 11: Wie man visuell an die Silvesternacht in Köln erinnert

Quelle: Huggler (2016), Foto: EPA

Mit einer Bildlegende, die recht vage und neutral ist: »Crowds of people outside Cologne Main Station in Cologne on New Year's Eve«, wurde dieses Foto wieder und wieder verwendet, zu allen möglichen Zwecken und mit allen möglichen Absichten. Hier folgt ein durchaus übliches Beispiel.

Abbildung 12: Wiederverwendung von Fotos der Silvesternacht Köln

EXTRA-BLATT

FÜR DIE LANDTAGSWAHL

Vereinigung zur Erhaltung der Rechtsstaatlichkeit und der bürgerlichen Freiheiten — März 2016

»Wir schaffen das...«

61,7% 38,3%

Mythos Arbeitskraft

Rund 70% der Migranten aus Krisenländern haben keine Berufsausbildung. Nicht einmal jeder Zehnte kann direkt ins Arbeitsleben einsteigen oder eine Ausbildung beginnen.

Seite 2

Hereinspaziert!

Während andere Länder ihre Bevölkerung mit konsequenten Grenzkontrollen schützen, heißt es in Deutschland

Quelle: Vereinigung zur Erhaltung der Rechtsstaatlichkeit und der bürgerlichen Freiheiten, Leipzig (März 2016) Foto: wahrscheinlich EPA (vgl. auch Doemens 2016)

Man sieht weder die »Täter« noch ihre »Taten« und konzentriert sich daher auf die gefährliche Situation, die durch Böller und Raketen abfeuernde Menschen erzeugt wurde. Indem man die Leser oder Wähler bildlich an die damalige Gefahr erinnert, ist man imstande, alle diffusen Unmutsgefühle und vor allem die mit Heftigkeit einsetzende Kritik an den Verantwortlichen und an der Flüchtlingspolitik aufzurufen und erneut zu realisieren, was AfD (2015) und andere Merkel-Kritiker unaufhörlich unter Verweisung auf den »Kontrollverlust« (Blume et al. 2016: 1, 2, 9) tun. Der *Bildverlust*, die Sehnsucht, doch endlich das einzig zutreffende Bild zu erhalten, dem niemand widersprechen können soll und bei dem sich die Diskussion gewissermaßen erübrigt, ist damit nicht wirklich geheilt. Dadurch wurde die Silvesternacht in Köln zur »Projektionsfläche« (Amjahid et al. 2016: 17, 18), auf der sich der Hass gegen »Willkommen«, »Flüchtlinge«, »Eliten« und »Lügenpresse« (vgl. Thoden 2015; Krüger 2016; Patzelt/Klose 2016) tummelte und endlich ein gesellschaftlich akzeptiertes Ventil fand, durch den der längst existierende Unmut an der Politik entweichen konnte. Als Projektionsfläche ist Köln womöglich diskursiv wirksamer, als es je ein Foto hätte sein können. Erst später wurden brauchbare Bilder gefunden und publiziert.

Abbildung 13: Überwachungskamera in Köln K14

Quelle: Amjahid et al. (2016: 25)

Die folgende Bildunterschrift begleitet das Foto: »K14: Der Platz ist fast geräumt. Vor der Tür entsteht ein Gedränge, in dem viele Straftaten passieren.« In dieser Vergrößerung oder Verkleinerung kann man die »Straftaten« nicht sehen, wohl aber das »Gedränge«, das noch viel aggressiver wirkt als die Feuerwerkskörper von Abbildung 11. Nehmen wir noch das nächste Foto hinzu.

Abbildung 14: Überwachungskamera Gleis 10/11 und K34

Quelle: Amjahid et al. (2016: 31)

Diese Bilder tragen die folgenden Unterschriften: »Nach Mitternacht wollen viele Menschen den Hauptbahnhof verlassen, aber es fahren keine Züge. Die Täter nutzen das Gedränge aus, um zu grabschen und zu stehlen.« »Gedränge« ist (ikonisch) wahrnehmbar, die Kamerastandpunkte sorgen für die indexikalischen Bestandteile. Die Symbolisierungen (Bedeutungsinterpretationen), die die Unterschriften suggerieren, müssen jeweils von den Beschauern ergänzt bzw. hinzugefügt werden. In dem aufgeheizten Diskurs nach Köln ist das leicht möglich, bei allgemeinen Bildern fällt die Projektionsfläche geringer bemessen aus. Das Neuartige am Flüchtlingsdiskurs zu Köln ist, dass visuell das Aufeinandertreffen oder besser -prallen von Deutschen und Ausländern (illegalen Einwanderern, Flüchtlingen, »Islamisten«, »Kriminellen«, »Testosteronbomben«) vorgeführt wird, auch wenn die »Übergriffe« durch Erzählungen und Berichte tradiert werden müssen. Insofern liefern Amjahid et al. (2016) erwünschte Repräsentationen – auf einem Feld, das lange vom Bildhunger aufgestaut war. Ironischerweise sind es Überwachungskameras, die diese Bilder erzeugen, die normalerweise nicht veröffentlicht werden und höchstens im Gericht eine Rolle spielen. Dass man diese Fotos hier verwendet, erzeugt eine Verbindung zwischen der Apparatur, den Überwachungsbildern und ihren Diskursen, und dem Flüchtlingsdiskurs. (Ein ähnlicher Bildhunger tritt auch bei terroristischen Taten auf, die jedoch außerhalb des Bereichs dieses Artikels fallen und nicht behandelt werden.)

DAS KURZE LEBEN DES AYLAN KURDI

Am 2. September 2015 spülten an der türkischen Küste nahe Bodrum die Leichen von ertrunkenen syrischen Flüchtlingen an. Die türkische Fotografin Nilüfer Demir war in der Nähe. Ihr Foto des toten Kindes Aylan Kurdi ging über die ganze Welt, wurde zum Sinnbild für das schwere Schicksal von Flüchtlingen und unendlich oft wiederholt, auch in gepixelter Form oder nur als Umriss.

Abbildung 15: Aylan Kurdi tot aufgefunden von Nilüfer Demir

Quelle: Hürriyet Daily News (2015): Foto Nilüfer Demir/DNA

In deutschen Zeitungen (zusammenfassend: Hein 2015) wurde erläutert, warum man das Foto zeigte – oder eben nicht. Denn viele Zeitungen wollten diese Bilder ihren Lesern nicht zumuten oder die negative Seite des Flüchtlingsdiskurses nicht repräsentieren. Andererseits konnte man auf T-Online (2015b) die folgende Erklärung finden:

»Liebe Leserinnen und Leser, wir haben uns dazu entschieden, Ihnen dieses schockierende Foto zu zeigen. Nicht, weil wir damit Klicks machen wollen. Sondern weil es wie kein anderes Bild zeigt, dass direkt vor unserer Haustüre Menschen sterben: Männer, Frauen und Kinder. Und weil wir als Redaktion, wie Sie auch, wütend darüber sind, dass so etwas im reichen Europa des Jahres 2015 passieren kann. Die Wucht dieses Bildes soll aufrütteln – und die rechten Hetzer als menschenverachtend entlarven. Ihre t-online.de-Redaktion.«

Es ist zu lesen, dass der Flüchtlingsdiskurs Feinde hat, die hier »rechte Hetzer« genannt werden, und dass die Entscheidung darüber, *was* man bringt und *wie* man es tut, immer auch auf dieser Folie möglicher Hetze gefällt wird. Eine Lösung für diese prekäre Situation war, dass man das Foto zitierte, indem man es nur in Umrissen wiedergab (oder verpixelt, wie in Abbildung 15). Dadurch zeigt man gleichzeitig an, dass man die umfassende Kenntnis dieses spezifischen Fotos praktisch überall voraussetzen kann. Das wiederum ist ein Beleg dafür, dass sich Bilder im Diskurs schneller, nachdrücklicher und nachhaltiger durchsetzen als Texte. Zu dieser Entwicklung trugen Künstler bei, die das Foto zum Anlass für eigene Kunstwerke nahmen (vgl. Hessenschau 2016).

Abbildung 16: Graffiti-Künstler im Frankfurter Osthafen am Werk

Quelle: Hessenschau (2016): Foto Picture-alliance/dpa

An solchen Bildern und ihren Weiterungen zeigte sich, dass sich der Flüchtlingsdiskurs auf *ein* Foto (also gerade nicht auf Abbildung 15) aus der Serie der Bilder der türkischen Fotografin festlegte. Dieses *eine* Bild ging dann um die Welt. Es tauchte nicht zufällig daher auch in Frankfurt auf (Abbildung 16). Es war dieses Foto, mit dem der Junge posthum dann Furore machte. Für einige Zeit wurde es zur *Allegorie* des Bildes vom Flüchtling schlechthin: Man nannte es oft auch »ikonisch« (wenn auch nicht in einem semiotischen Sinn, sondern wie eine *Ikone* der orthodoxen Kirche), es fungierte als »Medienikone« (Paul 2008; Kleist 2016) oder als »Schlagbild«, das sich dem »Übertritt der Bilder in die Sphäre des politischen Alltags« verdankt (Diers 1997: 7), und wurde für etliche Cartoons benutzt, was ein Beleg für die Wirkung sein dürfte. Es löste fast unmittelbar nach dem Auftauchen eine Diskussion darüber aus, ob Aylans Leichenfoto genauso einen »ikonischen« Status bekommen wird wie andere berühmte Bilder oder »Schlagbilder«.

Abbildung 17: Das Bild, dessen Ausschnitt zum Sinnbild wurde

Abbildung 18: Der entscheidende Ausschnitt

Quelle: Moyer (2015), Foto: DNA/EPA

Rasendschnell erhob sich eine öffentliche Meta-Diskussion darüber, ob der Sinnbild-Charakter des Fotos dauerhaft wirken würde oder doch nicht, dass das Foto also nach einiger Zeit der Vergesslichkeit anheimfallen würde. Abgesehen davon, dass das Foto die negative Seite der Migrationspolitik, und zwar ausschließlich, ins Bild setzt, zeigten auch die anderen allegorischen Bilder, die stets zur Verdeutlichung herangezogen wurden (meistens das vietnamesische Mädchen auf der Flucht vor Napalm), dass ihre Wirkung auf die Dauer verpuffte (Abbildung 19). Diese Meta-Diskussion beweist jedoch eine starke Selbstbezüglichkeit des Flüchtlingsdiskurses, die bislang jedoch noch nicht dazu geführt hat, dass die Frage nach positiven Bildern eine wirkungsvolle Antwort fand.

Abbildung 19: Welches Bild ist das sinnbildhaftigste?

Iconische foto bevestigt beeld

Een harde foto kan de publieke opinie en beleid doen kantelen - die van Aylan ook?

Quelle: NRC Handelsblad vom 04.09.2015: 8 und 9 (Takken 2015)

STAATLICHES EINGREIFEN

Der Flüchtlingsdiskurs mobilisiert die Öffentlichkeit, indem er einerseits die gesellschaftliche Reichweite aller Entwicklungen und Vorkommnisse anschneidet und andererseits die staatlichen Maßnahmen kritisch ins Kalkül nimmt (vgl. Luft 2016; Ott 2016; van Houtum/Lucassen 2016; Kingsley 2016). Die Flüchtlinge selber haben theoretisch die Chance, dass sie Subjekte dieses Diskurses werden, bei den Aktivitäten des Staates werden sie überwiegend zu Objekten, schlimmstenfalls zu Gesetzesübertretern. Im Bilderdiskurs ist das kaum anders, d.h. dass die mögliche Illegalität (wie etwa Abbildung 5 oben) vielleicht vorkommt, aber dass die meisten Bilder den rücksichtsvollen, sorgfältigen, vielleicht eine Spur pedantischen Staat zeigen. Das kann ästhetisch wirkungsvolle Bilder hervorbringen.

Abbildung 20: Flüchtlinge in Bayern hinter Fahrzeug Bundespolizei

Quelle: Ostsee-Zeitung (2015b), Armin Weigel/Archiv

Der Ko-Text der Bildunterschrift lautet: »Flüchtlinge gehen nahe Wegscheid in Bayern hinter einem Fahrzeug der Bundespolizei.« Das trifft den fotografischen Sachverhalt nur am Rande, insofern man nun weiß, wo sich das alles abspielte. Aber die Schönheit des Bildes mit den beiden sich weit draußen rechts schneidenden Schrägen, sowie in Kombination mit den ersten sich herbstlich verfärbenden Bäumen, deckt dieser Ko-Text nicht ab.[5] Der Kontext hingegen, in dem es unter anderem darum geht, dass Flüchtlinge ohne Papiere einreisen, trägt zu einer Symbolisierung bei, die in die Nähe von Gängelung kommt. Dennoch erinnert im katholischen Bayern das Foto eher an eine Flurprozession unter polizeilicher Begleitung als an die Strengheit des Staates.

Im Zuge der gesellschaftlichen Diskussionen verschiebt sich der Aspekt des staatlichen Handelns auch in die Richtung einer Reaktion auf Flüchtlingshetze. Dann kommen Bilder vor, die Vertreter des Staats zeigen, die nach solchen Vorfällen die entsprechenden Unterkünfte besuchen.

Abbildung 21: Vizekanzler Gabriel zu Besuch in Notunterkunft Heidenau

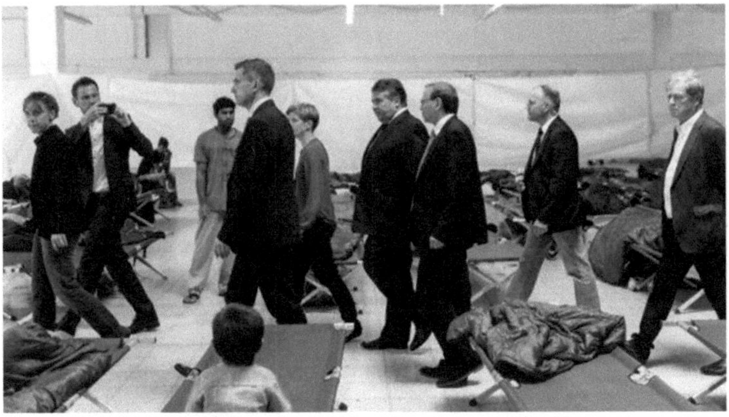

Quelle: Maurice Weiss, Schweriner Volkszeitung vom 24.08.2015

An diesem Bild fallen die Feldbetten auf, das Kind im Vordergrund, die Repräsentanten des Staates und ein Fotograf in ihrer Begleitung, der gerade ein Foto aufnimmt. Ein Gespräch, etwa mit dem Flüchtling, der sich den Staatsvertretern zuwendet, scheint nicht zustande zu kommen. Der dazugehörige Artikel spricht von der »Angst« der Flüchtlinge vor Heidenauer Rechtsradikalen, vor allem aber von Gabriels Wort vom »rechtsradikalen Mob«, wie er die tagelangen Krawalle in Heidenau einschätzte. Nichts von alledem wird im Bild sichtbar gemacht.

5 Fast das gleiche Foto, diesmal vom Reuters-Fotografen Michael Dalder, hat 2016 den Pulitzer-Preis erhalten (vgl. Pulitzer Prizes 2016). Dabei lautet die Unterschrift: »Immigrants are escorted by German police to a registration centre, after crossing the Austrian-German border in Wegscheid near Passau, Germany (Michael Dalder, Thomson Reuters – October 20, 2015).«

Stattdessen wird einem zu verstehen gegeben (Symbolisierung), dass die Obhut des Staats gewährleistet sei, auch wenn die Flüchtlinge selber dabei, wie das Foto belegt, eine untergeordnete, ja abhängige und zweitrangige Rolle spielen (vgl. Redaktion Schweriner Volkszeitung 2015). Steckt in solchen Fotos schon eine *Infantilisierung* von Migranten?

Die Bilderwelt im Flüchtlingsdiskurs kennzeichnet sich auch durch Fotos, anhand derer deutlich wird, dass der Staat eingreifen *muss*, weil sich sonst Chaos und rechtsfreie Räume ausbreiten. Davon zeugt die Abbildung 22.

Abbildung 22: Katastrophale Zustände in Idomeni

Quelle: Südtirol Online stol.it vom 25-3-2016 Foto LaPresse

Mit der Bildunterschrift: »Katastophale Zustände in Idomeni« wird der Blick auf etwas gerichtet, das unhaltbar erscheinen muss. Im Artikel selber wird überwiegend der Vertreter des UNHCR zitiert, der die angekündigten Räumungsmaßnahmen der griechischen Regierung begrüßt (vgl. Südtirol Online 2016). Für die Betrachter des Fotos wird die Notwendigkeit, das Chaos zu beenden, plausibel gemacht, analog zu den Metaphern im Bericht, wo es nur so von »Lagern«, »Betreuung« und »ordentlichen Unterkünften« wimmelt (vgl. Spieß 2016). In dem, was dieses Bild symbolisiert, fließen Massenhaftigkeit der Fluchtbewegungen und Migranten als Objekte staatlichen Handelns zusammen. Gewissermaßen zwei Fliegen mit einer Klappe.

WORLD PRESS PHOTO OF THE YEAR 2015 UND PULITZER PRIZE 2016

Fotografen, die die Bilder für den Flüchtlingsdiskurs machen, stehen untereinander in einem Wettbewerb. Sie müssen nicht nur versuchen, den Wünschen und Vorgaben ihrer Redaktionen zu genügen, sie müssen ihre Arbeit auch so tun, dass sie von den Kommissionen für die verschiedenen Preise bemerkt werden können. Außerdem stehen sie zusätzlich unter Druck, weil die Bildersucht des Internets mit den unaufhörlichen Amateurfotos von *Facebook* und ähnlichen Plattformen natürlich weitergeht und professionelle Fotografen sich in gewisser Weise anpassen (vgl. Büllesbach 2008; Vowe 2016). Dabei geraten Fotomacher unter Zugzwang, da sie zum einen den jeweiligen Textumgebungen entsprechen müssen, aber zum andern sich auch von anderen Fotografen unterscheiden müssen, indem sie beispielsweise auffallende oder besonders gelungene Bilder machen. In diese Verhältnisse spielt der Flüchtlingsdiskurs hinein. Resultat dieser Entwicklung sind die Preisverleihungen der letzten Jahre.

Abbildung 23: World Press Photo of the Year 2015

Quelle: Warren Richardson 28.08.2015: Hope for a New Life
(World Press Photo 2016)

Der Fotograf Richardson, unterwegs mit Flüchtlingen auf dem Balkan, gewann mit diesem Foto den Preis World Press Photo of the Year 2015.[6]

»Richardson's picture – which also won first prize in the Spot News category – shows refugees crossing the border from Serbia into Hungary, near Horgoš (Serbia) and Röszke (Hungary). Taken at night on 28 August 2015, this man and child were part of the movement of people seeking to cross into Hungary before a secure fence on the border was completed.« (World Press Photo 2016)

Die Erläuterung ist sehr unvollständig, weil das Foto die nächtliche Überwindung einer Stacheldrahtbarriere nach Ungarn zuspitzt auf das Durchreichen eines Babys in die Hände des Vaters, der offensichtlich schon drüben ist. Die dramatische Szene individualisiert den Flüchtling als ungeduldigen Grenzüberwinder, der dazu noch achtgibt auf sein kleines Kind. Für seinen Übertritt braucht er Helfer, außer dem Fotografen selber. Allerdings sieht man eher Hilfe zur Selbsthilfe als etwa professionelle Helfer. Das Bild gibt die Not zu verstehen, die mit Flucht verbunden ist, bietet aber auch eine gewisse Hoffnung auf einen guten Ausgang der Flucht. Worin der aber bestehen könnte, bleibt ungezeigt und ungesagt.

Flucht besteht aus kleinen Schritten, wobei regelmäßig Hürden auftauchen, die nicht einfach genommen werden können. Es gibt Hindernisse, auf die man sich vorbereiten kann, es gibt aber auch unvorhergesehene Grenzsperren, die von Polizisten und Soldaten bemannt werden. Der Reuters-Fotograf Yannis Behrakis erhielt für dieses Foto um Einlass bettelnder Flüchtlinge im strömenden Regen als »Photography Staff of Reuters« den »Pulitzer Prize 2016« für »Breaking News Photography«.

6 Dieses Foto ist schwarzweiß , das einzige Foto unseres Artikels, das im Original nicht farbig ist.

Abbildung 24: Kann man sich Einlass erbetteln?

Quelle: Yannis Behrakis (Pulitzer Prizes 2016)

Zu diesem Foto wird die folgende Bildunterschrift gegeben: »Migrants and refugees beg Macedonian policemen to cross the border from Geece into Macedonia during a rainstorm, near the Greek village of Idomeni« (Yannis Behrakis – *Thomson Reuters,* September 10, 2015). Das Foto symbolisiert die Erbarmungswürdigkeit der Fluchtumstände, indem es die notwendige Unterwürfigkeit der nassen Männer gegenüber Grenzbewachern ausdrückt. Der Ausschnitt der Szenerie und das ausdruckvolle Mienenspiel der Flüchtlinge, die sich offensichtlich von der Anwesenheit des Fotografen nicht ablenken lassen, kulminieren in einem großartigen *pars pro toto*. Ein packendes Foto.

FAZIT ODER FLÜCHTLINGSDISKURSE VISUELL

Die Bilderwelt entindividualisiert die Flüchtlinge überwiegend (außer in den beiden Fotos der Preisträger). Flüchtlinge sind als Masse oder Massen zu sehen, aber kaum als Menschen. Als Menschen sind sie dann zu sehen, wenn sie von staatlichen Handlungen oder Helfern abhängig sind. Auch als Opfer von Fluchtgeschehnissen werden Flüchtlinge abgebildet, vor allem wenn diese gefährlich sind. Recht selten sind Abbildungen, in denen Migranten in der Gesellschaft angekommen sind, nicht am Bahnhof oder an der Grenze, nicht in einem Lager oder provisorischen Aufenthaltsort, sondern an einer *Stelle* in der Gesellschaft, wo sie sich integrieren können. Überhaupt ist es so eine Sache mit dem Integrieren. Abgesehen von der Tatsache, dass man dieses Integrieren nicht einfach fotografieren kann – es sei denn, man begibt sich auf eine lange Suche nach Szenerien, in denen eine gelungene Integration jedenfalls nicht ausgeschlossen werden kann –, wird es in der Regel als zu einseitig gehandhabt. Als ob man nur von den Fremden erwarten kann, dass sie sich integrieren, wohingegen Integration doch ein Prozess ist, der von mindestens *zwei* Seiten kommen muss. Diese Bewegungen – von der Gesellschaft auf die Neuankömmlinge und von diesen auf die Gesellschaft –, lassen sich offensichtlich kaum abbilden. So schränken die fehlenden Bilder gelungener Inklusion den Flüchtlingsdiskurs ein. Die Fotos bevorzugen die Abbildung staatlicher Handlungen und die Abhängigkeit der Migranten von Aktionen von Helfern. Damit wird man den Migranten nicht gerecht, und man bildet auch die aufnehmende Gesellschaft sehr einseitig ab.

Gegner der Flüchtlingspolitik machen sich diese Einseitigkeit zunutze, indem sie Gräben aufwerfen und überall Hindernisse und Unmöglichkeiten wittern. Damit reagieren diese Gegner auch auf die vielen Bilder von Fluchtbewegungen und massenhafter Migration. Die Flüchtlinge werden gewissermaßen vom *Ende* ihrer Fluchtbewegungen her, wenn sie in der deutschen Gesellschaft angekommen sind, thematisiert und kritisiert, nicht vom *Anfang* her, nicht vom eigentlichen Fluchtimpuls und nicht von den konkreten Anlässen, die sie bewogen haben könnten, sich auf ihre mühevolle Reise zu begeben.

Der Übergang vom Objekt zum Subjekt bleibt der eigentliche Stachel in der Bilderwelt der Flüchtlingsdiskurse. Es gibt zu wenig Bilder der Inklusion, die eine attraktive Ausstrahlung haben können. Symbolisiert wird eine Gesellschaft, die sich überrumpelt fühlt, während positive Bilder erfolgreicher Inklusion kaum vorkommen.

Zusätzlich dominiert eine negative Folie des Flüchtlingsdiskurses, der Flüchtlingshass und die Hetze auf die Migranten. Dabei fragt man sich zu wenig, wie Fotos aussehen müssten, damit sie nicht von den Hassern missbraucht werden können. Hier herrscht ein dringender Bedarf an neuen Ideen und kreativen Entwürfen. Manchmal gibt es gute Beispiele, diese sollten Schule machen, nicht die weniger gelungenen. Ausgerechnet die *Bild am Sonntag* tat sich im August 2015 mit einer Frontseite hervor, die fast alle Aspekte, wie sie hier besprochen worden sind, aufgegriffen und in eine gelungene Aktion umgeformt hat.

Abbildung 25: Stimmen gegen den Flüchtlings-Hass

Warum sperrt Facebook Nippel und nicht Nazis?

Lasst Väter Vater sein!

Was heißt eigentlich blümerant?

Bild am Sonntag

30. August 2015 1,85 €

100 STIMMEN GEGEN FLÜCHTLINGS-HASS

WIR HELFEN

Wölfe wollen Draxler

2:1

3:0

Quelle: Bild am Sonntag (2015)

Man beachte, dass sich das Foto eines Flüchtlingsbootes am unteren Rande befindet. Es wirkt wie eine typologische Rahmung des komplexen Titelbildes und bringt die Subjektseite mit der Objektseite zusammen. Gesichter allerdings sind vor allem Appelle. Noch besser wäre es gewesen, wenn Inklusionschancen hätten visualisiert werden können. Denn dann wären es selbstbewusste Migranten gewesen, die wir hätten sehen können.

Die aktuellen gesellschaftspolitischen Auseinandersetzungen in Österreich, deren Zentrum das Flüchtlingsthema war, haben den *Österreichischen Presserat* am 29. November 2016 bewogen, eine Checkliste für »verantwortungsvollen Journalismus« zu veröffentlichen. Diese Richtlinien sollen den Medien als Anleitung für die Berichterstattung über das Flüchtlingsthema dienen. Mit der Liste möchte man »Selbstreflexion« ermöglichen sowie eine »Orientierungshilfe für die Praxis« bieten. Grundlage waren Beratungen der drei Senate des Presserats darüber, »wie man verantwortungsvoll über Flüchtlinge und Asylwerber berichtet«. Die Basis der Checkliste bleiben die *Grundsätze für die publizistische Arbeit (Ehrenkodex für die österreichische Presse)* (Österreichischer Presserat 2013). Im Einzelnen sieht die »Orientierungshilfe« so aus (hier nicht vollständig wiedergegeben, [Herv. v.Verf.], vgl. Der Standard 2016):

- Habe ich das Thema ausreichend recherchiert, gehen meine Quellen über bloße (Internet-)Gerüchte hinaus?
- Habe ich jene Fakten präsentiert, die für eine umfassende und ausgewogene Darstellung meines Themas notwendig sind?
- Habe ich geprüft, ob durch meine Berichterstattung/meine Wortwahl/*meine Fotoauswahl* Vorurteile verstärkt werden?
- Habe ich geprüft, ob ich Informationen, die Vorurteile schüren könnten, weglassen kann, ohne den Sinn und den Wahrheitsgehalt der Geschichte zu verändern oder das Verständnis der Leserinnen und Leser zu beeinträchtigen?
- Habe ich überlegt, ob durch meine Berichterstattung/meine Wortwahl/*meine Fotoauswahl* jemand gekränkt oder beleidigt werden könnte?
- Kann ich zu dem Thema ein Internet-Forum eröffnen, ohne befürchten zu müssen, dass die Diskussion entgleist?

Für unser Thema, die Bilderwelt der Flüchtlingsdiskurse, lassen sich daraus wichtige Erkenntnisse gewinnen. Es kommt verstärkt darauf an, keine Fotos zu erstellen oder zu veröffentlichen, die falsch verstanden oder missbraucht werden können. Was man zu verstehen geben will, welche Symbolisierungen man anstrebt, benötigt kluge und kreative Lösungen. Migranten sollten den elenden Objekt-Status in der Bilderwelt nicht länger haben, dann erst kann die Inklusion in den Vordergrund treten. Wer ständig an potenzielle Gegner denkt und ihnen nicht entgegenkommen möchte, hat schon einen wichtigen Schritt unternommen. Das immense Flüchtlingsthema braucht bessere Bilder. Das gilt im Besonderen für die letzte »Orientierungshilfe« zur Möglichkeit eines Internet-Forums, denn gerade auch hier könnten die positiven Bilder von Flüchtlingen hilfreich sein.

LITERATUR

Amjahid, Mohamed/Fuchs, Christian/Guinan-Bank, Vanessa/Kunze, Anne/Lebert, Stefan/Mondial, Sebastian/Müller, Daniel/Musharbash, Yassin/Nejezchleba, Martin/Rieth, Samuel (2016): »Was geschah wirklich?«, in:

Zeit Magazin vom 23.06.2016 (»Die Nacht, die kein Ende nimmt«), S. 16-34.

Alternative für Deutschland (AfD) (2015): Thesenpapier: Asyl, Berlin: Alternative für Deutschland.

Baberowski, Jörg (2015): »Ungesteuerte Einwanderung. Europa ist gar keine Wertegemeinschaft«, in: FAZ vom 14.05.2015. Siehe http://www.faz.net/aktuell/feuilleton/debatten/joerg-baberowski-ueber-ungesteuerte-einwanderung-13800909.html?printPagedArticle=true#pageIndex_2 vom 23.05.2016.

Barthes, Roland (1989, im Original 1980): Die helle Kammer. Bemerkungen zur Photographie, übersetzt von Dietrich Leube (= suhrkamp taschenbuch, Band 1642), Frankfurt a.M.: Suhrkamp.

Barthes, Roland (1990, im Original 1982): Der entgegenkommende und der stumpfe Sinn. Kritische Essays III. Übersetzt von Dieter Hornig (= edition suhrkamp Neue Folge, Band 1367), Frankfurt a.M.: Suhrkamp.

Barthes, Roland (1990a): »Die Fotografie als Botschaft«, in: Barthes, Sinn, S. 11-27.

Barthes, Roland (1990b): »Rhetorik des Bildes«, in: Barthes, Sinn, S. 28-46.

Baspinar, Deniz (2016): »Tabuierte Sexualität sucht sich ihren Weg«, in: Zeit Online vom 16.01.2016. Siehe http://www.zeit.de/gesellschaft/zeitgeschehen/2016-01/sexuelle-gewalt-sexualitaet-islam-maenner-frauen-verhaeltnis vom 02.11.2016.

Bild am Sonntag (2015): »Hundert Stimmen gegen den Flüchtlings-Hass« (30.08.2015). Siehe http://www.scoopnest.com/de/user/BILD/637867412088561664 vom 09.12.2016.

Blume, Georg/Brost, Marc/Hildebrandt, Tina/Hock, Alexej/Klormann, Sybille/Köckritz, Angela/Krupa, Matthias/Lau, Mariam/von Randow, Gero/Theile, Merlind/Thurmann, Michael/Wefing/Heinrich (2016): »Die Nacht, in der Deutschland die Kontrolle verlor«, in: Die Zeit 35/2016 vom 18.08.2016, S. 1-9.

Bognar, Peter/Kocina, Erich (2015): »Flüchtlinge dürfen nach Österreich«, in: Die Presse vom 05.09.2015 Siehe http://diepresse.com/home/politik/eu/4813926/Fluechtlinge-duerfen-nach-Oesterreich vom 06.12.2016.

Böhme, Gernot (1999): Theorie des Bildes, München: Fink.

Büchi, Andres (2015): »Migration. Die Herausforderung«, in: Beobachter 19/2015. Siehe http://www.beobachter.ch/politik/migration/artikel/migration_die-herausforderung/ vom 23.11.2016.

Büllesbach, Alfred (2008): »Digitale Bildmanipulation und Ethik. Aktuelle Tendenzen im Fotojournalismus«, in: Grittman/Neverla/Amman, Fotojournalismus, S. 108-136.

Burkhardt, Armin/Pollmann, Kornelia (Hg.) (2016): Globalisierung. Sprache – Medien – Politik (= Sprache – Gesellschaft – Politik, Band 18), Bremen: Hempen.

Diekmannshenke, Hajo/Klemm, Michael/Stöckl, Hartmut (Hg.) (2011): Bildlinguistik. Theorien – Methoden – Fallbeispiele (= Philologische Studien und Quellen, Band 228), Berlin: Erich Schmidt Verlag.

Diers, Michael (1997): Schlagbilder. Zur politischen Ikonographie der Gegenwart (= Fischer Taschenbuch, Band 13218), Frankfurt a.M.: Fischer.

Doemens, Karl (2016): »›Extrablatt‹. AfD wegen anonymer Spende unter Druck«, in: Frankfurter Rundschau vom 08.03.2016. Siehe http://www.fr-online.de/politik/-extrablatt--afd-wegen-anonymer-spende-unter-druck-,1472596,33925182.html vom 07.12.2016.

Fach, Wolfgang (2016): »Flucht und Fluch«, in: Merkur 803, S. 78-85.

Fix, Ulla/Wellmann, Hans (Hg.) (2000): Bild im Text – Text und Bild, Heidelberg: Universitätsverlag C. Winter.

Gansbergen, Anna/Pries, Ludger/Witkowski, Juliana (Hg.) (2016): Versunken im Mittelmeer? Flüchtlingsorganisationen im Mittelmeerraum und das Europäische Asylsystem, Bielefeld: transcript Verlag.

Gibson, James J. (1979): The Ecological Approach to Visual Perception, Boston: Houghton Mifflin.

Grebe, Stefanie (2006): »›Ohne Titel‹, mit Kontext. Wieso es auf der ganzen Welt kein Foto ohne (Kon)Text gibt«, in: Holzbrecher/Oomen-Welke/Schmolling, Foto + Text, S. 39-57.

Grittmann, Elke/Neverla, Irene/Amman, Ilona (Hg.) (2008): Global, lokal, digital. Fotojournalismus heute. Köln: Herbert von Halem.

The Guardian (2015): »Refugees on the Slovenia-Croatia Border – Drone Video«, in: theguardian.com vom 26.10.2015. Siehe https://www.theguardian.com/world/video/2015/oct/26/refugees-on-slovenia-croatia-border-drone-video-footage vom 03.07.2016.

Haller, Michael (Hg.) (2008): Visueller Journalismus. Beiträge zur Diskussion einer vernachlässigten Dimension (= Medien: Forschung und Wissenschaft, Band 21), Münster: LIT.

Hein, David (2015): »Totes Flüchtlingskind. Wie die Medien mit dem verstörenden Bild umgehen« (04.09.2015). Siehe http://www.horizont.net/medien/nachrichten/Totes-Fluechtlingskind-Wie-die-Medien-mit-dem-verstoerenden-Bild-umgehen-136214 vom 16.11.2016.

Hemmelmann, Petra/Wegner, Susanne (2016): »Flüchtlingsdebatte im Spiegel von Medien und Parteien. Ein Überblick«, in: Communicatio Socialis 1, S. 21-38.

Herrmann, Friederike (2016): »Das Märchen vom überkochenden Brei. Narrative in der medialen Berichterstattung zum Flüchtlingsthema im Herbst 2015«, in: Communicatio Socialis 1, S. 6-20.

Hessenschau (2016): »Am Frankfurter Osthafen. Riesen-Graffiti zeigt toten Flüchtlingsjungen«, (10.03.2016). Siehe http://hessenschau.de/kultur/riesen-graffiti-in-frankfurt-zeigt-toten-fluechtlingsjungen,aylan-graffiti-102.html vom 10.12.2016.

Heussen, Benno (2016): »Das Problem der Fairness in der Flüchtlingsfrage«, in: Merkur 803, S. 85-93.

Hoerder, Dirk (2016): »Überfremdung? Migration in historischer Perspektive«, in: Merkur 803, S. 5-17.

Holly, Werner (2011): »Bildüberschreibungen. Wie Sprechtexte Nachrichtenfilme lesbar machen (und umgekehrt)«, in: Diekmannshenke/Klemm/Stöckl, Bildlinguistik, S. 233-253.

Holly, Werner (2016): »›Globale‹ Bilder – lokale audiovisuelle Texte. Internationales in Fernsehnachrichtenfilmen«, in: Burkhardt/Pollmann, Globalisierung, S. 149-168.

Holzbrecher, Alfred/Oomen-Welke, Ingelore/Schmolling, Jan (Hg.) (2006): Foto + Text. Handbuch für die Bildungsarbeit, Wiesbaden: VS Verlag für Sozialwissenschaften.

Horstkotte, Silke (2009): Nachbilder: Fotografie und Gedächtnis in der deutschen Nachkriegsliteratur, Köln/Weimar/Berlin: Böhlau.

van Houtum, Henk/Lucassen, Leo (2016): Voorbij Fort Europa. Een nieuwe visie op migratie, Amsterdam/Antwerpen: atlas contact.

Huggler, Justin (2016): »Cologne New Year sex attacks: Germany's women are angry, scared – and getting tired of excuses«, in The Telegraph vom 08.01.2016. Siehe http://www.telegraph.co.uk/women/life/cologne-new-year-sex-attacks-germanys-women-are-angry-scared---a/ vom 27.11.2016.

Hürriyet Daily News (2015): »Photographer of the world-shaking picture of drowned Syrian toddler: ›I was petrified at that moment‹« (02.09.2015). Siehe http://www.hurriyetdailynews.com/photographer-of-the-world-shaking-picture-of-drowned-syrian-toddler-i-was-petrified-at-that-moment.aspx?pageID=238&nid=87951&NewsCatID=341 vom 10.12.2016.

Kappes, Christoph (2015): »Das errechnete Ich. Algorithmen und Entscheidungsfreiheit«, in: Goethe-Institut. Siehe https://goethe.de/de/kul/med/20628668.html vom 04.12.2016.

Keller, Rudi (1995): Zeichentheorie. Zu einer Theorie semiotischen Wissens (= UTB, Band 1849), Tübingen: Francke.

Kermani, Navid (2016): Einbruch der Wirklichkeit. Auf dem Flüchtlingstreck durch Europa, München: Beck.

Kingsley, Patrick (2016): The New Odyssey. The Story of Europe's Refugee Crisis, London: Guardian Books/Faber & Faber.

Klaus, Václav/Weigl, Jiři (2016): Völkerwanderung. Kurze Erläuterung der aktuellen Migrationskrise, Waltrop/Leipzig: Edition Sonderwege/Manuscriptum.

Kleist, J. Olaf (2016): »Die Flüchtlinge und das Meer«, in: Sperl, Flüchtlinge, S. 55-61.

Koch, Ansgar (2009): »Visuelle Stereotype im öffentlichen Zuwanderungsdiskurs? Pressefotos von Migranten in deutschen Tageszeitungen«, in: Thomas Petersen/Clemens Schwender (Hg.), Visuelle Stereotype, Köln: Herbert von Halem, S. 58-78.

Krüger, Uwe (2016): Mainstream. Warum wir den Medien nicht mehr trauen, München: Beck.

Lehmann, Julian (2015): »Ein Rückblick auf die EU-›Flüchtlingskrise‹ 2015«, in: Aus Politik und Zeitgeschichte 52, S. 7-11.

Lethen, Helmut (2014): Der Schatten des Fotografen. Bilder und ihre Wirklichkeit, Berlin: Rowohlt.

Luft, Stefan (2016): Die Flüchtlingskrise. Ursachen, Konflikte, Folgen, München: Beck.

Lunenfeld, Peter (2002): »Digitale Fotografie. Dubitative Bilder«, in: Herta Wolf (Hg.), Paradigma Fotografie. Fotokritik am Ende des fotografischen Zeitalters. Band 1 (= stw, Band 1598), Frankfurt a.M.: Suhrkamp, S. 158-177.

Moyer, Justin Wm. (2015): »Aylan's story: How desperation left a 3-year-old boy washed up on a Turkish beach« (03.09.2015). Siehe https://www.Wasingtonpost.com/news/morning-mix/wp/2015/09/03/a-desperate-refugee-family-a-capsized-boat-and-3-year-old-dead-on-a-beach-in-turkey/?utm_term=.38406f697977 vom 10.12.2016.

Niehr, Thomas (2016): »Von ›Kameraden‹, ›weissen Wölfen‹ und einer ›Mädelschar‹. Rassismus im Internet«, in: Burkhardt/Pollmann, Globalisierung, S. 229-249.

Nöth, Winfried (2009): »Bildsemiotik«, in: Klaus Sachs-Hombach (Hg.): Bildtheorien. Anthropologische und kulturelle Grundlagen des Visualistic Turn (= stw, Band 1888), Frankfurt a.M.: Suhrkamp, S. 235-254.

Nuspliger, Niklaus (2016): »Reformprogramm für ›Dublin‹. Die EU-Kommission lanciert die Debatte um mehr Zentralismus in der Asylpolitik«, in: Neue Zürcher Zeitung vom 07.04.2016, S. 3.

Österreichischer Presserat (2013): Grundsätze für die publizistische Arbeit (Ehrenkodex der österreichischen Presse), Wien: Österreichischer Presserat.

Ostsee-Zeitung (2015a): »Mehr als eine Million Flüchtlinge übers Mittelmeer gekommen« (30.12.2015). Siehe http://t.ostsee-zeitung.de/Nachrichten/Politik/Mehr-als-eine-Million-Fluechtlinge-uebers-Mittelmeer-gekommen/ vom 05.12.2016.

Ostsee-Zeitung (2015b): »CSU will Flüchtlinge ohne Papiere abweisen« (30.12.2015). Siehe http://t.ostsee-zeitung.de/Nachrichten/Politik/CSU-will-Fluechtlinge-ohne-Papiere-abweisen/ vom 05.12.2016.

Ott, Konrad (2016): Zuwanderung und Moral (= RUB, Band 19376), Stuttgart: Reclam.

Pandel, Hans-Jürgen (2009): »Schrift und Bild – Bild und Wort«, in: Aus Politik und Zeitgeschichte 31, S. 10-17.

Patzelt, Werner J./Klose, Joachim (2016): PEGIDA. Warnsignale aus Dresden (= Social Coherence Studies, Band 3), Dresden: Thelem.

Paul, Gerhard (2008): »Das Jahrhundert der Bilder. Die visuelle Geschichte und der Bildkanon des kulturellen Gedächtnisses«, in: Gerhard Paul (Hg.), Das Jahrhundert der Bilder. 1949 bis heute, Göttingen: Vandenhoeck & Ruprecht, S. 14-39.

Pulitzer Prizes (2016): »2016 Pulitzer Prizes. Journalism. Breaking News Photography«. Siehe http://www.pulitzer.org/winners/photography-staff-reuters vom 10.12.2016.

Redaktion Schweriner Volkszeitung (2015): »Gabriel gegen Flüchtlings-Hass: ›Rechtsradikaler Mob‹«, in Schweriner Volkszeitung vom 24.08.2015. Siehe http://www.svz.de/deutschland-welt/politik/rechtsradikaler-mob-id10537186.html vom 09.11.2016.

Rothöhler, Simon (2016): »Fluchtbildzustände«, in: Merkur 804, S. 62-69.

Sauer, Christoph (2010): »Hingucker und/oder Wegleser. Niederländische Pressebilder (fast) ohne Text«, in: Peter Klotz/Paul R. Portmann-Tselikas/Georg Weidacher (Hg.), Kontexte und Texte. Soziokulturelle Konstellationen literalen Handelns (= Europäische Studien zur Textlinguistik, Band 8), Tübingen: Narr, S. 301-325.

Sauer, Christoph (2016): »Europäische Weihnachtsansprachen im Fernsehen. Sprache und multimodale Gestaltung«, in: Burkhardt/Pollmann, Globalisierung, S. 191-228.

Scheffer, Paul (2016): De vrijheid van de grens, Amsterdam: Stichting Maand van de Filosofie.

Schwarzer, Alice (Hg.) (2016): Der Schock. Die Silvesternacht von Köln (= KiWi, Band 1528), Köln: Kiepenheuer & Witsch.

Seyler, Axel (2004): Wahrnehmen und Falschnehmen. Praxis der Gestaltpsychologie, Frankfurt a.M.: Anabas.

Sperl, Gerfried (Hg.) (2016): Flüchtlinge. Essays, Diskurse, Reportagen (= Phoenix, Band 2), Wien: Czernin.

Spieß, Constanze (2016): »›Zäune‹ oder ›bauliche Maßnahmen‹ für eine ›Festung Europa‹. Das Sprechen über Fluchtbewegungen und Migrant*innen im öffentlich-politischen Diskurs«, in: Osnabrücker Beiträge zur Sprachtheorie 89, S. 57-84.

Der Standard (2016): »Flüchtlinge: Presserat bietet ›Checkliste‹ für Berichterstattung« (29.11.2016). Siehe http://derstandard.at/2000048430258/Fluechtlinge-Presserat-bietet-Checkliste-fuer-Berichterstattung vom 11.12.2016.

Stegu, Martin (2000): »Text oder Kontext: zur Rolle von Fotos in Tageszeitungen«, in: Fix/Wellmann, Bild im Text, S. 307-323.

Stöckl, Hartmut (2000): »Bilder – stereotype Muster oder kreatives Chaos? Konstitutive Elemente von Bildtypen in der visuellen Kommunikation«, in: Fix/ Wellmann, Bild im Text, S. 325-341.

Stöckl, Hartmut (2011): »Sprache-Bild-Texte lesen. Bausteine zur Methodik einer Grundkompetenz«, in: Diekmannshenke/Klemm/Stöckl, Bildlinguistik, S. 43-70.

Straßner, Erich (2002): Text-Bild-Kommunikation – Bild-Text-Kommunikation (= Grundlagen der Medienkommunikation, Band 13), Tübingen: Niemeyer.

Südtirol Online (2016): »Räumung von Lager in Idomeni begonnen«, in: stol.it vom 25.03.2016. Siehe https://www.stol.it/Artikel/Chronik-im-Ueberblick/Chronik/Raeumung-von-Lager-in-Idomeni-begonnen vom 07.12.2016.

Takken, Wilfred (2015): »Iconische foto bevestigt beeld«, in: NRC Handelsblad vom 04.09.2015, S. 8-9.

Thoden, Ronald (Hg.) (2015): ARD & Co. Wie Medien manipulieren. Band 1, Frankfurt a.M.: Selbrund Verlag.

T-Online (2015a): »Verstoß gegen EU-Vereinbarung. Kroatien winkt weiter alle Flüchtlinge nach Slowenien durch« (26.10.2015). Siehe http://www.t-online.de/nachrichten/ausland/eu/id_75905852/fluechtlinge-kroatien-verstoesst-gegen-eu-vereinbarung.html vom 06.12.2016.

T-Online (2015b): »Der tote Junge von Bodrum. ›Ein Foto, um die Welt zum Schweigen zu bringen‹« (03.09.2015). Siehe http://www.t-online.de/nachrichten/ausland/eu/id_75284300/fluechtlinge-toter-junge-von-bodrum-ein-foto-geht-um-die-welt.html vom 10.12.2016.

UNHCR (2016): »Refugees/Migrants Emergency Response – Mediterranean«. Siehe http://data.unhcr.org/mediterranean/regional.php vom 05.12.2016.

Vereinigung zur Erhaltung der Rechtsstaatlichkeit und der bürgerlichen Freiheiten (2016): »Extrablatt für die Landtagswahl Baden-Württemberg«, Leipzig: Politfakt Medien GmbH.

Vowe, Gerhard (2016): »Politische Kommunikation in der Migrationskrise. Der strukturelle Wandel der Kommunikation als Herausforderung für Politik und Wissenschaft«, in: Publizistik 4, S. 431-440.

Weltspiegel (2015): »Serbien/Ungarn: Das Leid der Flüchtlinge. Sendung vom 30.08.2015«. Siehe http://www.daserste.de/information/politik-welt geschehen/weltspiegel/sendung/serbien-ungarn-fluechtlinge-100.html vom 05.12.2016.

Wichert, Adalbert (2006): »Der Text zum Foto. Zum Verstehen von Foto-Text-Beziehungen, in: Holzbrecher/Oomen-Welke/Schmolling, Foto + Text, S. 25-38.

World Press Photo (2016): »Warren Richardson Winner of the Photo of the Year 2015«. Siehe http://www.worldpressphoto.org/news/2016-02-18/world-pre ss-photo-year-2015-goes-warren-richardson vom 07.12.2016.

Wyss, Stefan (2000): »Auch Historiker müssen im Bilde sein. Vom Nutzen audiovisueller Quellen für die Geschichtswissenschaft«, in: Studien und Quellen/Etudes et Sources/Studi e Fonti 26, S. 299-336.

Zeid, Amr Abu (2016): Islam und Orient im Bild der Presse. Zur Suggestivkraft multimodaler Berichterstattung (= Diss. Universität Bern 2014), Marburg: Tectum Verlag.

Was denkst du, was ich glaube?

Entdeckungen im interreligiösen Dialog

BURKHARD HOSE

DER INTERRELIGIÖSE DIALOG UNTER DEM VORZEICHEN DER FLUCHT

»Weißt du, Burkhard, manchmal glaube ich, du hilfst uns, wieder bessere Muslime zu werden.«

Diese für mich zunächst irritierende Aussage eines muslimischen Geflüchteten markiert so etwas wie ein persönliches Schlüsselerlebnis. Der Satz steht für das neue Nachdenken über die Begegnung der Religionen und auch über die möglichen Chancen für einen interreligiösen Dialog angesichts der Zuwanderung so vieler Menschen muslimischen Glaubens.

Was sich seit Sommer 2015 ereignet hat, wird in seinen Auswirkungen auf den interreligiösen Dialog in Deutschland vermutlich von größerer Bedeutung sein als jahrzehntelange Dialogrunden zwischen Christen und Muslimen. Das besondere Vorzeichen der Flucht prägt seither den interreligiösen Dialog in einer Art und Weise, die überraschende Entdeckungen mit sich bringt und unter Umständen unerwartete Chancen beinhaltet.

Die erste – für manche überraschende – Erkenntnis resultiert aus der unmittelbaren und oft sehr nahen und persönlichen Begegnung von ankommenden geflüchteten Menschen und freiwilligen Helferinnen und Helfern in der aufnehmenden Gesellschaft. Die Beziehungen, die im Kontext der freiwilligen Hilfe gewachsen sind, ermöglichen ein neues Wahrnehmen der anderen Religion. Dabei wird immer deutlicher, dass überkommene statische Vorstellungen von der jeweils anderen Religion durch die alltäglichen Beziehungen korrigiert werden.

ZWEI WELTEN PRALLEN AUFEINANDER?

Häufig war in den vergangenen Monaten zu hören, zwei Welten prallten aufeinander, wenn sich in Deutschland geborene und nach Deutschland geflüchtete Menschen begegneten. Diese wenig hinterfragte Grundthese, die häufig von Akteuren vertreten wird, die keine persönlichen Erfahrungen mit Geflüchteten gemacht haben, bestimmt in vielen Bereichen nach wie vor die öffentliche Diskussion. Das Bild von den zwei Welten wird so zum bestimmenden Paradigma für das Verständnis von Kultur, Recht, Geschlechterdifferenz oder Religion. Auch die Konstruktion eines »christlichen Abendlandes«, das der Bedrohung der »Islamisierung« ausgesetzt sei, basiert auf dieser von vielen akzeptierten Hypothese. Die Theorie von den zwei aufeinanderprallenden Welten ist jedoch nicht nur in der Sache unzutreffend, sondern in den Auswirkungen gefährlich.

Tatsächlich erleben alle, die täglich mit geflüchteten Menschen im Kontakt stehen, eine weitaus kompliziertere Realität. Dort stoßen eben nicht zwei monolithische Blöcke aufeinander, sondern es begegnen sich dynamische und äußerst vielschichtige Lebenswelten. *Die* arabische Kultur existiert genauso wenig wie *die* europäische Kultur, *das* Christentum als geschlossene Einheit ist ebenso eine Konstruktion wie die Behauptung, es gebe *das* Judentum oder *den* Islam als einheitliche Größe. Tatsächlich gilt es manchmal innerhalb einer Religion größere Spannungen zu überwinden als im Gespräch zwischen den Religionen.

Die Anerkennung der Pluralität von religiösen Ausrichtungen innerhalb der Religionen und der damit verbundene intra-religiöse Dialog ist deshalb eine bedeutsame Grundvoraussetzung für den gelingenden inter-religiösen Dialog.

So habe ich in der Begegnung mit geflüchteten Muslimen die Erfahrung gemacht, dass die Sprach- und Denkbarrieren zwischen einem Studenten aus der Großstadt Aleppo und dem Bewohner einer ländlichen Region in Syrien mitunter kaum zu überwinden sind. Es kommt dabei zu Erfahrungen, die im herkömmlichen Bild der Begegnung der Religionen für eine notwendige Unterbrechung sorgen. So findet der muslimische Student aus der syrischen Großstadt mit einer in Deutschland geborenen christlichen Studentin unter Umständen schnell eine gemeinsame Ebene, um sich über Religion zu verständigen. Seinen syrischen Landsmann, der religiös sehr traditionell geprägt ist, empfindet der junge Student hingegen als fremd. Das Stadt-Land-Gefälle und die unterschiedlichen Bildungswege fallen in der Kommunikation zum Thema Religion dabei stärker ins Gewicht als die Zugehörigkeit zu verschiedenen Religionen. Die Grenzlinien, an denen über Verständigung bzw. Nicht-Verstehen entschieden wird, verlaufen damit häufig weniger zwischen den Religionen und Herkunftsländern, als vielmehr innerhalb der von außen besehen geschlossenen Gruppe.

Tatsächlich prallen also mit der Ankunft von Migrantinnen und Migranten nicht zwei Welten aufeinander, sondern eine Vielzahl unterschiedlicher muslimischer Lebenswelten begegnet in Deutschland einer alles andere als homogenen Gesellschaft, in der es eine enorme Bandbreite unterschiedlicher religiöser Bekenntnisse bis hin zu diversen Ausprägungen atheistischer Lebensentwürfe gibt.

Die Anerkennung dieser Diversität könnte aus der ausweglosen »Identitätsfalle«, in der sich derzeit die öffentliche Debatte verfangen hat, herausführen. An die Stelle der behaupteten Identität »des christlichen Abendlandes«, die es gegen »die Islamisierung« zu verteidigen gelte, und der damit verbundenen Fragen: Wer sind wir? und: Wer sind die anderen? gilt es, andere Fragen in den Mittelpunkt des interreligiösen Dialogs zu rücken: Wie wollen wir mit unseren sehr unterschiedlichen religiösen Prägungen respektvoll gemeinsam das Leben in dieser Zuwanderungsgesellschaft gestalten? An die Stelle dogmatisch definierender und durch Abgrenzungsvokabular bzw. Anpassungsappelle geprägter Debatten müsste endlich die ehrliche Suche nach dem Gemeinsamen in Anerkennung der Unterschiedlichkeit religiöser Lebensentwürfe treten. Letztlich geht es um eine Entdeckung einer gemeinsamen religiösen Orthopraxie anstelle der ängstlichen Behauptung einer einheitlichen Orthodoxie.

DIE VERBINDENDE FRAGE NACH DER GLAUBWÜRDIGKEIT

Im Sommersemester 2016 startete ich gemeinsam mit Nazir in der Katholischen Hochschulgemeinde Würzburg ein interreligiöses Projekt, zu dem muslimische und christliche Studierende unter dem Titel »Was denkst du, was ich glaube?« eingeladen waren. Die Idee zu diesem Projekt wurde am Küchentisch in meiner Wohnung geboren. Mit dieser banal anmutenden Ortsangabe verbindet sich bereits so etwas wie eine Voraussetzung für unser gelungenes interreligiöses Gespräch: Es ist der gemeinsam gestaltete Alltag, der Gespräche darüber, was mir heilig und was mir fremd ist, erst möglich macht. Mit Nazir habe ich zuerst den Alltag geteilt und dann sehr intensive Gespräche über Religion geführt. Nazir ist ein im syrischen Hama geborener Student, der im Sommer 2015 nach Deutschland flüchten musste. Seit Dezember 2015 nimmt er an einem studienvorbereitenden Sprachkurs an der Universität Würzburg teil. Im Winter 2015/2016 beherbergte ich ihn und einen weiteren syrischen Studenten immer wieder für einige Tage in meiner Wohnung, um ihnen Erholungszeiten von der Sammelunterbringung in einer Halle zu ermöglichen, die in dieser Zeit als Notunterkunft für 300 Personen diente. In vielen Gesprächen am Küchentisch ging es auch um Religion, um die Wahrnehmung der jeweils anderen Glaubenspraxis, um damit verbundene Fremdheitserfahrungen und Vorurteile. Vor allem aber waren diese Gespräche geprägt von der Suche nach dem Gemeinsamen.

Und dieses Gemeinsame begegnete mir zunächst auf einem etwas unerwarteten Weg: Die ersten Gespräche mit Nazir zum Thema Religion kreisten immer wieder um die Frage der Glaubwürdigkeit. Es war die gemeinsame Erfahrung des Leidens an der Unglaubwürdigkeit der Religion und ihrer Anhänger, die einen Zugang eröffnete zu einem intensiven Austausch.

Viele muslimische Geflüchtete gerade aus Syrien äußern sich enttäuscht über die fehlende Hilfsbereitschaft mancher Golfstaaten, die keine Menschen auf der Flucht aufnehmen, obwohl sie dazu in der Lage wären. Immer wieder höre ich in diesem Kontext enttäuschte Anfragen an die Angehörigen der eigenen Religion, die Hilfe schuldig bleiben.

Gleichzeitig erlebe ich bei Geflüchteten immer wieder eine große Dankbarkeit, manchmal auch eine gewisse Verwunderung darüber, dass in Deutschland viele kirchliche Initiativen und Institutionen selbstverständlich Hilfe leisten und dabei nicht danach fragen, welche Religionszugehörigkeit jemand hat.

Die praktizierte Nächstenliebe untergräbt beinahe subversiv dogmatische Vorbehalte und statische Bilder.

Aus der christlichen Perspektive wiederum leiden viele Engagierte darunter, dass das Christentum in manchen Parteien oder neuen rechtspopulistischen Bewegungen als Kampfbegriff zur Abwehr des Islam missbraucht wird. Dieses »behauptete Christentum«, das zur »Verteidigung des christlichen Abendlandes« aufruft und dabei auch Tote an den Außengrenzen Europas in Kauf nimmt, tritt immer deutlicher in eine spannungsreiche Auseinandersetzung mit dem »gelebten Christentum«.

Wer Schutzbedürftigen die nötige Hilfe versagt oder gar im Namen der Religion zu Hass und Gewalt aufruft, kann sich seine Gebete und sein Fasten sparen – in diesem Punkt waren wir uns in unseren Gesprächen am Küchentisch und im Gesprächskreis christlicher und muslimischer Studierender religionsübergreifend schnell einig. Häufig stellten wir fest, dass wir ohne Weiteres die Begriffe Kirche und Moschee, Christentum und Islam austauschen können, wenn es um die Frage der Glaubwürdigkeit geht. So wurde dieses Thema in unseren Gesprächen immer mehr zur verbindenden Brücke zwischen den Religionen. Letztlich steht dahinter die Frage nach der Lebensweise gläubiger Menschen, was nichts anderes meint als die Ethik. Es ist eine weitere vertiefte persönliche Erkenntnis der vergangenen Monate, dass die Begegnung der Religionen über den Pfad der Ethik und weniger über die Straße der Dogmatik führt.

DIE NEUE ENTDECKUNG DER EIGENEN RELIGION

Und noch eine weitere Entdeckung verbindet sich für mich mit dieser besonderen Art des interreligiösen Gesprächs unter dem besonderen Vorzeichen des Zusammenlebens mit Geflüchteten. Viele Kirchengemeinden, aber auch Ordensgemeinschaften haben in diesen Monaten für sich neu danach gefragt und neu entdeckt, was tatsächlich christliche Werte sind und was ihre christliche Identität ausmacht. Ich erinnere mich an Gespräche mit Ordensfrauen in einem Würzburger Kloster, die Geflüchtete – unter ihnen viele Familien und kranke Menschen – bei sich aufgenommen haben. Über diese Hilfsbereitschaft und die tägliche Arbeit mit Menschen auf der Flucht haben sie für sich einen neuen Zugang zur eigenen christlichen Identität und auch zu ihrem Auftrag als Ordensgemeinschaft gefunden. »Jetzt wissen wir endlich wieder, wozu wir da sind.« Das war einer der häufigsten Sätze, die ich im Kontakt mit kirchlichen Flüchtlingsinitiativen und Klöstern gehört habe.

Das Thema Identität verliert in diesem Kontext grundsätzlich seine ausgrenzende Prägung. Vielmehr wird aus dem interreligiösen Dialog, der Positionen gegenüberstellt und allenfalls am gegenseitigen Kennenlernen interessiert ist, eine interreligiöse Interaktion, die neue Entdeckungen und einen dynamischen Prozess in Gang setzt.

Der eingangs zitierte Satz, »Du hilfst uns, wieder bessere Muslime zu werden«, bedeutet in diesem Sinn: Erst in der von Solidarität oder Nächstenliebe geprägten Begegnung mit dir erkenne ich, wer ich in meinem Glauben bin oder wer ich sein könnte. Und diese Aussage lässt sich in jede Richtung treffen. Insofern erlebe ich viele Freiwillige in christlichen Gemeinschaften, die in der Beziehung mit geflüchteten Menschen ihren eigenen Glauben neu entdeckt und christliche Werte bewusst formuliert haben. Sie verstehen mich, wenn ich mit Überzeugung an Nazir gerichtet erwidere: »Und du hilfst mir, ein besserer Christ zu werden.«

So führt die Zuwanderung vieler Muslime im Erleben der Freiwilligen in kirchlichen Initiativen nicht zur befürchteten und immer noch von manchen beschworenen »Islamisierung«, sondern trägt im Grunde sogar eher zu einer neuen Christianisierung christlicher Gemeinden bei. Die Kirchen, die zuvor eher mit sich selbst beschäftigt waren, entdecken jetzt durch die gelebte Solidarität ihrer Basis und durch die Bewegung nach außen über die Grenzen hinaus letztlich wieder ihre Identität. Schließlich gehört es zum ursprünglichen christlichen Selbstverständnis in biblischer Tradition dazu, Nächstenliebe nicht nur den Angehörigen der eigenen Sippe, Volksgemeinschaft oder Religionsgemeinschaft zukommen zu lassen. Nächstenliebe ist immer universal zu denken und in diesem Sinn immer grenzüberschreitende Solidarität. Damit steht die christliche Nächstenliebe in einer grundsätzlichen Spannung zu jeder Form des Nationalismus oder nationalen Egoismus. Eine Haltung, die übrigens so auch von vielen gläubigen Muslimen als Bestandteil ihrer Ethik geteilt wird.

Eine intensive interreligiöse Interaktion, die über den reinen Dialog hinaus solidarisches Handeln in Gang setzt, bekommt dadurch eine aktuelle politische Dimension.

GELUNGENE INTERRELIGIÖSE BEGEGNUNG FÜHRT ZU SOLIDARISCHER POLITIK

In vielen unserer Gespräche am Küchentisch oder im Kreis von Studierenden wird sichtbar, dass Religion und Politik in der aktuellen Lage unvermeidbar miteinander verbunden scheinen. Unterschiedliche Richtungen bedienen sich religiöser Begründungen, um ihr politisches Handeln zu motivieren. Es ist dieselbe Logik, die letztlich terroristische Aktionen des IS mit einem religiösen Unterbau versieht und die auf der anderen Seite Rechtspopulisten mit Holzkreuzen »bewaffnet« auf die Straße ziehen lässt, um eine vermeintliche »Islamisierung des Abendlandes« abzuwehren. Von beiden Seiten wird die Behauptung in den Raum gestellt, ein friedliches Zusammenleben von Angehörigen unterschiedlicher Religionen sei grundsätzlich nicht möglich. Die politische Prämisse lautet: Eine Lösung des Grundkonflikts ist nur auf dem Weg der Unterwerfung der einen unter die andere Religion zu erreichen.

Wo Religion derart für politische Zwecke eingesetzt wird, ist der interreligiöse Dialog herausgefordert.

In nahezu allen Gesprächen der letzten Monate, die der interreligiösen Begegnung dienten, kam ich mit meinen Gesprächspartnern auf die Verflechtung von Religion und Politik und deren Folgen zu sprechen. Ich habe unter gläubigen Muslimen unterschiedlicher Prägung niemanden erlebt, der Verständnis für religiös motivierte Gewalt gehabt hätte. Unter aktiv kirchlich engagierten Christen fand ich nur wenige, die meinten, die Zuwanderung von Muslimen sei eine Bedrohung für den eigenen Glauben.

Gleichzeitig wäre es natürlich naiv zu behaupten, die Gewalt, die im Namen von Religion verbal oder in der Tat ausgeübt wird, habe mit Religion an sich gar nichts zu tun. Der interreligiöse Dialog hat die Aufgabe, die bestehenden Zusammenhänge aufzudecken und ihnen die Legitimation zu entziehen. Das erfordert die Bereitschaft, sich der eigenen Religion kritisch zu nähern. Dies gilt insbesondere für die Auseinandersetzung mit problematischen Texten in der jeweiligen schriftlichen Tradition. Ein historisch-kritischer Zugang zu den heiligen Schriften ist unverzichtbare Voraussetzung, um jeder Form der politischen ›Verzweckung‹ von Texten entgegenzuwirken und ihr die Legitimation zu entziehen. An dieser Stelle lässt sich durchaus immer noch eine Ungleichzeitigkeit zwischen christlichen und muslimischen Gesprächspartnern feststellen.

Aber auch in dieser Hinsicht werden die dogmatischen Ungleichzeitigkeiten durch den gemeinsam geteilten Alltag im Zusammenleben relativiert. Die alltäglichen Beziehungen zwischen Geflüchteten und hier Geborenen mit der alltäglich gelebten Toleranz und dem Respekt füreinander haben eine weitaus größere Wirkung als die dogmatische Intoleranz, die mit einem unkritischen Verhältnis zur eigenen Tradition verbunden ist. Die Suche nach einer gemeinsamen Ethik entfaltet auch hier ihr positives Potenzial gegenüber dem Beharren auf einer unterschiedlichen Dogmatik.

Nichts fürchten die politischen Ideologen, die die Religion für ihre Zwecke missbrauchen, mehr als die gelingende interreligiöse Interaktion, die auf freundschaftlichen und respektvollen Beziehungen basiert.

Darin liegt die große politische Bedeutung der interreligiösen Begegnung in der derzeitigen Situation. Der interreligiöse Dialog, der positive Erfahrungen interreligiöser Interaktion ermöglicht und zu der Entdeckung einer gemeinsamen Ethik führt, trägt wesentlich zum gelingenden Zusammenleben in der Migrationsgesellschaft bei.

Autorinnen und Autoren

Cindark, Ibrahim, ist wissenschaftlicher Mitarbeiter im Programmbereich »Sprache im öffentlichen Raum« des Instituts für Deutsche Sprache. Aktuell arbeitet er im Projekt »Deutsch im Beruf: Die sprachlich-kommunikative Integration von Flüchtlingen«.

Döring, Ottmar, ist Geschäftsführer der Zentralstelle für die Weiterbildung im Handwerk (ZWH) in Düsseldorf. Seine Arbeitsschwerpunkte sind u.a.: Erkennung und Anerkennung informell erworbener Kompetenzen, Anerkennung ausländischer Berufsabschlüsse und Arbeitsmarktintegration von Asylsuchenden und Flüchtlingen.

Freudenfeld, Regina, ist Professorin für Deutsch/Deutsch als Fremdsprache an der Hochschule für Angewandte Sprachen des SDI München. Ihre Forschungsschwerpunkte sind: Deutsch in der internationalen Wirtschaftskommunikation, Deutsch in der interkulturellen Kommunikation.

Hauck, Sara, arbeitet als wissenschaftliche Mitarbeiterin am Forschungsinstitut Betriebliche Bildung. Zu ihren Arbeitsschwerpunkten zählt die Arbeitsmarktintegration von Menschen mit Migrationshintergrund, darunter vor allem migrationsspezifische Beratung und Kompetenzfeststellung.

Hose, Burkhard, ist Hochschulpfarrer in der Katholischen Hochschulgemeinde Würzburg. Sein gesellschaftliches Engagement gegen Diskriminierung und für Toleranz wurde 2014 mit dem Würzburger Friedenspreis ausgezeichnet.

Hünlich, David, ist wissenschaftlicher Mitarbeiter im Projekt »Deutsch im Beruf: die sprachlich-kommunikative Integration von Flüchtlingen« am Institut für

Deutsche Sprache (IDS) Mannheim. Er forscht im Bereich Spracherwerb und Sprachwandel unter Einfluss von Migrationsprozessen.

Iannone, Elvira, ist Konferenzdolmetscherin und Senior Lecturer an der Universität Innsbruck. Seit 2013 engagiert sie sich in der Professionalisierung von (Laien-)DolmetscherInnen, u.a. im QUADA-Projekt, für Universitäten und den BDÜ.

Krüger, Paula, ist Projektleiterin und Dozentin an der Hochschule Luzern. Zu ihren Forschungsschwerpunkten zählen u. a. »Mehrsprachigkeit und Recht« sowie »Verfahrensgerechtigkeit für vulnerable Gruppen«.

Lallana, Amparo, ist Koordinatorin für Spanisch, Portugiesisch und Italienisch an der Regent's University London und Vorstand der *Association for the Teaching and Learning of Spanish in Higher Education*. Sie forscht im Bereich interkulturelle Telecollaboration und Employability.

Penßler-Beyer, Anja, ist Wissenschaftliche Mitarbeiterin am Institut für Anglistik und Amerikanistik der Universität Potsdam. Sie lehrt und forscht im Bereich der quantitativen und qualitativen empirischen Linguistik, speziell zur Rolle der Phonetik und Phonologie beim Zweitspracherwerb.

Ramos, Carmen, hat die Professur für Spanisch an der Hochschule für Angewandte Sprachen des SDI München. Ihre Forschungsschwerpunkte sind: »teacher cognition«, »learner beliefs«, Hochschuldidaktik und Spanisch als Herkunftssprache in Deutschland.

Redl, Katharina, arbeitet als Diplom-Dolmetscherin und -Übersetzerin in Innsbruck. Seit 2011 engagiert sie sich in der Professionalisierung von (Laien-)DolmetscherInnen an der Universität Innsbruck, für den BDÜ und NGOs.

Romano, Joana, ist Spanischdozentin an der Hochschule für Angewandte Sprachen des SDI München und Senior Lecturer an der Universität Innsbruck. Sie promoviert zum Thema »Spanisch als Herkunftssprache im tertiären Bildungsbereich«.

Sahlender, Anton, ist Medien-Ombudsmann der Würzburger Main-Post und Sprecher der Vereinigung der Medien-Ombudsleute in Deutschland. Er gehört der Jury für den Deutschen Lokaljournalistenpreis der Konrad-Adenauer-Stiftung an, mit dem er 2007 ausgezeichnet wurde.

Salamanca, Pilar, ist Professorin für Kultur- und Wirtschaftskommunikation an der Hochschule für Angewandte Sprachen des SDI München. Sie konzipiert Lernarrangements, die die kommunikativen Kompetenzen der Studierenden für interkulturelle Kontexte weiterentwickeln. Sie ist Ko-Autorin des Lehrwerks *Campus Sur*.

Sauer, Christoph, war Senior Lecturer für Communication Studies an der Rijksuniversiteit Groningen (Niederlande). Seine Forschungsschwerpunkte sind multimodale Kommunikation, exemplifiziert in TV-Reden, Dokumentarfilmen, politischen Fernsehtalkshows, Pressefotografien und sprachlich-bildlichen Verhältnissen im Nationalsozialismus.

Tjarks-Sobhani, Marita, hat die Professur für Technische Redaktion an der Hochschule für Angewandte Sprachen des SDI München. Gleichzeitig ist sie Gesellschafterin der Textagentur Hennig&Tjarks GbR sowie Mit-Herausgeberin der tekom-Schriftenreihe zur Technischen Kommunikation.

Wawra, Daniela, ist Inhaberin des Lehrstuhls für Englische Sprache und Kultur an der Universität Passau. Zu ihren Forschungsschwerpunkten zählen die Interkulturelle und Digitale Kommunikation sowie der Kulturvergleich.

Weber, Katharina, ist Wissenschaftliche Mitarbeiterin am Institut für Anglistik und Amerikanistik der Universität Marburg. Sie untersucht derzeit im Projekt H.E.A.R.T. den Einsatz von intelligenten Robotern in der Lehre.

Yildiz, Erol, ist Professor an der Universität Innsbruck für den Lehr- und Forschungsbereich »Migration und Bildung«. Seine Forschungsschwerpunkte sind: Migrationsforschung, Migration/Bildung und Stadt/Diversität.

Kulturwissenschaft

María do Mar Castro Varela, Paul Mecheril (Hg.)
Die Dämonisierung der Anderen
Rassismuskritik der Gegenwart

2016, 208 S., kart.
17,99 € (DE), 978-3-8376-3638-3
E-Book:
PDF: 15,99 € (DE), ISBN 978-3-8394-3638-7
EPUB: 15,99 € (DE), ISBN EPUB:978-3-7328-3638-3

Fatima El-Tayeb
Undeutsch
Die Konstruktion des Anderen in der postmigrantischen Gesellschaft

2016, 256 S., kart.
19,99 € (DE), 978-3-8376-3074-9
E-Book:
PDF: 17,99 € (DE), ISBN 978-3-8394-3074-3

Arianna Ferrari, Klaus Petrus (Hg.)
Lexikon der Mensch-Tier-Beziehungen

2015, 482 S., kart.
29,99 € (DE), 978-3-8376-2232-4
E-Book:
PDF: 26,99 € (DE), ISBN 978-3-8394-2232-8

Leseproben, weitere Informationen und Bestellmöglichkeiten finden Sie unter www.transcript-verlag.de